普通高等教育土建学科专业“十一五”规划教材
高等学校工程管理专业规划教材

国际工程承包

INTERNATIONAL PROJECT CONTRACTING

天津大学　吕文学　编著

中国建筑工业出版社

图书在版编目（CIP）数据

国际工程承包/吕文学编著. —北京：中国建筑工业出版社，2008

普通高等教育土建学科专业"十一五"规划教材. 高等学校工程管理专业规划教材

ISBN 978-7-112-09844-6

Ⅰ. 国… Ⅱ. 吕… Ⅲ. 对外承包-承包工程-高等学校-教材 Ⅳ. F752.68

中国版本图书馆 CIP 数据核字（2008）第 067663 号

普通高等教育土建学科专业"十一五"规划教材

高等学校工程管理专业规划教材

国际工程承包

INTERNATIONAL PROJECT CONTRACTING

天津大学　吕文学　编著

*

中国建筑工业出版社出版、发行（北京西郊百万庄）

各地新华书店、建筑书店经销

北京红光制版公司制版

北京同文印刷有限责任公司印刷

*

开本：787×1092毫米　1/16　印张：19½　字数：486千字

2008年6月第一版　2015年9月第六次印刷

定价：**32.00**元

ISBN 978-7-112-09844-6

（16548）

本书共分 14 章，每 1 章概述了国际工程和国际工程承包的基本概念、主要特点、国际工程承包的知识体系以及国际工程采购类型、方式和合同类型。第 2、3 章介绍了驱动国际工程承包市场的五种力量、承包市场环境、我国对外承包企业开展跨国经营的方式以及国际工程承包与项目融资的关系，包括承包商的融资能力、项目融资方式和 BOT 项目融资。第 4、5 章内容涵盖了国际工程承包合同的形成过程，包括承包商的资格预审、招标文件的审核、投标书的编制方法、投标报价的技巧、国际工程谈判的策略以及索赔等具体的谈判议题分析。第 6 至 14 章阐述了国际工程实施过程中的管理问题，包括合同管理、工作范围管理、组织与人力资源管理、货物采购管理、质量、费用和进度的集成管理、HSE 管理、风险与保险管理、索赔管理以及国际工程的付款与保证等主要问题。

本书既可作为高等院校国际工程管理专业或工程管理专业的本科和研究生的专业课教学用书，也可作为土木工程专业和建筑类专业的选修课程的教学用书，还可以作为工程咨询公司、承包公司以及业主单位的项目经理、项目管理人员和技术认员等的学习材料。

为更好地支持相应课程的教学，我们向采用本书作为教材的教师免费提供教学课件，有需要者可与出版社联系，邮箱：jgkejian@163.com。

* * *

责任编辑：牛　松　王　跃
责任设计：崔兰萍
责任校对：刘　钰　张　虹

前　言

国际建设行业2007年年产值已达到4.6万亿美元，占全球GDP的8%到10%，建设行业从业人员已超过1亿2千万人（Flanagan，Roger and Carol Jewell，University of Reading，2007. data：Asia Construct，Euro Construct and National Statistics，2006.）。根据美国标准普尔公司的统计分析和预测，世界主要的150个国家和地区的建筑业投资规模预计2010年将达到5.74万亿美元。

国际建设行业的迅猛发展带动了国际工程承包市场的繁荣。随着我国加入世界贸易组织和积极实施"走出去"战略，我国在国际工程承包市场的开拓取得了令人瞩目的成绩，对外承包工程完成营业额、新签合同额分别从2001年的89亿美元和130亿美元增长到2007年的406亿美元和776亿美元，而且承揽的大型总承包项目越来越多，2005年签订了上亿美元的项目49个，2006年则达到了96个，10亿美元以上的特大项目5个。但同时也应该看到，这些项目中有相当一部分效益并不理想，要真正占领国际工程承包市场还需要加强项目的精细化管理。掌握国际工程承包知识的人才是实现国际工程精细化管理的关键，而人才匮乏正是实现精细化管理的瓶颈。

在这种背景下，近年来国内各高校工程管理专业迅速发展，机构和企业相关培训需求激增，对相关教材也提出了很高的要求。我们很荣幸承担了普通高等教育土建学科专业"十一五"规划教材《国际工程承包》的编写任务。在本书立项过程中我们就查阅了大量国内外与工程承包有关的资料，尤其在看到已经有大量的相关书籍出现时，深感要真正写好本书并得到读者的认可是多么地不容易。好在我们在本书的编写过程中得到了多方面的支持和帮助。

首先要感谢天津大学何伯森教授，他对作者的成长给予了无私的关怀和帮助，本书也直接引用了何教授的许多资料。

天津大学管理学院工程管理系陈勇强副教授承担了《国际工程索赔》、张水波教授承担了《国际工程合同管理》的编写工作。这两本书同属普通高等教育土建学科专业"十一五"规划教材，这三本书互为补充，可自成体系。在同步编写过程中，经常相互探讨一些问题，在本书的编写过程中采纳了张水波教授和陈勇强副教授提出的很多建设性意见。

本书作者多年来一直从事国际工程承包、国际工程招标投标与合同管理、国际工程索赔管理等的教学和研究工作，主持和参与多项国家和部委的相关研究课题；曾多次直接参加国内外大型国际工程项目的管理；同时，为多家大型国际工程业主、咨询和承包单位进行了很多专题培训，并为多项国内外大型国际工程项目提供了相关的咨询服务。本书也可以说是作者这些年从事国际工程项目管理心得和成果的一部分，希望能和读者一起分享。

为本书编写作出贡献的还有我们的学生：杨倩、郑王云、李杰、张硕、孙志勇和王鹏飞等，他们在项目调研、案例收集、书稿整理、图表制作和排版等方面做了大量辛苦而细致的工作。他们是本书的参与者也是第一批读者，他们从学生的视角对本书提出的建议和意见相信对在校学生使用本书会很有帮助。

本书参阅了当前国内外大量专著和文献，特向参考文献中所列著作和文章的所有作者致以深切的谢意。

谨以此书献给国际工程管理界的同仁，也献给已经成为我们同行的我们的学生们和我们未来的学生们。本书还会存在不足之处，但可以肯定的是本书还将改进再版，希望在下一版的内容中有你们的参与和支持。对本书有任何意见和建议，请随时和我们联系，可发信至 wenxuelu63@hotmail. com。

吕文学

2008 年春于天津大学

目　录

第一章　国际工程承包概述

本章内容包括国际工程和国际工程承包的概念；国际工程承包知识体系；国际工程的采购类型和方式；按照计价方式和工作范围分类的国际工程合同类型。

第一节　国际工程承包知识体系

一、国际工程和国际工程承包的概念

国际工程是指一个项目的参与方来自不止一个国家，并按国际上通用的工程项目管理模式进行管理的工程。

国际工程承包是指项目业主将一项国际工程委托给合格的承包商，并按照一定的价格和条件签订工程承包合同，承包商按合同规定提供技术、资本、劳务、管理、设备、材料等，按时按质完成合同规定全部的工作，项目经业主对工程验收合格并接收工程后，根据合同规定的价格和支付方式，向承包商支付全部合同价格的全部活动。国际工程承包是一种综合性的国际经济合作方式。

二、国际工程承包知识体系构成

国际工程承包是在国际环境下由多个来自不同国家的参与方，按照工程管理的国际惯例完成工程项目建设任务的全部管理活动。国际工程项目管理的内容包括范围管理、风险管理、沟通管理、质量管理、进度管理、成本管理、人力资源管理、采购管理、健康-安全-环境（HSE）管理以及上述内容的集成管理。支撑国际工程承包的相关知识包括专业领域、项目管理国际环境、通用管理、关系管理等方面的知识。

专业领域知识主要指与具体工程项目密切相关的专业知识，如化工、水利水电、港口码头、土木工程等专业领域的知识。

项目管理国际环境知识主要指工程项目所处的国际政治经济环境，包括国际工程承包市场的现状与发展趋势、国际工程承包市场的内外部环境等知识。

通用管理知识主要指财务管理、合同与商法、物流与供应链、战略规划和信息技术等方面的知识。

关系管理知识主要指沟通、冲突管理等人际关系管理知识和领导、激励谈判、对组织施加影响和解决问题等组织管理知识。

国际工程承包知识体系构成如图 1-1 所示。

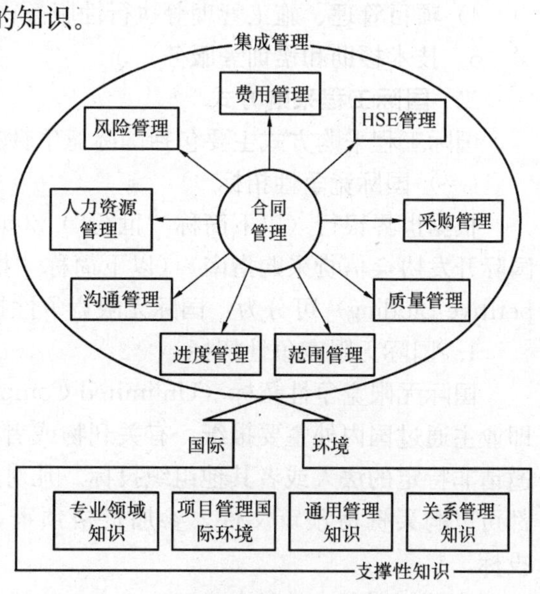

图 1-1　国际工程承包知识体系构成

第二节 国际工程采购类型和方式

采购可分为广义采购和狭义采购。广义采购是指项目业主以不同的方式从本组织以外获得货物、工程和服务的整个采办过程。采购的主要活动内容包括：为项目实施不间断地提供所需要的原材料、信息和服务；将存货占用资金量和损失降到最低程度；承包商或供应商的选择与评估；保持并开发有竞争力的供应商或承包商；与组织内部其他部门协调以取得准确及时的相关信息等。狭义采购则是指货物采购。本节所述内容指广义采购。

一、国际工程采购的类型

1. 工程项目采购

工程项目采购属于有形采购，是指通过招标或商定的方式选择合格的承包商来承担工程实施任务。比较常见的工程项目采购有修建高速公路、大型水电站、灌溉工程、污水处理工程、房屋建筑工程等，并包括与之相关的服务，如人员培训、维修等。

2. 货物采购

货物采购也属于有形采购，是指购买项目建设所需的投入物，如机械、设备、仪器、仪表、办公设备、建筑材料（钢材、水泥、木材等）等，并包括与之相关的服务，如运输、保险、安装、调试、培训、初期维修等。

3. 咨询服务采购

咨询服务采购不同于一般的货物或工程采购，它属于无形采购。咨询服务采购包括聘请咨询公司或单个咨询专家。咨询服务的范围很广，大致可分以下几类：

1）项目投资前期决策工作的咨询服务，如做项目的预可行性研究和可行性研究等；

2）工程勘察和设计；

3）资格预审文件和招标文件等的编制及正式招标服务；

4）项目管理、施工管理等执行性服务；

5）技术援助和培训等服务。

二、国际工程采购方式

国际工程采购方式主要包括国际竞争性招标、询价采购和直接签订合同。

（一）国际竞争性招标

根据世界银行（以下简称“世行”）2006 年 10 月修改的《国际复兴开发银行贷款和国际开发协会信贷采购指南》（以下简称“指南”），国际竞争性招标（International Competitive Bidding）可分为：国际无限竞争性招标和国际有限竞争性招标。

1. 国际无限竞争性招标

国际无限竞争性招标（Unlimited Competitive Open Bidding），也称为国际公开招标，即业主通过国内外主要报纸、有关刊物或者广播、电视、网络等公共媒体发布招标广告，邀请非特定的法人或者其他组织投标。凡对此招标项目感兴趣的国内外供应商或承包商，都可以购买资格预审文件，参加资格预审，资格预审合格者均可以购买招标文件进行投标。

这种招标方式的优点是：

1）投标人较多，竞争激烈，业主有较大的选择余地；

2）有利于降低工程造价，提高工程质量，缩短工期；

3）引进国外的先进技术和工程管理经验；

4）透明度高，不容易产生不规范或者腐败行为。

缺点是：

1）招标工作量大；

2）组织复杂，需要投入较多的人力、物力；

3）招标过程所需要的时间比较长。

这种招标方式是“指南”建议使用的最主要的采购方式，也是国际上政府采购通常使用的主要采购方式之一。

2. 国际有限竞争性招标

国际有限竞争性招标（Limited Competitive Selected Bidding），又称为有限国际招标或者邀请招标，是一种不公开刊登广告而直接邀请投标人投标的国际竞争性招标。在采用国际有限竞争性招标时，业主根据承包商的信誉、技术水平、过去承担的类似工程经验等条件，邀请某些承包商来参加投标。通常业主会邀请5～8家，以保证投标价格具有竞争性。在“指南”中，国际有限竞争性招标适用于以下情况：

1）潜在投标人数量有限；

2）有其他的理由，能够说明不完全按照国际无限竞争性招标的程序进行采购是正当的。

这种招标方式的优点是：招标工作的组织较容易，工作量较小，采购周期短。缺点是：投标人较少，竞争性较差，业主对投标人选择的余地较小。

这种招标方式适用于额度较小的货物或者工程的采购。对于符合如下条件的项目也通常采用该招标方式：

1）项目专业性较强，有资格的潜在投标人较少；

2）需要在短时间内完成采购任务。

这种招标方式与国际无限竞争性招标的程序相似，但是要注意到这种招标方式不用刊登公告，在评标的时候也不适用国内投标人优惠的规定。

针对上述无限和有限竞争性招标方式，具体操作上还可采取两阶段招标（Two-Stage Bidding）方式。

对大型复杂的设施、特殊性质的工程或复杂的信息和通信技术项目，事先准备好完整的技术规范是不符合需要或不现实的。在这种情况下，可采用两阶段招标方式。

首先邀请供应商或承包商提交根据概念设计或性能要求编制的不带报价的技术建议书。凡是通过技术评审，或者为更好地符合业主的要求同意修改技术方案的供应商或承包商都可以参加第二阶段的投标。

第二阶段，在对技术和商务方面的问题进行澄清的基础上，业主对招标文件作出修改并邀请通过评审的投标人提交最终的技术建议书和带报价的投标书。

这种招标方式可以提前将一些无法满足业主要求的供应商或承包商排除，但是由于两个阶段都需要评审，招标的周期较长。

（二）询价采购

询价采购（Shopping）是对几个供应商或几个承包商提供的报价进行比较，并从中择优选择供应商或承包商的一种采购方式，适用于采购小金额、标准规格的商品或简单的小型工程。通常要求至少有三家供应商或承包商报价，以确保价格具有竞争性。业主发出的询价函中应包括货物性能、数量，或工程的技术规范以及要求的交货（或完工）时间和地点。承包商可以采用信函、传真或电子文件等形式进行报价。报价的评审原则与公开招标的评审原则相同。

询价采购的优点是：

1）价格有一定的竞争性；

2）采购过程简单，采购周期短；

3）组织工作量小。

缺点是：

1）可选择范围窄，有可能漏掉有竞争力的承包商；

2）与招标相比，询价采购在程序的规范性、组织的严密性上还存有不足。

（三）直接签订合同

根据“指南”的规定，直接签订合同（Direct Contracting）是指在没有竞争（单一来源）的情况下业主向供应商或承包商直接采购。这种采购方式，又称为单一来源采购，适用于下列情况：

1）对世行认可的现有货物或工程合同进行续签。在这种情况下，业主应使世行认为进一步的竞争不会得到任何好处，且续签合同的价格是合理的。

2）为了与现有设备相配套，向原供应商增加订货。证明这种采购合理的条件是：所采购的设备或零配件是与原设备匹配的；新增品目的数量一般应少于现有的数量，且价格合理；已使得世行认为否定从他处采购的理由是合理的。

3）所需设备或者技术具有专利性质，并且只能从唯一的供应商或承包商处获得。

4）负责工艺设计的承包商要求从特定供应商处采购关键部件，并以此作为性能保证的条件。

5）出现特殊情况，如紧急事件、自然灾害等。

这种采购方式采购过程简单，可以应对紧急情况下的采购。但是由于缺乏竞争，采购过程中，容易产生不规范行为和腐败行为。通常情况下，不建议使用这种采购方式进行采购。

第三节　国际工程合同类型

国际工程合同的类型可以按两种方式进行分类，一是按计价方式可分为总价合同、单价合同、成本补偿合同以及混合式合同；二是按照工作范围可分为施工合同、设计-建造合同、设计-采购-施工/交钥匙合同、建造管理合同、项目管理承包合同以及设计-建设-运营合同。

一、按计价方式分类

（一）总价合同

在这种方式下，业主和承包商就承包合同的内容签订一份总价（Lump Sum）合同，除合同中有调价条款或业主发出变更令外，一般不允许调整合同价格。承包商在这种合同条件下比在单价合同、成本补偿合同下承担的风险要大。总价合同的形式分为固定不可调价总价合同和可调价总价合同，可调价和不可调价，主要是针对国际工程承包市场价格变化和法律法规变化是否对合同价格进行调整而言的。

1. 固定不可调价总价合同

这种合同一般适用于工期较短、结构简单、工程量小、合同价格较低，在合同执行过程中风险较小的工程项目。由于此合同的这些特点，承包商几乎承担了工程项目的所有风险，除非业主发出变更令，否则合同价格不能进行调整。业主的财务责任理论上很确定，对合同的管理也比较简单，但承包商需要承担市场价格变化等许多不可预见风险，因此，承包商报价较高。

2. 可调价总价合同

对于工期较长（一年以上）、结构比较复杂、在合同执行过程中风险较大的工程项目可以采用这种合同形式。可调价总价合同的合同价格是相对固定的，但在合同执行过程中由于国际工程承包市场价格的变化和法律法规变化对合同价格产生的影响，合同价格会作出相应的调整。

(1) 市场价格变化

合同价格一般是根据招标文件中规定的日期或基准日期的物价水平确定的。在合同执行过程中，由于工期较长，市场价格可能发生较大变化。如果合同条款对此类调价有相关约定，则物价上涨超过合同约定的限度后，将对合同价格按合同中约定的价格调整方法进行调整。

(2) 法律风险

如果工程所在国的法律（或法律的司法解释）在基准日期之后发生了改变，导致承包商履行合同义务的费用增加。而合同条款对此有相关约定，则合同价格应作出相应的调整。

(二) 单价合同

当业主准备招标时，招标项目的内容和设计指标不能准确确定，或是项目的工程量可能会发生较大变化时，则一般采用单价（Unit Prices）合同。单价合同的形式分为以下三种：

1. 单价表合同

单价表（Schedule of Rates）合同也称作纯单价合同。如果业主或其委托的设计单位还来不及提供施工详图，或由于某些原因不能比较准确地计算出工程量，可采用这种合同。招标文件只向投标者给出工作项目一览表、工程范围及必要的说明，而不提供工程量，投标者只要给出表中各项目的单价即可，将来施工时按实际工程量计算。有时也可由业主一方在招标文件中列出单价，而投标一方提出修正意见，双方协商后确定最后的承包单价。但是业主很难据此单价表比较多个投标人报价的优劣。

承包商根据没有列出工程量的单价表报价，可能会出现某项报价偏低，而实际工程量较大的情况，增加了承包商的风险。这种合同适用于维修工程、时间较短的工程以及工作量难以确定的情形。

2. 工程量清单合同

工程量清单（Bill of Quantities）合同也称作估计工程量单价合同和固定单价合同，是应用最广泛的合同类型。

业主在准备此类合同的招标文件时，由本单位或委托咨询单位编制工程量清单并估算工程量，投标者在投标时仅在工程量清单中填入各项的单价，据之计算出分项合价，再汇总出总价作为投标报价。但在项目实施过程中每月业主向承包商支付进度款时，以实际完成并经双方确认的工程量进行结算。

在这种合同条件下，承包商所做的每项工作都能在合同价格中得到体现；承包商能够根据工程量估算自己的工作范围并据此制定适当的实施计划；如果工作范围不发生变化，业主的财务支出较易得到控制；合同双方据此，对工程范围的变化容易达成共识；填入单价的工程量清单有利于业主通过汇总价评判投标人的报价优劣情况。但是，编制工程量清单需要花费一定的成本和时间。

有的工程量清单合同中规定，当某项工作的实际完成工程量与招标文件中的工程量相比超过一定百分比（一般为±15%到±30%）时，双方可以讨论改变单价，但单价调整的方法和比例最好在签订合同时写明，以免以后发生纠纷。为了减少由于工程量增减引起的争论，FIDIC在其1999版《施工合同条件》中规定，当某项工作的数量超过了工程量清单中工程量的10%，引起的合同额度变化超过中标合同金额的0.01%，且数量变化对单位工作量费用的直接影响超过1%，而此项工作不是“总价包干”，则可以对此项工作的单价进行调整。

3. 单价与包干混合式合同

以单价合同为基础，但对其中某些不易计算工程量的分项工程（如施工导流、小型设备购置与安装调试）采用包干办法，而对容易计算工程量的，均要求报单价，按实际完成工程量及合同中的单价结算。很多大型土木工程都采用这种方式。

对业主方而言，单价合同的主要优点是业主只须按工程量清单的项目支付，可减少意外开支，对少量遗漏工作可在执行合同过程中按变更再报价。

这种方式下，工程量的计量比较繁琐，但结算程序比较简单。但业主方存在的风险主要在于项目的总造价一直到结束前都是个未知数，特别是当设计师对工程量的估算偏低，或是遇到了一个有经验的善于运用不平衡报价的承包商时，风险就会更大。而当能比较正确地估算工程量和减少项目实施中的变更则可大大降低业主的风险。对承包商而言，这种合同避免了总价合同中的许多风险因素，其承担的风险比总价合同小。

（三）成本补偿合同

成本补偿（Reimbursable Cost Plus Fees）合同也称成本加酬金合同，简称CPF合同（Cost Plus Fee），即业主向承包商支付实际工程成本中的直接费（一般包括人工费、材料费和机械设备费），并按事先协议好的某种方式支付管理费及利润的一种合同。

对项目的内容及其技术经济指标尚未完全确定而又急于开工的项目，如旧建筑物维修、翻新工程、应急项目以及施工风险很大的项目可采用这种合同方式。成本补偿合同的形式可以分为成本加固定费用和成本加可变费用两种。

1. 成本加固定费用

根据合同双方讨论同意的项目规模、估计工期、技术要求、工作性质及复杂性、所涉及的风险等，来考虑确定一笔固定数目的报酬金额作为管理费和利润。对人工费、材料费和机械设备台班费等直接成本则实报实销。

如果设计变更或增加新项目，导致直接费用超过原定估算成本的一定比例时（如有的合同规定10%），固定的报酬费也要增加。在项目总成本一开始估计不准，可能变化较大的情况下，可采用此合同形式。

这种方式，在一定程度上可激励承包商降低成本，以提高单位直接成本的效益。有时也可在固定费用之外根据完成项目的质量、工期和节约成本等因素，给承包商另加奖金，以鼓励承包商积极工作。

2. 成本加可变费用

成本加可变费用指的是业主除了补偿承包商成本之外，酬金部分不是一个固定的值，是与成本相关的，目的是为了激励承包商降低成本，缩短工期。

(1) 成本加百分比费用

项目成本中的直接费加一定百分比的报酬费，报酬部分的百分比在签订合同时由双方确定。这种方式有利于降低标书的准备成本，但报酬费随成本加大而增加，不利于激励承包商努力降低成本，业主必须投入较多的人力去监督承包商，以控制工程总费用。

这种合同适用于在项目初期很难描述工作范围，或工期急迫，无法按常规编制招标文件的项目，且应选择知名且诚信度较高的承包商。除特殊情况外，一般公共项目不采用此方式。

(2) 成本加浮动费用

这种合同中规定承包商所得到的酬金是与成本相关，随着成本的增加，酬金的比率逐渐下降。

例如，当成本介于8万美元至9万美元时，酬金率为10%（或某一固定值X_1）；当成本介于9万美元至10万美元时，酬金率为8%（或某一固定值X_2，$X_2<X_1$），依此类推。其意在鼓励承包商履行合同时降低成本。

(3) 目标成本加费用

在订立合同时，业主和承包商就项目目标成本和固定酬金达成一致，同时约定一个额外费用分担比例和节约费用分享比例：若实际成本超过合同中约定的目标成本，则由承包商承担所有的额外费用或由双方按一定比例分担额外费用；若实际成本低于合同中约定的目标成本，节约的部分由业主和承包商按一定比例分享。

这种方法能够有效地激励承包商控制成本和工期，以分享节约的费用。但是双方就目标成本达成一致比较困难，而且工作范围一旦发生变化就必须重新谈判来确定一个新的目标成本。

在签订成本补偿合同时，业主和承包商应该注意以下问题：

1) 必须有明确的关于如何向承包商支付酬金的条款，包括支付时间、支付方式和金额。如果发生变更或其他变化，酬金支付应相应调整。虽然已有了一些CPF合同的范本，但在每个项目的合同中列出“可补偿的费用”的准确定义对业主和承包商双方都是至关重要的。有一些CPF合同中“可补偿的费用”甚至包括了各项管理以及设计的费用，此时承包商投标时的酬金仅仅考虑利润就可以了。

2) 应列出项目费用清单。要规定一整套详细的现场数据记录、信息存储甚至记账的格式和方法，以便对工地实际发生的人工、机时和材料消耗等数据认真及时地记录，防止事后在数据统计上的不一致和纠纷。业主不仅在支付方面，而且在税收、保险等方面也需要这些数据。

3）应在承包商和业主之间建立起相互信任的关系，有时会在合同中写上这一条。因为即使业主雇用专职人员进行现场管理，也很难详细准确地核查每一项应支付的成本。在这种合作形式下，承包商的酬金已有保证，他就应该高效而经济地实施项目，工作中仅使用必要的人员和机械，以竞争性的价格去采购材料，而业主方则应及时地提供资料和进行支付。

CPF合同对业主而言，最大的优点是能在设计资料不完整时使项目早开工，并且可采用分阶段设计分阶段发包，从而使项目早日完工，节约时间和尽早收回投资。但缺点是业主对项目的总造价不易控制，可能会出现承包商在项目实施过程中不注意控制成本的情况。业主承担风险较大，主要是不知道最后的项目总成本，因而可能最终支付很高的合同价格。

CPF合同对承包商而言，其优点是有一个比较有保证的酬金，风险较小，而主要缺点是合同的不确定性，由于设计未完成，不知道合同的终止时间，有时很难计划安排其他的项目。

（四）混合合同

混合合同往往是上面三种合同类型的组合，没有固定的形式。例如，对于一个多层房屋建筑项目，其技术成熟、工程量容易确定、且不易受外界影响的上部主体部分施工可以采用单价合同的支付方式；而清运现场废弃建筑垃圾的工程量不易确定，人工及机械台班不易计算，则可以采用总价合同的形式进行总价包干。

一个项目招标前，选用恰当的合同形式是业主制定招标策略及招标计划的一个重要组成部分。

采用何种合同支付形式往往与设计的阶段和深度分不开。如果设计只做到概念设计阶段，则只能采用成本补偿合同方式招标和实施。如果设计进行到一定深度，则可采用总价合同或单价合同。

二、按工作范围分类

项目合同的类型按工作范围可分为以下几类，如图1-2所示。

（一）施工合同

施工合同的应用最为广泛，世行、亚行贷款项目大多采用这种合同类型，国际咨询工

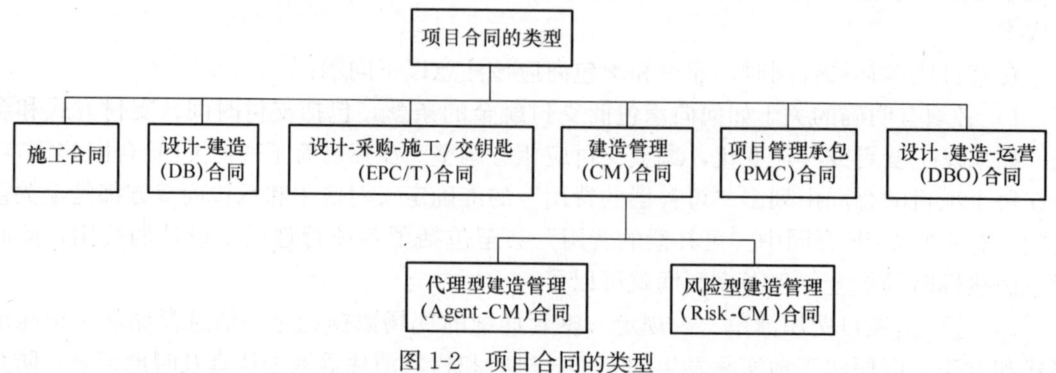

图1-2 项目合同的类型

程师联合会（FIDIC）1999版《施工合同条件》(新红皮书）就适用于这种合同类型。

1. 与施工合同相关的项目各方关系

与这种合同类型相关的项目各方的关系如图1-3所示。

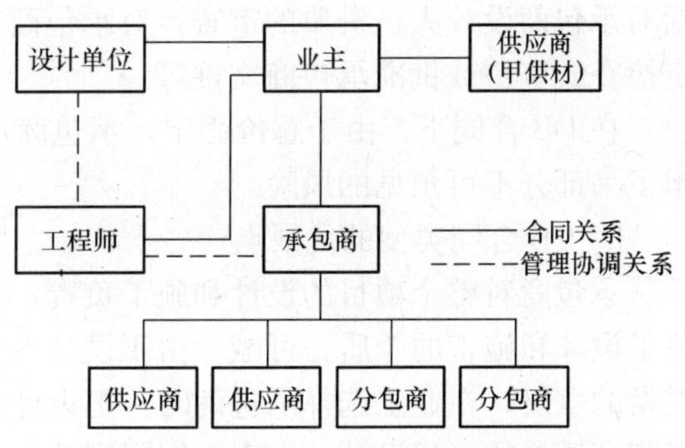

图1-3 与施工合同相关的项目各方关系

施工合同为设计-招标-建造（DBB）管理模式下的合同类型。业主将工程项目的施工建设任务通过招标方式委托给承包商，签订施工合同。业主和承包商是该施工合同的当事方，工程师接受业主的委托，对施工合同进行管理，其权力在施工合同中作出了规定。

在施工合同安排中，承包商根据业主提供的设计文件进行施工。风险分担比较合理，体现了风险由最有能力控制此类风险的一方承担的原则，同时，业主承担了设计风险、战争风险、法律风险、不可抗力风险、不利的现场条件等较高的不可预见风险。

2. 施工合同的优缺点

由于这种类型的合同长期、广泛地在各类工程项目中采用，因而管理方法较为成熟，项目各方对有关工作程序都比较熟悉；业主可自由选择设计单位和工程师，可控制设计要求；项目各方对DBB管理模式的标准施工合同文本都较为熟悉，合同管理和风险管理比较容易。

但是采用施工合同的项目必须在设计完成后才能进行招投标，项目建设周期较长；而且对于业主而言，管理和协调工作复杂，管理费较高，前期投入较大，且工程造价不固定，特别是如果在设计过程中对“可施工性”考虑不够，容易发生变更，造成项目费用的增加，项目工期也不易控制。

（二）设计-建造合同

设计-建造（Design-Build，DB）合同是由承包商对项目的设计、施工进行总承包的合同类型。国际咨询工程师联合会（FIDIC）1999版《工程设备与设计-建造合同条件》(新黄皮书）适用于这种模式。

1. 与DB合同相关的项目各方关系

与DB合同相关的项目各方关系如图1-4所示。

在这种管理模式下，业主一般先选定一家咨询单位研究并提出拟建项目的基本要求，业主再选择一家承包商对项目的设计、施工进行总承包。

DB合同通常为总价合同，适用于机电设备安装占主要内容的工程项目。DB合同允许价格调整，也允许某些部分采用单价方式。设计-建造承包商承担整个项目的设计和建造任务，设计-建造承包商可以利用本公司的设计和施工力量完成工作，也可以招标选择设计或施工分包商。

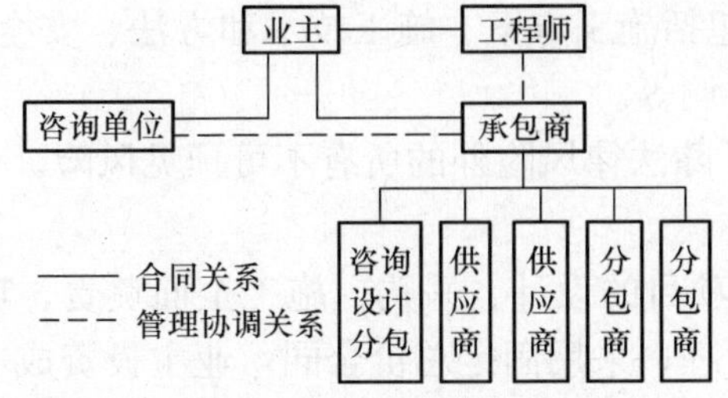

图1-4 与DB合同相关的项目各方关系

业主聘用工程师进行合同管理，管理的内容除对施工进行管理外，对设计也要进行管理，包括对承包商设计人员资质的审查，对承包商设计文件和图纸的审查，按“业主要求”的规定检查、审核或批准承包商文件等。

在DB合同下，由于总价固定，承包商承担了比单价合同更大的风险，但业主仍然承担了一部分不可预见的风险。

2. DB合同类型的优缺点

承包商对整个项目的设计和施工负责，有利于在项目设计阶段预先考虑施工因素，避免了设计和施工的矛盾，可减少由于设计不合理或错误引起的变更，以及对设计文件解释引发的争议；在业主选择承包商时，把设计方案的优劣作为主要的评标因素，从而可保证得到高质量的工程设计；由于采用固定总价（但可调价）合同，业主支出的最大费用可得到较好的保证；这种合同类型可缩短工期，提早投产，设计和施工责任均归承包商，责任明确。

DB合同的缺点在于业主无法参与设计人员（单位）的选择；业主对最终设计和细节的控制能力降低；由于采取固定总价合同，可能影响设计和施工质量。

（三）设计-采购-施工/交钥匙合同

设计-采购-施工/交钥匙（Engineer-Procurement-Construction/Turnkey，EPC/T）合同中，由EPC总承包商向业主提供包括设计、设备采购、施工、安装和调试直至竣工移交的全套服务，有时还包括融资。国际咨询工程师联合会（FIDIC）1999年版《设计-采购-施工/交钥匙工程合同条件》就适用于这种合同类型。

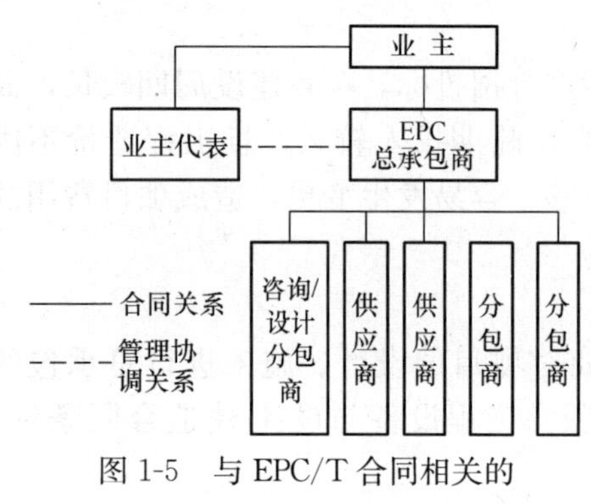

图1-5 与EPC/T合同相关的项目各方关系

1. 与EPC/T合同相关的项目各方关系

与EPC/T合同相关的项目各方关系如图1-5所示。

这种管理模式下，业主与EPC总承包商签订EPC/T总价合同，由EPC总承包商对项目进行设计、采购和施工，EPC总承包商可以选择自己完成设计或施工，也可以将设计、施工分包给专业的咨询/设计分包商和施工分包商。在项目完工后，EPC总承包商以交钥匙的方式向业主交付已完工的工程。

EPC总承包商的工作范围大致包括以下几个内容。

设计：“业主要求”中列明的设计工作，如主体工程设计、配套公用工程设计、辅助工程设施的设计以及结构/建筑设计等。

采购：购买各类工艺技术、专利产品以及设备和材料等。

施工：由EPC总承包商负责项目施工管理，包括施工方案、施工技术和方法、安全、质量、费用和进度管理、设备安装调试以及工作协调等。

在这种合同类型下，EPC总承包商几乎承担了除法律风险外的所有不可预见风险。

2. EPC/T合同的优缺点

EPC/T合同的优点在于：由EPC总承包商对项目的设计、采购、施工全面负责，项目责任单一，简化了合同组织关系，有利于业主管理；采用固定总价合同，业主投资成本在早期即可确定并得到保证；由于EPC总承包商承担了项目实施阶段的管理工作，减轻了业主方在项目管理方面的负担和投入；EPC总承包商介入工程前期决策工作，并且可以将采购纳入设计过程，有利于工期的缩短；业主承担的风险较少。

EPC/T合同的缺点在于：能够承担EPC大型项目的总承包商数量较少，不易获得有竞争力的报价，工程造价相对较高；由于EPC模式还没有形成固定的运作方式，在实践中存在多种变型，导致业主方与EPC总承包商就某些职责划分容易出现争议；承包商承担的风险较大，因此工程项目的效益、质量完全取决于EPC总承包商的经验及水平；对业主、EPC总承包商的管理水平要求较高。

（四）建造管理合同

建造管理（CM）模式又称阶段发包方式（Phased Construction Method）或快速轨道方式（Fast Track Method），最先在美国使用，是目前国外较为流行的一种管理模式。建造管理（Construction Management，CM）合同由业主和业主委托的CM经理与工程师组成一个联合小组共同负责组织和管理工程的规划、设计和施工，但CM经理的主要职责是协调管理，须要具有丰富的工程管理和实践经验。在项目的总体规划、布局和设计时，要考虑到控制项目的总投资，在主体设计方案确定后，随着设计工作的进展，完成一部分工程的设计后，即对这一部分工程进行招标，发包给一家承包商，由业主直接就每个相对独立的工程与承包商签订承包合同。

建造管理（CM）合同又可分为代理型建造管理（Agent-Construction Management）合同和风险性建造管理（Risk-Construction Management）合同。

1. 代理型CM合同

代理型CM（Agent-CM）合同是较为传统的CM合同类型，CM经理是业主的咨询和代理，业主和CM经理的服务合同计价方式为固定酬金加管理费（即成本补偿合同），业主在各施工阶段和承包商签订工程施工合同。

与代理型CM（Agent-CM）合同相关的项目各方关系见图1-6。

业主采用这种合同的优点是：业主可自由选定建筑师/工程师承担工程设计；在招标前可确定完整的工作范围和项目原则；可以有完善的管理与技术支持。缺点是在明确整个项目的成本之前，投入较大；CM经理不对项目进度和成本作出保证；几乎不承担项目管理的风险。

2. 风险型CM合同

风险型CM（Risk-CM）实际上是纯粹的CM合同与传统的施工合同的结合。采用这种形式，CM经理变为CM承包商，但其只承担管理工作，具体施工任务全部分包出去。业主一般要求CM承包商提出保证最大工程费用（Guaranteed Maximum Price，GMP）以保证业主的投资控制，如最后结算超过GMP，则由CM承包商和业主按合同中约定的比例共同承担，如低于GMP，则节约的投资同样按合同约定比例由业主和CM承包商共享。业主向CM承包商支付管理酬金及专业承包商所完成工程的费用，CM承包商由于额外承担了施工成本风险而产生收益或造成损失。

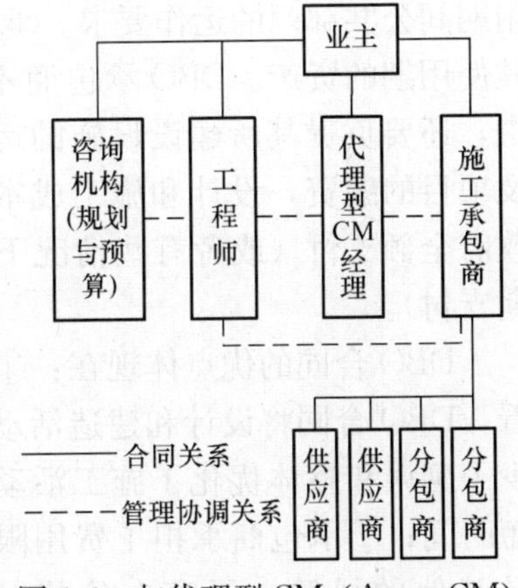

图1-6　与代理型CM（Agent-CM）合同相关的项目各方关系

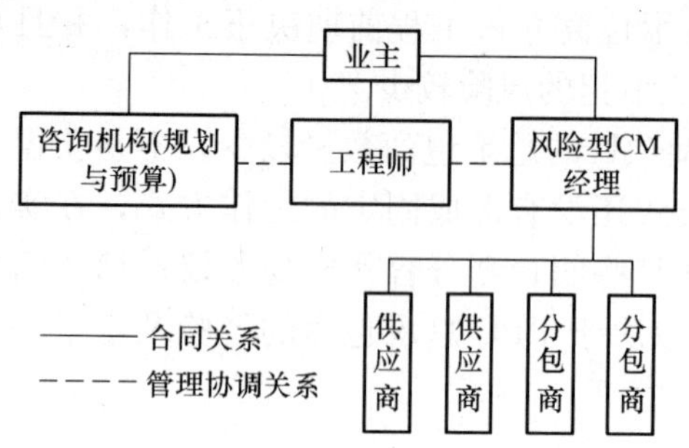

图 1-7　与风险型 CM（Risk-CM）合同相关的项目各方关系

与风险型 CM（Risk-CM）合同相关的项目各方关系见图 1-7，图中的工程师承担工程设计任务。

（五）项目管理承包合同

项目管理承包（Project Management Contracting，PMC）合同是指由业主通过招标的方式聘请一家有实力的项目管理承包商（公司或公司联营体，后简称“PMC 承包商”），对项目实施全过程的项目管理。PMC 承包商必须具备较强的专业技术力量和完成项目管理服务所需的各方面的综合能力，有丰富的类似工程项目的管理经验。

PMC 模式与 CM 模式的运作方式类同，在我国建设行业更多地称作 PMC 模式。目前，在石油化工等国际工程承包中，经常采用 PMC＋EPC 模式，即业主与 PMC 承包商签订项目管理承包合同，对工程项目的设计、采购、施工、试运行及验收全过程进行计划、管理、协调和控制，负责监督管理 EPC 承包商的全部工作。业主只须保留很小部分的管理力量对项目实施过程中的一些关键问题进行决策，绝大部分的项目管理工作由 PMC 承包商来完成。

在实践中，PMC 合同的工作范围变化较大，有时需要分阶段签订项目管理服务合同，如先签订可行性研究和基本设计的项目管理服务合同，如果业主认为 PMC 承包商称职，则再签订实施期间的项目管理服务合同。PMC 模式分为非风险型和风险型两类，其组织结构形式与 CM 模式的代理型和风险型对应。

（六）设计-建造-运营合同

设计-建造-运营（Design-Build-Operate，DBO）合同，分为规划和设计、施工和安装、运营和维护三个阶段。FIDIC 于 2007 年出版了标准的《设计-建造-运营合同条件》范本。

DBO 的组织结构与 EPC /T 类似，包括业主、业主代表和 DBO 承包商，如图 1-8 所示。DBO 承包商设计并建设一个公共设施或基础设施，并且运营该设施，满足在工程使用期间公共部门的运作要求。承包商负责设施的维修保养，以及更换在合同期内已经超过其使用期的资产。DBO 承包商不仅承担设施的设计与施工，在移交给业主之前的 20 年中，还要负责其所建设设施的运营，但不涉及项目的融资，设计和施工成本在竣工时由政府全额支付（或者有些情况下在竣工后分期支付）。

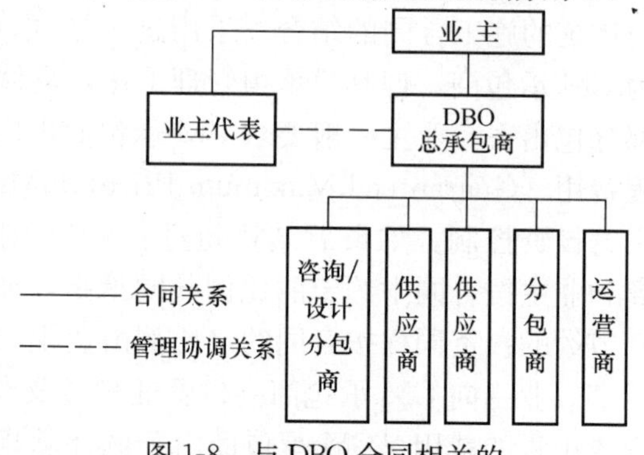

图 1-8　与 DBO 合同相关的项目各方关系

DBO 合同的优点体现在：①从时间角度看，DBO 合同将设计和建造活动的搭接，减少了延误和整体优化了施工活动，可有效缩短时间；②承包商承担了费用限制和承诺以及其他的风险，不存在价格超支的风险；③承包商负责 20 年的运营，会关注设计和建造的质量，以减少运营和维护成本，不仅生产设备会满足预期目的，而且会寿命更长。因此，这种模式优化了项目全寿命期费用。

复习思考题

1. 什么是采购？采购通常分哪几种类型？

2. 国际工程项目采购方式主要有哪几种？各自的特点及适用范围是什么？

3. 国际工程合同按计价方式分为哪几类？各自的区别与特点及适用范围是什么？

4. 国际工程合同按工作范围分为哪几类？各自的特点以及适用范围是什么？说明与每类合同相关的项目参与方。

5. 你觉得作为一名工程项目管理人员，应该具有哪些方面的知识和能力？你觉得自己应该在什么方面进行加强？

第二章　国际工程承包市场

本章内容包括世界经济发展对国际工程承包市场的影响、国际工程承包市场的现状和发展等内容；国际工程承包行业的内部和外部环境分析；我国对外承包企业开拓国际工程承包市场和进行国际化经营组织结构调整分析。

第一节　国际工程承包市场概述

一、国际工程承包市场与世界经济发展

在19世纪中叶，资本主义发达国家为争夺原材料市场，牟取暴利，纷纷向其殖民国家及地区和经济不发达地区进行资本输出，从而带动了这些资本输出国的承包商和咨询企业挤入资本输入国的国际工程承包市场。这些企业利用不发达国家的廉价劳动力和建筑材料赚取大量外汇，但也为当地带来了先进的施工技术、设备和以竞争为核心的工程承包管理体制。众多的资本输出国同时涉足一个国家和地区的工程承包市场，就使该国家和地区形成了激烈竞争的国际工程承包市场。

在第二次世界大战期间，国际工程承包市场受战争影响而衰落。但在战后，许多国家集中于医治国内的战争创伤，建设规模巨大，建筑业得以恢复并开始迅速发展。到了20世纪50年代后期，由于本国工程承包市场趋于饱和，加之国际资本也开始投向不发达国家寻求原材料资源，并且联合国开发机构和国际金融组织也纷纷给第三世界发展中国家提供贷款和援助，于是国际工程承包市场又开始活跃起来，到20世纪70年代终于迎来了它的黄金时期。

中东地区的石油储量约占世界的2/3，这一宝贵的资源在战后逐渐成为“世界的血液”。在20世纪70年代初期，世界石油价格大幅上涨，中东地区的产油国外汇收入剧增，他们开始借助雄厚的资金实力来迅速发展国民经济建设，以期改变长期贫困落后的面貌。但这些国家既缺乏生产、设计、施工等方面的技术，又缺乏熟练的劳务和必要的资源，因此各国的咨询、设计、建筑施工和专业安装公司，以及各类设备和材料的供应商随之云集，数百万名外籍劳务也涌入中东，使这一地区成了国际工程承包商竞争角逐的中心场所，出现了国际工程承包史上的黄金时代，至1981年达到了它的顶峰。随后的1982年出现了国际石油滞销，石油价格回落，加上两伊战争、海湾战争的影响，中东地区的经济发展遭到严重打击，繁荣了十年的中东国际工程承包市场逐渐低落下来。

由此可以看出，国际工程承包市场的兴衰是与经济发展形势紧密相连的。因此不难理解，在中东经济回落的20世纪80年代后期和90年代前期，东亚及东南亚地区的国际工程承包市场逐步走向繁荣。中国香港的国际金融中心地位日益确立、亚洲四小龙的腾飞以及中国经济的启动再次迎来了国际工程承包市场的旺势。

二、国际工程承包市场的现状及发展趋势

进入21世纪，由于国际经济一体化大格局的影响，全世界的经济出现了同步进退的趋势。2000年到2001年期间，美国经济衰退，加之9.11事件更是雪上加霜，直接影响到了欧盟和日本的经济复苏，而这一时期的东南亚各国还尚未走出亚洲金融危机的阴影，这些因素都对国际工程承包市场产生了不利影响。根据美国《工程新闻记录》(Engineering News Record，ENR) 公布的数据，2001年全球最大225家工程承包公司的营业额同2000年相比下降了8.1%。此后，美、欧、日三大经济体全面复苏，全球经济回暖，国际工程承包市场也开始逐步摆脱萧条，表现出较快的增长速度，发生了令人欣慰的变化。

但是市场繁荣的同时也就预示着激烈竞争的存在。现阶段，国际工程承包市场发包大型、超大型项目的增加促使大型的、超大型的承包商不断诞生。而业主方，为了规避风险，同时也为了解决融资上的困难，往往要求承包商带资承包。承包商的角色已不再仅仅是建筑服务的提供者，也逐步成为资源的整合者、资本的运营者甚至是项目的直接投资者。因此，为了应对日益激烈的国际市场竞争，提升自身的国际运营能力，众多的国际工程承包商相继实施业内资产重组，不断扩大经营规模，收购和并购活动不断出现。例如，美国著名石化工程设计商鲁马斯公司被欧洲的ABB财团收购后，每年可从财团获得40亿美元的支持，大大提升了它的国际竞争力；西班牙的Grupo ACS公司于2003年3月收购了Grupo Dragados公司，其规模迅速扩大，在全球最大225家国际承包商中的排位从原来的第98位跃居至第20位。因此，有理由相信，随着国际工程承包市场的进一步繁荣，今后承包商间的国际竞争将更加白热化。

三、国际工程承包市场细分

(一) 市场细分的目的

国际工程承包市场发展到今天，其规模十分庞大，从基础设施到航天科技，从民用到军用的各个领域，可谓是无所不包。形式的多样化、关系的复杂化及利益的多元化等特征也越来越明显。在这样一个纷繁复杂而又十分广阔的市场上，任何一个承包商都不可能也不应该到处与人盲目竞争，而是应采取“田忌赛马”的策略，用自己的优势与别人的劣势竞争，作出恰当的企业定位决策，即确定具有吸引力的、本企业可以提供最有效服务的细分市场。

(二) 市场细分的方法

依据不同的条件，国际工程承包市场的细分方法主要有以下几种。

1. 按地理区域进行细分

按地理区域进行细分是一种传统的也是国际工程承包市场上最常用的细分方法。按此方法，通常将全球划分为亚太地区、欧洲、北美、非洲、拉美和中东六大工程承包市场。而每一个市场又可以分为几个小市场，如欧洲市场又可以分为传统欧洲工程承包市场和新兴欧洲工程承包市场。其中传统欧洲工程承包市场以英、法、德、意为代表；新兴欧洲工程承包市场以中东欧及俄罗斯为代表。

2. 按行业特点进行细分

按行业特点进行细分也是比较常见的，美国“工程新闻记录”(Engineering News Record，ENR) 就经常采用这一细分方法来评判分析每年的国际工程承包市场。按此方法可以将国际工程承包市场细分为房屋建筑、交通运输、制造业、工业、石化、水利、电

力、电信、废水/废物处理、危险废弃物处理等市场。从近几年的统计数据来看，交通运输市场、石化市场和房屋工程承包市场形成三足鼎立，而交通运输市场无论其规模还是发展速度都是三者中的佼佼者。

3. 按技术类型进行细分

按技术类型也可将市场进一步细分，如水利工程市场可进一步细分为设备采购、水下挖土、石方爆破等小的市场。

第二节 国际工程承包市场环境分析

一、国际工程承包市场外部环境分析

每一个区域、国家和地区都有着不同的环境因素。在没有弄清和理解这些因素之前，任何一个承包商都不敢贸然承揽工程。国际工程承包行业外部环境因素可以分为五大类：经济、法律、政治、社会文化和科技。

（一）经济环境

一个国家经济状况的好坏直接决定了这一地区国际工程承包市场的发展程度，因此承包商应对目标市场国的经济发展水平、经济结构、失业、通货膨胀及汇率等进行认真研究。

1. 经济发展水平

一般来说经济发展水平较高的国家和地区，业主对工程产品的质量、性能及缺陷责任期内的服务水平要求较高。重视的是承包商的品牌、信誉和实力，市场竞争表现为品质竞争多于价格竞争。

经济发展水平较低的国家和地区，则注重于产品的性价比，表现为业主对价格较敏感，因此，承包商的报价及所能提供的优惠条件成为市场竞争的主要手段。

须注意的是，经济发展周期会对工程承包市场产生影响。在经济复苏及繁荣期，通常会促进承包市场的发展；反之，在经济的衰退和萧条期则会抑制承包市场的发展。不同的经济时期，业主都会有不同的要求，一个有经验的承包商应善于对此加以分析和把握。

2. 经济结构

由于自然、历史、人文等原因，造成了不同国家经济结构的差异，使得各国经济的发展方向有所侧重。为了避免经济结构过于单一，各国又会不断地调整经济政策。这一系列的连锁反应最终都会影响到该国或该地区的国际工程承包市场。比如在中东地区，石油是国家经济收入的主要资源，经济结构自然会偏重于石化领域。但中东国家不可能长时间地保持这种单一的经济结构，于是各国开始调整经济政策——保证石化建设的同时，大力发展制造业和旅游业。经济形势的转化会为承包商带来新的市场契机。

3. 失业率

失业率如果长期处于较高水平，会对一国的政治和经济带来很大的不利影响。各国政府，为了解决失业问题，往往会出台积极的财政政策，扩大国内总需求。政府同时也会对国际劳务输入加以限制，从而增加国内的就业率，这对外国承包商来说是个不小的障碍。

4. 通货膨胀和汇率

通货膨胀可能使所在国的工资和物价水平大幅度上涨，这在拉美经济危机中有着淋漓

尽致的体现。国际工程承包市场中有很多项目都是由承包商来负责设计和采购，如 EPC 项目，此类项目合同额度较大，一旦工程所在国或主要原材料的供应国发生超乎预期的通货膨胀，其损失将是巨大的。

汇率同样是一个承包商需重点分析和研究的对象。在国际工程中经常遇到的外汇问题有：工程所在国外汇管制严格，限制承包商汇出外币；外汇浮动，当地货币贬值，从而使承包商赚取的当地货币，由于合同中没有规定采用固定汇率而蒙受损失；合同中规定的外汇贬值等。

（二）法律环境

法律环境对国际工程承包市场的制约性是不言而喻的。法律的健全及宽松程度严重影响着国际承包商的利益及进入目标市场的可能性。可从两方面分析法律环境。

1. 工程所在国法律环境

主要分为基本法律，包括外资法、公司法、招标投标法、反不正当竞争法、专利法、环境法等；关税政策，包括进出口税、进口附加税（含反补贴税和反倾销税）、差价税、优惠税等；进出口限制，又称为非关税壁垒，主要有包括进口配额制、进口许可制、最低限制、进口押金制、进出口国家垄断以及各种苛刻的商检技术标准等。

2. 国际条约和国际惯例

承包商应分析工程所在国都加入了哪些国际组织。如欧盟、世贸组织等对其成员国的关税都有相应要求，承包商必须考虑到这些要求。在实施项目时，承包商还应了解工程所在国的业主通常会按哪些国际惯例行事，如《联合国国际贸易销售合同条约》、《国际贸易术语解释通则》、FIDIC 国际惯例等。

（三）政治环境

政治环境直接与国家的体制、宏观经济政策相联系，分为国内政治环境和国际政治环境两方面。

1. 国内政治环境

国内政治环境主要包括政局、政治事件及国家政策等。在国际工程承包市场中，政局的稳定性和政策的连续性是增强承包商和投资者信心的重要因素。在进行国家政策分析时，承包商应从政策构成、政策倾向和政策持续性三方面加以分析总结。

2. 国际政治环境

国际政治环境主要包括外交、战争和制裁等。国际政治环境主要是从外部来判断这一地区的政治环境，重点分析目标国家和地区同相邻国家的外交关系，以及本国同目标国的关系。分析目标国是否存在外来战争的威胁，是否有国际制裁，在遭受国际制裁期间，很多物资和设备都是禁运的。

（四）社会文化环境

社会文化环境是指一个国家、地区或民族的传统文化，通常由价值观念、信仰、风俗习惯、行业方式、社会群体及其相互关系等内容构成。它是影响人们欲望和行为的重要因素。生活在不同的文化背景下的人们，遵循着不同的行为规范，拥有不同的观念和信仰。

充分了解某一目标国家或地区的社会文化环境是承包商获得成功的先决条件之一。在进行谈判、沟通、采购、工期安排等工作时，结合社会文化环境可事半功倍，否则会发生不可预见的损失。例如在信仰伊斯兰教的国家，当地人一天之中要多次朝拜，有的承包商在雇用当地劳务人员时并没有考虑到这一点，而使后来的工期大大延误，造成了不必要的损失。

（五）科技环境

科学技术作为第一生产力，对国际工程承包市场的影响也不可小视。例如，在工程建设期间，尤其是在安装工程中，往往需要用到一些大型的设备，这些设备无论是自身的设计标准还是对操作员工的技术要求都很高。此外，在工程所在地是否可以获得施工机械设备所需的备品备件，是否可依据当地的科技发展水平，对设备进行恰当的维修和保养等等，都是承包商需要考虑的内容。

二、国际工程承包市场内部环境分析

国际工程承包市场内部环境分析是指对国际工程承包行业内部环境中存在的竞争力量及相互关系进行的分析。哈佛大学权威竞争战略专家迈克尔·波特（Michael E. Porter）认为，决定企业盈利能力的首要的和根本的因素是行业吸引力，而行业的吸引力、行业效应的大小主要取决于行业的竞争状况和竞争结构。行业的获利潜力和竞争状态取决于五种基本竞争力量，即新加入者的威胁、替代产品或服务的威胁、现实的竞争对手的威胁、供应商的侃价能力和购买者的侃价能力（如图 2-1)。这五种竞争力量的共同作用力决定了竞争的强度和最终利润潜力。

根据波特的行业竞争力量模型，可以建立国际工程承包市场的竞争力量模型，五种竞争力量的强度决定行业的盈利率，其具体描述如图 2-2 所示。

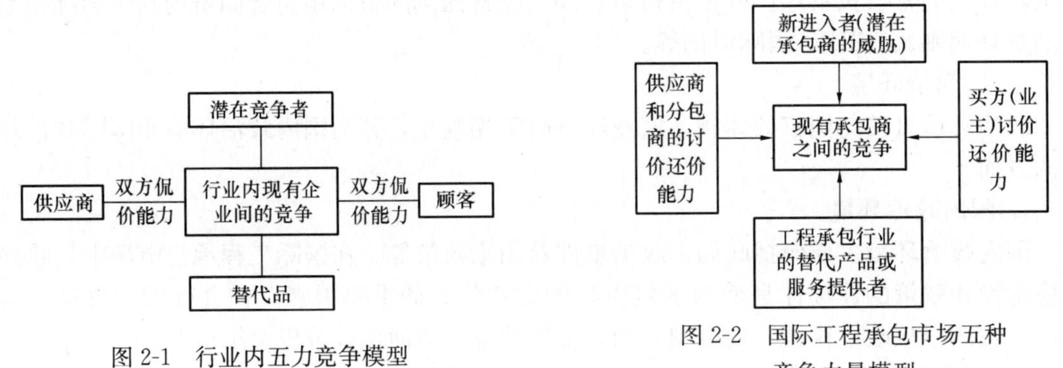

图 2-1 行业内五力竞争模型

图 2-2 国际工程承包市场五种竞争力量模型

（一）新进入者

国际工程承包市场的新进入者是承包市场新的竞争力量，带来了获取市场份额的欲望以及大量的资源。国际工程承包市场的现有竞争者必须面对这些新进入者产生的威胁。威胁的严重程度主要取决于市场进入的现有障碍和现有竞争者的反应。对新进入者形成的障碍主要有以下几种。

1）国际工程承包市场的新进入者必须向业主证明拥有满足业主需求的管理技能和经验。竞争者近年来的业绩是业主考察承包商能力的一个主要方面，新进入者由于没有类似环境下承包工程的经验，可能会造成工程延误等风险，业主因此可能拒绝新进入者。

2）国际工程承包市场的新进入者需要动迁大量的资源。新进入者由于在目标市场没有经营基础，实施项目所需的全部资源必须从总部所在地迁移至目标市场，动迁大量资源所需费用是一笔较大的支出。

3）与规模经济无关的成本劣势。现有竞争者无论他们的规模如何，都比潜在竞争对手（新进入者）具有成本优势；这些优势可以来自于学习曲线效应、经验曲线效应和专利技术等，如资源动迁成本要比新进入者低很多。

4）品牌认知。品牌确认形成的障碍使新进入者要花费巨资克服业主对现有合作伙伴的品牌忠诚度；广告宣传、客户服务、行业领先以及产品差异都是形成品牌确认的因素，如我国某公司在南非开展国际工程承包，在公开竞标的一些项目中，即使投标价最低，也未能中标，原因是该公司在此地区的品牌影响力低，不被招标方认可。

5）资本需求量。参与国际工程承包市场竞争必须投入大量资本，这对新进入者是一种障碍，特别是在市场研究开发（如当地市场信息的收集分析等）这类不可恢复的支出需要资本时，尤其如此。

6）现有竞争者的反应。现有竞争者有大量的反击资源，会猛击新进入者，这些反击资源包括大量的现金和未利用的融资力量；现有竞争者有可能为保住市场份额，或因全行业能力过剩而降低价格。

7）政府政策。政府可能通过各种手段对国际工程承包市场进行干预，以限制和排除外来竞争者进入其工程承包市场。如许可证的存在就是一个政府干预市场的例子，我国在入世谈判所做的承诺中，不向国外承包商开放工程地质勘察市场，也是政府干预国际工程承包市场的例子，实际上，每个国家为了保护本国的民族经济，均设置了许多技术和非技术壁垒。

（二）替代产品或服务提供者

国际工程承包的替代产品或服务是与国际工程承包市场的需求紧密相关。根据波特对五种竞争力量的界定方法，工程建设业近年来出现了一些新的合同管理模式，主要是承包商所介入项目建设周期阶段的扩大和工作范围和责任的变化引起合同管理模式的变化。

如最近十多年出现的 PFI（Private Finance Initiative，PFI）等项目融资建造模式［包括 BOT（建造-运营-转让）或 BOOT（建造-拥有-运营-转让）等融资建造模式］，对传统建造模式提出了强有力的挑战。采用这种建造模式的项目经常是国有基础设施项目，项目投资额巨大，风险大，但收益也大。对承包商而言可作为项目投资方和施工方角色参与国际工程承包市场的竞争。

项目承包的各种模式以及所涉及的项目建设周期阶段如图 2-3 所示。

（三）供应商和分包商

承包商的供应商和分包商是承包商价值系统中需要协调的主要内容，他们通过提价，或降低产品和服务的质量来获得利益，其讨价还价的能力取决于供应商和分包商所在行业当时的竞争状况。可以分为两种情况讨论。

1. 强大的供应商和分包商群

在这种情况下，可能形成一种卖方市场，其主要特征是：

1）市场由几家公司操纵，几乎形成垄断；

2）提供的产品或服务是或至少是差异性的；

3）该产业不是供应商的重要客户等。

市场的上述特征就会抑制承包商（作为购买者）提高购买条件的能力。

2. 强大的承包商群

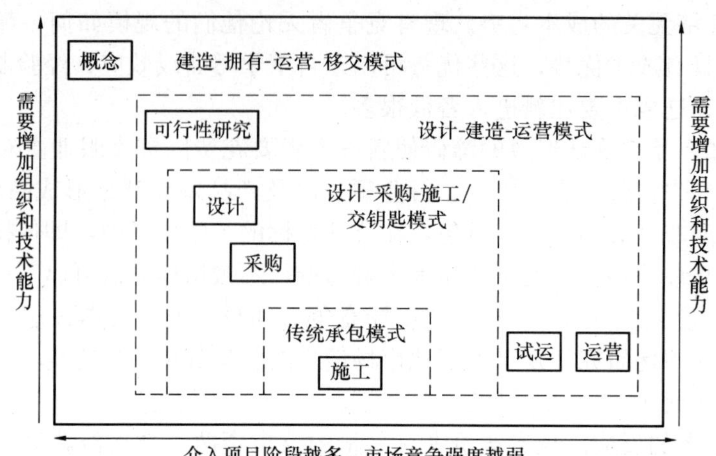

图 2-3　项目阶段与项目承包模式关系

在这种情况下，可能形成一种买方市场，其主要特征是：

1）承包商的集中购买量大或是长期的购买者，巨额购买者往往是一种特殊强大的力量；

2）从供应商处购买的产品或服务是标准的或是非差异性的，有丰富的供应商来源；

3）从供应商处购买的产品构成承包商产品的一部分，并在其成本中占较大比例；

4）供应商的产品和服务的质量对承包商来说不重要。

国际工程承包市场的上述特征，对于作为购买者的承包商来说，很可能按有利的价格有选择地进行采购。对于利润较低的承包商，将会致力于降低其采购成本。如果是高盈利者，则可能对供应商和分包商的价格不具有敏感性。在讨价还价时，承包商可能威胁供应商和分包商不再采购他们的产品或服务，而选择自己生产。如国际工程承包市场中的商品混凝土供应，一些大的承包商可能自己有能力生产和运输，或自己在现场建立搅拌站。

（四）买方（业主）

某些国家与东道国有很多的贸易往来，政治关系密切，来自于这些国家的承包商就具有一定的优势。项目的业主（或业主的工程咨询顾问）偏爱具有良好业绩并具有强大财务稳定性的公司，这样可减少业主的风险。这也是大型知名承包商的优势所在。

业主讨价还价的能力还与市场的发展阶段有关，即市场所处的发展阶段是买方市场，还是卖方市场。买方市场下，业主的讨价还价能力大于卖方市场下其讨价还价的能力。目前，国际工程承包市场正处于买方阶段，国际承包商的营业利润普遍偏低。

（五）现有承包商

国际工程承包市场现有承包商间竞争激烈程度在各国工程承包市场发展的不同阶段也呈现不同的特点。他们会随着国际工程承包市场环境的改变而改变各自的竞争策略。例如，为承揽大型项目而组成联营体，对现有竞争者就是一种互补优势。

政府通过制订政策对国际工程承包市场进行干预，对现有承包商通过承包资质和经营范围限制，也形成了一种国际工程承包的分配格局，使现有竞争者在不同的层次上进行竞争。

从上述关于国际工程承包市场竞争力量模型的讨论可以看出，国际工程承包市场与其他行业市场在竞争力量模型上具有相似性，但在竞争规则上存在特殊性。

第三节　我国对外承包企业如何开拓国际工程承包市场

一、我国对外承包工程业绩

在加入 WTO 后，我国对外承包企业大力实施“走出去”战略，积极参与了国际工程承包市场的竞争。经过二十多年的苦心经营和奋力打拼，取得了斐然的成绩。无论从市场开拓的深度和力度，经营合同的额度，还是专业项目的规模，执行项目的能力和盈利水平，都取得了长足的进步。特别是一些大型专业承包商在本专业内的竞争实力不断提高，令国际同行刮目相看。

2003 年以来的年新签合同额、年营业额的平均增长率都保持在 20%以上，形成了以亚洲为主，逐步发展非洲、拉美和南太平洋市场，恢复中东市场，并开拓欧美市场的多元化格局。同时，我国对外工程承包项目范围也从初期的房建、路桥发展到石化、冶金、港口、电力等多个领域，规模档次不断提升。对外工程承包的长期持续发展，对我国国民经济的发展起到了积极的促进作用，产生了良好的经济效益和社会效益。表 2-1 是根据商务部统计数据整理所得。

我国对外承包工程完成营业额及新签合同额　　**表 2-1**

	完成营业额（亿美元）	同比增长	新签合同额（亿美元）	同比增长
2003 年	138.4	23.6%	176.7	17.4%
2004 年	174.7	26%	238.4	35%
2005 年	217.6	24.6%	296	24.2%
2006 年	300	37.9%	660	123%
2007 年（1-8 月）	226.6	32.5%	416	27.1%

二、对外承包企业国际化经营的组织结构类型分析

对外承包企业实施“走出去”战略，要有一个合理的企业组织结构做保证。企业国际化经营结构按照其全球化程度不同可分为：多国结构、国际部结构、全球化结构。企业国际化经营所处阶段不同，适用的国际化经营结构类型也不同。

（一）多国结构（国外子公司结构）

对外承包企业国际化经营初期，常在国外设立分公司，实施直线职能式管理。与此适应的组织结构是多国结构，它基本上是一个国外子公司结构。

该结构的主要优点包括：具有当地直接经营的优势；国外子公司有较高自主权；子公司经理直接向母公司最高主管负责；下行上达迅速，而且有专人负责。

主要缺点包括：各子公司之间协调困难，会相互争夺有限的资源；各子公司常常根据自身利益作出决策，对企业的整体利益考虑不够，将分散最高管理层的精力，不能有效地利用时间；有时子公司较小的问题会被忽略。

（二）国际部结构

随着国际化经营的范围和规模日益扩大，管理的要求和复杂性大大提高，对外承包企业需要有一个专职的部门来管理国际业务，协调国内外部门的关系。一般采用在总部设立国际部（或建立一个国际公司），代表总部管理协调国外业务。

国际部通常由对外承包企业的一名副总经理主管，并直接向总经理负责。有的公司则建立一个以副总经理为分公司总经理的国际业务公司，作为母公司的全资子公司，全权负责类似国际部的工作。

国际部的主要职责是为国际化经营制定政策和战略，并负责实施战略。国际部通常直接负责对外承包企业的出口和许可证业务，并直接或间接地负责海外部门的工作。负责协调对外承包企业内各项国际业务是国际部工作中一项非常重要的职责，由其统一管理各种国际业务，能大大提高效益，增强对业务的控制。该结构的一般形式见图 2-4。

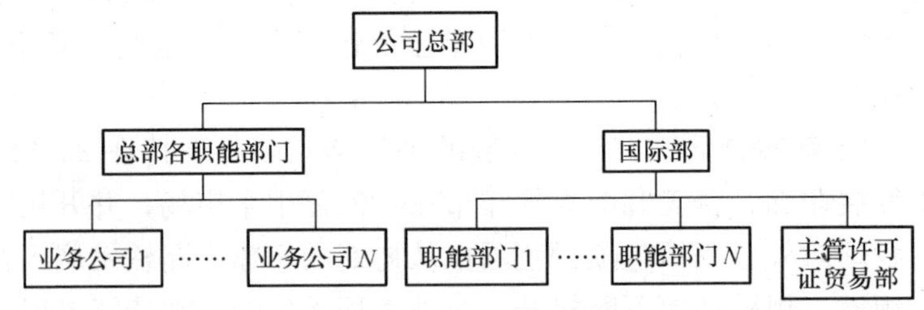

图 2-4 国际部结构

国际部的主要优点是：经营重心刚从国内市场转向国际市场的对外承包企业有了一个集中管理海外全部业务的机构；国际部专职人员的国际化经验和知识、国际观念与跨国经营的理念，不仅提高了对外承包企业的国际经营能力，而且对国内经营部门也极具价值；国际部能引起最高管理层对海外经营的充分注意，并从全球角度考虑资源配置；从竞争战略的角度看，国际部结构的最大优越性在于它能够克服各职能部门只注重国内市场而不能进行全球考虑的缺点。

当然，国际部组织结构在实践中也有一些不足之处：国际部不能控制对外经营及重要的要素资源，对业务操作部门的依赖性较大；由于国际部的职能地位，只能通过沟通与合作的方式与国内部门打交道，不易配合；国际部与国内部门在管理模式、管理观念、领导风格、甚至文化等方面易产生冲突，并由此在国内管理人员与国外管理人员之间产生隔阂。

（三）全球化结构

全球化结构使得对外承包企业机构设置不再区分内外，而是以全球为目标，制定全球战略，管理人员具有全球趋向的心态和眼光，在全球范围内合理配置资源。这样可实现全球范围内的资源配置，在全球范围内布局生产，实现对外承包企业价值链上各个环节的最优安排，从而从规模经济、范围经济、综合经济效应中获益。全球化的组织结构有三种形态：全球职能结构、全球产品结构、全球地区结构。

复习思考题

1. 请根据国际工程承包市场与经济发展的关系，试分析我国的工程承包市场的现状。

2. 国际工程承包市场外部环境主要包括哪几方面？它们是如何对市场产生影响的？请举例说明。

3. 根据波特的行业竞争力量模型，我们可以建立起国际工程承包市场的竞争力量模型。该模型的五种力量是指的什么？它们是如何对市场产生影响的？请举例说明。

4. 对外承包企业开拓国际建筑市场过程中是如何进行组织结构调整的？

5. 企业国际化经营结构按照其全球化程度不同可分为哪几种？其各自的特点以及适用范围是什么？

第三章　国际工程承包与项目融资

本章内容包括国际工程承包商如何增强自身的财务能力，以满足业主对承包商财务能力的资格要求；如何协助业主融资和参与项目融资，扩大中标机会；国际工程项目融资的概念、特点、参与方、操作类型以及项目融资模式；BOT项目融资模式及其衍生类型和风险管理。

第一节　国际工程承包商的融资能力

国际工程项目所需的资金量常常比较大，项目业主为了减少向金融机构的贷款以降低自己的财务风险，往往要求承包商投入一定量的资金，甚至要求承包商、供应商等共同参与项目的融资建设。尤其是随着国际工程项目大型化趋势不断加强，EPC、DBO、BOT（Build-Operate-Transfer）和PPP（Public-Private-Partnership）等方式的不断应用发展对承包商的融资能力提出了更高的要求，因此承包商的融资能力已经成为其增强国际竞争力，赢得并顺利完成高质量、高技术和大规模项目的关键因素。

国际工程承包市场对承包商的融资能力要求表现在两个方面：一是承包商为保证项目正常实施所需要的流动资金量，即财务能力；二是承包商协助业主融资的能力。

一、国际工程承包商的财务能力

国际工程承包市场总的趋势是越来越多的国际工程项目需要承包商带资承包。除美国等少数国家的政府项目外，多数项目都需要承包商以不同形式带资承包。即便是原先不需要垫付资金的国际金融机构贷款项目，现在也需要承包商垫付大概相当于工程合同价格20%的流动资金。据有关专家估算，带资承包项目约占国际工程承包市场项目总数的65%。

业主在选择承包商的时候，非常重视承包商的财务能力。例如亚行《土建工程承包商资格预审指南》推荐的百分制计分系统中，将评价申请人资格能力的内容分为三大要素：财务能力、技术资历、相关经验。财务能力是对承包商进行资格审查的三大要素中最重要的要素，主要考察承包商能够获得的用于本项目的流动资金，是承包商能否顺利完成工程的能力基准。没有相应财务能力的承包商，很难保证合同任务的顺利完成，甚至会因资金困难而不能偿还到期债务而引起破产，给业主造成很大的风险损失。

（一）承包商用于本项目的流动资金

承包商必须提供资料（一般为3年至5年的财务报表）证明他可以采用适当的财务手段，如通过贷款，获得足够的流动资金，以保证在业主不能及时支付工程进度款的情况下，也能够继续工程的施工。对财务能力的评价指标是业主在承包商资格预审须知中规定的流动资金值，如图3-1所示。流动资金的确定方法是拟建项目的月平均施工速率乘以进度款延迟支付的时间（约4个月）。

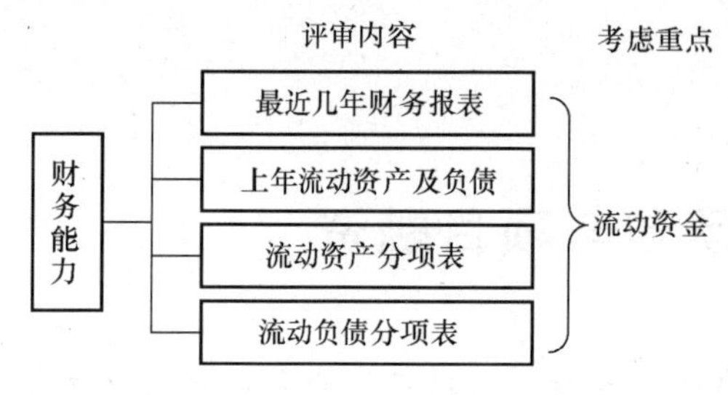

图 3-1 财务能力的评价指标

根据 FIDIC 1999 版《施工合同条件》关于进度款支付时间的规定，承包商每月末提交当月完成工作的进度款期中支付申请，工程师在收到承包商的期中支付申请后的 28 天内向业主发出期中支付证书，业主则在工程师收到期中支付申请后的 56 天内向承包商支付。而合同中同时规定，承包商未及时得到支付，必须提前 21 天发出通知，才能暂停工程或终止合同，这意味着承包商需要垫付将近 4 个月（1 个月施工期＋工程师颁发月支付证书和业主支付共 56 天＋提前 21 天发出通知，约为 4 个月）的资金，在这 4 个月的时间里必须按正常速度施工。此后，才能视业主违反合同，行使暂停工程或终止合同的权利。

为了保证连续的施工，必须要储备足够的材料和构配件，这些物资的采购，也需要占用承包商不少资金。项目前期启动资金和设备的投入也很大，虽有预付款，但一般都无法满足前期的开支，承包商仍需大量流动资金。

承包商可以通过以下几种方法，证明其可获得的流动资金的能力：

1）企业财务报表。通过财务报表中显示的企业流动资金状况，对投入拟建项目的流动资金作出承诺。

2）从其他项目收回，用于本项目的资金。在拟建项目实施期间，说明本企业可以从承担的其他项目中收回的资金数额和准备用于本项目的流动资金数额，并附相应的证明资料。

3）金融机构贷款。可由金融机构出具贷款额度证明，即承包商一旦被授予合同，金融机构将按承诺的金额向承包商贷款。

（二）评价承包商财务能力的指标

以世界银行贷款项目对承包商财务能力的评价方法为例，世界银行项目最常使用的财务指标是流动资本（Working Capital）和资本净值（Net Worth）。一般工程项目的业主在对承包商的财务能力进行评价时，除了这两个指标外，还会考虑承包商可获得的贷款的额度。

1. 流动资本

流动资本是流动资产和流动负债的差值，代表公司在短期内产生现金的能力。流动资产是指现金和可在一年内转为现金的其他资产。流动负债是当年必须向外支出的货币债务。

相对于流动资本数值而言，将流动资产和流动负债相比得到的流动比率更能说明承包商的财务能力。流动比率表明企业的每元流动负债中有多少流动资产作后盾，如果流动比率大，则说明企业的偿债能力较强，反之，则较弱。按照国际惯例，企业的流动比率通常应保持在 2∶1 水平以上，即流动资产应该是流动负债的 2 倍。但建筑企业通常都有少量存货，并且应收账目容易收回，一般认为建筑企业合理和最低流动比率是 1.7，即在较低流动比率下仍可安全经营。

2. 资本净值

资本净值是总资产和总负债的差值，代表公司长期获得利润的能力以及承受损失的能力，同时也表明公司利用股本的效率。我国的施工企业财务评价指标体系选用资本收益率作为该因素的评价指标，并且以同期银行贷款利率及近五年的相对稳定性作为评价依据。如果资本收益率波动较大，则预示存在一定的财务问题。通常情况下，项目业主会拒绝这类投标人。

将净利润和实收资本相比得到的是资本收益率。一般来讲，资本收益率越高，说明企业获利能力越强，当资本收益率高于同期银行贷款利率时，通过举借债务可为企业带来收益；反之，则过高的负债将使其利益受到损害。

3. 可获得的贷款额度

在国际工程承包市场竞争中反映承包商竞争力的另一个主要的指标是融通资金的能力，即承包商能在所投标的项目上投入的资金额度。该笔资金并未包括在上述流动资产中，其评价依据是信贷机构为承包商出具的信贷担保，该担保说明一旦被担保方中标，信贷机构将按担保中注明的额度向被担保方提供贷款。在国际公开竞争性招标中，评标时将这个因素并入流动资本中考虑。

二、承包商协助业主融资

当建设项目业主出现资金紧张、融资困难时，如果承包商对国际融资机构及出口信贷机构比较熟悉，可以协助业主进行融资，这既是承包商融资能力的体现，也将有助于承包商获得承揽项目的机会。

承包商协助业主融资往往采用出口信贷的方式。出口信贷融资指承包商所在国为扩大本国货物和服务的出口而由其出口信贷机构或商业银行（合称承包商所在国贷款银行）向建设项目的业主提供的中长期优惠贷款。出口信贷融资一般分为卖方信贷、买方信贷两种形式。

（一）卖方信贷

卖方信贷指承包商本国贷款银行向本国承包商提供的中长期优惠贷款，它解决了业主融资的困难，使业主能采取延期付款的方式同建设项目的承包商（承包商所在国银行）达成交易。这种方式的操作流程如图 3-2 所示。

图 3-2 中，①业主向其所在国银行交纳担保费；②业主所在国银行向承包商所在国银行提供工程付款担保；③承包商所在国银行向承包商贷款；④承包商向业主交付工程；⑤业主向承包商支付工程款以偿还贷款本息；⑥承包商向其所在国银行偿还贷款本息。

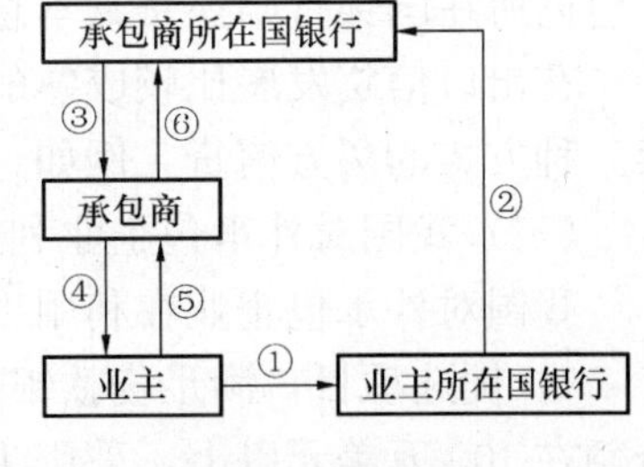

图 3-2 卖方信贷

在签订国际工程承包合同之前，承包商一般先向本国的出口信贷机构询价，以便将有关的出口信用保险费用计入成本。

承包商以进度付款或延期付款方式与项目业主签订工程承包合同，一般要求业主在合同生效后向承包商支付 15%～20%的现汇（包含成套设备和机电产品出口的项目一般不低于合同金额的 15%），其余 80%～85%的款项在工程建设期间分期偿还。依国际惯例，一般要求每 6 个月偿还一次，等额本金加利息。

在一国出口信贷发展的初期起步阶段，卖方信贷往往占有主要地位，其原因主要是提供信贷的银行和申请信贷的承包商在同一国度，操作比较方便。

（二）买方信贷

买方信贷是由承包商所在国贷款银行把款项贷给工程所在国的业主或业主所在国的银行，再由业主用这笔贷款以现汇形式向承包商支付工程款的一种出口信贷方式。买方信贷具体有两种方式：承包商所在国贷款银行向业主所在国银行贷款和直接向业主贷款。

1. 向业主所在国银行贷款

承包商所在国贷款银行先向业主所在国银行贷款，再由业主所在国银行为项目业主提供贷款。业主所在国银行可以按业主原计划的分期付款时间陆续向承包商所在国贷款银行归还贷款，也可以按照双方银行另行商定的还款办法办理，而业主与其所在国银行之间的债务，则由双方在国内直接结算清偿。这种方式的操作流程如图 3-3 所示。

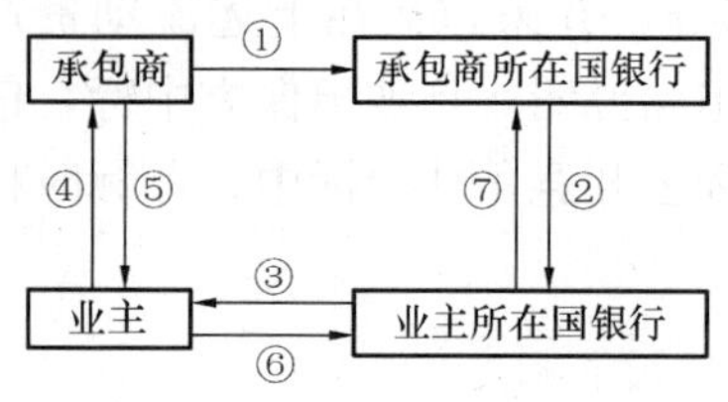

图 3-3　买方信贷类型一

图 3-3 中，①承包商向其所在国银行交纳担保费；②承包商所在国银行向业主所在国银行贷款；③业主所在国银行向业主贷款；④业主向承包商支付工程进度款；⑤承包商向业主交付工程；⑥业主向其所在国银行归还贷款本息；⑦业主所在国银行向承包商所在国银行归还贷款本息。

2. 直接向业主贷款

承包商所在国贷款银行直接向业主贷款，并由业主所在国银行或第三国银行为该项贷款担保。通常，承包商所在国贷款银行根据合同规定凭承包商交付的工程将工程款直接付给承包商，而业主则按合同规定陆续将贷款本息偿还给承包商所在国贷款银行。这种方式的操作流程如图 3-4 所示。

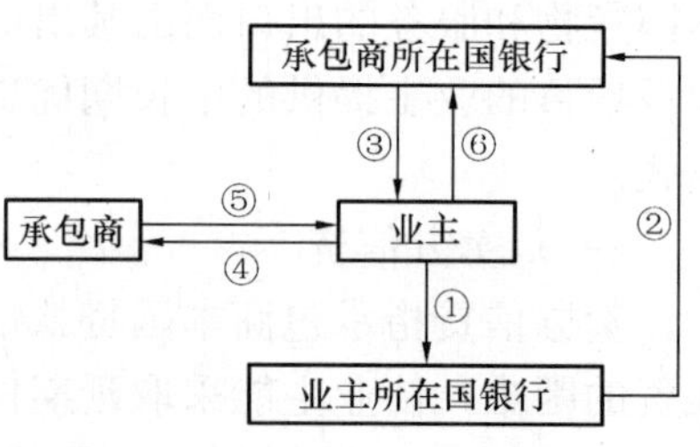

图 3-4　买方信贷类型二

图 3-4 中，①业主向其所在国银行交纳担保费；②业主所在国银行向承包商所在国银行提供还款担保；③承包商所在国银行向业主贷款；④业主向承包商支付工程进度款；⑤承包商向业主交付工程；⑥业主向承包商所在国银行归还贷款本息。

在出口信贷发展比较成熟的国家，买方信贷是使用较多的出口信贷形式，尤其是上述第一种方式的买方信贷，例如，在法国，以该方式提供的贷款占其出口信贷总额的 70%。

（三）我国对外承包企业利用出口信贷应注意的问题

我国对外承包企业在利用出口信贷时，应注意以下问题：

1）优选项目，满足贷款银行的贷款条件，争取优惠的贷款利率。在我国，一般合同金额在 100 万美元以上，采用 1 年以上延期付款方式的资金需求，均可申请出口信贷；包含成套设备和机电产品的工程项目的合同中，有关的比例均要达到我国出口银行的贷款条件。比如在卖方信贷中，设备国产化比例不低于 15%；买方信贷中，则不低于 70%，否则会适当降低贷款金额。

2）争取可靠的还款担保。对于贷款银行而言，更加看中企业的融资能力和项目业主的还款保障。如果对外承包企业能够要求项目业主提供其国家中央银行或著名商业银行的远期信用证，则能给对外承包企业顺利取得出口信贷增加砝码。

3）充分考虑项目所在国风险。对于项目所在国家的各种风险认识不足，可能使得对外承包企业在申请卖方信贷的过程中无法准确估计项目业主所在国的风险大小，从而影响了企业和融资银行的利益。

4）择优选择保险公司。作为出口信贷项目，无论是银行还是对外承包企业，都面临着较大的还款风险，因此对外承包企业针对自己的风险大小进行必要的投保成为融资银行项目评估时十分重要的依据之一。保险公司依据项目可行性报告对项目进行评估，出具担保意向。出口信贷保险是项目获得融资的必要条件之一。

5）寻求抵御金融风险的方法。一般国际工程项目都具有投资大、建设周期长等特点，对外承包企业在操作融资项目时，金融风险（贷款利率、同业拆借利率等）对企业效益的影响最为显著。为了规避这种类型的风险，对外承包企业应向融资银行寻求必要的防范金融风险的技术指导，并利用适当的金融工具，使企业在抵御金融风险时趋利避害。

第二节 工程项目融资

一、项目融资概述

（一）项目融资的概念

项目融资在一些国家，如美国，已经有 20 多年的实践，但仍没有公认的定义，总体而言，项目融资可以分为广义和狭义两类。广义的项目融资的定义为：凡是为了建设一个新项目或者收购一个现有项目以及对已有项目进行债务重组所进行的融资，均可称为项目融资；狭义的项目融资的定义为：以项目的资产、预期收益或权益作抵押取得的一种无追索权或有限追索权的融资或贷款。本章讨论的项目融资均是基于狭义的定义。

无追索权融资的特点是：

1）项目贷款人对项目发起人的其他项目资产没有任何要求权，只能依靠该项目的收益作为还本付息的唯一来源；

2）项目融资的基础是该项目的经济强度，即现金流量水平；

3）通常贷款人会要求提供信用担保以规避还贷的风险；

4）需要有一个稳定的政治、经济环境。

有限追索权融资主要体现在追索对象、追索金额的有限性。例如矿产资源开采不出来、工程项目竣工后无法使用等，项目公司无法得到预期的收入，因而就不能偿还贷款。贷款人不能追索到除项目资产及相关担保资产以外的项目发起人的其他资产。从这个角度而言，无追索权的项目融资是有限追索权项目融资的特例。

（二）项目融资的特点和功能

1. 项目融资的特点

传统融资是指根据一家现有企业的资产负债以及总体信用情况，为企业（包括项目）筹措资金，属于完全追索权融资。与传统的融资相比，项目融资的特点如下：

1）融资主体不同：传统融资是以项目的发起人作为融资的主体，而项目融资以项目公司作为融资的主体。

2）融资基础不同：融资基础不同与其融资主体不同相关。传统融资的融资基础不仅包括项目的经济效益，还包括项目发起人的总体信用情况，因为传统融资不仅以项目的收益偿还贷款，还以公司的其他资产作抵押；项目融资的融资基础仅仅是项目的经济效益，主要是取决于项目在贷款期内能产生多少现金流量用于还款。

3）追索程度不同：如前所述，传统融资的贷款方对借款方拥有完全追索权；项目融资的贷款方仅有有限追索权或是无追索权。

4）风险分担不同：传统融资的风险通常集中于投资者、贷款方等，风险难以分担，但项目融资的参与方主要有项目发起人、项目公司、贷款银行、工程承包商、承购方、供应商、保险公司等，从而可通过法律、合同将风险合理分担。

5）会计处理不同：项目融资也称非公司负债型融资，是资产负债表外融资，项目的债务不会出现在项目投资者的资产负债表上，这样有利于投资者将有限的财力用于更多的投资。在实际的融资过程中，大型工程项目的建设周期和投资回收期都很长，对于项目的投资者而言，如果把这些项目的贷款反映在资产负债表上，有可能造成资产负债比例失衡，超过银行所能接受的警戒线，这样会影响投资者投资其他项目的能力。

6）融资成本不同：项目融资的前期工作十分复杂，工作量大，而且是有限追索权或是无追索权融资，因而成本较高。

2. 项目融资的主要功能

（1）隔离和分散风险

隔离风险是由项目融资的有限追索决定的，一个项目的损失仅限于本项目范围之内；分散风险是由于在设计项目融资方案时，允许项目发起人和包括贷款人在内的所有参与方共同分担风险，从而一方面使项目发起人不至于因为项目的失败而破产，另一方面也由于各参与方的风险紧密相关从而提高了项目成功的可能性。

（2）增强筹资能力

由于项目融资通常是有限追索或是无追索形式的贷款，因而项目融资的能力大大超过投资者自身筹资能力，并且风险分摊到项目相关各方，有利于筹到更多的资金，从而可以从事大型工程。

（3）减轻政府财政负担

无论是发达国家还是发展中国家，政府投资很难满足经济发展的需要，采用项目融资仅需要政府的一些优惠条件，因而可以减轻政府的财政负担。

（三）项目融资的参与方

由于使用项目融资方式的项目通常工程量大，涉及面广，所需的资金多，因此，项目融资的参与方很多，如项目发起人、项目公司、承包商、借款人、贷款方、保险公司、项目产品承购方等。

项目发起人：项目发起人可以是一家公司，也可以是由多方组成的集团，例如由承包商、供应商、项目产品的购买方或使用方以及政府部门等多方构成的联营体。本章所提到的承包商指的是作为项目发起人成员的承包商。

项目公司：项目公司通常是为了项目建设和运营的需要，而由项目发起人组建的独立经营的法律实体。项目发起人是项目公司的股东，仅以投入到项目公司中的股份为限对项目进行控制，并承担有限的偿债责任。

承包商：承包商负责项目的设计和建设，因此其自身的技术水平、财务能力和经营业绩很大程度上影响着项目的成功，通常项目公司会要求承包商与其签订固定价格的“一揽子承包合同”，此时承包商要承担未能按期完工和成本超支等风险。

借款人：通常由项目公司充当借款人的角色。有些项目的借款人不止一个，是由各自独立的借款人分别筹集资金，参与到项目的实施中来，例如承包商、原料供应商、设备制造商、产品购买方等。

贷款方：项目融资的资金需求量很大，因而通常情况下是由几个银行组成一个银团共同为项目提供贷款。

保险公司：由于项目融资的资金巨大，承受的风险很大且种类很多，因此，保险公司也是项目融资的参与方中必不可少的成员。

项目产品承购方：指的是项目产品的购买者或使用者，购买方通过签订项目产品长期购买或服务使用合同，以保证项目的市场和现金流量，为项目融资提供重要的信用支持，成为项目融资的重要参与方之一。

（四）项目融资的操作类型

项目融资的操作类型主要包括两种：由项目发起人直接面对同一贷款银团和市场直接安排融资；项目发起人通过项目公司安排项目融资模式。

1. 项目发起人直接面对同一贷款银团和市场直接安排融资

由项目发起人直接安排项目融资，并且承担融资安排中相应的责任和义务，这种模式在结构安排上主要分为以下两种。

一种结构是投资者根据合资协议组成非公司型合资结构，并按照投资比例组建一个项目管理公司。该公司一方面根据与发起人签订的管理协议负责项目的建设和生产经营，另一方面根据与发起人签订的销售代理协议负责项目产品的销售，以销售收入支付项目建设以及生产费用，并负责偿还债务。

另一种结构是由各项目发起人完全独立地安排项目融资，并承担产品销售责任。首先，项目发起人根据合资协议投资项目，任命项目管理公司负责项目的建设；其次，项目发起人可以根据投资比例和自身财务状况灵活安排融资结构，信誉好的发起人还可以获得优惠条件，降低融资成本；最后，发起人以“或取或付”合同的规定价格购买项目产品，其销售收入根据与贷款银行直接的现金流量管理协议进入贷款银行监控账户，并按照资金使用优先序列原则进行分配。

这种模式一般在项目发起人本身财务结构不是很复杂的情况下采用。其优点是项目发起人可以根据投资比例和自身财务状况灵活安排融资结构，信誉好的发起人还可以获得优惠条件，降低融资成本；缺点是贷款银行缺乏对项目现金流量的直接控制，划清各发起人在项目中所承担的融资责任很困难，因此在这种模式下很难安排有限追索型的非公司负责型融资，应用中具有很大的局限性。

2. 项目发起人通过项目公司安排项目融资模式

由项目发起人专门成立一个以项目实施为目的项目公司，以该公司名义拥有、经营项目和安排融资。这种模式可以实现与项目各发起人其他业务的有效隔离，把收益和风险都限定在项目本身范围之内，可以使融资问题简单化和透明化。采用这种结构时，项目融资由项目公司直接安排，主要的信用保证来自项目公司的现金流量、项目资产以及项目投资者所提供的与融资相关的担保和商业协议。项目公司作为独立的生产经营者，签署一切与项目建设、生产和市场相关的合同。

由于项目融资程序复杂、涉及的人员众多、项目周期长、风险大等特点，用与项目发起人自身资产分离开来的项目公司的操作方式，易为贷款银行所接受，也较易安排成非公司负债型融资。但其局限性是，项目发起人由于缺乏对项目现金流量的直接控制，在资金安排上灵活性不足。

二、项目融资模式

（一）产品支付项目融资模式

这种模式是针对项目贷款的还款方式而言的。项目公司在项目投产后不以项目产品的销售收入来偿还债务，而是直接以项目产品来还本付息，但此时贷款方拥有的是项目部分或全部产品的所有权，贷款方存储这些产品没有意义，因而产品支付融资模式中只是产品产权的转移，多数情况下，贷款方会要求项目公司重新购回属于他们的项目产品或是通过项目公司的代理来销售产品，销售的方式可以是市场销售，也可以根据项目公司与贷款方的购买合同一次性统购统销。

产品支付融资模式的特点是：

1）信用保证结构较其他融资方式独特，是通过贷款方直接拥有项目的产品和销售收入，而不是通过抵押或是权益转让的方式来实现融资的信用保证；

2）易被安排成无追索或是有限追索形式，由于贷款款额的多少取决于产品支付所购买的那一部分产品的预期收益在一定贴现率下的资金现值，贷款的偿还相对可靠；

3）生产支付融资的贷款期限大大短于项目的开发期限，这在项目公司的该项目的可行性研究中应有所体现；

4）贷款方通常只为项目建设提供资本费用，而不承担项目经营开支的贷款，而且要求项目公司提供最低产量和最低产品质量标准等方面的担保；

5）融资中介机构在产品支付融资模式中发挥重要作用。

（二）杠杆租赁项目融资模式

杠杆租赁项目融资模式指的是一种专门做大型租赁项目的有税收好处的融资租赁，租赁公司将其特殊设备出租给项目公司，而项目公司用设备带来的收益偿还租赁公司的租金。这种融资模式一般常见于船舶和飞机行业对大型设备、特殊设备的租赁，还有当项目公司仅在项目建设或开发的一个特定阶段使用特定的资产时，也可以使用短期运营租赁。

融资租赁模式的主要优点是可以降低总成本，主要体现为以下几点：①获得税收的优惠。一些国家对投资资本有税收减让优惠，因而，租赁公司可以通过厂房和设备的折旧为项目公司带来资本让税。②降低贷款风险。采用租赁方式，租赁资产的所有权没有发生转移，仍在租赁公司的掌握之中，降低了贷款风险。

在这种模式下，通常是银行贷款给融资租赁公司，该公司购买或建造要租赁给项目公司的工厂或设备，项目公司以该设备产生的收益来偿还租金，而租赁公司根据协议偿还贷款方贷款。在这个过程中，对融资租赁公司而言，与供应商签订的是购买合同，而与项目公司签订的是出租合同，因而是杠杆式模式。

（三）设施使用协议的融资模式

在项目融资过程中，围绕着以一个项目的工业设施或服务设施的使用协议作主体安排的融资形式，即设施使用协议融资模式，其流程图如图3-5所示。

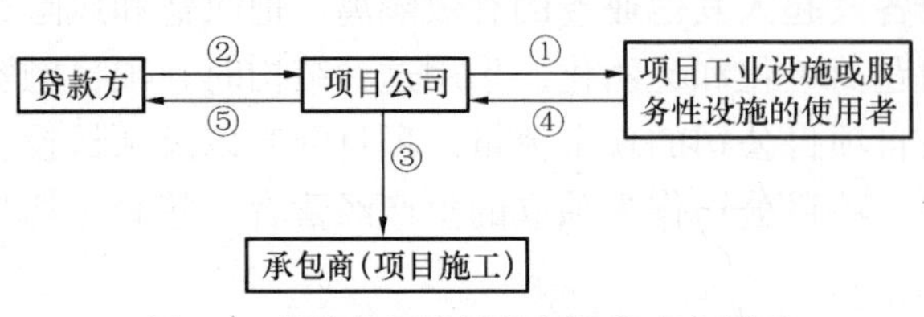

图3-5 设施使用协议的融资模式流程图

图 3-5 中，①代表融资协议，即设施使用协议，指的是在某种工业设施或服务性设施的提供者和使用者之间达成的一种具有“无论提货与否均需付款”的协议；②代表贷款方向项目公司提供贷款，项目公司将①中的无条件的承诺的收益转让给贷款方并加上项目投资者的完工担保，形成了项目融资的信用保证结构；③代表项目公司向项目施工的承包商支付施工费用；④代表项目设施使用者向项目公司支付设施使用费，这个操作贯穿于融资的整个过程，而并非在承包商项目完工后才开始。无论使用者是否真正利用了项目设施所提供的服务，项目设施的使用者在融资期间都必须根据融资协议无条件地定期向项目公司支付一定数量的项目设施使用费；⑤代表项目公司向贷款方偿还贷款。

第三节 BOT 项目融资

一、BOT 项目融资模式概述

（一）BOT 项目融资模式

BOT 即 Build-Operate-Transfer（建造-运营-移交），是指项目的最终所有者授权项目公司进行项目的融资、设计、建造、运营和维护，在规定的特许运营期内向项目的使用者收取适当的费用，由此收回项目的投资和经营成本并获得一定的回报，特许经营期满后项目公司将项目无偿移交给项目最终所有者的一种项目融资模式。

这种模式的基本思路是，由项目所在国政府或所属机构为项目的建设和经营提供一种特许权协议作为项目融资的基础，由本国公司或外国公司作为项目的投资者和经营者安排融资、承担风险、开发建设项目，并在有限时间内经营项目获取商业利润，最后根据协议将该项目转让给相应的政府机构。

（二）BOT 项目的参与方

1. 项目的最终所有者

项目的最终所有者（项目发起人）是指在项目“移交”时项目的接受者。它可能是项目所在国政府（包括政府机构），也可能是政府指定的公司（这种情况往往居多数）。

在 BOT 项目融资期间，项目发起人在法律上既不拥有项目，也不经营项目，而是通过给予项目发起人在一定期限（特许经营期）内的某些特许经营权（如承购项目产品，以保证项目的最低收益）和项目一定数额的从属性贷款或贷款担保作为项目建设、开发及融资安排的支持。特许经营期满后，项目发起人无偿地获得项目的所有权和经营权。

2. 项目的直接投资者和经营者

项目经营者是 BOT 模式的主体，其从项目所在国政府获得经营项目的特许权，负责组织项目的建设和生产经营，提供项目开发所必需的股本资金和技术，安排融资，承担项目风险，并从生产经营中获得利润。

项目经营者的角色一般由一个专为该项目组建的项目公司承担。项目公司通常由在该领域具有技术能力的运营公司和工程承包企业作为主体，同时也吸收生产设备的供应商、项目产品（或服务）的购买者和其他投资者参加。

3. 项目的贷款银行

BOT 融资模式中的贷款银行包括商业银行、政府出口信贷机构、世界银行或地区性开发银行。

（三）BOT的衍生形式

世界银行在《1994年世界发展报告》中指出，BOT至少有3种具体形式：BOT、BOOT、BOO。除此之外，还发展出不少衍生形式。国内有不少学者将BOT、BOOT、BOO称作3种基本形式，将其他形式称为衍生形式。本书将BOT的各种形式分为四类：BOT类、BOO类、TOT类、BT类。

1. BOT类

这一类的共同特点是包括建造（或修复）、经营（或租赁）、移交3个环节。

BOOT（Build-Own-Operate-Transfer），即建造-拥有-经营-移交。与BOT相比，多了一个“拥有”。有些学者认为，它与BOT的区别，一是在所有权上，即项目公司对项目设施既有经营权，也有所有权；二是在时间上，BOOT项目的经营期一般比BOT的经营期长。

BOOST（Build-Own-Operate-Subsidize-Transfer），即建造-拥有-经营-补贴-移交。与一般的BOT不同的是，项目公司可以从项目的最终所有者（一般是政府）那里获得补贴，这种情况在地铁、轻轨等项目中比较常见。

BDOT（Build-Develop-Operate-Transfer），即建造-开发-经营-移交。比BOT多一个开发，当项目本身的收益不能使投资者取得足够的回报，难以吸引投资者兴趣时，项目的最终所有者（一般是政府）给予项目公司或其股东额外的开发权，以此来弥补项目本身的收益不足。常见的如政府给城市地铁项目的投资者开发土地的权利，给公路的投资者开发沿线加油站、餐饮的权利等。

ROT（Rehabilitate-Operate-Transfer），即修复-经营-移交。修复是对原有项目进行修复（相当于BOT中的“建设”），其运作方式和过程与BOT基本相同。ROT有时也写作Renovate-Operate-Transfer，即重整-经营-转让，含义与上述ROT相同。

BLT（Build-Lease-Transfer），即建造-租赁-移交。与BOT不同的是经营变为租赁，即以租赁的方式进行经营。其运作方式是：在项目建成后的一定时期内，项目的最终所有者或项目的使用者按一定的标准定期付给项目公司（或项目的投资者）租金，项目公司（或项目的投资者）通过收取租金收回投资和维护成本（如果负责维护的话），并获得一定的回报。我国重庆市的嘉华嘉陵江大桥项目的投融资模式就是按这种方式设计的，但双方的合同仍将其称为BOT模式。

2. BOO类

这一类的共同特点是有建造和经营的过程，但不需要移交，可以永久经营。

BOO（Build-Own-Operate），即建造-拥有-经营。与BOT不同的是，没有经营年限的限制，项目的投资者就是项目的最终所有者。

ROO（Rehabilitate-Own-Operate），即修复-拥有-经营。对原有项目进行修复，并由修复工程的投资者拥有和长期经营该项目。

BOOS（Build-Own-Operate-Sale），即建造-拥有-经营-出售。它是指BOO项目在经营一段时间后出售。

3. TOT类

这一类的特点是将BOT的建造变成了有偿转让（购买或出售）。

TOT（Transfer-Operate-Transfer），即移交-经营-移交，是指项目的最终所有者（一般是政府）把已经建成的项目有偿转让给项目的新的投资者，授权其经营和维护，并在规定的特许经营期内向项目的使用者收取适当的费用，由此收回项目的投资和经营成本并获得一定的回报，特许经营期满时投资者将项目无偿移交给项目的最终所有者的一种投融资模式。它与BOT不同的是，投资者为经营而购买已经建成的项目，项目的最终所有者为收回项目的建设资金（通常用于建设新的项目）而出售已经建成的项目。在具体操作中，项目的转让有两种方式，一种是将项目设施的资产出售给专门为经营该项目而设立的公司（项目公司），另一种是将已有的项目公司的股权出售给投资者，使后者成为该项目公司的新股东。TOT在我国的应用较多。

SOT（Sold-Operate-Transfer），即出售-经营-移交。与TOT相同（TOT是对双方而言，SOT是对出售方而言）。

POT（Purchase-Operate-Transfer），即购买-经营-转让。与TOT和SOT相同（POT是对买方而言）。

4. BT类

这一类与上述3类有较大区别，没有经营过程，不需要授予特许经营权。

BT（Build-Transfer），即建造-移交。其运作方式是：承包商自筹资金进行项目的建设，项目建成后移交给项目的业主，项目的业主在一定时间内按约定的价格向承包商支付合同价款（包括建设成本和合理的投资回报）。

SOT除Sold-Operate-Transfer外还有一种含义是Supply-Operate-Transfer，即供应-运营-移交。其运作方式是：机械设备的生产供应商向项目的业主提供设备，负责项目的建设和建成后初期的运营，在此过程中向项目的业主转让技术并培训员工；在项目能够正常运转后，供应商将项目的运营权移交给项目的业主。此种SOT方式属于BT类，不属于TOT类，与BOT、TOT等特许经营项目差异很大。

BTO（Build-Transfer-Operate），即建造-移交-经营。其运作方式是：承包商按照“交钥匙”的方式承担项目的建设，项目建成后移交给项目的业主（一般是政府）：项目的业主再与运营商签订独立的运营协议，由运营商经营该项目。在BTO方式中，承包商的地位与BT方式基本相同。

二、BOT项目融资模式的优缺点

（一）对政府而言

1. 优点

1）可以拓宽基础设施建设资金的来源渠道，减少政府财政负担，加快基础设施的建设，促进经济和社会发展；

2）由于政府不再组织项目的融资、设计、建造、运营、维护和管理，政府无须为此设立专门的机构，也不承担上述项目运作各个环节的风险（风险已转移给项目公司及其股东和贷款人）；

3）由于股东、项目公司、贷款人都有尽可能提高收益、降低风险的内在要求，且项目运作的各个环节一般都由有经验的专业机构负责或参与，采用BOT模式可促进资源的合理利用，提高项目设计、建造、运营、维护和管理的效率和效益；

4）先进的技术、管理和投融资方式的引进，可以带动当地企业水平的提高，促进当地经济的发展。

2. 缺点

1）由于BOT项目往往是公用设施，但要向项目设施的使用者收取一定的费用，可能造成公众的不满；

2）如果对投资者（项目公司股东）选择不当（特别是投资者实力不够）或项目公司的工作出现失误，有可能使项目的建设延期或停顿；

3）如果不恰当地给予投资者（项目公司股东）过多的优惠，可能使政府、项目设施的使用者和当地民众的利益受到损害。

对于非政府性质的BOT项目的最终所有者而言，BOT的优缺点与上述对政府而言的优缺点基本相似。例如，某电力公司的运煤专用线由一家从事铁路建设和运营的公司按BOT模式进行建设和经营，对电力公司而言，其优点是：解决了该公司建设资金短缺和没有铁路建设、运营管理经验的问题，在项目的经营期锁定了煤炭运输成本，在项目移交时该公司接手的是一套运转正常的铁路运输设施和一支熟练的员工队伍，转移和规避了项目融资、建造、运营、维护和管理的风险；其缺点是：如果对投资者选择不当会使项目竣工延期，从而影响电力公司的正常生产，如果给投资者的优惠条件（如运价、保底运量等方面）过高，会使运煤成本过高。

（二）对股东（投资者）和项目公司而言

1. 优点

1）由于BOT项目的产品购买者或设施使用者一般都是特定的，其产品销售或设施使用的价格（有时包括数量）、原材料、燃料等的供应数量和价格往往也是事先约定的，因此项目公司的经营风险相对较小，收益较为稳定；

2）由于股东投入较少的资金就可运作较大的项目，且项目的贷款对股东来说一般是有限追索的，股东可以利用BOT模式实现迅速发展、获取较高投资回报且不承担太大风险的；

3）由于股东往往又是承包商、供应商或运营商，可以通过投资BOT项目为自身创造商业机会。

2. 缺点

1）由于BOT项目往往投资额大，期限长，合同关系复杂，如果项目选择不当，或合同条件苛刻，或在项目的实施中出现失误，可能不能实现预期的投资回报甚至遭受投资损失；

2）如果不顾自身的实力盲目投资BOT项目，可能出现工程建设延误或停顿，从而遭致损失。

（三）对贷款人而言

1. 优点

1）由于BOT项目的市场风险相对较小，收益较为稳定，加上有股东的资本金投入，有的项目还有一定的股东或第三方担保，贷款人的风险不大；

2）由于BOT项目融资额一般较大，竞争者较少，可为贷款人带来较多的收益。

2. 缺点

1）由于BOT项目贷款的追索权往往是有限的，如果对项目的评估失误，可能招致损失；

2）由于 BOT 项目贷款额一般较大，如果项目运作失败，又没有相应的担保措施，贷款人遭受的损失也会较大。

相对于 BOT 的缺点，它的优点更为突出，因此，BOT 自产生以来，特别是近年来得到了较广泛的应用。

三、BOT 项目的风险管理

BOT 项目风险管理包括项目风险分担以及项目各方对己方风险的管理。BOT 项目通过一系列的合同和协议规定项目各方的权利和义务，其中有关如何分担项目风险是这些合同及协议的重要内容，如何进行项目分担，对 BOT 的风险管理十分重要。

（一）BOT 项目风险分担的原则

1. 谁最有能力控制某种风险，此种风险就交给谁承担

这是风险分担原则中最重要的一条，它基本上决定了 BOT 项目中风险分担情况。如 BOT 项目中的法律及政策变化风险，在项目参与各方中最有能力控制这类风险的是东道国政府，因而在几乎所有的 BOT 项目中，都要求东道国政府对此类风险作一定的担保。而对于完工风险，则应由负责项目施工的承包商承担，承包商可通过分包形式将风险转移给分包商。

2. 参与方都没有能力控制的风险可通过保险将风险转移给保险公司

参与方都没有能力控制的风险主要是不可抗力，BOT 项目一般为大型工程，有些风险会给项目带来灾难性的后果，可通过保险转移大部分不可抗力风险。

（二）BOT 项目基本风险管理

1. 通货膨胀风险管理

在通货膨胀情况下，贷款者和股本投资者通常要求提供某些机制抵御货币贬值的风险。项目的最终所有者通常被要求承担这些风险。为了抵御通货膨胀风险，长期购买合同和与东道国政府向公众拟收取的最低收益达成的协议中，通常将规定根据某种有关的当地通货膨胀指数定期调整项目的产品与服务的价格。

2. 外汇汇率和可兑换风险管理

进行 BOT 项目融资的各参与方都十分关心外汇风险，境外的投资者希望将项目产生的利润以自己本国的货币汇回国内，并且不致因东道国货币贬值而遭受损失。同样，贷款方也希望能以同种货币回收贷款。项目收入的自由兑换和自由汇出问题主要应该依靠境外投资者同东道国政府之间的协议来解决。

3. 建设风险管理

BOT 项目建设风险包括竣工时间延期，项目费用超支及项目性能未能达到设计要求等。一般情况下，完工风险和费用超支风险由承包商通过固定价格、固定工期的“一揽子承包”合同（又称为“交钥匙”合同）来承担。有时，根据工程项目的复杂程度，可以在项目的不同阶段或不同区段应用不同的合同类型。如：英法海峡隧道建设合同含两个部分，岸上工程，即英国和法国岸上的工程项目实行固定总价合同；海底部分实行成本目标控制，项目发起人欧洲隧道公司承担此段建设风险，并安排备用金，以防成本超支。此外，项目公司也可以通过投保，从承包商以外的第三方来寻求完工的保证。

4. 市场风险管理

市场风险存在于产、供、销三个阶段，因此产、供、销三方均应承担市场风险。在产

品销售环节，BOT 项目公司通常与政府签署“或取或付”的产品购买协议，将市场需求量和需求价格风险有效地转移给政府。“或取或付”产品购买协议是一种长期的无条件的供销协议，它与传统的贸易合同或服务合同的本质区别是项目产品购买者购买义务的绝对性和无条件性，既购买方必须按照事先确定的价格（可以是固定价格或公式价格）和数量，在至少不短于特许权期间内无条件地承购产品的责任。“或取或付”产品购买协议实质上是由政府对项目公司提供的一种间接财务担保，是 BOT 项目融资能力的基础。

在原材料供应环节，项目公司也是通过签订长期的原材料供应协议，采取固定价格或购买协议一致的方式，将原材料市场所有未来价格上涨风险转嫁给供应商，从而固定项目的建设成本。当然，项目公司也要承担市场风险，这主要是在制定价格方案时，要求项目公司进行充分的市场分析和预测，确保产品价格能满足公司预期的投资回报率，实现稳定的项目收益。

5. 国家风险管理

在存在潜在不稳定因素的国家进行 BOT 项目投资，由于 BOT 项目周期长，往往存在国家风险。由于东道国政府最有能力承担国家风险，因此该风险最好由东道国政府来承担。管理此类风险的主要办法包括：

1）由政府出面担保，保证对项目不实行强制收购，或者如果国家收购不可避免，政府机构会按市场价格对项目公司给予补偿；

2）调整 BOT 项目的产权布局，通过促使东道国国内强大的合作者参与项目合作，或促使国际多边机构参与项目融资，降低东道国的强制收购风险；

3）项目公司可与东道国政府签署一系列相互担保协议，将法律变动风险转让给东道国政府。

复 习 思 考 题

1. 承包商的融资能力表现在哪几个方面？为什么说其在很大程度上影响了承包商中标的可能性？
2. 评价承包商财务能力的指标主要有哪三个？卖方信贷与买方信贷的区别有哪些？
3. 什么是项目融资？其特点和功能是什么？主要的参与方有哪些？
4. 项目融资模式分为哪几类？各自的特点是什么？
5. 什么是 BOT 项目融资模式？对于项目的主要参与方而言，其优缺点是什么？
6. 在 BOT 项目中，需要注意哪些风险的管理？对于各种基本风险，我们的应对措施都有哪些？

第四章　国际工程投标管理

本章内容包括投标的前期管理，涉及投标程序、项目信息来源、项目选择与跟踪、投标组织以及资格预审；招标文件审核阶段的管理，涉及招标文件的审核与分析；投标书编制阶段的管理，包括报价计算、报价技巧及标书的编制；投标报价决策管理，涉及报价决策的影响因素和报价策略的选择。

第一节　投 标 前 期 管 理

投标前期管理主要指投标前的准备工作，这也是承包商进行国际工程承包市场开发的第一步。参加国际工程项目的投标，往往会耗费大量的资金和时间，因此，投标前，承包商必须做好投标项目的可行性研究，做到有的放矢。

一、投标程序

投标工作基本流程如图 4-1 所示。

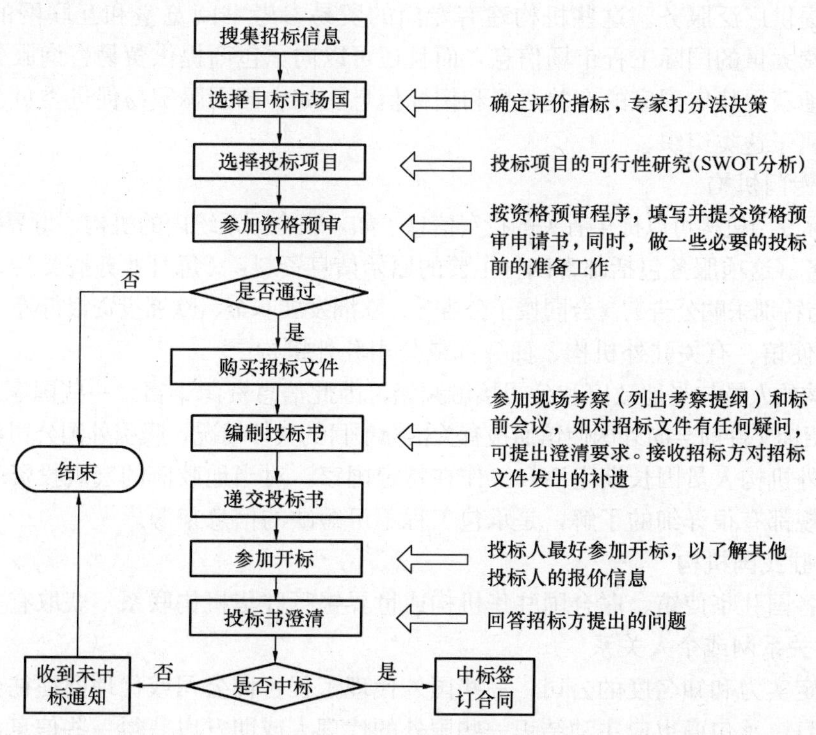

图 4-1　投标工作基本流程

二、获得项目信息的渠道

从战略的角度出发，一个立足于国际市场的承包商要想成功，必须完善自己的每一个战略环节。作为承包商价值链上的一环，广泛的信息来源以及对搜集到的信息进行完整地分析和反馈，是承包商能否中标的前提条件。

获取项目信息的渠道有很多，为了更有效地采集和管理信息，应设置一个部门（如投标部或市场部）运用现代市场营销理论和方法来着手进行这一工作。

1. 各类出版物

通过政府或国际金融机构的出版物搜集有关招标的信息。例如，所有应用世界银行、亚洲开发银行等国际金融机构贷款的项目，都要在世界银行的《商业发展论坛报》，亚洲开发银行的《项目机会》上发表项目的招标信息。联合国的《发展商务报》（Development Business）登载由世界银行、泛美开发银行、非洲开发银行和基金、亚洲开发银行、欧洲经济委员会、加勒比开发银行和联合国开发计划署出资的、进行国际公开竞争性投标的项目信息。

一些公开发行的国际性刊物或杂志，如《工程新闻记录》、《国际建设周刊》、《国际建设》《中东经济文摘》（MEED）、《非洲经济发展月刊》有时也会刊登一些招标邀请公告。

国内的此类刊物有《中国日报》（China Daily）、《国际经济合作》等等。

针对这些发布的信息，从决定项目立项就要开始不断进行跟踪，直至该项目的招标公告发布为止。

2. 国家贸易促进机构

这些专业化的贸易促进机构可以提供国际工程承包市场的重要信息和工程项目的招标信息，而且提供广泛服务。这些机构建有专门的贸易参考书阅览室和互联网的信息数据库，可以查阅大量的国际工程市场信息，而且还可以向承包商提供贸易咨询服务，使承包商可以方便地获得特定国家的有关法规和招标信息。如中国国际贸易促进委员会和中国国际商会，都属于这类组织。

3. 国际专门机构

某些国际专门机构可以提供有关的投资信息。如，联合国系统内的机构、世界银行的国际商业机会服务（这项服务包括邮寄四种主要的原始信息资料：《每月业务摘要》、《技术资料单》、《一般与特别采购公告》、《合同授予公告》）、欧洲发展基金、欧洲投资银行等。

4. 驻外使馆、有关驻外机构、商务部或公司驻外机构

这些机构的人员与当地政府和公司接触频繁，因此信息资源丰富。一些国家，如中亚五国，在出售招标文件前会向外国使馆通报有关招标项目的具体情况，吸引外国公司参加投标。

这些驻外机构人员因长期生活和工作在特定国家，对当地政府的宏观投资政策以及当地的法律法规都有很详细的了解，是承包工程不可短缺的信息来源。

5. 国外驻我国机构

可以与各国驻华使馆、联合国驻华机构或世界银行驻华机构联系，获取有关信息。

6. 公共关系网或个人关系

对有一定实力和知名度的公司，一些国外代理工程咨询公司或代理商往往会主动提供一些项目信息。承包商也应主动结识一些国外的代理人或朋友以获得一些信息，这是国际上采用的最为普遍的方法。通过个人接触不仅能获得项目信息，还可以了解到当地政治、经济等各方面的情况。

7. 国际信息网络

当前社会信息化程度很高，利用国际信息网络也可以获得项目信息。

三、目标市场选择

目标市场选择就是对目标市场国的可进入性进行分析，是指承包商为了进入某一国家或地区承包工程项目，用定量与定性相结合的方法，对目标市场进行调查、预测、分析、论证的一系列研究工作。目标市场选择必须考虑的评价因素可归纳为五个主要方面：政治环境、经济环境、建设行业及相关产业现状、工程承包市场现状和自然环境，它们构成了国际承包工程市场评价指标体系。

具体的评价内容如表 4-1 所示。此表利用专家打分的办法进行评价，根据计算出的$\sum A_{ijk}B_n$值与企业积累的历史数据做对比，可决定是否进入一个新市场。

目标市场选择评价内容　　　　**表 4-1**

准则层 A_i	要素层 A_{ij}	指标因子层	权重系数 A_{ijk}	等级指标值 B_n					$A_{ijk}B_n$
				10	8	6	4	2	
政治环境 A_1	政治的稳定性 A_{11}	目标市场国政局的稳定性	A_{111}						
		政府对工程市场的干预程度	A_{112}						
		法律法规是否健全	A_{113}						
	外交关系 A_{12}	目标市场国与我国的外交关系	A_{121}						
		与其他各主要贸易国家的外交关系	A_{122}						
		接受援助情况	A_{123}						
		是否 WTO 成员或我国公司是否享受双边或多边优惠待遇	A_{124}						
		受到制裁情况	A_{125}						
经济环境 A_2	经济现状 A_{21}	GDP 或 GNP	A_{211}						
		人均 GDP	A_{212}						
		高新技术产业占工业的比重	A_{213}						
		近三年物价指数和通货膨胀率	A_{214}						
	经济发展趋势 A_{22}	经济增长率	A_{221}						
		进出口贸易增长率和政府年度预算总额	A_{222}						
建筑业及相关产业的现状 A_3	建设行业 A_{31}	建设行业在目标市场国所占比重	A_{311}						
		当地机电设备采购和租赁条件	A_{312}						
		建筑材料供应与价格	A_{313}						
		当地技术规范和标准的要求和限制	A_{314}						
	金融保险业 A_{32}	外汇储备额	A_{321}						
		货币和汇率的稳定性	A_{322}						
		业主支付保证	A_{323}						
		受理工程类保险总额	A_{324}						
	交通运输与通讯 A_{33}	交通运输业	A_{331}						
		通讯业	A_{332}						
	劳务市场 A_{34}	市场国劳务政策	A_{341}						
		劳务的工资水平	A_{342}						
		当地技术施工人员状况	A_{343}						

续表

准则层 A_i	要素层 A_{ij}	指标因子层	权重系数 A_{ijk}	等级指标值 B_n					$A_{ijk}B_n$
				10	8	6	4	2	
工程承包市场现状 A_4	经营基础 A_{41}	中国公司的经营基础	A_{411}						
		合作伙伴	A_{412}						
	市场的隶属性 A_{42}	目标市场的隶属关系	A_{421}						
		世界最大 225 家承包商在该国的市场份额	A_{422}						
自然环境 A_5	自然条件 A_{51}	地理特征	A_{511}						
		气候条件	A_{512}						
	自然资源 A_{52}	自然资源类别和蕴藏量	A_{521}						
		目前自然资源的开采情况	A_{522}						
$\Sigma A_{ijk}B_n$									

* 表中权重系数满足条件：$\Sigma A_i=1$，$\Sigma A_{ij}=1$，$\Sigma A_{ijk}=1$。

四、拟投标项目的选择

获得项目的有关信息后，接下来是对项目信息进行过滤和筛选，确定拟投标的项目，并对这些拟投标项目进行跟踪，直至参与投标。项目选择要考虑的因素通常有以下几个方面。

1. 公司的经营目标和经营策略

所选择的项目要符合公司的经营目标和经营策略，比如该项目是否在该公司确定发展的地区。

2. 公司自身的经营能力和技术特长

根据公司自身的经营范围、经济实力、技术优势、管理水平和工程经验来判断是否能按要求完成该项目，从而进行选择。

3. 工程项目本身的情况

主要是对本公司完成该项目的风险分析，包括施工条件、工程技术难度、资金落实情况、业主支付能力等等。

4. 竞争的激烈程度

竞争的激烈程度是指参与目标市场竞争的对手数量与当地建设业投资总额的对比程度，“僧多粥少”，则竞争激烈，此时进入成本会很高。承包商应根据项目所在地竞争的激烈程度，结合自身的优势来确定是否参与该项目，要根据自己的情况量力而行。

一般来讲，集中自己的优势力量在一个市场承包一个大项目，比利用同样的资源分散地承包几个小型项目更为有利；另外，还要同时考虑项目所在地区的经济制度和政治体制，以规避一些不确定的风险。

五、项目的跟踪

承包商初步确定拟投标项目后，应积极和迅速地对项目进行重点跟踪，以便在资格预审前获得更多的有关项目的信息，更合理地组织自己的资源。对项目进行跟踪时，既要充分利用已有的获取项目信息的渠道，同时必须抓住机会拓展新的信息渠道。如寻找合适的代理人（往往他就是项目信息的提供者）。

国际工程承包商的当地代理人可以为承包商提供多方位的服务，例如介绍项目、提供有关资料、进行业务咨询、调解矛盾等。因为这些代理人从事专业化的咨询服务，在项目所在地有相当大的活动能力，他们往往与当地的政治界、经济界有着密切和默契的关系，并且有着广泛的信息渠道，可以较早地获得一些重要的大型项目的招标动态甚至一些内部的情况。通过他们的积极活动，承包商可以广泛收集有关项目的建设计划和招标信息，从而进行有重点的项目跟踪。除此之外，他们还可以提供工程所在国与项目建设有关的基本情况。如果得到项目，代理人还可以继续提供有偿的相关服务。

一个理想的代理人要求信誉良好，社会关系广泛，熟悉商务和工程投标业务，一般还要求有合法的地位。选定代理人，双方确定代理关系后，应当签订一份正式的代理协议(或合同)，以明确各自的责任、义务以及代理人的酬金等相关细则。

六、投标决策分析

对正在跟踪的项目是否参与投标，应进行投标决策分析。决策分析通常采用SWOT分析方法，即分析承包商自身的优势（Strength）和劣势（Weakness）、目标市场可能给承包商带来的商业机会（Opportunity）和威胁（Threat）。前两个为内部因素分析，后两个为外部因素分析。

（一）内部因素分析

内部因素分析的目的在于确定承包商所拥有的优势和劣势。内部分析涉及的主要因素有以下三点。

1. 公司自身的能力

1）公司的施工能力、技术专长及管理水平；

2）公司的各种设备机械，特别是施工所需的专有设备；

3）公司的人力资源是否充足。

2. 公司的财务状况

1）公司自有流动资金状况；

2）公司获得金融机构贷款的额度；

3）公司可能用于本项目的流动资金额度。

3. 同类项目的经验

1）公司是否实施过类似规模和性质的项目；

2）公司是否在当地有实施类似项目的经验。

（二）外部因素分析

外部分析实质是指对直接影响项目的外部客观环境因素进行分析，其目的在于确定该项目各种外部因素中使公司受益的机会和需要回避的威胁（风险）。一般地，外部环境分析中所涉及的因素有政治因素、经济因素、文化和环境因素、项目本身因素和竞争因素等等。

1. 政治因素

1）工程项目所在国的社会制度和政治制度，比如一些政治体制的区别；

2）政局是否稳定，有无发生政变、暴动或内战的可能；

3）项目所在国与邻国关系如何，有无发生边境冲突或封锁边界的可能；

4）项目所在国与我国的关系如何。

2. 经济因素

1）工程项目所在国的经济发展情况和自然资源状况；

2）工程项目所在国的外汇储备情况和国际支付能力；

3）业主的支付能力及资信；

4）当地银行的信贷利率。

3. 文化和环境因素

（1）社会及文化因素

1）当地的民俗风情和生活习惯；

2）居民的宗教信仰和文化水平；

3）当地工会的活动情况及治安状况；

4）当地的科学技术水平。

（2）环境因素

1）项目所在国的基础设施状况，如当地港口、铁路和公路运输以及航空交通与电信联络情况；

2）建筑材料、施工机械设备、燃料、动力、水和生活用品的供应情况，价格水平，过去几年的物价指数及今后的变化趋势预测；

3）劳务市场状况，包括施工人员的技术水平、工资水平、有关劳动保险和福利待遇的规定，以及外籍施工人员是否被允许入境等；

4）一般的天气条件，如温度、降雨量、蒸发量，每年平均的晴、雨天数，风力、风向等；一般的自然灾害情况，如地震、洪水、台风、海啸等。

4. 项目本身的因素

1）合格完成该项目所要求的技术难易程度，如项目施工技术、工作空间限制等；

2）项目本身的性质和规模；

3）合同工期要求。

5. 竞争强度

竞争强度是指在同一项目上的潜在竞争对手的多少。尽可能详细地了解竞争对手的情况，是投标取胜的重要因素之一。通过先前的项目跟踪可以掌握可能参加投标的公司的一些情况，如通过搜集资料可以获得项目所在国近几年来参与主要工程项目的承包商和活跃在该国国际工程承包市场的外国承包商，总结出他们的一些基本情况：

1）这些承包商以往在该国项目建设中的投标经历，如参加过哪些投标，每次投标的排位情况，中标次数，得次低标的次数等；

2）这些承包商的经营情况，如生产能力、技术水平、设备性能、工程质量以及知名度；

3）这些承包商在项目所在国正在实施的项目数量、进度情况和合同额等，可与上一条作对比，分析这些承包商是否还有能力承担该项目。

关于外部环境的各种因素的具体内容，可以通过多种途径获得。比如可从与自己一直合作的代理人那里得到，也可查阅一些官方出版的统计资料、学术机构发表的研究报告、专业团体出版的刊物以及当地的主要报纸，有些资料还可请我国驻外代表机构帮助搜集。

纵观我国国际工程承包商在国际工程承包市场上的实力和地位，虽然也取得一定的发展和进步，在国际承包市场上打开了一定的局面，但实事求是讲，我国承包商承揽的项目大部分是在亚非拉发展中国家，而这些国家大多自然条件复杂，经济状况不好，一些法律制度还不健全，社会治安不稳定，有的国家可能还存在严重的政治腐败现象。因此，为了项目的顺利进展，对外部环境进行深入细致的分析是十分必要的。

（三）投标决策的分析方法——专家打分法

对以上诸多因素进行分析，可运用决策理论中的分析方法。根据竞争性投标理论进行投标决策分析，比较适用的方法是专家打分法。该方法是将内外部因素的主要细节拿来作为指标，一般可根据下列10项指标来判断是否参加投标。

1）管理的条件，如能否抽出足够的、水平相应的工程管理人员（包括项目经理和组织施工的工程师等）参加该工程。

2）施工人员条件，如施工人员的技术水平和施工人员的工种、人数能否满足该工程的要求。

3）设计人员条件，视该工程对设计及出图的要求而定。

4）机械设备条件，如该工程需要的施工机械设备的品种、数量能否满足要求。

5）工程项目条件，如对该项目有关情况的熟悉程度，包含对项目本身、业主和工程师情况、当地市场情况、工期要求、交工条件等情况。

6）同类工程的经验。

7）业主的资金条件，如过去的支付信誉，本项目资金的落实情况等。

8）合同条件，如合同条件是否苛刻。

9）竞争对手的情况，包括竞争对手的数量、实力等。

10）今后的机会，如承揽该项目对承包商今后在该地区带来的影响和机会。

按照上述10条，用专家评分比较分析的步骤如下：

1）按照10项指标对企业完成该招标项目的相对重要性，分别确定权数；

2）用10项指标对项目进行权衡，按照模糊数学的概念，将各标准划分为好、较好、一般、较差、差五个等级，各等级赋予定量数值，如可按1.0，0.8，0.6，0.4，0.2打分；

3）将每项指标权数（W）与等级（C）分相乘，求出该指标的得分，然后将10项指标得分相加即得此工程投标机会总分（$\sum WC$）；

4）将此总分与过去其他投标情况进行比较或与公司事先确定的准备接受的最低分数相比较，来决定是否参加投标。

表4-2是以上评价过程的一个示例。在确定是否投标时，应首先根据公司以往的经验确定$\sum WC$的临界值，如$\sum WC=0.6$，如果拟投标项目的$\sum WC$值高于0.6，则可投标。否则不宜投标。

此方法也可用以比较若干个同时有投标机会的项目，选择$\sum WC$值较高的项目投标。

如果要进一步清楚地评价外部机会和威胁，或者评价内部优势和劣势，以抓住机会，回避威胁，发挥优势，弥补劣势，做到扬长避短，也可将内部因素和外部因素分开分析，分别建立各自的评价矩阵来得出相应的评价结果。

专家打分法对投标机会进行评价 表 4-2

投标考虑的指标	权数（*W*）	等级（*C*）					*WC*
		好（1.0）	较好（0.8）	一般（0.6）	较差（0.4）	差（0.2）	
管理条件	0.15		✓				0.12
施工人员条件	0.10	✓					0.10
设计人员条件	0.05	✓					0.05
机械设备条件	0.10			✓			0.06
工程项目条件	0.15			✓			0.09
同类工程经验	0.05	✓					0.05
业主资金条件	0.15		✓				0.12
合同条件	0.10			✓			0.06
竞争对手情况	0.10				✓		0.04
今后机会	0.05					✓	0.01
$\sum W$	1.00	$\sum WC=$					0.70

七、投标组织

对项目进行投标，需要有专门的机构和人员对投标的全部活动过程加以组织和管理。实践证明，建立一个强有力的投标小组是投标获得成功的根本保证。

当前，国际承包市场中的技术密集型项目越来越多，这势必给承包商带来两方面的挑战：一方面是技术上的挑战，要求承包商具有先进的施工技术，能够完成难度大、工艺和技术要求高的工程；另一方面则是管理上的挑战，要求承包商具有现代先进的组织管理理念和管理水平，能够在自身能力范围内以较低价中标，向管理要效益。因此，当承包商作出决策要参加某工程项目投标后，最重要的是组织一个有实力的投标小组以迎接技术和管理两方面的挑战。

投标组织可以分成两类：一类是一个投标人独立投标，另一类是多个投标人组建联营体联合投标。前者在组织投标方面易协调，后者协调难度较大。但无论哪种组织类型，其投标工作的组织是类似的。

（一）投标小组的人员构成

承包商一旦决定参与某个工程项目的投标，就应立即组成专门的投标小组，熟悉和研究拟投标项目的所有资料。

投标小组的主要人员应是在中标后派往项目的工作人员，应避免将投标人员和项目实施人员截然分开的做法。投标人员较早介入项目，熟悉合同内容和投标过程中发现的风险有利于工程的顺利实施，减少和避免工程实施过程中的失误和损失。

一般来讲，承包商的投标小组应该由如下类型的人员组成。

1）中标后将被任命的项目经理。要求其在项目管理领域有所造诣，对其他相关学科也应有相应知识水平，有实际项目经验和具备一定的法律知识，对投标、合同谈判和合同签订有丰富的经验，勇于开拓，具有较强的思维能力和社会活动能力，具有全面观察和分析问题的能力，并能作出正确的判断和决策。对国际工程，项目经理还应具备外语交流的能力。

2）合同管理工程师。对工程所在国的有关经济合同方面的法律和法规有一定的了解，熟悉工程承包合同管理知识。

3）造价工程师。熟悉各种合同类型下投标报价的编制方法，特别是工程量清单的编制方法，懂得国际工程造价估算程序和方法。

4）专业技术工程师。主要是指工程设计和施工中的各类专业技术人员，如建筑师、土木工程师、电气工程师、机械工程师等。他们应该拥有本学科最新的专业技术知识，具备熟练的实际操作能力，以便在投标时能从本公司的实际技术水平出发，考虑专业化的实施方案。

5）国际贸易工程师。是指从事金融、贸易、税法、保险、采购以及保函等专业方面的人才，他们熟悉国际货物采购知识，同时，采购人员要熟悉国际货物采购招投标的一系列程序和相关知识，因为一个工程的材料和设备往往占工程造价的一半以上。

6）财务人员。财务人员要懂税收、保险、涉外财会、外汇管理和结算等方面的专业知识。

7）翻译人员。针对国际工程项目，翻译人员应具备一定的工程项目管理知识，同时，懂得一定的专业知识。这样才能顺利、正确和恰当地翻译专业词汇，避免因用专业词汇错误产生的损失。

以上是对投标小组各类人员个体素质的基本要求。一个投标小组不仅要做到个人素质过硬，更重要的是成员的共同参与，相互协作，充分发挥群体的力量。同时应注意保持投标小组的相对稳定，并不断提高其综合素质和水平，这对于提升企业投标的竞争力至关重要。因此，一个国际承包商可以按专业或承包地域组成稳定的投标小组。有时为了在激烈的国际投标竞争中取胜，一些公司往往相互联合组成联营体投标，以发挥各公司的特长和优势，增强竞争实力，分散风险。如对外承包企业与项目所在地企业联合，前者发挥自己的技术或管理方面的专长，后者发挥自己对本国法律法规熟悉及其在当地的社会关系和渠道的优势，共同追求高经济效益。甚至，联营体有时还可以享受投标优惠，增强竞争力。

（二）投标人员的分工与合作

组建了自己的投标小组，还要明确投标目标，确定小组成员分工和各自的工作日程。

1. 首要任务

投标小组的首要任务是分析国际招标公告或邀请的内容，按其中的要求确定投标小组将在各方面投入的人力。

2. 确定小组成员分工

按照每一个成员的专业特长，明确其工作范围、工作的组织方法和工作完成的具体时间，成员之间的分工可按专业划分，如设计、施工、估价、采购、合同等来划分。

八、资格预审

项目业主和承包商都十分重视投标前的资格预审工作。因为，对业主而言，通过资格预审淘汰一大批不合格的承包商，业主对潜在的中标者就比较心中有数，也简化了评标程序。对承包商而言，资格预审是投标的第一轮竞争。通过了预审，可以减少一批竞争对手；如若通不过预审，未能获得投标资格，也可免去一大笔投标费用。承包商应该积极地对待资格预审，在获悉资格预审邀请后，购买资格预审文件，以审慎的态度填报和递送资格预审所需的一切资料。

承包商参加资格预审需要准备很多材料，因此，在获取项目信息、初步决定想参与该项目后，就应该着手准备所需资料。公司的一般性资料，如财务状况、施工经验记录、施工机械设备等方面的资料，在平时就要注意收集、整理、归纳并存档，以便在需要时，能够在短时间内整理好全部资料。世界银行投资的工程项目的资格预审表格见本书附录一。

为了有效地参加资格预审并力争通过，承包商应该注意以下几个方面的问题。

1. 确定资格预审的范围

一个大型项目，常常被划分为多个合同分别进行资格预审，并独立招标。承包商首先要决定是参加一个还是同时参加多个合同的资格预审。投标一个合同和多个合同，对承包商的资格要求是不一样的。

2. 选择并依靠合适的代理人，进行项目跟踪

国际工程承包商可以从当地代理人处获得多方面的服务。社会活动能力强，有广泛社会关系的当地代理人，可以广泛收集其所在国家的项目建设计划和招标信息，承包商可据此作出决策，重点跟踪某些项目，还可以通过当地代理与业主的有关人员提前接触，获得先入为主的优势。

3. 平时注意积累资料，能详细提供资格预审要求的所有资料

资格预审主要审查承包商的施工经验、财务稳定性、人力资源配备和施工所需的机械设备等。这些资料，特别是以往5年完成的工程项目和在建工程项目资料、财务资料等，平时就应该整理归档，妥善保管，以随时备用。

4. 寻找有信誉的银行进行信贷担保

承包商应注意扩大自己的融资能力，与银行或财团保持密切联系。为满足具体项目的财务能力要求，该银行或财团可以在承包商参加资格预审时，提供信贷支持证明资料，加强承包商的财务竞争能力。

5. 针对评审标准报送资格预审文件

对资格预审文件的要求，应该本着实事求是的原则，逐项清楚地填写。承包商应当根据该工程项目的特点，对可能占评分比例较高的重点内容有针对性的多报送资料，并在报送资料的致函中，用恰当的材料来突出本公司的优势。而且，一定要重视资格预审文件的填写，填写资格预审文件的人员一定要有经验，了解资格预审的重要性，这样，才能将这一部分的工作做好。

需要说明的是，不是每个项目都要进行资格预审的，有一些项目则采用“资格后审”。比如，对于一些开工要求比较早，工程不太复杂的项目，为了争取早日开工，可以不预先进行资格审查，而是进行资格后审，即在招标文件中加入资格审查的内容，其内容与资格预审的内容大致一致。投标的承包商在报送投标书的同时报送资格审查资料。业主/评标单位在评标前，先对投标人进行资格审查，淘汰不合格的投标人，对资格审查合格者再进行评标。

第二节　招标文件审核阶段的管理

一、招标文件审核

招标文件是投标报价的依据，承包商买来招标文件后，首要的事情是组织投标小组人员认真细致地阅读招标文件。

（一）检查招标文件的完整性

承包商买来招标文件，首先看到的应该是一个招标文件的总目录，该目录列明了承包商所购招标文件的组成情况。根据目录上所列的各文件名称一一检查所列的各项文件是否齐全，是否有缺页、缺图或字迹不清的地方。如果发现了上述问题，应该立即向业主索取有关资料，保证招标文件的完整。

（二）通读招标文件

招标文件一般包括投标邀请书、投标人须知、合同条件、技术规范、图纸、工程量清单、投标书和投标保证格式、合同协议书、补充资料表等。通读招标文件是为了弄清业主给自己提供了多少信息，投标人要根据这些信息进行投标报价。

投标人须知、合同条件、技术规范、图纸及工程量清单是首要了解的内容；其次，通过通读招标文件，投标人要弄明白工程的合同类型，报价的计算基础，工程规模和工期要求，合同当事人双方的义务、责任和所享有的合法权利，支付条件及法律条款，工程必须遵守的规范、标准及对物资采购的要求等。

投标人须知是约束投标人投标期间行为的关键文件，通常包括以下内容：

1）项目的总体介绍，包括项目的招标范围，开工、竣工日期，资金来源及资金的到位情况等；

2）招标文件信息，包括招标文件的内容，招标文件的澄清方式及修改的相关规定等；

3）投标书的编制，主要说明投标书的组成及使用的语言，投标书的有效期及投标货币，有关投标保证和履约保证的规定等；

4）所附各种文件的标准格式，如协议书、投标函、投标保证、履约保证、母公司保函等标准格式；

5）投标书的递交，说明递交截止日期，投标书修改和撤回的相关规定等；

6）开标评标程序及合同授予的相关规定等。

标准合同条件包括通用合同条件和专用合同条件。专用合同条件会说明对通用合同条件的哪一部分做了哪些修改，除了通用合同条件外又增加了哪些条款。在解释合同的优先次序上，专用合同条件优于通用合同条件。也有大量的工程项目不采用标准合同条件，而由业主（或业主聘请的咨询公司）针对项目直接编制合同条件，这样的项目在招标时，其合同条件不再区分通用和专用合同条件。

技术规范、图纸及工程量清单一般会另外装订成册。

二、招标文件分析

对招标文件进行分析是为了进一步制定施工方案和进度计划，以正确计算投标报价。和阅读招标文件一样，还是应该从投标人须知、合同条件、技术规范和工程量清单（或其他格式的商务报价文件）等方面入手。

（一）投标人须知分析

投标人须知是规范投标人投标行为和业主招标行为的重要文件，投标人必须严格按照须知中的规定对招标文件提出澄清要求，进行现场考察，参加标前会议，编写和递交投标书和参加开标会议。对投标人须知的分析应重点注意以下问题。

1. 时间规定

投标人须知中涉及的时间包括投标有效期、招标文件澄清时间、现场考察时间、标前会议时间、递交投标书截止时间、基准日期、开标时间、公布中标时间、签订合同时间以及退还投标保证的时间等。

投标人必须严格遵守对其行为作出限制的时间点，未能遵守这些时间规定导致的损失由投标人自己负责。

2. 投标保证

投标人应注意业主可以接受的保证格式和开具保证的保证人资格要求。我国承包商在投标国际工程项目时，应尽可能说服业主接受由中国银行直接开出的投标保函作为投标保证，这样可以大大节约开具投标保证的费用，降低报价。

3. 替代方案报价要求

如果允许提交替代方案，投标人应注意必须先对原方案报价，在此基础上，提出替代方案报价。但须注意，替代方案要有所保留，特别是保留核心内容，同时也要满足评标要求。

如果招标文件未允许提出替代方案报价，投标人就应严格按原方案报价，而不必再花费时间编制替代方案。在这种情况下，投标人即使提出了替代方案，项目业主一般也不给予考虑。

（二）合同条件分析

承包商对合同条件进行分析是为了明确自己中标后所要承担的义务和责任以及应享有的权利，同时考虑所承担的风险大小，以便在报价时考虑这些因素。主要考虑的内容包括工期、误期损害赔偿费、缺陷通知期、各类保证（履约保证、预付款保证、临时进口施工机具税收保证以及缺陷通知期保证等）、保险、付款条件、调价公式的要求、税收、支付货币、劳务国籍的限制、战争和自然灾害等人力不可抗拒因素造成损害后的补偿办法和规定、有无提前竣工奖励、争议的解决办法，等等。

以上各项要求，一般在“投标人须知”或“投标书附录”中作出说明和规定；其中有些要求放在“合同条件”的第二部分（专用合同条件）中。

（三）合同工作范围和技术规范分析

合同工作范围分析的目的是确定需要做哪些事，而技术规范（Specification）则确定了如何做以及应满足的质量标准。

对附有工程量清单的单价合同，工程量清单内所列的工作项是界定了承包商需要完成的工作范围，在专用合同条件中（有时会列在名称为技术规范的文件中）也会有工作范围的相应说明。对总价合同，合同文件中一般包含名称为“业主要求”和“工作范围”的文件，其中列明了承包商的工作内容。

研究技术规范是为了确定自己将要承担的技术方面的风险程度，特别要注意：

1）是否对技术规范中列明的行业标准和规范（如英国规范、美国规范或是其他国际技术规范）熟悉；

2）有无特殊施工要求和有无特殊材料设备技术要求；

3）有关选择替代材料和设备的规定；

4）需要为业主提供的服务内容。在国际项目中，业主和工程师的办公用房、办公设施、现场车辆等等往往由承包商提供，承包商必须根据技术规范中列明的内容，将与此相关的全部费用考虑在报价中。

（四）图纸分析

图纸在一定程度上确定了承包商的工作范围，但必须注意，图纸上所画的内容并非全部是承包商需要完成的工作内容。如果项目包含了多个合同，图纸中的内容有可能不属于你要投标的合同，在这种情况下，需要从描述工作范围的文字性文件中识别本合同的工作范围。

在文件解释的优先次序中，注意图纸是排在技术规范的后面，即文字性的工作范围描述优先于图纸。当两者矛盾时，以前者为准。

（五）报价要求分析

1. 总价合同

（1）投标书中的商务部分分析

对总价合同，业主只关心投标人的总报价，对计算过程一般不作详细分解，但为了便于支付，往往要求投标人按招标文件中列明的价格分解表将报价进行粗略分解。同时，与报价相关的表格还包括计日工表、用于变更工作估价的单价表等。

承包商在总价合同中承担着工程量变化方面的风险，所以要仔细根据工作范围和图纸校核工程量，并对每项工作的单价作出详尽细致的分析和综合。

（2）“业主要求”和“工作范围”分析

总价合同中通常包含“业主要求”文件，规定了承包商实施工程的工作范围和技术要求。“工作范围”是一个以此名称命名的文件，有时列在“业主要求”中或列在技术规范中，是对承包商合同工作范围的文字描述。

在合同文件的优先性排序中，“工作范围”优先于图纸，即这两个文件在描述工作内容方面出现矛盾时，以“工作范围”文件为准。这也说明，图纸中列明的内容，不一定属于承包商的工作范围。关于“工作范围”的进一步解释见第五章谈判议题示例-合同工作范围。

【案例 4-1】 电话费、燃油费案例

某设计-采购-施工/交钥匙项目（EPC/T），承包商在开工后第一个月期满，向业主申请当月进度款。业主在审核完承包商所提交的费用报表后指出：关于业主所使用的电话费一项，约 10 万美元，根据合同第 m 条，应由承包商承担，不应列入当月的付款中。

承包商立即查阅合同，第 m 条描述为“涉及本合同的下列费用应由承包商承担：办公室清洁费用、电话费（telephone charge）、……”。

承包商的合同管理人员认为此条中的电话费应是指承包商为业主购买电话机的费用，而非指电话使用费，这是两个不同的概念。同时，承包商经过认真翻阅合同，发现合同中还有一条关于电话使用费的规定，明确说明电话使用费由业主承担，但先由承包商垫付，然后列入当月的报表中给予支付。

从此争议中，我们可以发现关于合同解释的一般原则，承包商随后发现的关于电话使用费的条款是合同中的具体条款，而业主引用的条款属笼统条款。在合同解释的优先顺序中，具体条款优先于笼统条款。

这是一个 EPC 总价合同，在其招标文件中对很多工作不作很详细的描述，因此需要承包商对描述相对模糊的工作内容进行仔细分析和作出正确判断。一般地，承包商在投标报价时能够明确估算出费用的工作内容，则完成该项工作的费用由承包商承担，如本例中购买电话机的费用。而对无法估价出费用额的工作内容，如本例中，承包商在投标时无法知道业主在项目实施期间会发生的电话使用费总额，则该项费用应由业主承担。

类似的争议，如业主汽车的燃油费，承包商是无法具体估价出业主的汽车会使用多少燃油，但承包商可以根据业主提出的具体要求，确定购买车辆的费用。因此为业主购买车辆的费用应包括在承包商的报价中，而关于汽车的燃油费和修理费，则应由业主负担。但承包商可以负责供应其燃油和修理汽车，但相应费用应采用实报实销方式，再加承包商应得的酬金。

2. 单价合同

对单价合同，投标人必须认真填写工程量清单每项工作的单价或价格，清单中的单价是固定综合单价，一般不作调整。只有当满足合同中改变单价的条件时，才能改变单价。在合同工作发生变更时，工程量清单中的单价也是对变更工作进行估价的首选估价方法。单价合同中除工程量清单外，还包括单价分析表、计日工表、价格调整公式中权重系数选择表（当允许进行价格调整才有此表）、外币需求表等等。

承包商应当仔细研究招标文件中的工程量清单的编制体系和方法。例如是否将施工详细设计、勘察、临时工程、机械设备、进场道路及临时水电设施和人员设备调遣等列入工程量清单。对于单价合同方式要认真研究工程量的分类计算方法，以及每项工作的具体含义和内容。

对世界银行贷款的国际工程项目，工程量清单中工作分项编号（见附录二）与技术规范中的章节号是对应的，对清单中的分项工作填写单价时，要根据技术规范中对应章节中关于此项工作的技术要求及所含费用的描述内容填写。

同时，承包商还要研究永久工程之外的项目有何报价要求。例如对旧建筑物和构筑物的拆除，工程师现场办公室和各项开支（包括他们使用的家具、车辆、水电、试验仪器、服务设施和杂物费用等），模型、广告、工程照片和会议费用等。对招标文件中有关这些方面的具体规定，应考虑如何将与之相关的费用列入到工程总价中去。

关于工程量清单中工作单价的进一步说明见本书附录二。

（六）矛盾、歧义和模糊信息的分析

一般来讲，建设工程合同条款数很多，而且这些条款涉及的相关文件也很多很分散；再加上国际工程承包，涉及不同语言之间的翻译和不同国家之间的承包商的合作，还有不同利益和立场的人员对同一合同条款的不同理解，这些都有可能导致工程实施过程中行为的不一致，最终会产生合同争执。

按照合同解释的一般原则，业主对招标文件所提供信息的正确性负责，而承包商需要对其自己对招标文件解释的正确与否负责。由于承包商自己对招标文件理解错误造成的报价失误，由承包商自己负责。业主作为合同文件的起草者，如果招标文件中出现错误或信息模糊不清，则应由工程师给出解释。

由于工程的实际情况很复杂，为了保证投标报价的准确性，承包商应该在投标阶段就对招标文件有矛盾、歧义或模糊信息的合同内容仔细分析，搞清楚，不要将可能的隐患留到工程的实施过程中去。必要时，可以聘请国际工程管理方面的专业咨询顾问，对招标文件中的规定进行风险评价。

当承包商发现了矛盾、歧义和模糊信息时，可以遵循以下原则处理。

1. 按字面解释和惯例解释

如果招标文件中规定无误，并不含糊，则以字面解释为准，这是首先使用的也是最重要的原则。如果招标文件具有多种语言的文本，不同语言的翻译文本之间可能出现不一致的解释，那么承包商应该以招标文件中所定义的"主导语言"的文本解释为准。

同时，承包商要注意某些合同用语或工程用语在本行业中的专门含义和习惯用法。在建设工程领域，有些名词在一定的地域，一定的专业范围内有特指的意义。承包商应特别注意在承包国际工程时，我国的语言习惯对于一些字面意思的惯例理解可能与国际上或工程所在国的惯例理解不一样，有些我们认为用我国惯例来解释毫无问题的条款，对我们而言却恰恰是一种模糊的信息，所以承包商要利用平时积累起来的经验和行业中已有的例子对这类模糊的信息加以认真地分析和向业主提出澄清。同样的问题还可能会出现在我国的项目中，比如该项目是国外的公司为总承包，而我国的公司分包其中某一区段，这时对字面意思的理解应该是按照国际惯例而并非我国的惯例来解释。

2. 提出澄清要求

在遇到招标文件中明显相互矛盾，存在歧义或模糊甚至错误的时候，承包商有权利和责任要求业主进行澄清。承包商应严格按招标文件中规定的澄清程序提出澄清要求。

在发现相互矛盾和歧义时，应首先按招标文件中规定的各个文件解释的优先次序进行解释，如果还不能解决遇到的问题，则应向业主提出澄清要求。

有一点承包商必须注意，尽管业主对招标文件的正确性负责，但如果业主规定承包商一旦发现施工图中的任何错误和异常，都要通知工程师，而承包商没有这样做，考虑到一个有经验的承包商承担责任的合理性和可能性，承包商就有可能为此承担责任。所以，不管业主如何规定，承包商对招标文件中发现的矛盾、歧义，模糊信息或错误，特别是施工图与规范之间的不一致，在投标前应向业主澄清，以获得正确的解释。

【案例 4-2】 临时机场

某工程项目合同"工作范围"中有下述条款："如果在分输站附近 50km 范围内有现有机场存在，则不需要再建新机场，否则，应建一个符合国际标准的新机场。"

案例分析：上述条款就存在三种模糊定义：一是 50km 是指陆路距离还是直线距离；二是现有机场是否包括所有类型的机场，如军用机场等；三是如果建新机场需要采用什么国际标准。承包商应在投标时要求业主对上述疑问给予书面澄清，因为这关系到是否需要在报价中考虑建设新机场的费用。

承包商要注意，在分析这些矛盾、歧义或模糊信息时，要以整体的观点来分析，而不能只抓住某一条或某一个文件，断章取义，不能用一个条款来否定另一个条款；在处理这些问题时，首先要决定每一个条款的目的、含义及适用范围，再将表面上有矛盾或歧义或模糊不清的条款的目的和含义与特指的范围进行对照，找出它们的一致性，以得到统一的解释。如果这样做仍无结果，那么承包商可以在标前会议上对业主提出质疑，业主作了书面解释，那么这个解释是有效的，也即会成为合同的一部分。

提出澄清要求，特别是在标前会议上提出澄清要求时，要注意询问的策略和技巧，注意礼貌，不要让业主为难，同时，也不要让竞争对手从提问中探测到报价的策略。

3. 不提出澄清要求

如果发现的矛盾、歧义或模糊信息对己方有利，则不要提出澄清要求，但应做好记录，以便在中标后实施项目过程中利用这些有利条款。

（七）承包商风险分析

国际工程与国内工程相比，风险要大得多。国际承包工程涉及到工程所在国的政治和经济形势，有关进口、出口、资金和劳务的政策和法律法规以及外汇管制办法等，而且还可能遇到不同地理和气候条件、不同的技术要求和规范以及与当地政府部门的关系等问题，这就使国际承包商常常处于纷繁复杂和变化多端的环境中。因此，要认真研究招标文件中对承包商不利、须承担很大风险的各种规定和条款，例如有些合同中，业主有这样一个条款“承包商不得以任何理由索取合同价格以外的补偿”，那么承包商就得考虑适当加大风险费。

除一般的政治、经济和社会等环境风险外，还须针对项目本身从招标文件中获得进一步的风险信息，一般要考虑以下几种。

1. 价格调整风险

价格调整包括考虑法律法规变化和市场价格变化对本合同工程（一个项目可能被划分为多个合同，合同工程是指一个合同下的工程）产生的影响而对合同价格进行调整。需要确定本合同是否调价？在列有调价条款的情况下是如何调价的？存在哪些方面的风险？

2. 税费风险

国际工程项目中通常要求承包商遵守当地法律，缴纳所有税费。因此，投标时需要确定在当地承包工程需要缴纳哪些各类的税费？税率是多少？

3. 技术风险

技术风险包括项目本身采用的技术和所需的施工技术，两者须要结合项目的施工环境进行分析，特别是工程地质条件。

招标文件中会描述工程的自然地质条件。尽管业主会提供一定数量的地质资料，但不负责解释和分析，因而这方面的风险很大。还有水文气候条件，业主也会给出相关的资料，但承包商要充分估计可能会出现的不利于工程施工的情况。同时，还有该国的材料供应和运输状况及办事效率等。

4. 合同风险

合同条款中的不确定性（未做规定，含义模糊，甚至歧义等）也会给承包商带来巨大的风险。如EPC固定总价合同，其“工作范围”描述的特点是仅对项目中的主要部分进行描述，起到定义项目的作用，但未说明这些主要部分所包含的细节内容。这些细节内容需承包商在进行详细设计时考虑。对承包商来讲，由于投标时间短，难以考虑周全，由此产生风险。而合同中会列入一些相关条款，明确地将这种风险转嫁给承包商。以下几条是某EPC合同中的一些条款：

1）“承包商的设计必须满足项目的使用和功能要求，同时应满足未来扩大其生产能力的要求”；

2）“在设计和施工工艺方面，承包商应保证工程无任何缺陷、偏差或遗漏”；

3）“承包商应保证由承包商或分包商提供用于永久工程的材料应是新的、符合合同规范的要求、无任何缺陷、偏差和/或遗漏并且满足预期的目的”。

上述示例中，承包商将很难准确理解“项目的使用和功能要求”以及“满足预期的目的”。势必造成承包商和业主之间在对词义理解上的不一致。业主会利用上述内容提出一些特殊要求，导致承包商的造价提高。而合同中一般规定合同的解释权在业主一方，他的解释对承包商又具有约束力，使得承包商很难为自己辩解。因此，承包商在报价时，应对工作范围中的一些模糊描述给予高度重视，从专业角度考虑满足其基本功能要求即可。同时，应尽可能在投标时或在合同谈判时要求业主对某些描述模糊的内容给予书面澄清。

总之，在买来招标文件后，承包商要分析清楚各种潜在的风险因素，并且承包商的管理人员一定要具备一定的风险意识。

第三节 投标书编制阶段的管理

投标书主要分为技术建议书和商务建议书，商务建议书部分主要是投标报价的计算。投标报价是国际工程承包中一个重要环节，它是投标成败的关键，所涉及的内容也十分广泛。大量事实表明，一个承包商在投标中能击败强有力的对手而获得成功，很大程度上取决于能否迅速提出一个有竞争力的报价，这里，报价的竞争性是针对一项工程的价格在投标中被业主认可并接受从而获得承揽项目的可能性而言的。

一、投标报价的计算

(一) 投标报价的基本原则

投标报价不是简单的数量计算，而是根据工作范围和性质，技术规范要求，工期要求，拟采用的施工方案，进度计划以及所需人工、材料和机具的直接费价格，各种管理费和利润等间接费价格，综合确定的投标价格。投标报价应遵循一定的基本原则。

1. 严格遵守招标文件中规定的报价格式

报价的内容和格式与项目采用的合同类型密切相关，合同类型决定了报价的内容和格式，如果是单纯的劳务承包，则报价内容主要是劳务人员工资和承包商的管理费用和利润；如果是包工包料承担工程项目，其报价内容包括劳务费、材料和设备费、施工机械费、管理费、利润和开办费等。如果是采用总承包方式承包工程，除上述各项费用外，还要包括勘察设计费和试运行费用。

无论是总价合同，还是单价合同，或是成本补偿合同，招标文件中均根据承包范围和支付方式规定了相应的报价格式，承包商必须按规定的报价分项信息，合理分摊实施工程的全部费用。

2. 按招标文件中对合同工作范围的界定报价

承包商在编制投标报价时，注意工作范围的描述。因为一项工程的建设，并非所有的工作都由承包商承担，业主或其他承包商也会负责一部分。

一般地，施工现场的营地建设和临时工程，包括业主及其业主聘请的工程师的办公用房和办公设施，均由承包商提供，甚至包括项目实施期间对业主办公用房的清洁工作也由承包商负责，则承包商应在报价中考虑这些工作的费用。

当项目划分为多个合同，且由多个承包商分别实施时，工程保险可能由业主向其本国保险公司统一投保，则承包商在报价中就可以不考虑办理保险的相关费用。

凡是由承包商承担的工程内容和负责的一切工作，其费用在报价中必须全部编报，不得遗漏。

3. 仔细分析各分项工作的内容，确定分摊费用

各国工程承包市场对工程造价的编制方法及各分项工作所含费用类别的理解存在很大差别，目前使用较多的报价方法包括“分项费用报价法”、“工程单价报价法”、“综合人月单价报价法”等几种报价计算方法。无论哪一种方法，承包商均应熟悉其编制思想和各分项工作的内容，并合理分摊施工期间发生的各种间接费用。

4. 报价计算与询价有机结合

工程报价的计算与材料或设备采购的价格，以及与分包工程的价格必须合理结合，才能提高报价的准确性。材料和设备供应商以及分包商的价格只有通过询价得到，并作为承包商报价的成本考虑，且不可按自己认为的估价方法计算这部分费用。对这部分费用，需要承包商通过各种渠道，想方设法获得有关资料。实在收集不到有关资料时，承包商则应通过分析尽快作出判断（如以当地正在实施的工程估价资料为依据，或以往在当地工作的经验），以保证满足投标报价的时间要求。在分析问题时应做到有理有据，切忌轻率从事。

（二）投标报价的基础

除遵循以上的投标报价原则外，承包商还要明确合同类型，复核工程量和进行现场考察，这些是投标报价的基础。

1. 根据合同类型初步判断风险程度

合同类型不同，承包商所承担的风险程度也是不同的，其报价所考虑的侧重点就不同。在招标文件中主要选用的合同类型可分为固定不可调价总价合同、可调价总价合同、单价合同和成本补偿合同。承包商承担的风险由大到小。承包商可根据各类合同的特点，采用风险管理方法，仔细分析所承担的风险，并以此确定报价中的风险费比例。

2. 复核工程量

对于采用总价合同的工程项目，承包商需要根据设计图纸，计算各项工作的工程量，并保证工程量计算的正确性。为避免产生遗漏，应由不同的编制人员进行校核。同时按招标文件规定的格式列入投标书中。

对固定单价合同，通常情况下由业主雇用的工程师按一定的格式和规则编制工程量清单，并将其附在招标文件中。承包商应根据图纸仔细核算工程量以制定施工计划；核算工程量的另一个目的是恰当运用投标技巧，实现利益最大化。

当发现自己核出的工程量与招标文件工程量清单中给出的量有较大差异时，承包商不能随便改动工程量，但也不必致函或直接找业主澄清。因为合同中往往作出了这样的规定，即清单中的工程量是估算工程量，工程实施过程中，按实际完成的工程量乘以该项工作的单价进行结算。

不论是复核工程量还是计算工程量，承包商都要尽可能准确无误。对于总价合同来说，工程量的漏算或错算有可能给承包商带来无法弥补的经济损失。目前一般采用的工程量划分方法和计算方法，项目划分很细，计算十分繁琐，对于这种情况，承包商可以按照自己习惯采用的办法合并和归纳，以简化计算和复核。因此，承包商在核算工程量时，应当结合招标文件中的技术规范弄清工程量中每一细目的具体内容，才不致在计算单位工程量价格时出错。如果招标的工程是一个大型项目，而且投标时间又比较短，要在较短的时间内复核工程量是十分困难的，这时，承包商至少要核算那些工程量大和占合同价格比例

较高的项目。

在核算完工程量清单中的全部细目后，承包商可按大项分类汇总主要工程总量，以便对这个工程项目的施工规模有一个全面和清楚的概念，并用以研究采用合适的施工方法，选择经济适用的施工机械设备。以一般土建工程项目为例，主要工程量汇总的分类大致如下：

1）建筑面积：国外没有计算建筑面积的规定，通常也不用建筑面积作为计价单位。因此，这一汇总只是为了内部进行分析比较，可以按照我国国内的规定计算。

2）土方工程：包括总挖方量，填方量和余、缺土量。如果可能的话，可分别列出石方、一般土方和软土或淤泥方量。还要特别注意的一点是在土方工程中，业主是按实方还是按虚方测量付款。

3）钢筋混凝土工程：可分别汇总统计现浇素混凝土和钢筋混凝土以及预制钢筋混凝土构件的数量并汇总钢筋、模板数量。

4）砌体工程：可按石砌体、空心砖砌体和黏土砖砌体统计汇总。

5）钢结构工程：可按主体承重结构和零星非承重结构（如栏杆、扶手等）的吨位统计汇总。

6）门窗工程：按钢门窗和铝门窗以件数和面积统计。

7）木作工程：包括木结构、木屋面、木地面、木装饰等，可以面积统计。

8）装修工程：包括各类地面、墙面、吊顶装饰，以面积计算。

9）设备及安装工程：包括电梯、自动扶梯、各类工艺设备等，以台件和安装总吨位计。

10）管道安装工程：包括各类供排水、通风、空气调节及工业管道，以延长米计。

11）电气安装工程：各类电缆、电线以延长米计，各类电器设备以台、件计。

12）室外工程：包括围墙、地面砖铺砌、市政工程和绿化等。

3. 工程现场考察

现场考察是整个投标报价中的一步极其重要的准备工作，对于考虑施工方案和合理计算报价具有重要意义。承包商决定对某一项目投标并购买招标文件后，往往业主方给出的报价时间都比较紧张。如果在前述的投标决策阶段对该地区进行了较为深入的调查研究，那么拿到招标文件后就只需进行有针对性的补充调查了。如果以前没有调查研究，那么就应该进行全面的调查研究，时间确实紧张的话，就要进行有重点的调查，比如，工程所在地区的自然条件、施工条件、业主的情况及竞争对手的情况等。

在去现场考察之前，承包商应仔细研究招标文件，特别是文件中的工作范围、专用条件、设计图纸和说明。现场考察的一般程序和做法是：承包商组织由报价人员、准备在中标后实施工程的项目经理和公司领导决策人组成的现场考察小组，根据招标文件的研究和投标报价的需要，确定重点要解决的问题，制定考察提纲；考察后应提供实事求是和包含比较准确和可靠数据的调查报告，以供投标报价使用。现场考察必备的工具是照相机、摄像机以及必要的代步工具，将看到的现场全部拍摄下来，以备投标时仔细分析。

现场考察时注意收集的资料和信息包括以下内容。

（1）自然地理条件

1）气象资料：年平均气温，年最高气温；风玫瑰图，最大风速，风压值；年平均湿度，最高、最低湿度；室内计算温度、湿度。

2）水文资料：流域面积、降水量、河流流量等。对于港口工程，还应调查潮汐、风流、台风等。

3）地质情况：地质构造及特征；承载能力，地基是否是大孔土、膨胀土（需用钻孔或探坑等手段查明）；地震及其设防等级。

4）上述问题对施工的影响。

（2）施工材料

1）地方材料的供应品种：如水泥、钢材、木材、砖、砂、石料及商品混凝土的生产和供应。

2）装修材料的品种和供应：如瓷砖、水磨石、大理石、墙纸、木板材、吊顶喷涂材料、各类门窗材料、水电器材、空调等的产地和质量以及各种材料器材的价格、样本。

3）第三方采购的渠道和当地代理情况。

4）实地参观访问当地材料的成品及半成品的生产厂、加工厂及制作场地。

（3）施工机具

1）工程所在国施工机械设备和机具的生产、购置和租赁；进口设备材料的供应及价格；有关设备机具的维修和配件供应。

2）当地的机具维修和加工能力。

（4）交通运输

1）空运、海运、河运和陆地运输情况。

2）主要运输工具购置和租赁价格。

（5）商务问题

1）所在国政府对承包商征税的有关费率。

2）所在国近几年通货膨胀和货币贬值情况。

3）进出口材料和设备的关税费率。

4）银行保函手续费、贷款利率、保险公司有关工程保险费率。

5）所在国代理人的有关规定，一般收费费率。

6）人工工资及附加费，当地施工人员工效与我国施工人员的工效比，招募当地施工人员手续。

7）临建工程的标准和收费。

8）当地及国际市场材料、机械设备价格的变动；运输费和税率的变动。

（6）规划设计和施工现场

1）工程的地形、地物、地貌；城市坐标、用地范围；工程周围的道路、管线位置、标高、管径、压力；市政管网设施等。

2）市政给排水措施；废水、污水处理方式；市政雨水排放设施；市政消防供水管道管径、压力。

3）当地供电方式、电压、供电方位、距离。

4）电视和通信线路的铺设。

5）政府有关部门对现场管理的一般要求、特殊要求及规定。

6）施工现场的三通一平情况。

7）当地施工方法及注意事项。

8）当地居屋的结构特征及习惯做法：建筑形式、色调、装饰、细部处理、所在国的建筑风格。

9）重点参观了解与拟建项目相关的当地有代表性的工程项目。

（7）业主和竞争对手情况

1）业主情况。

2）工程资金来源。

3）竞争对手情况。

（8）工程所在国的政治、经济情况，有关法规、条例及市场开拓前景

1）掌握该国的一般政治、经济情况，与邻国的关系，与本国的关系。

2）了解我国外交部、商务部对该国的评价，请本国驻外使馆介绍情况。

3）了解该国关于外国承包商注册设点的程序性规定；需要递交资料的详细内容。

4）搜集或购买工程所在国设计规范、施工技术规范、招标投标法、合同法等法律和法规以及工程审查验收制度。

一个高质量的考察报告，对研究投标报价策略和提高中标率有着十分重要的意义。

（三）投标报价的计算方法

1. 工程标价的构成

标价是承包商投标书中的重要内容。在国际招投标中，尤其是世界银行和亚洲开发银行贷款的项目，都是采用最低标价优先中标的原则。因此，标价的高低直接决定着投标人能否中标；而且，标价是否合理也决定着项目能否盈利或在标价范围内能否顺利完成。因此，需要合理确定工程标价的组成因素。标价的费用构成包括工程直接费、工程间接费、总部管理费和盈余以及暂定金额。

（1）工程直接费

工程直接费是指成为工程实体及工程施工所用的设备、材料和人工费用，具体包括以下内容。

1）人工费：人工费又称劳务费，包括施工人员的一切津贴和所有支付。

2）材料与生产设备费：前者包括材料及安装部件的采购价格及销售税、运费、保险费、码头费、关税及其他费用。后者是指成为工程实体一部分的设备的采购费及其他相关费用。

3）施工机械费：指用于施工的机械和重要工器具的费用，工程建成后不构成业主的固定资产。施工机械费一般包括固定费用和运输等费用两部分。固定费用包括机械折旧、运保费、关税及杂费，机械购置费不是工程成本的内容，但它涉及到资金的运用分析，需要单独计算。运输等费用包括安装拆卸费、修理费、燃料费及操作人员费。

承包商为工程师创造现场工作，生活条件而开支的费用，计入直接费，主要包括办公、居住用房（包括室内的全部设施和用具）、交通车辆费等费用。有的招标文件对工程师费用的具体开支项目明确规定为独立的子项，投标人可按此单独计算并在标价汇总表里把这笔费用单列；如未规定单列，通常将这笔费用分摊到其他分项工作中。

（2）工程间接费

这是指除上述直接费以外的主要用于工程项目组织和现场管理的其他费用。随着国际

工程承包市场的不断变化，间接费也应根据招标文件的规定在其构成基础上进行增减，通常包括以下几种。

1）投标期间开支的费用。这项费用包括购买招标文件费、投标期间差旅费及标书编制费等。把这笔费用单列出来，有利于积累投标费用方面的数据。

2）保函手续费。除投标保函以外，还有履约保函、预付款保函、维修保函、设备再出口保函等。银行在为承包商出具这些保函时，都要以保函金额的1%～5%按年收取手续费，不足一年按一年计。承包商按照招标文件要求的保函金额和保函有效期，就可以算出保函手续费。

3）保险费。承包工程中的保险项目一般有工程保险、第三方责任险、人身意外保险、材料设备运输保险、施工机械保险等，其中后三项的保险费用也可计入人工、材料和施工机械单价中。中国人民保险公司又将工程保险分为建设工程险和安装工程险，投标人可根据实际情况投保其中的一项，投保额度可以按总标价计。一般的招标文件都规定了各类保险的最低投保额度。

保险费的计算公式为：保险费＝投保额度×保险费率　(4-1)

办理有关保险的投保人可以是业主，也可以是承包商，取决于招标文件中的规定。无论谁去投保，承包商都应考虑除合同中规定必须投保的内容外，自己还需要办理哪些附加保险，并将有关费用计入间接费中。

4）税金。不同的国家对外国承包企业课税的项目和利率不同。常见的课税项目有：合同税、利润所得税、营业税、产业税、地方政府开征的特种税、社会福利税、社会安全税、养路和车辆牌照税等。还有一些税种，如关税、转口税等，以直接列入相关材料，设备和施工机械价格中为宜。

上述各税种中，利润所得税、营业税的税率较高，有的国家分别达到30%和10%以上。有些国家对某些国有重点项目或特殊项目对承包商实行免征一切税费。征税的类别会在招标文件中明确说明，承包商须仔细分细招标文件中的具体规定。

5）业务费。这部分费用包括代理人佣金和法律顾问费等。

承包商可能在项目之初就选择了代理人为其服务，代理人为客户所做的工作是和代理费成比例的，他提供的服务越多，代理费也越高。

承包商往往需要雇用懂得当地法律，对承包工程业务又比较了解的人担任自己的法律顾问，以指导进行涉及当地法律的工作。承包商一般为法律顾问支付固定月工资，当受理重大法律事务时，还需增加一定数量的酬金。

6）临时设施费。临时设施包括全部生产、生活和办公设施，施工区内的道路、围墙、通信设施等，具体项目及数量应在做施工规划时提出。同国内施工设施相比，仓库、住房面积可适当减少，有时对雇用的当地施工人员可以不考虑住房。但国外工程临时设施的标准要比国内高一些，计费时应注意。承包国外一般建筑工程的临时设施费约占到直接费的2%～8%，对于大型或特殊项目，最好按施工组织设计的要求一一列项计算。

有的招标文件中要求临时设施作为一个独立的工程项目计入总价，这对承包商是有利的，因为在临时设施建设完毕后即可获得付款，可以早收回投入的成本。

7）贷款利息。承包商支付贷款利息有两种情况：一是承包商本身资金不足，要用银行贷款组织施工；另一种情况是业主一时缺乏资金，要求承包商垫付部分或全部工程款，在工程完工后的若干年内（一般为三至五年）由业主逐步还清。对承包商垫付的工程款，业主也付给承包商一定的利息，但往往都低于承包商从银行贷款的利息。因此，在计算利息报价时就要把这个利息差额考虑进去。

8）施工管理费。这部分费用包括的项目多，费用额度也较大，一般要占到总价的10%以上。这部分费用项目包括如下：

①管理人员和后勤人员工资。可参考人工工资单价确定（人工工资单价将在下面予以详述）。这部分管理人员的数量应控制在施工人员的8%左右。

②办公费。包括复印、打字、通信设备、文具纸张、电报电话费、水电费等。

③差旅交通费。指出差、从生产现场到驻地发生的交通费用等。

④医疗费。包括全部人员在施工期内的医疗费用。

⑤劳动保护费。购置大型劳保用品，如安全网等发生的费用；个人劳保用品可计入此项，也可计入人工费中。

⑥生活用品购置费。生活用品指全部人员所需的卧具、餐具、炊具、家具等。

⑦固定资产使用费。这里的固定资产指办公、生活用车、电视、空调等。

⑧交际费。从投标开始到完工都会发生这笔费用，可根据当地在这方面的特殊情况而定，一般最多以总价的1%左右计入。

⑨对分包商的管理费用。根据分包合同而定。

（3）总部管理费及盈余（利润及风险费）

总部单位管理费是指上级管理部门或公司总部对现场施工单位收取的管理费，但不包括现场管理费；由于各个公司的管理体制不同，计费标准不一，通常约为工程总成本的2%～5%。

盈余一般包含利润和风险费。利润对业主来说就是允许的利润，对承包商而言则是计划利润。风险费对承包商来说是个未定数，如果预计的风险没有全部发生，则可能预留的风险费有剩余，这部分剩余和计划利润加在一起就是盈余；如果风险费估计不足，就只有用计划利润来补贴，盈余自然就减少，甚至成为负值。如果亏损很厉害就不可能交纳总部管理费，甚至要上级管理部门帮助承担亏损了。所以承包商在投标时，应根据该工程规模及工程所在国实际情况，由有经验的投标人员对可能的风险因素进行逐项分析后确定一个比较合理的百分比。

国际工程承包市场的利润随市场需求变化很大，在20世纪70年代到80年代初期，利润率可达10%～15%，甚至更多。但到20世纪80年代中后期，国际工程承包市场疲软，竞争激烈，利润率下降。为了提高竞争力，本着“薄利”的原则，承包商的一般利润率可考虑在4%～5%左右，甚至更低或“无利润投标”。根据近些年的统计，全球国际工程承包市场承包工程的利润平均值在7.5%左右。

（4）暂定金额

暂定金额有时也叫待定金额或备用金，这是业主在招标文件中明确规定了数额的一笔金额，它实际上是业主在筹集资金时考虑的一笔备用金。承包商在投标报价时均应将此暂定金额按招标文件要求列出，并计入工程总报价。但承包商无权自主使用暂定金额。

暂定金额分为两类：有竞争性的暂定金额和无竞争性的暂定金额。

有竞争性的暂定金额是指业主在工程量清单中列明使用该暂定金额的总成本数额，要求承包商填写完成该工作所需要的管理费和利润的百分比。总成本数额乘以该百分比计入投标人的投标报价。投标人所填写的百分比值将直接影响投标人报价的竞争性。

无竞争性的暂定金额则是业主要求投标人直接在其报价中加入一笔固定费用和实施暂定金额项目所需的管理费和利润的百分比，但该百分比对报价没有影响，只是在使用暂定金额时用于计算对投标人的付款。

暂定金额可用于工程施工、采购物资和技术服务、指定增加的子项以及其他意外开支等，但使用暂定金额必须由工程师发出指令。实施过程中可能全部或部分动用这笔款项，也可能完全不用。

2. 工程量清单报价

（1）工程量清单

工程量清单的主要目的是：为拟建工程项目的工作量提供足够的信息，以更高效和准确地编写投标书；同时，当签订合同后，已经标价的工程量清单可用于工程实施期间业主向承包商支付工程进度款。工程量清单示例见附录二。

在国际工程承包的投标报价中，承包商要按照招标文件工程量清单（或报价单）中所列的格式填写单价和价格，这里的单价是指清单中所列每项工作的单位价格，价格则是指工程量清单中某些工作填写的包干价。一般惯例是，对工程量清单中填写单价的子项，此单价相对固定，业主将按照承包商实际完成的工程量乘以此单价向承包商支付进度款。而对按价格填写的分项工作，则按包干价结算。除完成暂定项目和按工日和机械台班计价的零星工程可以得到额外付款外，其他所有费用都必须计入完成工程量的付款中。因此，单价的计算很重要。

（2）工程量清单中工作单价的计算

工程量清单中单价的计算程序是：首先根据技术规范中关于清单中工作的具体要求，计算出完成每项工作的总费用；在此基础上，用该总费用除以工程量清单中列出的工程量，计算出该项工作的单价。计算工作总费用的内容如下：

1）每项工作工程直接费的计算。每项工作直接费是指每项工作的人工费、材料费和施工机械使用费的总和。

①人工费。投标报价中的人工费是以每项工作中定额人工消耗指标工资标准计算出来的，其中工资分国内派出人员工资和国外雇用人员工资两部分。

国内派出人员的工资一般包括国内工资、派出人员的企业收取的管理费、置装费、差旅费（国内和国际）、国外零用费、艰苦地区补贴费、人身意外保险费、税金、奖金、加班工资等。

国外施工人员工资一般包括日基本工资、带薪法定假日和带薪休假日工资、加班费、按规定应由业主支付的税金和保险费、招募和解雇费用、交通费等。

②材料和生产设备费。材料费和生产设备费有三种来源渠道：当地采购、国内采购和第三国采购。应视项目的具体情况和项目环境，如材料、设备的价格、质量、供货条件及当地有关规定，确定采用一种或多种采购渠道。

材料和生产设备原价的确定应视其来源的不同而有所不同，确定方法也不同。如果在当地市场采购的材料或设备则为采购价；如果是从我国国内调拨，我国外贸出口或直接向外国订购，那么原价则一般为到达当地海港的交货价。

材料和生产设备运杂费，如在当地采购材料或设备，应计算从采购地点至工程现场的运输费；如果外来材料采用离岸价，则需计算从离岸港口到达工程所在国某个港口的海运费，保险费以及到达港口后的内陆运输费。

总之，材料、设备的预算价格需要考虑海运费、海运保险费、港口装卸、提货、商检、进口许可证、关税、其他附加税、港口到工地的运输装卸、保险和临时仓储费、银行信用证手续费以及材料、设备的采购费、样品费、试验费等。

因为材料和设备的供货来源，付款条件及交货方式不一，供应商所报价格的表现形式也多种多样。但对于承包商来说，为便于工程投标价的计算，其价格应当全部换算为这些材料和设备到达施工现场的价格，作为算标的基价，并且列表备用，至于一些施工过程中使用的零星材料，可以不必详列，在进行单价计算时，根据经验加入一定百分比（1%～5%）即可。

国外承包工程分免税和不免税的两种，一般以不免税的居多，因此，材料和设备预算价格中应包括税金。

③施工机械费。施工机械一般分为自有机械和租用机械两种。如果拟采用租赁机械，则施工机械费（台班单价）可根据事先调查获得的市场租赁价格确定。

自有机械（或新购买的机械）使用费包括：基本折旧费、安装拆卸费、运输费、维修费、机械保险费、燃料动力费以及机上人工费。

施工机械费有时会单独列出，不包括在单价之内。在投标报价中采用何种方式计入则取决于招标文件的规定。有些招标文件规定，应当列出该工程的施工机械设备费总数，业主甚至可以在工程初期验证承包商的机械设备，确定进入现场后，即可支付一定比例的该项费用。这类招标项目多数是一些使用大型施工机械设备而且拆卸设备费占很大比重的项目（如港口工程等）。大多数招标文件不单列施工机械设备费用栏目，这时，承包商应当将这笔费用分摊到各个分项工程单价中。

2）每项工作分摊费用（间接费和利润）的计算。分摊费用是指不能列入工程直接费中的其他间接发生的确属工程必须的费用。分摊费用项目不在工程量清单上出现，而是作为报价项目的价格组成因素隐含在每项单价内。这类费用是一系列费用之和，例如投标开支、担保费、代理费、保险费、租金，贷款利息、临时设施费、机械和工具使用费、劳动保险支出、上级单位管理费以及其他杂项费用及利润等。

既然分摊费用不能在工程量清单上出现，只能隐含在每项工作的单价内，也就是说，最终的单价是一个综合单价。

3）每项工作单价的计算。计算公式为：

工作单价＝（每项工程直接费＋分摊费用）/该项工作估算的工程量 (4-2)

各个工作项目的单价计算出来后，乘以各自的工程量，将得出的结果汇总相加，再将暂定金额计入，就得出投标报价。

一般地，采用单价合同的项目，其工程量清单中明确规定：清单中的单价或价格应包括实施该项工作的全部成本和利润，因此是综合单价或价格。

按照国际工程的这种报价方式，每个分项工作的单价或价格应包括：

①所有材料的供应、存储、运输、使用和维护费用；

②所有设备、机械和工具的供应、存储、运输、使用和维护费用；

③所有职员与劳务及其住宿、交通等的供应和维护费用，所有入境许可和其他要求产生的费用；

④永久、临时工程的安装与维护费用，保险费、利润和税费，并包括合同中规定或隐含的一般风险、责任和义务产生的费用；

⑤承包商的总部管理费和现场管理费用；以及

⑥完成该工作需要分摊的其他全部费用。

在计算单价或价格时，应注意如下几点。

1）工程定额的选用。在投标报价中如何选用工程定额是承包商应当慎重考虑的问题。因为，如果工程定额水平太低，标价就相应地提高了，这样很有可能使自己的报价失去竞争力；但反之定额如果太高，报价降下来了，在实施工程中达不到这个定额要求就会导致承包商的亏损。因此，在选择施工定额时，要全面考虑其影响因素。影响工程的因素很多，较主要的几个是：施工人员的技术水平和管理水平；机械化程度；施工技术条件；施工中各方面的协调和配合；材料和半成品的加工性和装配性；自然条件对施工的影响等。在实际报价中，应当根据所投标工程的具体特点来研究影响工程定额的因素，承包商平时也要多积累自己的定额资料形成企业定额。

2）开办费。有些国际承包工程，往往将分摊费用中的若干项目在报价单中的“开办费”项下单独列出（一般列在最前面）也称作准备工作费。但是在《建筑工程量计算原则（国际通用）》的总则中明确规定：除非另有规定，开办费应分摊到分项工程单价中。开办费的内容因国家或工程的不同而有所不同。如果招标文件规定要单独列出，考虑到分摊费用有可能太高而致使单价提高，可以将下列一部分费用列入开办费项目单独报价：

①施工用水、电费。如果工程用水、用电可利用原有的供水、供电系统，则可以根据实际用量和工期另酌加损耗（5%～10%）和必要的线路设施即可算得所需费用。如果工程无法利用现成的供水、供电系统（如中东地区），则施工用水的费用应考虑采水、运水、贮水的设施费及买水费等。施工用电需考虑自行发电的所有费用。

②施工机械费。在开办费中单独列出的施工机械费，可视工期长短和投标策略的需要，采用一次性摊销或按适当折旧费方法计算。国外承包工程机械费通常占总标价的5%～10%。

③脚手架费。脚手架费是指整个施工过程中使用的全部脚手架的费用，包括砌墙、浇筑混凝土、装饰工程所需的内、外脚手架等。应按实际用量加以必要的调整（损耗及周转次数），逐项算出脚手架费用后进行汇总；也可根据以往测算的资料，按占全部造价的比率（约0.5%～1%）作适当调整，这种方法较为简单。

④临时设施费。临时设施工程费包括生活用房、生产用房和室外工程等临时房屋的建设费（或租房费），水、电、暖、卫及通信设施费等。

生活用房：包括宿舍、食堂、生活物资仓库、办公室、浴室、厕所以及其他生活用房等。

生产用房：包括材料、工具库、工作棚、附属企业（如预制构件厂等）。

室外工程：包括临时道路、停车场、围墙、给排水管道（沟）、输电线路等。

应注意，临时设施费中的生产用房应按施工组织要求来确定。临时设施费占工程总价的百分比不应超过国内的包干费率（2%）。

⑤业主和工程师办公室及生活设施。承包商有时需要为业主和工程师提供办公室和生活设施，一般在招标文件的工作范围说明中列出办公室和生活设施的面积、质量标准及所需的卫生设备、家具和仪器等。此外，还可能要求配备服务人员，这些费用都应计入。

⑥现场材料实验室及设备费。这是指为工程师配备的实验室和试验设备，实验室的面积和设备清单及配备的工作人员数量在工作范围中列出。一般工期较长的工程，这笔费用会很大，不可忽视。

⑦施工人员现场福利及安全费。这些费用相当于国内的劳动保护费，如安全技术设备、用具的购置，摊销费，劳动用品费，防暑降温费，保健、营养津贴以及医药卫生费等。可以按工期的长短及每个施工人员每月若干金额计算。

⑧职工交通费。国际承包工程管理的惯例，通常认为施工人员每天上下班路上往返不得超过 1 小时，超过的时间可列为上班时间。因此，住宿的地点离工地不宜太远，一般采用汽车接送。中午有 1 个小时的休息时间。

⑨日常气象报表费。日常气象报表费包括观察、记录每天气象的仪器设备费，文具纸张费以及负责日常报表工作的专职人员的工资等。

⑩现场道路及进出场通道维护费。该费用包括厂区内的道路和进出场必需的公共或私人道路的维修保养费，相当于国内工程养路费的性质，应按车辆及数量、工期和当地的规定来估计。

⑪恶劣气候下工程保护措施费。该费用与国内冬雨期施工增加费相似，应结合当地气候条件考虑。实际上这笔费用难以估计正确，一般只能酌情估出一笔适当的金额。

⑫现场保卫设施及场地清理费。现场保卫设施费指现场围墙、出入口、警卫室及夜间照明设施等。可按施工组织设计要求所需的工料费，一次摊销不计残值。

场地清理费指施工期间保持场地整洁，处理垃圾及竣工清理场地费用，可按单位建筑面积或直接费的一定比率估计。

开办费所占总价的比例一般与工程规模大小有关，约占工程总价的 10%～20%，有的甚至可达 25%。开办费的确定往往涉及到施工组织和施工方法，因此，需要逐项地分析计算，汇总后列为一项。在估计开办费时，为避免与分项工作单价所含的内容重复（如脚手架费，施工机械费等），必须明确分项工作单价、工程间接费和开办费中应包括的内容。

（3）单价分解表

表 4-3 是在采用单价合同模式招标的世界银行某项目中，对工程量清单中各分项工作单价的一张分解表。业主要求承包商填写此表的目的是为了了解承包商所填写工程量清单中各项工作的单价构成，以便确定承包商报价的合理性，并在谈判时，有目的地要求承包商降价。

该表是按照世行招标文件投标人须知第 27 条“投标书的澄清”要求投标人提交标书单价和价格的分解。投标人可以提交比所附样表内容更详细的分解细节，表中的单价与价格应与工程量清单中注明的相同。总部管理费和利润百分比应适用于小计（A+B+C+D）。

单价分解表（样表） **表 4-3**

<table>
<tr><td colspan="4">分项工作编号：　　　　　　　　　　单价：UGSH/单位
分项工作描述：
价格构成：</td></tr>
<tr><td rowspan="2"></td><td rowspan="2">UGSH/单位</td><td colspan="2">价格 UGSH</td></tr>
<tr><td>小　计</td><td>总　计</td></tr>
<tr><td>A. 施工机械设备
1. ________
2. ________
3. ________
小计　A
B. 劳务
1. ________
2. ________
3. ________
小计　B
C. 材料
1. ________
2. ________
3. ________
小计　C
D. 其他（注明）
____
小计　D
小计　（A+B+C+D）
E. 总部管理费和利润
________%</td><td>________
____
____

____
____
____

____
____
____

________</td><td>________
____
____

____
____
____

____
____
____

________</td><td>________ (A)
________ (B)
________ (C)
________ (D)
________ (A+B+C+D)
________ (E)</td></tr>
<tr><td>分项工作总单价</td><td></td><td></td><td></td></tr>
</table>

二、投标技巧分析

目前，国际招标都是针对大型的工程项目和复杂的生产设备进行的，因此，承包商在考虑投标时，面临的风险是比较大的。投标竞争的胜负不仅取决于承包商本身的实力，也取决于承包商的投标技巧和报价策略是否运用得当。承包商除了不断加强自己的实力外，还应注意投标技巧的运用。

（一）根据工程类别、施工条件等综合考虑报价策略

根据项目的特点、自身的情况以及竞争对手的情况考虑报价的高低。一般来说，下列情况报价可以高一些：

1）施工条件差的工程（如场地狭窄，地处闹市）；

2）专业要求高的技术密集型工程，而本公司在这方面有专长和一定的声望；

3）总价低的小工程，以及自己不愿意做而被邀请投标，不得不投标的工程；

4）特殊工程，如港口、码头工程、地下开挖工程等；

5）业主对工期要求急的工程；

6）投标对手少的工程；

7）支付条件不理想的工程。

下述情况报价可以低一些：

1）施工条件好的工程，工作简单、工程量大而一般公司都可以做的工程；

2）本公司目前急于打入某一市场或某一地区，或虽已在某地区经营多年，但即将面临没有工程的情况（某些国家规定，在该国注册公司一年没有项目时，就要撤销其营业执照），机械设备等无工地转移时；

3）附近有工程而本项目可以利用该项目工程的设备、劳务，或有条件短期完成的；

4）投标对手多，竞争力强时；

5）非急需工程；

6）支付条件好，如现汇支付。

（二）多个标段的恰当处理

大型项目招标时，一般都分成多个标段进行。业主在招标时，常允许一个承包商同时投多个标段。承包商在投标时要考虑投几个标段和投哪几个标段。有能力的承包商尽可能多投标段。报投标段的数量太少，投标覆盖面小，限制了投标操作灵活性，降低中标率；太多，在限定时间内，标书编制任务重，编标人员精力分散，影响标书编写质量而降低中标率，同时还加大了购买、编制标书的费用开支。一般来讲，承包商报投 3～5 个标段较为适当。

在选择工程标段位置方面，一是所选标段工程施工内容要与本单位施工强项相吻合；二是要做到标段大小兼顾，施工难易兼顾，有条件的话，可以到工地现场查看后再做决定；三是尽可能将相互干扰比较多的标段进行组合，这样便于协调，业主也希望将这些标段授予一个承包商；四是要注意避开实力较强的竞争对手。

如果承包商考虑报投同一个工程项目的多个标段，那么多个标段的最终报价不要在一个标准水平上，要有一定的阶梯差，也就是说以正常预算为基本点而增降的最终报价，各标段增降幅度要有一定的阶梯差，这样可保证其中一个标段的报价接近最优报价，不会出现全部未中标的现象，这也就是前面所讲尽可能多投标段的原因。

投多个标段时要考虑给予业主的折扣额度。招标文件通常要求承包商对每个标段，按单独投标计算报价，然后在投标书中写明：如果将所投的标段全部给承包商，承包商的报价将降低的百分比是多少。承包商在投三个以上标段时，可能有几种组合中标的情况，不妨将各种情况均注明给予业主折扣的百分比。

（三）注意合作伙伴的选择

很多国家规定外国承包商在本国承包工程，必须同当地的企业成立联营体才能承包该国的工程。因此承包商对合作伙伴或分包单位均需作必要的分析，具体来说是对当地合作人或公司的信誉、资历、资金、债权债务等方面进行全面分析。这些分析可以通过当地金融机构、咨询公司和法律事务所等渠道加以了解，其中很重要的是选择内行或同行的企业作为合作伙伴。

选择当地公司联合投标可以充分利用当地公司熟悉当地市场条件的优势，降低造价，增加中标概率。

（四）不同报价方法的运用

在服从公司报价策略的前提下，可以运用以下几种报价方法。

1. 不平衡报价法

不平衡报价法也叫前重后轻法，是指一个工程项目的投标报价在总价基本确定，保持不变的情况下，调整内部各个子项的单价，以期在既不提高总价、不影响中标的情况下，又能在结算时获得更理想的经济效益。在以下几种情况可以考虑采用不平衡报价法：

1）能够早日结账收款的分项工作（如开办费、基础工程、土方开挖、桩基等）可以报的较高，以利资金周转；后期实施的分项工作（如机电设备安装、装饰、油漆等）可适当降低单价或价格。

2）经过工程量核算，预计今后工程量会增加的分项工作，单价适当提高。因为分项工作的单价是综合单价，包含了实施该项工作的全部费用，其中有些分摊费用是与承包商所完成的工程量无关，这样承包商就会从这些与工程量无关的固定杂费中获益，在最终结算时可以多挣钱；而将预计工程量会减少的分项工作单价降低，这样工程结算时损失不会太大。但调整要控制在一定范围内（如10%），以便业主接受。

3）设计图纸不明确、估计修改后工程量要增加的，可以提高单价；而工程内容说不清楚的，则可以降低一些单价。

4）暂定项目。暂定项目又叫任意项目或选择项目，对这类项目要具体分析，因为这一类子项目要开工后再由业主研究决定是否实施，由哪一个承包商实施。如果工程不分标，只由一家承包商施工，则其中肯定要做的暂定项目单价可以高一些，不一定做的则应低一些。如果工程分标，该暂定项目也可能由其他承包商施工，则不宜报高价，以免抬高总报价。

5）单价包干混合式合同中，对某些子项目业主要求采用包干报价时，宜报高价。一则这类子项目多半有风险；二则这类子项目在完成后可全部按报价结账，即可以全部结算回来。而其余项目单价则可适当降低。

但对不平衡报价一定要建立在对工程量仔细核对分析的基础上，特别是对于单价报的太低的子项目，如果这类子项目实施过程中工程量增加很多将对承包商造成重大损失。不平衡报价应控制在合理幅度内（一般在10%左右），以免引起业主的注意。如果不注意这一点，有时业主会挑出过高的价目，要求承包商进行单价分析，并围绕单价分析中过高的内容压价，以致承包商得不偿失。

通常招标文件中会对采用严重不平衡报价的承包商的处理作出规定：一是一旦中标，要求承包商提高履约担保的额度（如银行保函通常为中标价的10%，在这种情况下，可能达到15%），同时不允许承包商修改报价；二是按废标处理。

2. 计日工的报价

对计日工报价，在不具有竞争性时，可以适当抬高报价，以便在日后业主使用计日工时可以多盈利。所谓不具有竞争性是指承包商填写的计日工单价，不计入承包商的总报价中，不会因为承包商抬高报价而导致总报价的增加。当计日工报价具有竞争性时，通常在计日工表中会列入“名义工程量”，这是一个假想的工程量，目的就是将承包商所报的计日工单价乘以相应的“名义工程量”计算出计日工价格，加入承包商的总报价中。如果承包商抬高计日工单价，将导致总报价提高而无法中标。

3. 无条件和有条件报价结合

对于一些招标文件，如果发现工作范围不很明确，条款不清楚或很不公正，或技术规范要求过于苛刻时，则要在充分估计投标风险的基础上，按多方案报价法处理。即按照原招标文件的要求报一个价，然后再提出：“如果某条款（如某些规范规定）作某些变动，报价可降低多少……”报一个较低的价，这样降低总价，吸引业主；或者对某些部分工程提出按“成本补偿合同”方式处理，其余部分报一个总价。

投标人一定要注意：必须首先对原方案无条件报价，再提出有条件报价。因为有条件报价是按与招标文件存在偏差处理。如果不对原方案无条件报价，当业主认为投标人报价未对招标文件作出实质性响应，出现重大偏差时，会导致废标。

4. 增加备选方案

有时招标文件规定，可以提出一个备选方案，即可以部分或全部修改原设计方案，提出投标人自己的方案。

投标人这时应组织一批有经验的设计和施工工程师，对原招标文件的设计和施工方案仔细研究，提出更合理的方案吸引业主，以促成自己的方案中标。这种新的备选方案必须有一定的优势，如可以降低总造价，或提前竣工，或使工程使用更合理，或降低工程运营期间的费用等。但要注意的是对原招标方案一定也要报价，以供业主比较。

增加备选方案时，不要将方案写得太具体，要保留方案的关键技术，以防业主将此方案交给其他承包商去实施。同时，备选方案一定要比较成熟，或者承包商过去有这方面的经验，甚至具有专利。因为准备投标的时间并不长，如果仅因为中标而匆忙提出一些没有把握的备选方案，可能会引起许多后患。

5. 突然降价法

报价是一项保密的工作，但竞争对手往往会通过各种渠道和手段来刺探情况。为了在报价时迷惑对手，先按一般情况报价或表现出自己对该项目兴趣不大，到投标快截止时再突然降价。如鲁布革水电站引水系统工程招标时，日本大成公司知道它的主要竞争对手是前田公司，因而在临近开标前把总报价突然降低 8.04%，取得最低标，为以后中标打下基础。

采用这种方法时，一定要在准备投标报价的过程中考虑好降价的幅度，在临近投标截止日期前，根据情报信息，做最后决策。

如果由于采用突然降价法而中标，因为开标只降总价，在签订合同后可采用不平衡报价的思想调整工程量清单内的各项单价或价格，以期取得更高的利益。

6. 先亏后赢法

有的承包商依靠国家、某财团或自身的雄厚资本实力，而采取一种不惜一切代价只求中标的低价投标方案，其目的是为了开拓一个新的市场，站稳脚跟后，利用后期项目盈利。

如对大型分期建设的工程，如卫星城，灌溉工程等，在第一期工程投标时，少计利润以争取中标。这样在第二期工程招标时，凭借第一期工程的经验、临时设施以及创立的信誉，比较容易拿到第二期工程。但同时应该注意第二期工程实现的可能性，如果开发前景不明确，实现第二期工程遥遥无期时，则不可以这样考虑。

应用这种手法的承包商必须要有良好的资信条件，并且提出的施工方案也先进可行，同时要加强对公司情况的宣传，否则即使报价再低，业主也不一定会选择其中标。如果其他承包商遇到这种情况，不一定要和这类承包商硬拼，而是力争第二、第三标，再依靠自己的经验和信誉争取中标。

7. 关于材料和设备

材料、设备在工程造价中常常占到一半以上，对报价影响很大，因而在报价阶段对材料设备供应（特别是大宗材料和大件设备）要十分谨慎。

1）询价时最好直接找生产厂商或当地直接受委托的代理，在当地询价后，可用电传向厂家询价，加以比较后再确定如何订货；

2）国际市场各国货币币值在不断变化，要注意选择货币贬值国家的设备；

3）建筑材料价格波动很大，因而在报价时不能只看眼前的建筑材料价格，而应调查了解和分析过去两三年内建材市场价格变化的趋势，决定采取近几年平均单价或当时单价，以减少未来可能的价格波动引起的损失；

4）与主要材料供应商建立战略伙伴关系，以降低造价，实现共赢。

8. 如何填“单价分析表”

有的招标文件要求投标人对工程量大的项目报“单价分析表”。投标时可以将单价分析表中的人工费及机械设备费报得较高，而材料费算得较低。这主要是为了在今后补充项目报价时可以参考选用已填过的“单价分析表”中较高的人工费或机械设备费，而材料则往往采用市场价，因而可获得较高的利益。

三、如何编制投标书

投标书是投标人根据业主招标文件要求编制和提交的所有文件，我国习惯上称作投标书。投标人递交的投标书格式必须遵守招标文件的规定。

（一）投标书的组成及编报要求

国际工程投标中，由投标人编制的投标书通常分为三个主要部分：技术建议书、商务建议书分以及其他相关文件。

1. 技术建议书

投标书的技术建议书主要是指承包商的施工规划，用以评价承包商完成工程的技术能力，通常包括如下内容：

1）主要施工方案及其说明；

2）施工进度计划及其说明；

3）主要施工机械设备表；

4）关键人员表；

5）承包商（包括分包商）的现场组织机构图；

6）分包商一览表；

7）供应商一览表；

8）根据招标文件要求提交的替代方案建议书。

2. 商务建议书

投标书的商务建议书主要是指承包商的报价书及其相关文件，用以评价承包商完成工程所需的费用总额，通常包括如下内容：

1）投标书格式；

2）投标书附录；

3）工程量清单或价格分解表；

4）外币需求表、外币需求分解表；

5）价格调整公式权重系数选择表；

6）合同价格调整公式价格指数表；

7）迟付款利率表。

3. 其他相关文件包括：

1）投标保函；

2）投标人代表的授权委托书；

3）投标人的资信文件，包括：财务状况证明文件（资产负债表、损益表等）、银行信贷证明、招标文件可能要求的其他信誉状况的证明文件；

4）如果是联营体，还应包括联营协议；

5）招标文件可能要求提交的其他文件。

由世界银行或其他国际金融机构融资的项目，或其他正规的国际招标项目的投标书，对投标书的组成都有严格的规定。承包商应按招标文件中规定的、组成投标书的各个文件的先后顺序装订好。所附的全部资料应清晰，达到能够再复制的程度。某世行项目投标书的组成示例如下。

【案例 4-3】 投标书组成示例

世界银行出资的某国家公路项目，该项目采用 FIDIC《土木工程施工合同条件》（1987 年第四版），为一单价合同，该项目组成投标书的文件如下：

（1）投标书格式，也称作投标函包含了承包商为实施工程所报的价格；

（2）投标书附录；

（3）外币需求表、外币需求分解表；

（4）价格调整公式权重系数选择表；

（5）合同价格调整公式价格指数表；

（6）未支付外币部分的利率表，主要是当业主未能按合同约定时间支付外币进度款时，应向承包商支付利息；

（7）概要进度计划；

（8）主要施工机械设备表；

（9）关键人员表；

（10）承包商（包括分包商）的现场组织机构图；

（11）分包商一览表；

（12）供应商一览表；

（13）单价分解表；

（14）投标保证格式；

（15）工程量清单，包括如下内容（详见附录二）：

1）表 1 一般分项工作分项表；

2）表 2 地表排水工程；

3）表 3 土方、地基、路肩和基础工程；

4）表 4 公路沥青表层工程；

5）表 5 附属工程；

6）表 6 板涵和桥梁混凝土工程；

7）表 7 材料和试验；

8）表 8 计日工表；

9）指定暂定金额汇总表；

10）报价汇总表。

（二）编制投标书时要注意的事项

从购买招标文件到递交投标书，投标人编制投标书的过程非常短。如何在较短的时间内编制一份合格的标书是非常重要的，为此，应注意如下问题：

1）投标书的组成文件必须齐全，不能缺少任何文件。

2）投标书中的各个文件按规定填写，不能漏填，特别是填写工程量清单时，决不能漏项，否则将被视为主动放弃该项的费用。应反复核对，保证分项和汇总计算均无错误。

3）提交的各种文件应清晰，可复制。不能有任何修改或增删字段。当无法避免时，应严格按招标文件的规定进行修改和增删，并签字。

4）递交的文件，应按招标文件要求的格式，每页签字。

5）所有投标书应装帧美观大方，严格按招标文件要求的格式和顺序进行装订。

6）招标文件的澄清，在编制投标书过程中，投标人可以按投标人须知规定的时间和方式，对招标文件的任何内容提出澄清要求，业主会将答复发给所有的投标人，但不会泄露问题的来源。即使如此，投标人也应谨慎地提出澄清，以免泄露自己的报价信息。

7）在编制投标书的过程中，对发现的问题要单独写成一份备忘录提要，但不能附在投标书中递交，只能自己保存，留待合同谈判时使用。也就是说，当该投标使业主感兴趣，业主邀请投标人谈判时，再把这些问题根据当时的情况，一个一个地拿出来谈判，并将谈判结果写入合同协议书的备忘录中。

8）除了按规定填报投标书，投标人还可以写一份更为简洁的致函，对自己的投标报价作必要的说明，使评标者更能理解此报价的合理性，给评标者和业主以深刻的印象。

9）标前会议是业主给所有的投标人的一次当面质疑的机会。参加标前会议可以让自己对项目模糊不清的信息变得更清楚明白。投标人在参加标前会议提出问题时要注意以下几点：

①对合同和技术文件中不清楚的问题，应提请说明，但不要表示或提出改变合同和修改设计的要求；

②提出问题时应防止其他投标人从中了解到自己公司投标的设想和方案；

③注意提问题的方式，不要表现出过高的积极性，也不要使业主和咨询公司感到为难，并且，如果业主或咨询公司对问题给予答复，应当要求其以书面的方式宣布这些答复，这些书面答复与招标文件具有同等效力。

第四节　报价决策阶段的管理

所谓报价决策，就是对招标文件经过一系列的研究，对拟报的标价进行计算、评估和分析后，由决策人运用有关决策的理论和方法，根据企业的战略目标、自己的经验和判断，从既有利于中标又有利于盈利这一基本目标出发，最后决定投标的具体报价。

一、报价决策的影响因素

（一）预期利润

目前，国际工程承包市场中承包商的平均利润为7.5%。从发展的观点看，承包商要想生存，就必须在所承包的项目上盈利，而对报价产生影响的因素之一，就是项目的预期利润。

确定预期利润的高低，取决于国际工程承包市场的竞争强度。造成国际工程承包市场利润比较低的原因是国际工程承包市场竞争的参与者增多，竞争激烈，承包商不得不降低预期利润率，甚至保本竞争，以求得中标，维持公司生存。对于目前的国际工程承包市场，承包商在投标时，预期利润不宜过高。

（二）风险费

国际工程承包过程中会发生许多难以完全预测到或完全避免的各种意外事件，是一个风险比较大的行业，但风险大，利润也大。因为，每一个承包商都会在其投标报价中为应付工程实施过程中偶然发生的事故而预留一笔风险费。当预期的风险不发生或风险发生后造成的损失少于预期的风险费时，风险费盈余将转化为利润，反之，会减少利润。因此，在该行业仍有众多的竞争者追逐风险利润。

风险费究竟取多少才算合适是很难测算的，需要根据招标的具体情况、内外部条件、竞争对手报价水平的估计以及承包商自身对风险的承受能力综合考虑后慎重决定。尤其在外部商务环境较差（比如各类税收名目繁多，物价上涨等），工程本身因资料不多潜伏较大风险，工程规模较大、技术难度较高时，应当格外慎重。

（三）竞争强度

工程承包市场的竞争强度也是对报价决策产生重大影响的因素，更准确地说，竞争强度主要是指参与拟建项目的投标人数量及其综合能力。因此，为了在竞争中取得胜利，必须对潜在竞争对手进行调查，并对竞争对手的优、劣势进行分析，以作出客观的估计和制定恰当的投标策略，发挥自己的优势而取胜。

调查的方面包括通过资格预审的公司数和公司名称、参加标前会议的公司数及其名称、各公司在当地和周边国家的经营情况、以往投标的策略等。

例如，如果竞争对手在当地已有工程正处于施工阶段，那么它很可能会利用现有设备和其他设施为此项新投标的工程服务，这样可大大降低设备和人员的动迁费用，从而降低自己的投标报价。但西方承包商的人工费往往远高于我国承包商的人工费，我们可以充分利用劳动力方面的比较优势，降低我们的报价，赢得合同。

又如，亚洲某内陆国家一水电站项目位于原始丛林中，大坝、引水隧洞和电站厂房分别相距十余公里，交通运输也比较困难，市场经济不发达，当地技术施工人员缺乏，设备和钢材、水泥等需由邻国运来，施工条件有一定难度。参加标前会议的有20家公司，除

3 家中国公司外，其余全是欧洲国家和日、韩的国际知名大公司。经分析，主要竞争对手应是正在该国实施水电项目的意大利公司和日本公司。前者不同于其他欧洲公司，在亚非市场上它的报价水平较低，中标率较高，应格外重视；后者在当地实施的项目已近尾声，但亏损严重，分析其心理状态，它可能利用现有设备的优势报出低价，也可能怕继续亏损而提高报价。最后分析结论是，应以意大利公司为主要竞争对手，针对此对手的特点采取合适的对策。开标结果共有 8 家公司参加投标，第一、二标为两家中国公司，第三标为该意大利公司。因第二标编制的投标书较差，业主和咨询公司在入围的第一、三名中，经反复比较评议，决定授标给第一位。

（四）报价计算的准确性

投标报价计算的准确性往往会对项目的实施产生重大影响，这也是衡量承包商国际竞争力的一个重要指标，它直接影响领导层能否对该项目作出正确的报价决策。造成报价失误的原因如下：

1）计算错误或漏项。例如，单价合同中，如果漏添工程量清单中的任何工作项，将被解释为承包商将该项费用包括在其他的工作项中，承包商不得在实施过程中提出费用补偿要求。

2）脱离项目实际情况，理想报价。由于对国际工程项目的投标环境不熟悉，准备投标的时间很短，仓促中无法获得详细的项目资料，在报价中想当然地决定工作项的某些费用。如该询价的内容，没有获得实际询价结果就报了价，导致实际采购价格远大于预期价格；或按国内定额计算对国际项目的报价，等等。

3）未能选择最佳施工方案或施工方案不可行。投标小组中的人员经验很重要，他们必须密切配合，制订合理可行的施工方案。在现场考察中，必须对现场施工条件和当地影响施工的各种因素作出客观判断，不同施工条件下应采用不同的施工方法，否则，将导致变更施工方案和增加施工成本。

4）未严格遵守招标文件中的报价规则。特别是对于采用工程量清单的合同，清单中每项工作的单价均是指综合单价，包括了承包商实施和完成该工作的全部费用和需合理分摊的其他费用。通常在技术规范中，会对清单中的每一工作项提出技术要求和应包括的相关费用，承包商的报价人员应严格遵守这些规定，按招标文件的计量规则计算每一工作项的单价或价格。投标人决不允许随意增删或改变清单中的工作项。如果投标人认为工程量清单中项目不全，只能把由此发生的费用摊入清单中相近的项目中，不能遗漏任何费用。

总之，公司决策者只有在认真听取报价人员的详细汇报并询问核实后，才能作出对标价计算准确性的判断，特别是关于项目风险的分析。同时，决策者应当熟悉其属下的编标人员的经验、能力、工作作风等，上下沟通，充分讨论后作出正确的报价决策。

二、报价策略选择

（一）报价策略

国际工程项目竞争中，承包商常用的报价策略有以下几种：

1. 低价中标的策略

低价是指保本竞争或利润很低的价格。在以下情况，承包商可能会考虑采用这种报价策略。

1）为了开拓新市场、新领域或对公司具有战略意义的工程，承包商会考虑低价中标策略，即使亏本也在所不惜。其目的是希望在新市场首先占领一席之地，然后扩大成果，在以后项目中盈利，这与企业的战略发展目标是密切相关的。

2）项目的施工条件好，工程量大，业主支付能力好，业主信誉好，而企业正面临困境，必须获得目前的项目，以维持企业生存时，采用保本竞争或低价策略。

3）世界银行或其他国际金融机构融资的项目，或其他正规的国际招标项目，支付有保证，而竞争激烈，则考虑低价微利中标。这种类型的项目，业主往往将标授予有实力完成项目且评标价最低的投标人。如世界银行贷款项目京珠高速公路湖北段中标单位标价就为最低价，综合费率（包括间接费率、税率、利润）不超过8%。

2. 高利润报价策略

这种策略往往适用于自己有可能控制标价的情况。如：

1）拥有项目所需的专利技术；

2）自己正在与业主合作实施某些项目；

3）技术含量高、施工难度大、工期要求紧、地质水文、气候条件较差的工程；

4）竞争对手少或无竞争对手，等等。承包商可以凭借自己先进的施工技术和精良的机械设备以及良好的施工素质，采用高价中标的策略。

3. 接近标底价的报价策略

这种策略适用于业主采用标底价决定中标人的招标方式，即业主在招标文件中规定，以最接近业主标底的标价为最合理报价，选择该投标人作为中标人。

在这种情况下，承包商必须对该项目所在地区和该行业的评标和计算标底价的惯例进行认真分析，弄清业主对该项目的标底编制的指导思想和编制方法，找出其评标规律，力争在投标报价时取得与业主标底最接近的标价，以求中标。

4. 综合评分最高的报价策略

在一些国家招标惯例中采用综合评分的方法选择投标人，在这种情况下，投标人必须非常熟悉评标中考虑的因素以及每一种因素在评标中所占的权重。投标人的策略是保证得到综合评标的最高分，而投标人的报价在综合评分中可能所占的权重不大。为获得最高分，投标人应最大程度满足占综合评分中权重比较大的指标。

（二）选择报价策略应注意的问题

承包商在选择报价策略时应注意以下几个问题。

1. 决策的主要依据

承包商选择报价策略的主要依据应是投标人员的报价计算书和各种分析指标。通过其他途径获得的资料，如竞争对手的资料、标底信息等只能作为一般参考，因为这些资料的可信度相对较低。中标是每个承包商的愿望，但中标价格要基本合理，不应导致亏损。如果在当地有类似项目作为参照基准，则作出的决策将会更加科学。

2. 报价差异产生的原因

应该说，各国承包商对于国际工程项目标价的计算原理和方法基本相同，算出的标价也应该不相上下。但我们经常在开标时发现各承包商的报价差异很大，原因分析如下：

1）计算错误或有意放弃竞争而报高价；

2）追逐利润的高低不一；

3）施工方案的不同；

4）管理水平和管理方法上的差异，导致间接费的取费标准不同。

从上述造成报价差异的原因可以看出，我们无法找到一种很好的方法去客观评价竞争对手的报价策略并击败竞争对手。任何一种方法都是基于某些假定条件作出主观判断，实际工作中，方法越简洁越好，应尽可能采用优劣势对比分析的方法，比较各自的优劣势对标价的影响，从而确定自己的报价水平和应采取的策略。

3. 全局决策

承包商应全面考虑对报价产生影响的各种因素，从企业的发展战略考虑最终的决策，要对公司的预期利润和风险的承担能力有一个客观评价。在实际工程中，利润和风险并存，承包商应在可接受的最小预期利润和可承受的最大预期风险能力内作出报价决策。

4. 报价策略下的辅助中标活动

承包商的报价是能否中标的重要因素，但并不是唯一因素。承包商应在合理报价的基础上开展一些辅助中标的营销活动，充分展现自己的能力和信誉，让业主最大程度地认识和了解自己，获得业主的青睐，以求与业主有进一步接触和商谈的机会。

在获得商谈机会后，就可以向业主提出合理化的建议（改进工艺、降低成本、缩短工期等等），赢得业主注意，还可以许诺优惠条件，最终得到业主的认同。

（三）中标前的谈判报价

世界银行和亚洲开发银行资助的采用公开竞争性招标方式采购的工程项目，一般不进行决标前的谈判，而是选择评标价最低的投标人中标。但大部分项目，是根据开标结果，选取标价较低的2～3家投标人进行谈判，根据报价和谈判的结果最终确定中标人。

此时，业主谈判的主要目的是进一步了解承包商的综合能力和要求承包商降低价格。而承包商应抓住业主的这种心理，对业主作出一些让步和许诺优惠条件。在不影响根本利益的前提下，审时度势，尽量打动业主，以争取中标。

业主的谈判手法常常表现为：承诺在承包商降价达到何种程度时即会授予合同；或者威胁承包商“如果不降价即无中标希望”；或者故意向承包商透露其竞争对手作出的让步情况，要求承包商将价格降至竞争对手的价格以下即授予合同等等。承包商要特别警惕业主的这些要求，因为有时业主会故布疑阵，抓住承包商急于中标的心理，达到低价成交的目的。在这种情况下，承包商应头脑清醒，不要上当。

（四）辅助的中标手段

承包商在对工程项目进行投标时，主要应该在先进合理的技术方案和较低的投标价格上下功夫，以争取中标。但是还有其他一些手段对中标有辅助性的作用，通常有以下几种。

1. 技术交流

在对项目进行跟踪阶段，就尽可能与业主进行接触，开展一些技术交流活动，甚至可以向业主提供必要的免费咨询服务，以展现实力。特别是对采用议标方式招标的项目，通过技术交流，一方面可以了解业主对招标的总体设想、供货范围或工作范围、技术规格及性能要求，另一方面将己方的技术水平、财务能力、商业信誉加以介绍和宣传，造成声势和良好影响，为投标取胜打下一个良好基础，收到先声夺人的成效。

2. 许诺优惠条件

投标报价附带优惠条件是一种行之有效的手段。业主在评标时，除了主要考虑的报价和技术方案外，还要分析别的条件，如工期、支付条件等。所以，如前所述的标前谈判中的打动业主的种种手段均是吸引业主，有利于中标的辅助手段。

鲁布革水电站项目日本大成公司许诺在项目完工后无偿将施工机械设备赠予业主。其实，这是一个很聪明的许诺，因为这些设备都是免税进口的设备，在完工后必须从中国再运出去。承包商考虑了设备的残值与再出口所需的运输费用间的比例，最经济的做法是将设备留下，用节省下运费冲抵设备的残值。自己节省了费用，还有利于中标，一举两得。

3. 聘请当地代理人

当地代理人可以起到承包商耳目、喉舌和顾问的作用，使得承包商的报价更合理。还可以利用代理人在当地的关系，解决投标过程中的问题。

4. 与当地公司或发达国家的公司联合投标

借助当地公司力量也是争取中标的一种有效手段，有利于超越“地区保护主义”，并可分享当地公司的优惠待遇。一般地，当地公司与官方及本国其他经济集团关系密切，与之联合可为中标疏通渠道。

对一些大型或超大型项目，与发达国家的公司联合，不仅可以增强整体实力，实现优势互补和分担风险，同时也使业主对我方完成项目的能力产生足够的信心，有助于中标。

5. 外交活动

一些大型的工程招标，往往涉及政府的外交关系，要充分利用政府官员的地位、关系和影响，为本国公司中标而积极活动。凡是重大的国际项目招标都伴随着外交活动。

另外，在有些资本主义国家和某些第三世界国家，行贿受贿方式多种多样，在某些国家和地区，招投标已流于形式，如果在这些地区投标，应仔细研究这些问题，采用恰当的应对策略。

对世界银行和亚洲开发银行资助的工程项目，如果承包商的某些活动被界定为腐败或欺诈行为，则将面临进入黑名单的风险。

复习思考题

1. 投标前期管理的主要工作内容有哪些？
2. 当拿到一份招标文件时，你要做哪些工作？审核招标文件时需要注意哪些问题？
3. 通常从哪几个方面对招标文件的分析？
4. 如何计算标价？
5. 假如你是一个项目投标小组的负责人，你会如何编制投标书？在编制的过程中，需要注意哪些问题以及会使用哪些技巧？

第五章　国际工程谈判

本章内容包括国际工程谈判的概念、特点及其类型，谈判的准备、开局、磋商和终局四个阶段下进行谈判的策略和技巧；国际工程承包活动中的主要谈判类型；国际工程索赔谈判。

第一节　国际工程谈判概述

一、国际工程谈判的概念

（一）谈判概念

谈判是两个或两个以上的利益主体为满足各自需要和谋求意见一致而进行的协调和沟通。它又是利益主体之间的一种直接交流活动。由此可见，人们要求满足的愿望和寻求满足的需要，是诱发开始谈判过程的潜因。只要人们为了某种目的在交换观点和达成一致，就是在进行谈判。

国际工程合同谈判是不同利益主体之间，围绕国际工程合同的内容和实施方法所进行的谈判活动。从广义上讲，它可能涉及国与国之间的经济技术合作，既是一项社会经济活动，也是一项国际交往活动。因此，工程谈判既要注意政策性，又要注重技术性，还要讲究艺术性。

（二）谈判构成要素

一般地说，谈判由四个基本要素构成：谈判主体、谈判议题、谈判方式和谈判约束条件。

谈判主体是指参加谈判活动的人员。他们是谈判成功的关键，必须为各自目的和需要打一场语言心理战。要想达到谈判的预期目的，谈判人员必须具备良好的素质与修养，如充满自信、刚毅果断、有理有节、精明机智、豁达大度、深谙专业、知识广博、能言善辩等等，这些都是一个优秀谈判人员所应具备的。

谈判议题就是指双方需要在谈判中协商解决的问题。包括立场、观点、基本利益等等。一个问题成为谈判议题的前提条件：一是双方共同关心并希望解决的问题；二是经过双方努力，谈判的时机已经成熟。

谈判方式是指谈判人员之间对解决谈判议题所持的态度或所采用的方法。如按谈判人员所采取的态度可以有软弱型、强硬型和有软有硬型。

谈判约束条件是指对谈判产生重大影响的其他因素，这些因素或多或少地影响和制约着谈判的进程。如谈判的参加者是两方，还是多于两方；谈判人员的权限究竟有多大；谈判的最终协议是否还需要批准；是否有时间上的限制，等等。

二、谈判的共性特征和国际工程谈判的特点

（一）谈判的共性特征

所有的谈判，都具有如下共性特征：

1）有两个或两个以上的参加者。所有的谈判，都至少有两个人参加，否则无从谈判。

2）谈判的预期目标是某种利益需求的满足。谈判中的双方均希望对方接受或理解自己的观点，以维护己方的利益，但最终需要相互理解，彼此妥协，才能达成一致意见。

3）谈判是一种协商恰谈和平等对话的交往活动。这是构成谈判关系的基础，否则不能称其为谈判。

4）谈判是一种协调双方行为方式的交际活动。因为谈判的目的是改善原有的关系，所以建立一种新的良好关系，并尽可能谋求最多的一致性、协调性和和谐性是谈判的一个基本特征。

5）谈判是传递信息和交换信息的过程。它是一种信息传播活动，信息传递过程中的任一环节出现问题，都会导致信息传递障碍，进而影响谈判的正常进行。

（二）国际工程谈判的特点

国际工程谈判，除具有一般谈判的特征外，还具有如下一些特点：

1. 政策性

谈判的利益主体之间如果来自不同的国家，就会涉及国与国之间的政治和外交关系，甚至出现政府直接干预而必须与政府官员进行直接谈判的情况。我方人员在进行此种类型的谈判时，既要贯彻我国有关的对外方针和政策，又要遵守项目所在国的法律法规，还要注意执行国际惯例和兼顾本公司的利益，涉及的政策性很强。

2. 技术性

这是国际工程合同的最显著特点，大部分谈判的内容是围绕工程技术问题和合同条件的内容展开，谈判人员掌握项目管理知识和技术知识的程度以及谈判时的语言表达能力，往往成为谈判成功的关键。

3. 跨文化特征

工程建设项目的国际化，使得国际工程各参与方来自不同国家，具有不同文化背景，文化差异带来的思维方式上的差异，导致各参与方谈判沟通难度加大，冲突更为频繁。

三、国际工程谈判类型的划分方法

关于谈判的基本类型，有多种划分方法。本书只介绍以下三种。

1. 按不同社会关系划分

根据谈判涉及的不同社会关系，即不同的谈判主体，谈判可以划分为：企业之间的谈判、政府之间的谈判、民间谈判以及他们之间的谈判等。

2. 按照谈判目标或谈判任务和内容划分

按照谈判目标或谈判任务和内容可以划分为合资企业谈判、联营体谈判、融资谈判、技术引进谈判、进出口贸易谈判、工程项目谈判、BOT 项目谈判、国际劳务合作谈判、索赔谈判等。

3. 按照谈判双方所采取的态度和方法划分

按照谈判双方所采取的态度和方法可以划分为软式谈判、硬式谈判、立场型谈判、建设型谈判、进攻型谈判等。

根据国际工程界的经验，国际工程谈判主要是建设型谈判和进攻型谈判两种基本类型。其中，建设型谈判是国际工程谈判中采用的主要类型，也是从事国际工程谈判工作的大部分专家、学者都竭力主张采用的类型。这种谈判的基本态度和行为都应是建设性的，希望通过谈判建立起建设型关系，相互尊重、相互信任，为共同利益建设性地工作；谈判的气氛是亲切、友好、合作、诚心诚意和讲求实效的；在谈判过程中通过运用创造型思维开发更多的可行设想和选择性方案，以创造共同探讨的局面，达成双方都能接受的协议。

另外，在国际工程谈判领域里，有些国家的谈判者习惯或喜欢采用进攻型谈判，但是从事国际工程谈判的大部分专家、学者并不主张把它作为主要的谈判类型，因为这种谈判的基本态度和行为都是进攻性的，并且谈判的气氛是紧张的，在谈判过程中从不开诚布公，而是深藏不露。总之，建设型谈判和进攻型谈判是两种截然不同的谈判类型。

第二节 国际工程谈判策略

谈判是通过不断的磋商确定各方权利、义务的过程，它直接关系到双方最终利益的得失。谈判不是一项简单的机械性工作，而是集合了策略与技巧的艺术。

一、谈判过程

谈判过程是指从确定进行谈判的意向开始至谈判结束止，可以将谈判过程划分为四个阶段：谈判准备阶段、谈判开局（出价）阶段、磋商阶段和谈判终局（达成一致，确定）阶段。

（一）谈判的准备阶段

谈判的准备阶段不应被忽视，因为有谋才有成。谈判能否获得满意的成果，往往取决于准备阶段的筹措谋划工作是否充分。谈判者应注意谈判准备阶段的每一项细微的工作，而谈判的整体方案也是在这一个阶段中就已经开始运筹了。谈判准备阶段的工作流程大致包括如下几个方面。

1. 确定谈判的目标

谈判目标是指谈判双方在一定环境和条件下，通过谈判来实现的结果，是谈判过程中需要解决的实质性问题。任何一种谈判都应当以既定目标的实现为导向。

确定谈判的目标，不应仅停留在原则性的讨论，而应当拟订具体、明确的目标。谈判目标的内容依谈判类别和各方的不同需求而有所差别。如以获得资金为目标的谈判，其谈判的主要内容就是可能获得的资金数额；又如以获得合同为目标的谈判，谈判的内容则是履行合同的能力、完成时间及履行合同的报酬等。

谈判者可以采用数学语言和统计方法等量化所定目标，避免谈判目标模糊不清，甚至根本没有目标，导致很难完成谈判任务。

谈判目标是谈判者单方希望通过谈判达到的目的，它体现了谈判者主观价值。在设定谈判目标时，如果毫无弹性，则谈判成功的机会将非常小。如果目标富有弹性，获胜的可能性就比较大。为此，一般设置三种目标：最优期望目标、可接受目标和最低限度目标。最优期望目标是对谈判者最有利的理想目标，除满足己方实际需求利益之外，还有“额外的增加值”，但这个目标往往是可望不可及的理想目标。可接受目标是谈判人员根据各种主客观因素，经过科学推断、预测和核算之后所确定的谈判目标，它可以满足谈判一方的部分需求，实现部分利益。最低限度目标是指谈判一方认为必须达到的目标，毫无讨价还价的余地。

美国著名的谈判专家卡洛斯向两千多名谈判人员进行的实际调查表明，一个良好的谈判者必须坚持“喊价要狠”的原则。在讨价还价的谈判过程中，倘若卖主喊价较高，则往往能以较高价格成交；倘若买主喊价较低，则往往也能以较低的价格成交。

2. 收集谈判信息

要作出正确的决策，就必须收集、整理和分析与谈判目标和议题相关的信息资料，掌握的信息资料越全面、分析得越充分，作出的决策就越客观，而谈判成功的可能性也就越大。在谈判过程中，谈判者会遇到来自各方面的干扰，广泛而宝贵的信息资源对谈判者而言是谈判致胜的关键。

为了保证在短时间内能收集到足够的资料，必须在平时广泛收集各方面的信息资源，并进行信息过滤、分类、存储及使用，实现最高程度的信息共享。收集的信息类别一般包括以下几个方面。

1）一般性信息：包括政治、法律、经济、自然、文化等谈判环境信息方面的信息。

2）谈判对手的信息：包括谈判对手公司信息、谈判人员信息等等。

3）谈判议题的信息：谈判人员必须对所谈判的议题以及与议题相关的方面有较为专业和较为全面的知识。如果谈判交易的是某种产品，则应对产品的性能特点、工艺过程、原材料供应状况、质量标准、价格水平、市场供应状况、需求状况、企业产品市场占有率与市场需求等情况了如指掌。

4）正确评价自己的信息：知己知彼，百战不殆。能正确和客观认识自己，在谈判中扬己之长，避己之短，才能达到谈判的预期目的。

在对可能影响谈判的主客观因素进行调查研究后，即可进一步分析此次谈判的价值，这是准备阶段要研究的核心问题，主要分析和预测双方谈判的价值所在以及谈判的起点、界点、争取点。进而分析双方之间是否存在谈判的协议区，幅度多大，并由此决定如何谈的问题。

确定谈判方案要注意从以下几个方面进行分析：每个方案带给双方的利益程度；带给我方利益程度较大的方案，对方是否可能接受；对方会对我方提出怎样的新方案；我方该如何应对；我方对每一方案将派出的人员安排，等等。

3. 确定谈判人选

谈判一般分为单人谈判和团体谈判。关于谈判的人数和知识要求，应以谈判事件的重要性、问题的难易和所需时间来决定。一般说来，团体谈判的情况较多，因为出席谈判的即使是一人，也必须有人在一旁协助才行。

单人谈判的优点是：不会出现意见分歧和内部纷争，立场稳定，不会出现团体谈判中立场不稳的成员；一个人担负全部责任；能够与对方当场解决问题，必要时可以让步或使对方让步。

团体谈判优点则是：可以运用专业人才，对与事实有出入的发言及时加以修正；能够事先对某种论点进行商讨，共同建立谈判方案；向对方提出反驳时，效果较佳，特别是当希望对方让步时，可以利用对方的某一个人来借题发挥。

谈判时，决定以个人出席还是团体出席，是依谈判时所需的技术与任务而定。团体谈判要防范对方利用己方的漏洞，挑起己方内部纷争；同时需随时防范己方感情用事、不顾谈判程序、胡乱发言和不尽责的成员，事先要予以矫正，以免构成谈判时的阻碍。如果对方声势浩大，我方也得旗鼓相当。而且最好能赋予每个成员任务，大家分工合作，一决胜负。

4. 编制谈判计划

根据前面确定的谈判目标，对实现谈判目标的谈判方案、方法、步骤以及其他要求进行整体策划，并最终形成书面的谈判计划。目的就是确保谈判方案的贯彻与实施。一个全面、具体、周密的谈判计划，能确保己方谈判方案顺利完成；相反，一个粗糙的谈判计划，往往会使己方在谈判桌上漏洞百出，十分被动，也难以实现预期的谈判目标。

谈判计划的内容一般包括：谈判的总体思想、原则和战略；谈判各阶段的目标、准备和策略；谈判准备工作的安排；提出条件和讨价还价的方法；谈判的让步方法、措施与步骤；对各种突变情况的预测与对策；对谈判结局的分析与评估；地点、时间和人员的安排；后方工作的安排等。

5. 拟定谈判议程

谈判议程是指有关谈判事项的程序安排。拟定谈判议程的依据是谈判的议题和谈判计划。对即将开始的谈判，有经验的商务谈判人员都知道，良好的谈判议程是十分重要的。

谈判议程可以阐明也可以隐藏谈判者的动机，可以建立起公平的原则，也可以使谈判的形势倾向于一方。因此，谈判双方都希望己方拟定谈判议程，以获得有利地位。但在谈判实践中，一般以东道主作为议程的起草者，经双方协商后确定，或双方共同商议确定。有经验的谈判者对于议程的安排以及在接受对方拟定的议程时，都会非常慎重。

在谈判议程的安排方面，应注意以下问题。

（1）谈判的时间安排

谈判者应当以能使自己获得最佳谈判效果作为选择谈判时间的准则。需要考虑：自己的生理时钟，避免在身心处于低潮时进行谈判；身体不适时不宜安排谈判；避开不利的市场条件（卖方谈判者应主动避开买方市场，而买方谈判者应主动避开卖方市场）；恰当的娱乐活动安排；留有一定的机动时间，等等。

（2）谈判地点和场地的选择

双方应首先共同协商谈判的地点，再决定谈判的场地。

如果己方邀请对方到自己的公司进行谈判，或己方负责谈判的场地安排，则是否真诚地安排场地、准备食宿等等工作就表达了己方对对方所持的态度。如会场的照明、色彩搭配、席位分配等，这些均会影响对方的心绪。布置谈判场所还应注意：设置与外界联络电话；场内是否宽敞，足以容纳一切设备；是否有空调以及吸烟排气口；桌椅的舒适度是否适当；视听设备以及可随时供应的食物与饮料。

如果是到对方公司所在地去谈判，则切记不可泄露逗留的期间，以免对方识破己方的意图。

谈判者在谈判的准备阶段，应根据情况，争取主动、率先提出谈判议程，并努力得到对方的认可。谈判前，己方率先拟定谈判议程的作用在于谈判起来轻车熟路，在谈判心理上占有优势，便于己方提前安排工作。关于谈判议程由谁确定，并无定法。对于单方面主动提出的议程，需要取得对方的同意。

（二）谈判的开局阶段

谈判的开局阶段是指谈判准备阶段之后，谈判双方进入面对面谈判的开始阶段。开局阶段中的谈判双方对对方的目标尚无实质性认识，无论准备工作做得如何充分，都免不了心理紧张。因此，应调动一切感觉功能去探测对方的虚实及心理态度。

在谈判的开局阶段，也是双方相互探测、了解对方虚实的探测期。这段期间将为转入正题做好准备，并创造良好的谈判气氛。在这一期间，主要通过感觉器官来接受对方通过行为、语言传递来的信息，并对其进行分析、综合，以判断对方的实力、风格、态度、经验、策略以及各自所处的地位等等，为及时调整己方的谈判方案与策略提供依据。

谈判的开局阶段首先是双方人员的见面、介绍和互致问候，以及谈一些非关键性的问题，这部分占用的时间只是整个谈判程序中一个很小的部分。接下来是双方陈述，或就谈判的议程达成一致。

谈判陈述是指双方分别阐明自己对有关问题的原则性的看法。陈述的内容通常包括：己方希望这次谈判应涉及的问题；己方希望通过谈判取得的利益；阐明哪些方面对己方来讲是至关重要的，等等。

首先陈述方要把握好陈述的时间，尽量使双方在时间分配上平分秋色。而陈述内容要简明扼要，恰当地将己方的意图和感情倾向表示出来。同时，要耐心和集中精力倾听对方的陈述，善于思考和归纳整理出对方的要点。

如果谈判开局处理不好，会导致两种弊端：一是目标过高，使谈判陷于僵局；二是要求太低，达不到谈判预期的目的。

（三）谈判的磋商阶段

谈判的磋商阶段是指随着谈判开局阶段任务的完成，谈判议题逐渐深入到中心阶段，即指谈判开始之后到谈判终局之前，谈判各方就实质性事项进行磋商的全过程。

谈判的磋商阶段不仅是谈判主体的实力、智力和技术的具体较量阶段，也是谈判主体间求同存异、合作谅解让步的阶段。由于此阶段是全部谈判活动中最为重要的阶段，故其投入精力最多、占有时间最长、涉及问题最多。所以，在此阶段应把握好下面几个方面的问题。

1. 报价和还价

报价又称提出条件，是指谈判磋商阶段开始时提出讨论的基本条件，既包括价格，也包括其他条件。但这一阶段并不是单指一方的报价，同时也指对方的还价。因此，报价、还价运用得是否科学合理，关系到整个谈判过程的利益得失。

（1）报价

1）先报价的利弊

谈判双方究竟谁先报价并无一定的规则，常常需要根据谈判目标性质和需要来决定。如果事先已了解对方的需求性质和报价底线，或己方在谈判中会处于绝对优势（如拥有专利产品或拥有多角谈判的选择性等），则率先报价会起到威慑的作用，进一步强化己方的强势，并控制谈判。否则，应诱导对方先报价，以便摸清对方情况。

先报价对己方既有利也有弊。先报价的有利之处是：报价方为谈判划定了谈判的范围或底线，如买方为购买某货物向对方报价 2 万元，则双方的最终成交价不会低于 2 万元。如果报价出乎对方的预料，往往会打乱对方预先制订的谈判方案，使其处于被动地位。

当然，先报价也有不利之处：对方知道报价方的报价后，会对己方的谈判方案及时作出调整，并将报价方的报价作为主攻目标，迫使报价方不断作出让步。如果报价过低，对方则可通过修改谈判定价，获得意想不到的收获。而报价方因不清楚对方的预期报价而处于被动地位。

2）报价原则

先报价的一方应遵循如下报价原则：

①作为卖方，报价必须是“最高的”；而作为买方，报价必须是“最低的”；

②合理报价，即无论是“最高的”报价，还是“最低的”报价，都应在合理的范围内，报价方必须解释报价的合理构成，漫天要价会造成对方失去信心，认为己方没有谈判的诚意，谈判难以成功；

③报价必须坚定和明确，以给对方认真和坦诚的感觉，吞吞吐吐的报价会导致对方产生怀疑。

（2）还价

任何一方的报价往往与另一方的主张和条件存在较大的差异，这就需要双方进行谈判。如果双方一拍即合，也就不需要进一步的探讨了。

对方报价之后，己方还价时应注意以下几点。

1）在还价之前，要运用“听”的技巧，摸清报价方报价的全部内容、关键点、虚设内容等等，以尽可能多地了解其真实意图。在听的过程中，对不太清楚的内容，可以要求其做进一步澄清，但切记不要加入自己的观点，以免给对方抓住反击的机会。必要时可用点时间，逐项核对对方报价中所提的各项交易条件，分析其报价依据和弹性幅度。

2）准确、恰当地还价应掌握在双方谈判的协议区内；超过此界线，便难以使谈判获得成功。

3）如果对方的报价超出谈判协议区的范围，与己方要提出还价条件相差甚大时，不必草率地提出自己的还价，而应首先拒绝对方的还价。必要时可以中断谈判，给对方一个机会，让对方在重新谈判时另行报价，此外还可用以下几种方法处理报价与还价之间的巨大差距：

①用己方报价取代对方不实际的报价；

②限制对方报价的附加条件；

③对方“漫天要价”，己方“就地还价”。

2. 谈判进程

在谈判磋商的过程中，谈判双方各自从自己利益出发，唇枪舌剑，竭力使谈判向有利于自己的方向发展。所以，在这一方面，也应注意几个问题。

（1）正确判断谈判进程

谈判一旦进入磋商阶段，必然会出现一些始料不及的新情况，而谈判人员必须对谈判的这些新情况作出正确判断，同时对谈判计划、谈判方案、谈判人事安排等等不适应的方面作出必要的调整，以适应这些新变化，争取谈判中的主动。

做好以下几方面的工作可有助于正确判断谈判进程：

1）仔细和认真地研究对方的报价资料，判断真假虚实，并通过调整谈判策略给予充分考虑；

2）整理和分析谈判资料档案，及时将在谈判中新获取的资料信息分类归档，以便快速查阅；

3）判断双方是否存在协议区以决定是否谈判；如果存在协议区，协议区的范围有多大；是否需要调整谈判的起点、界点和争取点；

4）调动谈判人员的积极性，讨论修改谈判计划等，并作出正确决策，确保谈判向更有利于己方的方向发展；

5）根据谈判情况的变化，调整谈判人员和数量。

（2）控制谈判局面

对立、争执、剑拔弩张等等是谈判过程中出现的正常现象，处理关键是不要破坏谈判的气氛，以免失去控制。如果己方能注意控制谈判局面，驾驭谈判过程，就会在谈判中赢得主动。

控制谈判局面的常用技巧包括：提醒对方谈判所处的阶段以拨正议题；强调双方的共同利益以暗示两败俱伤的后果；更换谈判人员以暂时搁置争议；临时休息以调整精力、时间和气氛等。

（3）把握谈判时机促成谈判

在谈判桌上，妥协是谈判双方达成共识的基础。如果互不相让，谈判也会失败。谈判中的讨价还价正是解决让步妥协的办法。常见的让步策略有：

1）对己方必须作出的让步，可从小问题开始让步；

2）对己方的每一次让步，必须让对方感觉付出了巨大的努力。人们对于付出艰苦努力而获得对方的让步成果从心理上会感到欣慰；

3）不作无谓的让步，对己方的每次让步，都要尽可能促成对方的让步。但同等幅度的让步也是不必要的；

4）让步不能太快，不要忘了让步的次数和让步的程度；

5）谈判人员的头脑要始终保持清醒，控制全局，保持有利形势。即使在让步过程中，如果发现让步不妥，要及时开口说“不”，因为谈判还在进行中，并未达成一致。

（四）谈判的终局阶段

经过双方多次的讨价和还价后，就进入了谈判的最后一个阶段，终局阶段。但就谈判的最终结果而言，只有两种：达成协议终止谈判或谈判破裂终止谈判。对由于各种主客观原因，未能达成协议而暂时终止谈判的情况，则视为谈判僵局。打破僵局，重新开始谈判，则可能达成协议；反之，则可能谈判破裂。

1．达成协议终止谈判

经过双方的交锋和妥协，双方均认为已经基本达到己方谈判的预期目标，对谈判的结果双方取得了一致意见，表示拍板同意，最后由双方授权代表签订协议。至此，谈判结束。

达成协议终止谈判的表现形式是：谈判各方就谈判的事项达成协议，并签属书面协议书。在终局阶段起草协议书是一个关键过程，起草者应从实际出发，客观反映谈判解决的实际问题，协议条款的措辞中要充分反映各方达成的一致意见。

在起草协议过程中，可以参照双方熟悉的相关标准合同文本，但不能完全照搬。起草协议还应注意以下一些问题。

1）适用的法律。在一些协议的谈判中，常涉及不同国家的法律、国际惯例、公约或国家间的条约。这些法律、惯例、公约、条约等，对谈判协议的格式、内容、当事人的权利义务、国际支付等都有不同的规定。因此，协议中必须规定应遵守的国家法律。

2）协议内容的审查。谈判协议一经签订对双方均具有约束力，任何一方违约，都要承担相应的违约责任。因此，协议各方均应严格审查。起草协议一方对协议的内容会有比较全面的了解，对协议的其他方而言，在谈判协议形成后，应对协议条款的内容和措词进行仔细的考虑，遇有问题时，及时提出修改要求。

2. 谈判破裂，终止谈判

如果由于各种原因，最终未达成任何协议而终止谈判，则表明谈判破裂。当然，谈判的目的在于成功达成协议，谈判者应当尽力避免谈判的败局产生。谈判破裂会对各方的物质和精力等造成损害，但也不能为了达成协议而放弃己方的根本利益。

掌握谈判理论和知识，熟知并能恰当运用谈判技巧有助于谈判的成功，但谈判不能有悖于法律，同时，谈判成功也与对方是否有诚意有关。

二、谈判策略

策略是谈判者根据谈判战略目标的要求和谈判情况的变化，在谈判过程中所灵活采取的各种行动、方法、手段和对策的总和。在谈判过程中，谈判人员必须随着谈判形势和谈判力度对比的变化，采取不同的谈判策略。

（一）高起点要求策略

谈判过程中，双方不可避免地要作出妥协和让步。高起点要求策略是己方首先向对方提出比较苛刻的条件，再依据谈判情势作出让步，以换取对方心理上的满足。故这种策略也称作先苦后甜策略。

一般地，己方的苛刻条件会使对方对己方的谈判底线作出过高估计，从而在谈判中作出更多的让步，并最终以有利于己方的条件达成协议。

提出的苛刻条件应在合理的范围内，过度苛刻的条件会冒较大的激怒对方的风险，导致对方认为己方谈判无诚意，以致于中止谈判。因此，要注意：提出的条件虽然苛刻，但仍要让对方感觉有商议的余地，便于谋求进一步的妥协与让步。

（二）拖延和休会策略

这是恰当利用谈判时间的一种策略。当谈判遇到障碍，陷入僵局的时候，如对方提出的报价过于苛刻，或对方急于求成，而己方还需做进一步评估，这时采用拖延和休会策略可以说是一种最佳的选择。

特别是在处于僵局时，可以提出建议："鉴于目前的状况，双方还是冷静地思考一下，休息一会儿。"双方会利用这段休会时间冷静思考，在客观分析谈判形势后，提出替代性方案。在一段时间的冷处理后，各方都可以进一步考虑整个项目的意义，进而弥合分歧，将谈判从低谷引向高潮。

谈判中，常常会遇到一些趾高气扬的谈判对手，锋芒毕露，咄咄逼人，企图给己方造成心理压力。这种情况下，可以采用拖延策略，不急于成交，以造成对方的疲劳，等对手精疲力竭再反守为攻，争取对己方有利的结果。

（三）避实就虚策略

可以从以下几个方面来理解避实就虚策略。

1. 以己之长，攻他之短

谈判各方都有自己的优势和弱点。谈判者应在充分分析形势的情况下，作出正确判断，利用对方的弱点，猛烈攻击，迫其就范，作出妥协。而对于己方的弱点，则要尽量注意回避。

运用此策略的前提是摸清楚对方谈判人员的个人背景、心理素质、个人爱好等，对其优缺点作出准确判断，以便在谈判中有的放矢。

此策略下常用的方法包括激将法、"抹润滑油"法、"揪小辫"法等。

激将法是用巧妙的语言，如迎合对方心理需要的言词或用反语、嘲弄话刺激对方，从而达到我方的谈判目的。

"抹润滑油"法，从词义上解释为使问题得以顺利解决而使用的"润滑剂"，是谈判的辅助手段。如，将谈判计划中制定的妥协范围的利益、机动条件等让与对方，使谈判进程得到"润滑"，舒缓压力，使问题得到解决。这种方法还包括餐宴上的劝酒，休闲时的谈心，馈赠礼品，等等。通过这些辅助方法，来联络谈判双方的感情，拉进双方的心理距离，进而在和谐的氛围中达成一致。

"揪小辫"法，这是我们平时交往中利用对方讲话或做事方面的不恰当或漏洞之处，置对方于被动或尴尬地位常用的方法。谈判中你来我往，一旦处于激动状态时，对方难免讲一些不恰当或错误的言词，此时，我方即抓住对方的错误作为讨价还价的砝码，迫使对方作出让步。但在运用此法时，应适可而止，不要触怒对方，以免使谈判陷入僵局。

2. 先易后难

先易后难就是在谈判中先解决容易达成共识的问题，对不易达成一致的难题，暂时搁置。等全部议程中的简单问题得到解决后，再解决先前搁置的难题。对这些难题，也应排定先后次序。

这种方法可使双方在较短的时间内解决一些问题，建立良好和相互信任的谈判氛围，为谈判成功打下良好的基础。

（四）投石问路策略

要想在谈判中掌握主动权，就要尽可能多地了解对方的情况，做到知己知彼。投石问路策略就是了解对方情况的一种战术。在谈判气氛紧张或陷入僵局时，它还可以缓和谈判气氛，探测对方的反应和意图。

例如，在磋商阶段讨论价格问题时，想要试探对方对价格有无回旋的余地，己方就可提议："如果我方增加购买数量，贵方可否考虑优惠价格呢?"如果对方继续询问己方购买的具体数量，就说明还有降价的幅度。然后，可根据对方的开价，进行选择比较，讨价还价。通常情况，任何一块"石头"都能对对方做进一步了解，而且对方难以拒绝。

此策略也可以称为假设策略，在谈判进展过程中，谈判一方主动提出一些假设条件，作为解决问题的选择性方案，双方可就此做进一步商谈。

（五）最后期限策略

最后期限策略也称作"最后一分钟"策略，或最后通牒策略。一般在谈判后期，想结束谈判的一方会提出达成一致意见的最后期限，给对方形成一种无形的压力，这时比较容易达成共识。

当一方提出最后期限时，另一方也应冷静思考。仔细分析目前的条件是否在谈判底线以上。如果是，则可以成交；如果不是，则应综合考虑目前条件可能带来的后果，不能草率签字，以免上当。遇到实在不能接受对方条件的情况时，应客观和坦诚地向对方指出：

“如果接受对方的条件，我方必定亏本，成交是以互利为前提条件，在这种情况下是无法达成协议的，希望对方谅解。”将“球”踢给对方。能谈判到这种程度，如果对方确有谈判诚意，最终会用折衷的方式解决。

（六）声东击西策略

应用这种策略时，往往是谈判中遇到了一定的难题，双方僵持不下。在这种情况下，己方可以将谈判引导到与正在讨论的议题似不相关的其他议题上，主要目的是分散对方的注意力，转移对方的视线，通过在其他议题上达成的共识，再旁征博引，回到原来的议题，从而使对方落入己方设计的“圈套”，作出妥协和让步。

（七）对己方有利型策略

这种策略适用于双方在谈判中处于不对等地位，谈判的氛围对己方非常有利的情况。但这并不意味着要以损害对方利益为代价，而是指在谈判中，己方在不断争取利益的同时，也兼顾对方的利益，是在最大化己方利益的条件下签订协议。切记谈判的互惠互利原则。

（八）利用专家策略

现代科技发展使个人不可能成为各方面的专家。而工程项目谈判涉及工程技术、造价、国际贸易、法律、合同、语言等广泛的学科领域。在谈判中，专家常常可以起到举足轻重的作用，这就是专家效应。如果谈判人员是本领域的知名专家，将会有更大的影响力。

充分发挥各领域专家的作用，既可以在专业问题上获得技术支持，又可以利用专家的权威性给对方以心理压力。

（九）红白脸策略

红白脸策略有时也称作“好人坏人”策略、软硬兼施策略、或谈判角色分配策略。此种策略往往与高起点策略同时运用，即由唱白脸的人员打头阵，以进攻型方式向对方提出苛刻要求，给对方造成一定的压力，导致谈判局势的混乱。然后由唱红脸的人员出面调解，一步一步提出妥协条件，以缓解谈判的紧张气氛，按预期的条件达成协议。

三、谈判技巧

在谈判过程中，谈判人员完成谈判任务的主要方式是信息交流，完成信息交流的主要手段则是听、说、问、答、辩、看和写。运用这些手段，谈判人员可以了解对方的思维方式，洞悉对方的需求和动机，同时，可以准确和简练地表达己方的观点。

（一）“听”的技巧

在谈判中，恰当运用“听”的技巧。可以使我们全面、及时和准确地接收对方的信息，并及时给予反馈信息。

“听”可以分为积极地听和消极地听。积极地听表明听者全神贯注，双方会有较强的互动性；听者在听的同时会对所听到的内容作出不同的反应，如表示理解或疑惑、支持或反对、愉快或难过等等。而消极地听往往是听者心不在焉，处于一种随意接收信息的状态，双方的互动性较差，听者很少对接收的信息作出反应。

“听”功能主要表现在：专注的“听”表示重视和尊重对方，对其观点感兴趣，由此创造良好的、相互信赖的谈判氛围；“听”可以帮助我们明确了解对方的观点和立场。多听，但不要不懂装懂，要及时向对方反馈信息。

在“听”的过程中，会存在各种各样的听力障碍，为了能够听的清晰和准确，谈判人员应采取恰当的方法和手段，克服这些听力障碍，尽最大可能弥补听力障碍带来的信息丢失。一般地，听力障碍包括判断性障碍、带有偏见去听的障碍、文化背景和语言障碍、环境干扰障碍等等。

倾听的技巧包括以下几点。

1）积极和耐心的倾听。无论是自己熟知的或不熟知的内容，都应以积极和耐心的态度去听，要集中精力。一般人说话的速度为每分钟 120～200 个汉字，而听和思维的速度要比说话的速度快 4 倍，所以经常是对方刚说到一半，听者已能够理解了。而这很容易造成分心和理解上的偏差，因为对方此时讲述的内容可能与我们的预期存在较大的偏差。积极和耐心是倾听的技巧之一。

2）与“写”的巧妙结合。写既可以帮助弥补记忆不足造成的信息丢失，又可以帮助调动大脑神经，有助于集中精力的倾听。

3）有鉴别地倾听。谈判时，有许多的即兴发言，边想边说，有时会运用委婉表达的技巧表达一个意思。因此听者必须识别出其中的重点内容，不要被对方所迷惑。

（二）“说”的技巧

“说”是基于己方的立场，通过陈述表达己方的观点、对各种问题的具体看法或是对客观事物的描述，以让对方有所了解。

必须采用正确的语言去“说”，具体表现在：语言力求规范和通俗，使双方人员很容易听明白；条理清晰，简明扼要；陈述事实用词要准确和真实，紧扣主题。

必须采用正确的方式去“说”，具体表现在：对不同的对手要采用不同的讲话方式，对谈吐不凡，很有修养的人，己方也要做到出语不凡；对谈吐朴实无华的人，己方也不必过多注意语言的修饰；如果对方讲话爽快、豁达和直接，己方就不必拐弯和迂回。另外要注意讲话时的语音和语调，升调和降调会带来不同的语意效果。

“说”包括谈判开局时的陈述和对问题进行澄清时的陈述。

1. 开局入题技巧

1）从题外话开局。包括谈论天气、社会新闻、旅行、民俗文化以及对对方的照顾（如果在自己所在地谈判）等，以创造轻松的开局气氛。

2）从介绍己方谈判人员开局。一般简要介绍己方人员的职务、学历和经历等，既增进相互了解，也显示了己方实力。

3）从介绍己方公司的生产、经营状况开局。先提供一些宣传资料给对方，让对方了解己方公司强大的实力、良好的信誉和提供产品和服务的能力，使对方对己方增强信心。

4）可从一个具体的议题开局。这种开局方式适用于双方已进行过接触，相互间已有基本了解的情况。

2. 开局陈述技巧

谈判进入正题后，双方将陈述各自的观点，这是谈判过程中的重要环节。陈述的技巧包括：

1）己方首先陈述时的技巧。首先明确本次会谈要解决的主要议题，以统一双方的认识；其次，表明己方应当得到的利益；最后，通过回顾以往的合作成果和展望今后合作的前景，表明我方希望为双方利益继续忠诚合作的立场。要注意陈述应是原则性的，不应太具体。以真诚和轻松的方式进行陈述，在让对方明白己方意图的同时，创造协调一致的谈判氛围。

2）对方先陈述，己方后陈述时的技巧。首先，仔细倾听，通过提出必要的质询，弄清对方想从交易中得到的预期利益；其次，通过对比双方期望从谈判中获得的预期利益偏差，在不对对方陈述发表任何观点的条件下，表达己方希望通过谈判要满足的要求；最后，审慎地表达对对方需求的意见。

（三）“问”的技巧

在谈判中，“问”是不可避免的。“要问什么？什么时间问？以及如何问？”是提问的三大要素。

从谈判中所“问”问题的类型看，可以有澄清式、强调式、探索式、借助式、诱导式、协商式等等发问方式。“对此事你是否有决定权？”是一种澄清式的问题；“按照贵方的要求，我们的观点不是已经阐述清楚了吗？”发问旨在强调己方的观点和立场，是强调式发问；探索式问题则是为了探索新问题和新方法，如“假设我们运用这种方案会怎样？”借助式是借助第三方的观点向对方发问，“某某人认为……”，但要注意，所引用的第三方应是对方所熟悉的、具有一定影响力的人或组织，要有具体的名称，否则会不具影响力，甚至带来对方的敌视；“贵方违约是要承担责任的，对不对？”这种问话具有强烈的暗示，诱导对方回答“对”，是一种诱导式发问；“您看是不是把给我方的折扣定为 3%？”则是一种协商式发问。

为了达到良好的“问”的效果，应掌握“问”的技巧。它包括以下几个方面。

1）预先准备一些问题。谈判前，双方会对谈判的议题有个大致的了解，因此，可在制定谈判计划时，预先准备一些问题。如果能够回答“我为何要问这个问题？目的是什么？想达到什么样的效果？”，则问题清单就会十分有效。

2）以平等和诚恳的态度“问”。法官式的提问，会造成对方的心理防范，产生敌对情绪。

3）提“问”后，保持耐心和沉默，等对方作答。

4）提出问题简明扼要，句子应尽可能简短。

5）不提带有敌意性的问题，以免产生对立情绪。“打人不打脸，说人不揭短”就是这个道理。谈判中，不要直接指责对方的品质和信誉问题。

6）把握提问的速度。讲话的速度要适当，给自己和对方留有充分的时间考虑措词，保证对方听懂。

7）把握恰当的提问时机。对方的情绪和心境，会对问题的答复产生较大的影响。把握提问时机，会得到良好的效果。

（四）“答”的技巧

谈判中有“问”必有“答”，双方正是在一问一答中传递信息和进行协商，答方的每一句话都会被对方看作是一种承诺，因此回答问题应慎重。如何策略性地回答对方的提问也有一些技巧。

1）考虑问题的性质，确定回答的方式。回答任何提问之前，都要留有一定的考虑时间。谈判中并非是问题回答的越快越好，但也不能长时间的冷场。可采用点支烟（如果允许抽烟）或喝口水，调整一下坐姿或椅子，整理一下桌上的资料等等方法，延缓一下时间，考虑一下对方的问题，而由于这些动作对方看得到，也不会显得太过冷场。回答问题的方式包括：针对对方的问题正面作答、针对对方的真实心理作答、不彻底回答或不作答、避正答偏、答非所问、以问代答、以及推卸责任的回答，等等。

2）正面作答是一种常用地、实事求是地回答对方问题的方法。但由于谈判过程中，对方提问的目的不同，使得问题含有某种谋略、圈套等成分，因此正面作答不一定是最好的方法。

3）把握对方心理作答。对方在提问题时会有一定的用意，如果我们能够猜透对方的用意，回答也就应对自如了。1982 年秋天，在美国洛杉矶召开的中美作家会议上，美国诗人艾伦·金斯伯格请中国作家蒋子龙解个怪谜："把一只 5 斤重的鸡放进一个只能装 1 斤水的瓶子里，您用什么办法把它拿出来?""您怎么放进去，我就怎么拿出来。"蒋子龙微笑道，"您显然是凭嘴一说就把鸡放进了瓶子，那么我就用语言这个工具再把鸡拿出来。"这是个多么巧妙的回答。

4）不彻底回答，即部分回答。针对对方的问题只回答应该让其了解的内容，暂时不想让对方知道的内容可以不回答。涉及企业商业或技术秘密的内容，则是"无可奉告"，不作答。无论如何，应注意用语上礼貌，不要使对方感到尴尬。

（五）"辩"的技巧

"辩"指谈判中的辩论，其目的是反驳对方的观点，论证己方的观点和表达己方的态度和立场。"辩"的技巧包括以下几点。

1）端正态度。无论辩论的激烈程度如何，结果如何，辩论的态度应客观、公正和诚恳，尊重对方，不要使用污辱、刻薄和具有人身攻击性的语言。

2）引用事实。事实胜于雄辩，因此在"辩"的过程中引用与议题相关的事实，以佐证己方的观点。

3）引用法律法规。任何商务活动必须在法律的准绳下实施，遵守法律是双方建立信任关系的基础。

4）引用合同条款。双方必须遵守合同，引用合同条款并结合事实论证己方的观点，具有极强的说服力。

5）讲话逻辑性强。思路清晰，思维敏捷，讲出来的话才能逻辑性强。而逻辑性强的语言对对方具有一种震慑力和极强的说服力。这也是谈判人员的基本功，平时就应该注意进行这方面的训练，培养自己讲话的严密性和逻辑性。

6）把握进攻尺度。在谈判辩论中应把握好进攻的尺度，一旦达到了目的，就应适可而止，给对方留有余地。为了今后更好地合作和双方的共同利益，切不可置对方于死地。

7）胜不骄，败不馁。辩论过程中要正确判断局势，掌握好有利时机，扩大自己的成果。谈判局势瞬息万变，处于优势时，不要表现出轻狂和得意忘形。同样，处于劣势时，也不可沮丧和慌张，要沉着冷静，保持好阵脚，再择机进攻。

（六）"看"的技巧

谈判中用动作、表情、眼神等传递信息是常用的技巧。这些身体语言可以加强讲话者言语的气势和影响力，运用恰当会给对方造成一定的心理压力。

谈判人员说出的话可以通过审慎思考和讲话的语速达到控制的目的。而身体语言却与个人的生活和讲话的习惯密切相关，常常在无意中表现出来，是其个人意思的真实表现。

当然，有时谈判者也会有意识地使用一些动作以误导对方，此时要加以识别。

通过“看”来发掘对方的身体语言含意是谈判中重要的技巧。身体语言的表现方式有面部表情、头和四肢的动作等。

面部表情传递的信息包括眼睛、眉毛、嘴的不同动作可能传递的信息。眼睛动作包括双方视线接触或接触对方脸部的时间长短、眨眼的频率、躲避对方的眼光和瞪大眼睛直视对方等。眉毛动作包括眉毛上耸、下拉、上挑、皱眉，等等。嘴的动作包括抿嘴、撅嘴、嘴角上拉和下拉、咬嘴唇等。

头和四肢的动作包括点头、摇头和手势等。

（七）“写”的技巧

合同谈判涉及大量的信息，这些信息的重要性是显而易见的。任何信息的缺失，都会陷自己于不利的谈判地位。在谈判中，如果采用录音或录像，双方讲话会非常谨慎，容易造成紧张的气氛，如果事先未知会对方，很有可能造成误解。因此，必须运用“写”的技巧帮助大脑记忆。

研究“听”的学者拉夫·尼可拉斯经过多年的研究发现，积极的听者仅仅能够记住对方50％的讲话内容，而且其中只有1/3的讲话内容按原意听取，1/3被曲解地听取了，另外1/3则丝毫没有听进去。由此可以看出，人们短时记忆和保持记忆的能力是有限的，为了弥补记忆上的不足，在“听”的同时，“写”就显得尤为重要了。

“写”可以帮助记忆和回忆对方讲述的内容，有助于随后的仔细分析与理解对方讲述内容的实质，在必要时可以向对方提出质询和要求对方给予澄清。“写”的另外一种作用是让对方感觉到对他的重视与尊重。

“写”的技巧在于有鉴别地“写”。在“听”的过程中，要分析出对方讲话内容的要点，并写下来。人们“写”的速度要比讲话的速度慢得多，因此必须有鉴别地去粗取精、归类，并记下重点内容。

第三节　国际工程承包谈判

一、国际工程谈判的类型

（一）合同签订阶段的谈判类型

1. 合作伙伴选择谈判

随着工程承包市场的国际化、工程项目的大型化和跨国经营，合作伙伴的选择显得越来越重要。特别是对规模大、综合性强的项目，或是资格预审文件和招标文件有特殊要求的项目，恰当选择当地代理人、合作伙伴和分包商，对公司的整体发展战略具有重大影响。

（1）代理协议谈判

在开发新承包市场的过程中，当地代理人可以为承包商提供大量的市场信息和与项目相关的法律、经济和政治信息，协助建立与项目所在国有关政府要员的关系。代理人可以通过对当地局势和今后一定时期的发展前景作出分析后，对公司在当地的业务提出合理化建议，供公司领导层决策时参考。还可以为公司介绍一些当地的技术人员或信誉较高的咨询公司参与本公司的业务，以及可以代表承包商在其授权范围内，办理日常事宜等。

另外，有些国家的法律规定，外国公司在当地经营则必须选择当地代理，如沙特阿拉伯、阿联酋、科威特等国家。在选择代理人方面，我驻外使馆也可介绍和推荐一些可供挑选的、信誉和声望高、有良好上层关系的代理人。

主要从以下几个方面考察代理人：代理人的社会背景（与当地政府部门的关系）、社会地位、声誉、活动能力和实力以及主要业绩。

初期代理主要针对具体的工程项目，项目结束时代理协议也就终止了。但也可根据承包商在该地区的发展战略以及代理人的政治背景，签署地区或国家的总代理协议。

1）代理协议的概念

代理协议（Agency Agreement）实际上是一种委托合同，是指当事人双方约定一方为另一方处理事务的协议。本书称代理协议的双方为委托人（Principal）和代理人（Agent）。依据代理协议，代理人应以委托人的名义办理所委托的事宜，而委托人则应对代理人所进行的合法委托事务的法律后果承担责任。

2）代理协议的主要内容

①代理协议开始部分。此部分包括双方当事人的名称、国籍、注册地址以及代表人的姓名、职称和联系地址；代理协议的签订日期和地点等。

②委托和授权。包括委托事项和授权范围。应写明委托人委托的每一事项。委托代理应具有排他性，即应在协议中写明代理人是该地区的唯一代理（Exclusive Agency）。应规定代理人的权限范围并出具权力委托书。

③服务。指代理人可提供的服务内容。服务内容涉及代理费用，因此，双方应在协商并达成一致意见后，将代理人应提供的服务内容详细列出。这有助于避免协议执行过程中的争议。

④代理费用和代理费用的支付方式。一般地，代理费用不应超过当地法律有关代理费的规定或当地的惯例。代理费的比例一般为合同额的0.5%～5%。在政府对代理未作出规定的国家，只好根据提供的服务和当地的惯例确定代理费用。实际上，对代理费用有规定的国家，代理人所要求的代理费用经常比政府规定高得多。这时委托人应与代理人充分协商取得一致。不得已时，在协议中可规定补偿全部或部分对办理委托事务所发生的费用，即可在协议中加入如下内容："在进行采购、履行协议、或提供本协议规定的其他服务方面，使代理人发生了费用，只要事先已征得委托人的书面同意，可按支出凭据向委托人报销。可按月或按季进行报销。"关于代理费用的支付方式应在合同中事先约定。在协议中最好加入："只有在委托人获得工程合同并收到工程业主的付款之后，才按比例支付代理费用"等内容。代理费用应分几次支付。

⑤协议期限。包括协议有效期限、协议的生效日期和协议期限的延长。要注意协议期限与工程项目合同期限间的协调。协议的生效日期一般为协议的签订日期，即从协议签订日开始生效，并且应在协议终止之前持续有效。

⑥保密。包括保密资料的范围、种类和保密期限。由一方提供给另一方的无论何种性质的所有信息和资料，双方均应严格保密。没有获得提供信息和资料方的明确同意，不应该向任何第三方透露。必要时可对泄密后果作出相应规定。

⑦义务和责任。应详细列出在协议期间双方应履行的义务和应尽的职责。为了避免对代理人的不正当行为或违法行为承担责任，在协议中最好写明"除非有委托人的书面指

示，委托人对代理人所进行的各种活动不承担任何道义和法律上的责任；代理人不得以委托人的名义从事非法活动或对外承担任何义务。双方的一般义务和责任如下所述。

代理人的义务和责任包括：

a. 依据协议规定，亲自办理事务。要求代理人在其授权范围内，亲自办理事务，没有委托人的事先同意，代理人不得将被委托的事务进行再次委托；

b. 按约定时间和方式报告有关委托事务的进展情况，并提交必要的证明文件；

c. 办理委托事务中所得收益应及时转移给委托人；

d. 应代表和维护委托人的利益，努力获得工程合同。

委托人的义务和责任包括：

a. 承担代理人在其授权范围内办理委托事务的法律责任；

b. 预支和返还给代理人办理委托事务所需的日常费用开支；

c. 按协议规定及时支付代理费用。

⑧代理协议终止。包括协议终止的条件和协议终止后的善后事宜。发生终止事件后，提出终止协议方，应立即通知对方，并应采取必要的措施减少由此造成的损失。协议中应明确规定因协议终止产生的赔偿金额。

⑨其他内容。包括协议使用的语言、适用的法律、争议的解决以及双方商定的其他事宜。如采用多于一种语言编写本协议时，应规定一种主导语言，在出现相互矛盾时，以主导语言编写的协议文本为准。同时，应说明相互间发送的通知和来往信函均应使用与本协议相同的语言。在出现争议时，双方应友好协商解决。友好解决不成，可向双方商定的仲裁机构申请仲裁。仲裁机构的名称也可列入协议中。

3）代理协议谈判注意事项

不同的国家对代理行为有不同的规定，同时由于对协议语言理解上的偏差，经常会产生争议。因此，在签订代理协议和履行协议过程中，双方应注意以下几个方面。

①代理协议中对代理人的授权范围必须明确，否则代理人在办理所委托事务时，可能会产生偏差，给他人造成损失。委托人对该损失负有不可推卸的责任。

②在履行代理协议过程中，委托人如发现代理人的代理行为违法，则应立即向代理人发出表示反对的书面通知，以免为代理人的违法行为承担责任。

③在一些国家，代理协议需报政府有关部门登记注册，故协议不宜过于繁琐。但为了避免协议过于简单而在履行过程中产生争议，可再签订一份补充协议。并应说明该补充协议作为原协议的一部分，与原协议同时生效，具有同等法律效力。

④代理费的支付。可根据代理工作的难易程度和项目效益确定代理费的额度或比例，一般采用分期支付，可考虑在代理人的职责按协议履行后再支付。对前期投入，可承诺预付少量活动费。

（2）联营协议谈判

联营体（Joint Venture，JV）可以由国内各工程公司组成或由中外公司组成。由中外公司组成联营体并在中国境内注册时，联营体的组成必须遵守中国的相关法律法规。如果在对方所在国境内注册，则应遵守对方所在国的有关法律。联营体在实施任何项目时，还应遵守项目所在国的有关法律法规。

各工程公司组成联营体，或是为了增强自己的竞争实力；或是项目所在国实行地方保护政策，要求外国投标人必须与本国承包商组成JV共同投标；或是项目所在国给予本国承包商许多优惠，外国承包商愿意与其组成JV，使投标更具竞争力，同时还可以利用当地承包商的社会关系，为夺标和实施项目创造更为便利的条件。总之，组成JV是为了得到承包合同，并在实施项目时盈利，这是组成JV各方的共同目的。

1）联营体的类型和特点

联营体一般可分为两类：即法人型JV和合同型JV。

①法人型联营体（Corporate JV）。法人型联营体实际上是一种合资公司，是具有独立法人资格的各方同意联合组成新的经济实体，共同承担民事责任，并注册登记为新的法人。其合作方式为各当事人认缴一定的注册资本额，并按照其认缴的资本额在联营体总注册资本中所占的直接比例，分享联营体的利润，分担风险和损失。联营各方关心的是整个项目的利润和损失。因此他们必须一同制定项目的目标，共同决策。即使有具体事项的分歧，但最终目的、权益是一致的。

②合同型联营体（Contractual JV）。也有人称其为分担施工型联营体（Seperative JV），但性质是一样的，即具有独立法人资格的各方按照合同的约定进行经营，其权力和义务由合同约定。他们具有共同的经济目的，为了获取投标的项目，在施工和经营等方面进行协作，而就相互间的职责、权利和义务关系达成协议。所订立的合同是制约各方的主要手段。

在具体协作时，各方可根据自己的特长，在实施项目时分担自己的责任，分担的方法可以按咨询、设计、施工、货物采购等，也可以把土建工程分为若干部分（如基础工程、上部结构等），由各方分担。

合同的订立只是针对某一具体的工程项目，在完成项目，清理了该项工程的一切财务账目（即清理了JV的财务和权益）后，即宣告终止联营。

合同型联营体又可分为投资入股型（Equity JV）和协作型（Cooperative JV）两种。

投资入股型类似于法人型联营体，但不注册为新的法人，不产生新的经济实体，只是一个关系较为紧密的联营体。联营各方约定共同出资，共同经营，共负经营风险。各方按照出资的比例或者协议的约定分享利润、承担民事责任和连带责任。

协作型联营体也不产生新的经济实体，且是一个较为松散的联营体，其组织性较弱。在承包经营中，独立核算，不必设立出资条款和盈亏分派条款。可规定建立一个共同机构，或由一个联营体成员对联营的项目进行组织和协调，负责对外进行业务联系，对内组织、协调生产，相互提供便利和优惠。各联营体成员出一部分资金作为协调组织机构的办公费用，但此部分费用不具有出资的性质。联营体成员间的业务往来，仍然要通过订立各种合同来进行，如购销合同，技术转让合同等。

联营体的类型如图5-1所示。

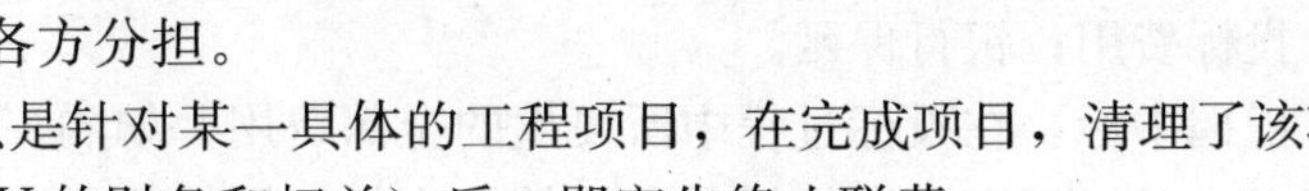

联营体(JV)
- 法人型(Corporate JV)
- 合同型(Contractual JV)
  - 投资入股型(Equity JV)
  - 协作型(Cooperative JV)

图5-1 联营体的类型

各种类型联营体的主要区别如表5-1所示：

2）联营协议的主要内容

对法人型联营体，由于其注册为独立法人和将合作方的利益融为一体，因此，需要有详尽的联营体章程。而对合同型联营体，由于合作各方只是根据具体的项目需要，达到优势互补和共担风险，并以通过资格审查、联合投标为目的，因此各方在投标前只是对联营的主要内容和方式通过谈判达成明确的协议，以满足投标的要求为目的。详尽的协议内容在中标后再进行协商。

各类联营体的主要区别　　表 5-1

类型 / 主要区别事项	法人型联营体	合同型联营体	
		投资人股型	协作型
1. 是否注册为新法人	✓		
2. 是否设立出资条款	✓	✓	
3. 风险分担方式			
按出资比例	✓	✓	
按任务分担方式			✓
4. 利润分享方式			
按出资比例	✓	✓	
按任务分担方式			✓
5. 是否各自独立核算			✓

联营协议的一般内容包括：合作的宗旨、范围和方式；牵头公司；投标和报价；各自承担的工程内容；投标费用；银行保函。

由于各方没有把握中标，在投标过程中所发生的全部费用，如购买资格预审文件和招标文件、编制投标书、现场考察、参加标前会议等发生的费用一般由各方自行负担。

3）联营体谈判注意事项

当联营体中标开始实施项目时，必须在初步联营协议的基础上，对联营协议进行详尽的谈判，商签最终的联营体协议。谈判中，应从合作伙伴的角度，体现各方的利益，实现共赢。联营体协议谈判中通常应注意以下问题。

①董事会。联营体的董事会是联营体的最高权力机构，通过谈判解决董事会的组建方式、职权和运作问题。具体的内容包括董事会的性质、董事长和董事产生办法、董事长和董事的职责和权力、董事会决议以及董事会不能达成一致时的处理程序等。

②项目部。项目部是负责项目实施的权力机构，它并不代表某一方的利益，而是联营体利益在项目上的综合体现。主要谈判的内容包括项目部的组建、项目经理和副经理的聘用、项目部的运作和付款程序等。

③联营体的银行账户和支票的签发。为了保证联营体的正常运作，通常需要以联营体的名义在各方都同意的银行为联营体设立专用资金账户，做到专款专用。而在付款程序上，支票的签发通常需要两位签字人签署。联营体各方均应推荐一名签字人，并在银行备案。

④采购与分包。为保证联营体各方的利益，防止项目部人员的工作失误或其他问题发生，还需要对项目实施过程中有关分包合同和采购合同的管理进行协商。一般地，对超过一定合同额的分包合同或采购合同，项目部应报董事会审批。

(3) 分包合同谈判

在国际工程承包中，承包商为了满足招标文件的要求或为了降低工程造价等原因，常常将部分工程或任务分包给拥有专业技术和专有设备的分包商。对世界银行项目的招标，承包商在参与资格预审或随后的投标时，必须在资格预审文件和投标书中明确说明拟分包出去的工程内容以及分包商的资质条件。因此，在投标阶段选择的分包商，业主在与承包商签订合同时，已经同意这些分包合同。承包商也可以在实施工程过程中再将部分工程分包，但必须事先获得业主（或工程师）的同意。

在招标文件中，业主还可以指定将某些工作分包给某些公司。公司的名称列入招标文件，由承包商作出最终的选择决定，这些公司称为指定的分包商（Nominated Subcontractor)。对于业主指定的分包商，如果承包商有足够的理由反对业主的指定，如该指定分包商以往有不履约的历史等，则承包商可拒绝雇用该指定分包商。

1）分包类型

通常有以下两种分包形式。

①劳务分包。劳务分包一般是指劳务分包商向承包商提供其所需的各类劳务人员并自带小型工器具，而大型设备工具和材料则由承包商提供。劳务分包合同主要是考虑劳务分包商能提供的劳务技术水平和工种以及工作任务的内容和繁重程度。劳务分包费用的计费方法可以根据不同职务和工程采用月工资制，也可按小时费率计算，还可以按总价付款。

②工程分包。工程分包一般要求分包商自带完成其工作所必需的设备、工具、材料和人员。在追踪项目和投标阶段，可通过谈判与分包商达成意向性协议，只与分包商签订分包意向书，说明一旦中标将雇用其实施分包工作，如未中标，则承包商不对分包商承担任何责任和义务。

2）分包合同谈判注意事项

根据以往的经验，分包合同谈判应注意以下问题：

①分包合同属于主合同的内容，因此在谈判中要注意两者的一致性。分包合同不能违反主合同，主合同的某些内容必须写入分包合同，如分包利益的转让，即在缺陷通知期满后，分包商向承包商承诺的保修义务应转让给业主，而分包商必须同意这种转让。

②分包商的风险。将与分包合同有关的部分风险转移给分包商是国际承包市场中常见的转移风险的方式。通过双方签订的分包合同可以将主合同中要求承包商承担的一些风险（制约性条款）转移给分包商，例如要求分包商提供全部或相应比例的履约担保、保留金和误期损害赔偿费等。

③付款方式。主要涉及当承包商未得到业主及时支付进度款的情况下，是否可拖延向分包商的付款。从公平合理的角度分析，如果业主迟付款的原因是由于该分包商引起的，则可不向分包商作出支付，否则应规定一个合理期限，在此合理期限无论承包商是否得到业主付款，均应向该分包商支付分包进度款。

④对指定分包商的管理。指定分包商虽然是业主指定的，但承包商需要与其签订分包合同，并对其违约行为承担责任。因此，承包商应仔细审核指定分包商的业绩和声誉，必要时提出充分和合理的反对意见，拒绝雇用该分包商。在出现下列情况时，承包商有权拒绝雇用指定的分包商。

a. 有理由相信，该分包商没有足够的能力、资源或财力；

b. 该分包合同中没有明确规定，指定分包商应保障承包商不承担指定分包商及其代理人和雇员对货物的疏忽或误用货物的责任；

c. 该分包合同没有明确规定，对分包的工程（包括设计，如有时），指定分包商应：

(i) 为承包商承担此项义务和责任，能使承包商履行其合同规定的义务和责任；

(ii) 保障承包商免除对合同规定或与其有关的、由于分包商不能履行这些义务或责任而产生的所有义务和责任。

2. 合同签订谈判

在开标后，业主通过对投标书的详细评审，会选定几个报价较低的投标人进行谈判，最终希望选择报价合理、有更好能力完成项目的投标人作为中标人。有的招标项目，即使在发出中标函后，业主还要和投标人进行签订合同前的谈判，把过去双方达成的一致意见具体化，形成一整套完整的合同条件，便于最终签署项目合同。在谈判过程中，业主也可能会提出新的额外条件。因此，这个过程可能会持续很长时间。对世界银行和亚行的国际公开竞争性招标项目，一般不允许进行决标后谈判，而是直接授予合同。

合同签订谈判应注意以下问题：

(1) 技术答辩

对于技术复杂的大型项目，业主往往要求投标人对其实施工程的技术方案做技术答辩，以论证技术的可行性和经济性，并为后期的商务谈判做准备。而投标人应抓住推销和展现自己实力和能力的机会，在对方要求的陈述时间内，重点突出地陈述己方的施工组织方案和技术方案。运用创造性思维和陈述人员的感染力，博取评标委员会的信任和赞赏。

在做技术答辩时，要充分考虑到己方施工组织方案和技术方案的优缺点。在有多个可供选择方案的情况下，要对各方案的可行性、经济性及其优缺点做较清晰和合理的分析。

准备技术答辩资料时还要充分考虑竞争对手的情况。己方可能看到竞争对手的实施方案，但竞争对手也可能看到己方的实施方案，对此要有客观分析。

(2) 报价的合理性

通过技术答辩只是第一步，接下来业主就会利用手中的权力、有利地位以及投标人急于中标的心理，迫使投标人进一步降价。但承包商应客观地向对方分析己方报价的合理性，不应随意降价。必要时，可做适当让步，确保得到合理和满意的合同价格。

商务谈判中，业主通常提出的要求如下：

1) 降低总价；

2) 改变外汇的比例；

3) 变更费率和价格调整中支付的币种及金额限制；

4) 延期支付条件；

5) 增加工作范围，等等。

(3) 策略性讨价还价

任何谈判都有“让与得”的对等性，国际工程项目的谈判也不例外。让步也是为了获得，合同价格上的让步，可以通过改变合同条件的规定转移一定的风险，对承包商而言，就是通过价格上的让步获得了相对宽松的工作条件。如合同价格降低，承包商可要求增加硬通货币的支付比例，避免承担汇率变化的风险。

商务谈判中的价格让步要讲究策略性，既要在合理幅度内降价，同时还要满足对方的心理需求。以下是八种降价方式的比较：

承包商准备在与业主的商务谈判中降价 80 万美元，分 4 次降价，如表 5-2 所示。

八种降价方式示例 表 5-2

降价方式	预计降价总额	每次降价数额（万元）			
		第一次降价额	第二次降价额	第三次降价额	第四次降价额
1	80	80	0	0	0
2	80	20	20	20	20
3	80	5	15	25	35
4	80	30	25	15	10
5	80	40	25	10	5
6	80	60	15	0	5
7	80	60	20	−10	10
8	80	0	0	0	80

这八种方式，各有特点。

第一种方式一开始对业主具有极大的诱惑力，但容易在中、后期造成僵局。一般的工程承包谈判，一次降价能成交的很少。所以只能用于金额不大的小项目。

第二种方式的持点是承包商可以长期吸引业主。利用这种方式，承包商可使业主持续与自己谈判。但由于每次让步额相同，业主从心理上会认为只要跟承包商谈，就会有所得，因此总是企图使承包商再次让步，这种欲望不利于成交。

第三种方式的特点是一开始容易出现僵局，随后即可使业主产生期望，但由于一次比一次降价多，使业主认为谈判次数越多，得到的好处越多，同时，也会感觉承包商的报价中存在虚假成分，这种心理不利于成交。

第四种方式表明承包商有一定的诚意，也愿意让步，因而整个谈判过程中一直能够吸引对方，也不致使谈判在中期出现僵持或破裂。

第五种方式表明承包商有较大的诚意、谈判一开始就能吸引对方。

对第四和第五种降价方式，随着谈判的深入，承包商的降价幅度越来越小，随即也就增加了谈判的复杂性和艰苦性。但也使业主感到增加谈判次数，得到的好处也不会太多了。在国际工程承包、劳务合作和商业谈判中，这两种降价让步的方式运用较多。

第六种方式虽然在谈判开始阶段就能吸引对方，但业主很快就会感到失望，越到谈判的后期破裂的风险就越大。

第七种方式和第六种方式基本相同。不同的是，第七种方式到第三次谈判时，承包商的立场显得更强硬。这可使业主早下决心拍板成交，但承包商也要冒谈判破裂的风险，就在业主对成交或破裂作出选择时，承包商很快在第四次又给业主一点好处，这样可给业主挽回一点面子，使他也感到满意。

第八种方式表明承包商在谈判初期和中期拒不降价的坚定立场，非到最后万不得已时绝不让步。但在初期和中期容易发生僵局，谈判破裂的风险较大，除非承包商有较强的优势，否则不要轻易运用这种方式。

上述八种降价方式，虽然在叙述上是作为承包商的让步方式，但这些方式也同样适用于业主。一般来说，降价让步是双方相互谈判的结果。任何一方的降价都取决于谈判对方的态度、降价的额度、速度及其他条件。但双方各自处理降价的方式是不相同的。通常业主在开始时让步的数额都较小，并在长时间内让步缓慢，同时各次降价的数额差异也不会很大。而承包商在开始期间往往都能作较大的让步，在后来的长时间的谈判过程中再作缓慢让步。

总之，第一、二、三、八这四种降价方式，在实际谈判中是很少采用的，而大多数谈判运用的是第四、五、六、七这四种降价方式。

（二）合同实施阶段的谈判类型

在签订合同后，工程项目即进入实施阶段。由于项目一次性的特点，在实施过程会发生很多需要双方进一步商议确定的事项。此时谈判是在承包商的现场代表——项目经理与业主的现场代表或工程师之间进行。承包商在谈判中的地位比在签订合同阶段有了很大变化，承包商不再担心失去合同。因此，谈判中，无论是承包商还是业主或工程师，都会视情况采取进攻型谈判策略。但在项目建设过程中，由于参与各方是一种合作伙伴关系，最终的目标和利益是一致的，考虑到今后的合作和长远利益，谈判中各方都可能作出必要的让步和妥协，采取建设型谈判策略。因此，在此阶段的谈判中，必须掌握好尺度，依据合同中的规定，运用有理、有利和有节的原则，维护已方的利益，切忌强词夺理或得理不饶人。

合同实施阶段的谈判内容，主要分为两大类：变更和索赔。

1. 变更谈判

在实施工程过程中，业主、工程师和承包商都有可能提出变更。但无论哪一方提出变更，均需获得业主的同意，并最终由业主或工程师发布正式的书面变更令。

涉及变更谈判的内容如下：

（1）承包商编制和提交变更资料

有时，业主并未最终确定是否进行变更，但可能要求承包商对变更工作提出更详尽的资料，包括变更工作设计、组织实施的技术方案和费用估算。此时，问题的焦点在于：如果承包商提交变更资料后，业主最终决定不再实施变更工作，应如何对承包商已经完成的文字资料工作进行补偿。

一般地，在合同条件中并未对此做详尽的规定。但在事件发生后，承包商又无法依据合同提出索赔要求。因此，当承包商遇到此类情况，按合同规定和业主的要求提交变更建议书时，应注意变更建议书的编制深度不应发生过多的费用，否则应要求业主就编制建议书的费用发出变更令，提出正式的费用清单，要求业主给予一定的补偿。当然，最好是在合同谈判阶段，将此方面的规定列入承包合同中。

如果承包商提交变更资料后，业主批准了变更。则双方需要就变更工作的费用，通过充分协商达成一致意见。

另外一种情况，就是承包商从更易于施工、节约工期和为业主带来潜在利益的角度，提出变更要求，为让业主批准，则需提供详细的资料。如果业主作出不予变更的决定，则承包商将无法获得任何经济补偿。

（2）承包商依据变更令提交相关资料

这种情况是指承包商收到业主或工程师发出的变更令，依据此变更令提交详细的变更资料，包括变更工作的估价资料。双方谈判的焦点主要集中在如何对变更工作进行估价。通常情况下，谈判是以承包商提交的估价资料以及工期影响资料为基础进行谈判。

另外一种情况，是工程师进行变更工作的设计和估价，最后向承包商发出变更令。如果承包商对变更工作有不同意见，则按索赔程序提出索赔要求。

(3) 价值工程

承包商在实施工程时，可以向业主（或工程师）提交一些书面建议。如果业主采纳这些建议将：加快竣工；降低业主工程施工、维护或运行的费用；提高业主竣工工程的效率或价值；或给业主带来其他利益。此时，根据 FIDIC《施工合同条件》（1999 年第 1 版），如果此项建议产生的变更导致该部分的合同价值减少，工程师应按照合同中的有关规定，与业主和承包商商定或确定一笔费用，并加入合同价格中。此项费用应为以下两项金额之差的一半（50%）：

①此类变更引起的合同价值减少额，不包括根据法规改变的调整和因市场价格改变的调整；

②改变后的工程由于质量、预期寿命或运行效率的降低，对业主的价值的减少（如有时）。

如果①中金额小于②中金额，则不应有此项费用。

因此，从以上表述可以看出，FIDIC 主张鼓励承包商从更专业化的角度审视工程项目的合理性，实现投资价值的最大化，但应对承包商提出的有益于业主的建议作出实质性反映。因此，上述费用作为对承包商提出良好建议的奖励。

2. 索赔谈判

索赔谈判是指现场出现了一些导致承包商产生额外费用和工期延误的情况，而业主起初不同意向承包商作出补偿。承包商为了维护己方的利益而搜集相关资料，并向业主提出费用补偿和工期延长的要求。有关索赔谈判的详细内容见本章第四节。

（三）合同收尾阶段的谈判类型

合同收尾阶段是从竣工移交开始至缺陷通知期满。在此阶段，虽然实体工程已移交业主，但仍有一些缺陷维修工作、大量的财务和行政工作需要通过谈判进行解决。例如：未结算的工程款（特别是索赔款）、保留金、履约担保、以及各类债务、税务和保险等业务。此阶段承包商谈判的原则是尽可能及时解决有关的问题，不拖延。

1. 颁发接收证书谈判

颁发接收证书关系到承包商的切身利益，这是工程项目实施过程中的标志性事件。在实体工程通过竣工验收后，承包商应立即申请颁发接收证书。

为尽快得到接收证书，承包商在提交有关资料后，应采用面对面的方式直接与对方谈判，确定影响获得接收证书的因素，及时加以纠正和补充。特别是竣工报表（国内称竣工结算表），应与业主或工程师进行充分协商，确定竣工报表中的事项内容和金额，但切记：如果存在索赔事宜，应将索赔费用列入竣工报表中，否则将被视为放弃索赔的权利。

如果双方对索赔事宜分歧较大，可以采取其他措施解决或暂时搁置，但不能影响接收证书的颁发。

2. 颁发履约证书谈判

履约证书也是工程项目实施过程中的标志性事件。它标志着缺陷通知期的结束和承包商已经履行完成与合同有关的实际义务。尽管会有一些琐碎的事宜需要处理，在不影响大局的情况下，业主可以在保留承包商一定费用的前提下，颁发履约证书，并对承包商提交的最终报表资料（即最终结算表）展开协商。

对最终报表达成一致意见的难点仍然是索赔事项。如果双方不能通过充分的协商和互谅互让达成一致，则只有通过仲裁和诉讼解决。

3. 其他谈判

其他方面的谈判任务还包括与海关、税务部门、保险公司、银行等与项目有关的业务谈判。正常情况下，承包商利用实施项目期间建立的良好关系和当地代理人的协助，解决有关的问题会很容易。但也有从己方利益出发给承包商设置障碍的情况，这就需要通过有利的谈判和有效的外交活动，尽可能谋求问题的合理解决。

二、签订合同谈判的目的和准备工作

国际工程承包合同谈判是指招标方与投标方在正式签订合同前，就合同的实施方式、工作范围、风险分担、双方的权利义务等等进行协商的过程。是否在签订合同前进行谈判则取决于国际工程项目的招标方式。

对采用无限和有限竞争性公开招标方式选择承包商的项目，往往不再进行谈判，而是完成评标后将承包合同直接授予评标价格最低的投标人。

对邀请招标或直接谈判招标的项目，则会在签订合同前，与投标人就合同的有关内容进行谈判。特别是在招标时，对只达到初步设计深度的项目，由于存在很多的不确定性因素，双方在签订合同前需要就合同的许多细节内容做进一步的商谈。

（一）谈判的目的

1. 业主谈判的目的

1）通过谈判，了解投标人报价的构成，审核报价的合理性，并最终选择合适的投标人实施项目。

2）进一步了解投标人的各项技术措施是否合理，项目团队力量是否足够雄厚，能否保证工程的质量和进度。

3）听取投标人对实施项目的专业性建议，并吸收好的建议，对设计方案、图纸和技术规范进行修改，实现项目价值的最大化。

4）在投标人报价后至签订合同前，就招标方新提出的各类变更内容对报价的影响与投标人进行协商。

2. 投标人谈判的目的

1）通过谈判宣传自己的优势，包括技术方案的先进性、报价的合理性及许诺优惠条件等，以争取中标。

2）既要准备应付业主的压价，又要准备当业主拟增减项目、修改设计或变更标准时适当增减报价。

3）争取修改合同条款，包括争取修改过于苛刻和不合理的条款，澄清模糊的条款和增加有利于保护承包商利益的条款。这些要求可以作为与业主讨价还价的筹码。

谈判目的上的分歧和矛盾是必然的，但业主的最终目的要选择合格的投标人实施和完成项目，而投标人的最终目的是获得实施项目的机会，两者具有趋同性。参加竞争的投标人中，谁能掌握业主心理，充分利用谈判技巧争取中标，谁就是强者。

（二）谈判的准备工作

1. 谈判的组织准备

谈判的组织准备包括谈判组的成员组成和谈判组长的人选等。

（1）谈判组的成员组成

一般来说，谈判组成员的选择要考虑以下几点：

1）充分发挥每一个成员的作用，避免由于成员过多而有些人不能发挥作用或意见纷杂、不易集中的情况。

2）组长要便于在组内协调。

3）要使每个成员的专业知识面组合在一起能满足谈判的要求。

4）国际工程谈判时还要配备业务能力强，特别是外语能力强的翻译。

基于以上几点考虑，一般谈判组成员以3～5人为宜。在谈判的各个阶段所需人员的知识结构也应不一样。例如，承包合同前期谈判时技术问题和经济问题较多，离不开工程师和经济师；后期谈判涉及合同条款以及准备合同和备忘录文稿，则需要律师和合同专家参加。也就是说，根据谈判需要，可调换成员，但一般谈判组也不宜少于2人，即一人主谈，一人观察情况，考虑对策。

（2）谈判组长的人选

选择谈判组长最主要的条件是具有较强的业务能力和应变能力，即需要有比较广阔的业务知识面和工程经验，最好还具有合同管理的经验。对于合同谈判中出现的问题能够及时作出判断，主动找出对策。根据这些要求，谈判组长不一定都要由职位高的人员担任，而可由35～50岁的人员担任。一般来说，这一年龄段的人思路敏捷，体力充沛，连续几个小时谈判思维不会混乱，而且具有丰富的工作经验。

2. 谈判的方案准备和思路准备

谈判前要针对拟解决的问题（谈判议题）和解决问题的方案做好准备，同时要确定对谈判组长的授权范围。如果去国外谈判，这一点更加重要。不仅要整理出谈判大纲，将希望解决的问题按轻重缓急排队，而且对需解决的重要问题和主要问题应拟定要达到的目标。

此外，对谈判组的成员要进行训练，一方面要分析己方和对方的有利和不利的条件，制定谈判策略等；另一方面要确定主谈人员，组内成员要有分工，并明确有关注意事项。对于有翻译人员参加的情况，应让他参加全部准备工作，了解谈判意图和方案，特别是有关技术问题和合同条款问题，以便准确翻译。

3. 谈判议程的安排

谈判议程安排一般由业主一方提出，征求对方意见后再确定，根据拟讨论的问题来安排议程可以避免遗漏要谈判的主要问题。

三、谈判议题分析示例

在商签合同阶段，双方就合同的有关细节问题做进一步协商，并最终达成一致意见和签订合同。对于采用EPC/T（设计-采购-施工/交钥匙）合同方式招标的项目，一般不颁发中标函，而是经过多次谈判达成协议后，直接签订协议书。下面列举一些谈判议题作为示例做进一步分析。

（一）合同条件中的一般规定

1. 词语定义

合同中的词语和措辞保证了合同中用语的规范和严谨，因此必须对合同中用到的关键词语和措辞进行定义，以统一解释，避免双方理解上的偏差。

承包商应仔细审核词语的定义，如“费用”一词具体指什么费用，在承包商有权索赔的条款中，“费用”的计算是否包括利润，等等。如果发现某些定义模糊，则应在谈判时要求业主澄清。

2. 构成合同的文件

国际工程合同是由一系列文件构成的，构成合同的文件应在双方签订的协议书和合同专用条件中列明，未列入合同的文件仅作为参考。同时也应对构成合同的各个文件的优先次序作出规定。在商谈究竟那些文件构成合同时应注意下述问题：

1）双方一致同意的、对合同的任何修改和补充意见应作为“补遗”或“附录”明确列入合同，要避免采用会议纪要或备忘录的形式，后者的合同效力远小于前者。同时注意在“补遗”或“附录”中要写明合同中的哪些条款由“补遗”或“附录”中的相应条款替代，以免发生矛盾和误解。

2）在投标过程中，业主对投标人质疑的全部书面回答文件应作为合同文件，特别是对报价产生较大影响的答复，这些文件会有助于澄清合同中的模糊或歧义，避免争端，必要时，还是索赔的有利证据。

3）按 FIDIC 新版合同条件，承包商提交业主审核、批准的“承包商文件”，不属于合同文件，这是保护业主利益的条款。但对 EPC 合同，承包商要完成大量的设计工作，在业主对承包商提交的设计文件进行审核时，可能会提出一些额外的要求，导致承包商费用的增加。为避免这种情况发生，尽可能写明：“由双方签字确认的图纸将构成合同文件。”为了促成业主同意这种写法，可将这些文件的优先性次序排定在最后。

4）在签字前，对商议过的条款内容、关键词语和数字应反复核对不得有任何差错，特别是当己方不是协议的起草者时，更应字斟句酌。

5）合同是双方当事人的法律文书，应使用规范和严谨的法律语言，必要时应向律师或专业咨询人员咨询。

3. 其他内容

在合同条件的一般规定中，还应注意是否对以下各方面作出了说明。如果没有，可在谈判中要求业主增加相关的内容。

1）单数形式的词与复数形式的词具有相同的含义。表示某一性别的词也包括所有性别。关于“书面”的解释，哪些表现形式可认为是书面形式。

2）关于双方的通信交流。应对交流的方式、使用的语言、收发函件的地点、发送的方式以及收到函件回复的时间约定等作出规定。特别是对电子邮件的合同效力应作出规定。

3）法律和语言。应规定合同实施过程中必须遵守法律的法规，谁承担由于遵守法律法规产生的费用；并应规定合同文本、函件以及日常交流所使用的语言。

4）知识产权。合同中应规定实施工程过程中产生的业主文件和承包商文件的知识产权的归属，按 FIDIC《施工合同条件》的规定，承包商拥有其（或以其名义）编制的规范、图纸或其他文件的知识产权，而业主拥有其（或以其名义）编制的规范、图纸或其他文件的知识产权。

5）保密事项。规定双方的保密义务，以及提供企业保密文件的条件。

（二）合同工作范围

对于承包商所承担的工作范围，在签订合同时要做到明确具体、范围清楚、责任分明，否则将导致报价漏项。

承包商的合同工作范围在两份文件中体现：一份是名称为“工作范围”的文件，对EPC合同，通常在技术规范中列入承包商的“工作范围”；另一份是图纸。承包商的工作范围通常包括设计、施工、设备采购、安装和调试等。在签订合同时，对工作范围描述应做到具体和清楚，界限分明，否则会导致实施过程中产生争端。

因此，承包商应仔细阅读招标文件，在投标时要求业主对词语含糊的方面给予书面澄清。在进行工作范围谈判时应注意以下几点：

1）描述工作范围的两个合同文件具有优先顺序，即规范优先于图纸。规范中的工作范围描述是文字语言，而图纸中的工作范围是工程语言。前者明确写明“本合同包括以下工作”，而后者只是颁发给承包商施工用的图纸，但图纸上标明的内容不一定都是本合同的内容，也许还包括其他承包商要完成的工作。另外，要注意两份文件描述内容的一致性，在出现相互矛盾时，应以规范中的文字描述为准。

2）“工作范围”中通常包括一项任务，即为业主提供的服务。主要是指承包商需要向业主提供业主人员（包括业主聘请的工程师）使用的办公用房、家具设备、车辆以及其他服务。在签订合同前，应对此部分内容必须完成的时间和具体的规格要求进行审定和确认。如某合同规定：承包商应向业主提供50辆“带空调、铰链和GPS，四轮驱动的汽车”，符合这种要求的汽车类型有多种，为避免随后的争议，当事双方应再将购买的汽车车型和生产厂家，以及移交给业主的时间安排等进行细化并确定下来，承包商要仔细考虑业主所提要求的可实现性，对自己无法按业主要求完成的事宜，不要作出任何承诺，但应合理地向业主作出解释。如果在谈判中，由业主自己去购置和安排自己所需的办公室、设备和服务，对承包商而言是一种最好的选择。

3）如果承包商投标时，对招标文件中的“选择项目”进行了报价，则应力争在签订合同前予以明确，以便与其他工作一同做施工准备，可大大降低施工成本。如果确实难以在签订合同时确定，则应当商定一个具体的期限来选定这些项目是否需要施工，以便于提前做准备。如果这些项目的确定时间太晚，可能会影响材料设备的订货和施工工期，承包商应及时将拖延造成的严重性后果通报业主，避免受到不应有的损失。

4）对工作范围中所使用的不准确、模棱两可、歧义性的文字描述，应要求业主予以澄清，避免以后出现争议。

（三）雇用劳务问题

工程所需的劳务包括承包商雇用的本国、当地和其他国家的劳务。工程所在国的法律法规会对外国企业在当地经营，如何雇用当地和外籍劳务的问题作出相关规定。而业主与承包商签订的合同会对雇用当地劳务与外籍劳务的数量作出比例限制。

由于工程劳务会涉及当地的教育和社会风俗，因此劳务的素质水平会直接影响工程项目的生产效率，而劳务的雇用和管理也就显得非常重要。能否在当地雇用到所需的劳务工种和数量也常常是谈判的主要议题。关于劳务问题应注意以下方面。

1）对于限制外籍劳工的国家（特别是对于劳务相对充足的国家或劳务输出国），应争取条款规定的合理性。例如，招标文件中规定“承包商雇用的当地劳务不少于其雇用劳务总量的20%。”在这种情况下，承包商要仔细考虑自己未来将雇用的劳务总量和当地劳务的数量和工种，特别是能否在当地雇用到所需的技术工种。如果当地总体教育水平低，则会有劳务素质低和影响工作的风险存在。此时最好在合同中列入“当公开招雇不能获得足够的当地熟练劳工时，应允许外籍劳工入境实施该项工程”条款。

2）如果合同中包含了对外籍劳务的歧视性条款，则应当予以拒绝。同时，应在合同中列入要求业主对外来劳务人员的出入境提供必需的协助的条款，并须同业主商定取得出入境、临时居住和工作的许可手续，且在合同中明确业主协助取得各种许可手续责任；同时在合同中对因劳工短缺而延误工期的责任给予界定：如果是由于业主未能取得劳工入境、居留和工作许可证，当地又不能招聘到价格合理和技术较好的劳工，则应归为业主的延误，而非承包商造成的延误。

3）除应熟悉当地的劳动法、移民法、出入境管理规定外，还应当了解个人所得税法的规定等，并获得相应解决的办法。

4）劳务的工作时间。劳务工作时间应为一天八小时，通常按当地的节假日时间休息。但合同中应规定，为加快施工速度，业主应同意加班。对赶工产生的费用，要视赶工原因由承包商或业主支付。

（四）工程开工和竣工时间

每一份合同都规定了合同的有效期以及合同中各项工作的起止时间。对国际工程合同，合同有效期是一个比较灵活的概念，合同的生效日期是双方签属协议书的日期，而合同有效期的终止时间则有下列多种可能（根据1999年第1版FIDIC《施工合同条件》整理）：

1）履约证书颁发的时间（证书中注明了承包商完成合同规定的各项义务的日期），并且双方已全部履行完合同义务；

2）已颁发履约证书，但双方还有未履行的合同义务，直至全部履行完合同义务的时间；

3）业主提前终止合同；

4）承包商提前终止合同。

另外，国际工程合同中还规定了竣工时间，它是指自开工日期算起，承包商必须完成全部实体工程的时间，这两者是密切相关的。合同有效期包括了竣工时间和缺陷通知期。

如果承包商无正当理由，未能在竣工时间内完成合同工作，则应向业主支付误期损害赔偿费。因此关于工程何时开工就显得非常关键了。按照FIDIC《施工合同条件》（1999年第1版），“承包商的开工日期应在收到中标函后的42天内”，究竟哪一天算作是开工日期，则需要双方去协商。为此应注意以下几点。

1）为了在合同条款中明确界定具体的开工日期，通常在合同中规定，业主（或工程师）应提前一定天数（1999年第1版FIDIC《施工合同条件》建议不少于7天）向承包商发出开工通知，通知中注明准确的开工日期，但应保证承包商在开工日期前收到此开工通知。为了各参与方合作愉快，在实际操作时，双方协商确定具体的开工日期后再颁发开工通知。

2）开工条件。即双方在商定开工日期时，考虑现场开工必须满足的条件。涉及两方面：一是承包商的准备情况，二是业主移交现场的条件是否满足开工要求。对国际工程项目，一般需要较长的准备时间，因此谈判过程中，应争取延长工程准备的时间，并确定工期应从正式开工之日算起。

3）应规定现场移交的时间安排和移交的内容。现场移交是一次性移交全部现场，还是分阶段移交。在分阶段移交时，承包商必须考虑对其整体施工安排的影响。所谓移交的内容应包括场地移交（平面和空间）、合同文件移交、各种测量标志（平面和高程控制点）移交，等等。

4）业主向承包商提交的现场，应包括施工临时用地，并写明其占用土地的一切补偿费用（如土地、青苗和树木补偿、居民迁移补偿等）均由业主承担。

5）工程竣工移交。能分阶段移交的项目应分阶段移交，但承包商应妥善安排好施工顺序，避免给自己造成施工上的不便。

6）其他有关竣工时间延长的内容。即在何原因导致工期延误的情况下，承包商有权延长竣工时间。延长竣工时间是为了避免向业主支付误期损害赔偿费。

（五）工程款支付方式

工程款的支付方式可以划分为按月支付、按完成任务量的百分比支付、按任务里程碑支付。合同类型有总价合同、单价合同、成本补偿合同以及混合式合同。支付进度款的货币有当地币和外币（世界银行规定，其融资的工程项目一般不超过三种外币）。关于此议题应注意的问题如下：

1）无论什么类型的合同，承包商均应争取在合同条款中列入："在基准日期后，由于法律法规变化导致承包商履行合同的成本发生增减时，应调整合同价格。"

2）对合同期（超过 1 年）较长的合同，承包商应争取在合同中列入价格调整公式，对由于市场价格波动，造成承包商劳务、材料和设备的成本发生变化时，利用此公式调整合同价格。

3）对总价合同，承包商承担了较高的风险。尽管有经验的承包商会对潜在的风险作出预测并在报价中给予恰当考虑，但即使再有经验的承包商也很难对所有风险作出准确预测（如地质风险）。因此，谈判中应力争在合同条款中列入："如果发生了一个有经验的承包商在递交投标书前无法预见的事件，造成成本增加时，承包商可以要求调整合同价格。"

4）对成本补偿合同，承包商承担了较小的风险，但承包商一定要清楚哪些费用列为成本，哪些费用列为酬金，以及酬金的计算方法。

5）支付货币币种和汇率。承包商应力求获得更多的硬通货币的付款和采用固定汇率，这样可以避免通货膨胀和汇率变化的风险。我国某公司投标一项电站工程，在谈判时，业主要求该公司降价 5%，而该公司则提出：如果业主同意将工程款中美元比例在原来的基础上，再增加 8%，则同意降价。业主最终接受了新报价。在施工期间当地币贬值很多，该公司将美元抛入市场，兑换当地币用于购买当地材料、设备和服务，获得了较大的额外收益。另外，关于支付货币及数额的规定，通常的做法是在合同中规定支付货币的种类和各种货币的数额，今后在实施过程中按此付款，但应考虑变更工作支付的币种和货币比例。

6）关于付款时间和条件，对承包商而言付款时间是越早越好。而承包商需要仔细考虑付款条件，如有一份合同这样表述："只有当承包商提交了可接受的月付款申请报表后才予以支付。"承包商需要业主对"可接受的"作出解释，必要时在合同中作出更细致的规定，以便及时得到进度款。

7）款项类别。涉及的款项类别有预付款、工程进度款、最终付款和保留金。谈判中承包商应积极要求预付款，因为这是一笔无息贷款，且可减少自己资金投入。关于保留金，承包商应要求其数额不超过合同总价的5%，并且按照FIDIC《施工合同条件》（1999年第1版）的规定，在施工期间所扣的保留金将在竣工移交时返还一半给承包商，另一半将在缺陷通知期满时返还。对后一半保留金，承包商应争取在进入缺陷通知期后用保留金保函换回业主扣留的保留金现金，以减少现金的占压。关于采用保留金保函的相关内容应写入合同条款。

8）付款保证。为了保证在完成相关的合同任务后及时获得付款，承包商应有权利要求业主出示其资金安排的证明资料，以确保工程的顺利实施。

（六）人员、设备和材料的进出口

国际工程项目实施过程中，人员、设备和材料的进出口会频繁发生。谈判过程中，注意合同中对以下各方面是否有明确的规定。

1）绝大部分国际工程项目允许承包商自带人员和设备实施项目，并且在相关的法律文件中规定承包商带入的人员和设备必须再出口。因劳务人员在工程所在国需要工作相当长的时间，因此按"临时移民"办理有关的手续，而对施工机械设备，则按"临时进口"，免进口税，但需向海关提交再出口保函。关于办理这些手续的费用由谁承担，应在合同中列明。

2）合同中应列明业主有义务协助承包商取得施工机具、施工机械设备和材料进口的许可和协助办理相关的手续。

（七）材料、工艺和质量

国际工程项目由于其国际采购的特点，承包商会遇到一些新材料和新工艺，如何保证质量是双方关心的主要问题，为此，在商议合同中的质量条款时要注意以下各方面：

1）提供样品和样品的费用。在承包商承担样品费用的情况下，合同中应规定承包商提供样品的种类和数量。增加样品数量和种类应按变更处理。

2）材料的审核。应对承包商报送的时间和业主（或工程师）批复的时间有明确的规定，同时，如果业主（或工程师）在合同规定的答复期限内未给予答复，则视作"默认"，承包商可进行下一道工序。如果因此而造成材料定货延误或材料更换，则由业主承担相关的费用。

3）工序质量检查。合同中应约定对已完工序的质量检查程序和完成各程序中的相关工作的时间限制。"不得无理拖延"是一个模糊用语，不利于执行。可采用下述用语对具体时间作出约定："承包商应提前24小时通知工程师要检查的内容"，"工程师应在收到承包商申请检查的通知后24小时内实施检查"，否则，将被认为该工序已被接收，可进行下一道工序施工。

4）第三方检验机构。对有些材料或工艺需要第三方检验机构进行检验时，应在合同中规定对材料化验和试验的第三方权威机构，以防止对化验结果的权威性产生争执。第三方检验机构通常由业主指定，或承包商提议，由业主批准。

5）不合格材料的处理。包括拆除、移走不合格材料，并用合格材料进行替换。应规定双方的责任，并根据责任决定费用的合理分担。

（八）工程测量、变更和估价

这个议题涉及的内容是如何计算对承包商的付款。合同中的相关规定应具有比较强的可操作性。为此应注意：

1）测量方法和记录。即对承包商完成的工作如何进行测量，如一项桩基工程，是按承包商打入地下的桩的实际长度计算，还是按施工图纸中所设计的桩长计算？另外，在测量时，最好规定双方联合测量，即双方约定时间，由业主（或工程师）监督测量过程，核实无误后签字认可。当然，也可规定业主（或工程师）亲自测量，承包商审核无误后签字认可。同时，应对出现争议时如何处理作出规定。

2）估价方法。对单价合同，按工程量清单中的单价乘以完成的工程量进行估价；对于占合同额较大的工作项，当实际工程量的变化超过原工程量的数值较大时，需要对单价进行调整；对调整的方法和条件应在合同中作出详细规定。对总价合同，则不存在估价方法的问题，但需要一份付款的进度安排（通常按里程碑事件排定），当承包商完成的工作达到里程碑点时，业主即按合同中规定的额度，在扣除了任何应扣的款项后，向承包商付款。

3）变更权利。业主有权利变更，承包商也应该遵守业主的变更指示，但是不应该强求承包商去完成其有困难、不可能完成的变更事项。因此，合同中应规定，当承包商确有困难时，应有权向业主及时发出通知，说明情况，而业主应取消、确认或改变原指示。

4）价值工程。如果承包商提出了一项好建议，使业主获益，如工程造价降低、降低了业主后期的维护费用、缩短了工期等等，承包商应有权分享其中的利益。

5）变更程序。合同中应有关于变更的操作程序，包括应提交的文件、对进度计划的修改、对合同价格的调整等等。应注意，我们常常遇到这样一种情况，业主在未正式批准变更前，要求承包商为拟变更工作提交相关的文件（设计内容、工期和费用影响），承包商花费了很大精力完成了这些文件的编制，但业主在审核后决定不再实施该项变更。合同中应规定，在出现这种情况时，业主应对承包商给予补偿。

6）对变更工作的支付。包括支付的时间、金额及币种。对单价合同，条款中应规定随期中付款按月支付，对按月支付的总价合同，也应规定随期中付款按月支付，而不能规定“在承包商完成全部变更工作后支付”。因为有的变更工作需要几个月才能完成。变更工作往往需要增减合同价格，需要规定这部分费用所涉及的各种货币的比例。

7）暂定金额和计日工。暂定金额项下的工作的测量和估价方法，应按变更处理。对按计日工实施的工作项，应规定具体的实施程序和需要承包商提供的证据。

（九）保险

保险是合同条件中一项重要的内容，主要解决国际工程合同中投保的原则是什么，谁去投保，以什么名义投保，投保哪些内容，合同双方对保险有哪些知情权，应投保方未投保或未保持保险始终有效另一方该怎么办，等等。谈判中主要注意以下内容：

1）联合被保人。承包商应注意在合同中要求自己去投保的项目中，哪些是以联合被保人的名义投保，哪些是以己方的单独名义投保。当业主负责办理保险时，承包商可要求业主同时帮助己方办理有关的保险，以降低成本。同时，应尽可能要求业主同意选择中方的保险公司进行保险。

2）免赔额。承包商应注意对免赔额以下的损失再投保的问题。

3）保险理赔。承包商应注意谁需要负责办理发生保险事故后的理赔事宜。原则上，业主人员的事宜由业主负责，而承包商人员的事宜由承包商负责。如果承包商是投保人，则除业主负责的事宜外，其他理赔事宜均由承包商负责办理。

（十）不可抗力

合同中对不可抗力的规定，应使双方很容易根据这些规定判断是否发生了不可抗力，以及在发生不可抗力对履行合同造成障碍时应该如何做。为此，在谈判时，应审核是否满足了以下要求：

1）判定不可抗力的标准是否具有可操作性，如台风或地震，达到多少级就可认定为不可抗力？

2）尽最大限度在条款中列出不可抗力的情况。

3）不可抗力已或将造成合同一方当事人无法履行合同时，发出通知的期限是多少天？以及尽其所能减少损失和损害的义务是什么？

4）不可抗力发生后，双方的权利是什么？通常情况下，双方各自分担因不可抗力造成的己方损失，但承包商可以索赔工期，以避免向业主支付误期损害赔偿费。同时，对于由政治风险造成的损失，承包商还有权获得成本补偿。

5）不可抗力发生后损失费用的计算依据。

6）不可抗力造成合同终止的条件和终止后费用的估算和支付方法。

（十一）索赔、争端和仲裁

在国际工程承包合同中，索赔和争端是个不可回避的问题。无论是业主，还是承包商，在建筑产品的交易过程中，维护和索要自己应得的利益是一种正常行为。在这一过程中，如果双方不能达成一致，就会发生争端。目前世界银行资助的项目推荐使用DRB方式解决争端，主要原因是为了确保在解决争端过程中的独立、公平和公正，而DRB正是在这种要求下诞生的。无论怎样，每一份合同均应该对发生索赔和争议后的解决方式作出明确规定。在商议索赔和争议解决方式时应注意以下几点：

1）索赔程序。合同中应明确规定发生索赔时，业主或承包商应该怎么办，具体的步骤是什么。

2）索赔通知发出的期限。有的合同中规定，在发生索赔事项后的3天内，承包商应向业主发出索赔的意向通知，否则视为放弃索赔权利。3天的时间期限，看似较长，但3天也包括了节假日和公休日。如果发生索赔事项时，正好是公共假期，己方没能发出通知则会遭受损失。考虑这个因素，这个时间就很短了。因此，在谈判时，可要求将3天改为3个工作日。由于双方刚刚开始合作，还没有利益冲突，这种要求很容易获得对方的同意。

3）处理索赔报告的时间期限。很多合同中对此没有规定，承包商将索赔报告提交之后，久久没有回音，业主始终采取拖延的策略，这对承包商而言是不公平的。公平的做法应该是：业主对承包商索赔的费用中能够证明其确实发生的并且应给予补偿的费用及时作出支付的决定，而对存在争议的部分可慢慢协商解决。无论怎样，业主都应在一定期限内

（如 42 天）内给予回复，表达其对索赔的观点。

4）友好解决双方争端。友好协商解决争端省去仲裁或诉讼的麻烦及费用，而且气氛一般比较友好，这是一种相互妥协解决问题的方式。如果协商不成，需调解解决时，则争取由中方的调解机构进行调解。

5）仲裁或诉讼地选择。仲裁或诉讼往往受仲裁或诉讼地的法律影响，在一个我们不熟悉的环境解决争端，首先就失去了地利。因此，如有可能，应首选“中国国际经济贸易仲裁委员会”作为仲裁机构。

（十二）其他

关于谈判中可能涉及的其他方面的内容以及应注意的问题讨论如下：

1. 合同条款中的措辞“达到使工程师满意的程度”

很多合同条件中都会看到这句话，它对承包商而言则隐含着很大的风险，因为工程师满意的程度是无法客观衡量的。对合同中明确规定的技术规范和质量标准等，是容易满足工程师要求的。但对合同中未能明确规定的要求，要达到使工程师满意的程度就不太容易了。例如某输油管线的建设，在完成管道的试压后，需清理管中的试压用水，每清理一次，都会有一定的残留水被清出。可是合同中并未规定清理多少次或清理出的水量小于多少就算合格的量化标准，而是使用了“达到使工程师满意的程度”。有的承包商清理三次左右，工程师就认为满足要求了，而有的承包商清理了八次，工程师仍然认为不满足要求。因此，在谈判中，应尽可能将相关的要求进行量化，以减少不确定性风险。

2. 履约保证

首选方案是争取让业主接受由中国银行直接开出的履约保函，以减少转开保函的费用。次选方案则是与业主协商，让其同意选一家与中国银行有往来关系的当地银行开具保函。目前中国银行与 100 多个国家的银行建立了往来关系，这是一种互惠措施，可大大降低开具保函的成本。

另外，大多数业主要求承包商开具无条件履约保证，对信誉不太好的业主，应争取采用有条件履约保证。

3. 针对履约保证的索赔

当业主认为承包商违约时，会要求担保人向其支付保证费用。对无条件履约保证，无论承包商是否违约，担保人都会向业主进行支付，否则担保人将失去信誉。如果承包商没有违约，他可依据双方的合同去争取索回己方的利益。为了约束业主的故意行为，可力争在条款中加入：“业主应保障承包商免受因业主根据履约保证提出的超出业主有权索赔范围的索赔所引起的全部损害赔偿费、损失和开支（包括法律费用和开支）的伤害。”

总之，需要谈判的内容非常多，而且双方均以维护自身利益为核心进行谈判，更加使得谈判复杂化和艰难化。因此，需要组建精明强干的谈判班子，周密而认真地做好准备和进行谈判，以便使谈判富有成效。

四、合同的签订

签订工程承包合同的准备工作时间很长，实际上从准备招标文件开始，继而招标、投标、评标、中标，直至合同谈判结束为止的一整段时间都是工程承包合同签订的过程。国际工程合同按工程招标文件中规定的合同文本（世行和亚行项目均采用 FIDIC 标准合同条件）签订。

工程承包合同文件组成的先后顺序为：

1）合同协议书及附录；

2）中标函；

3）投标函；

4）合同条件第一部分——通用条件；

5）合同条件第二部分——专用条件；

6）规范；

7）图纸；

8）标价的工程量清单；以及

9）其他构成合同的文件。

在整个招标过程中，业主一方可能对招标内容作出某些修改，而在投标和谈判过程中，承包商一方也可能提出某些问题要求修改，在经过谈判达成一致意见后应以合同补遗（或附录）方式将其写入合同协议书。该合同补遗（或附录）是合同文件的重要组成部分。合同协议书由业主和承包商的法人代表正式授权委托的全权代表签署后，合同即开始生效。

一般国际工程承包项目，均要求中标者在收到中标函后一定时期内（不超过 30 天）提交履约保证，否则业主有权取消中标者的中标资格并没收其投标保证。签订合同协议书并收到履约保函后，业主应尽快将投标保证金退还中标的和未中标的投标人。

第四节 国际工程索赔谈判

签订合同后，即进入了合同的履行阶段。在此阶段，双方会就在执行合同过程中发生的许多问题在承包商的项目经理与业主代表之间进行谈判。此时，谈判的议题非常具体，但涉及许多方面，如双方的合作、变更、索赔等等。其中索赔谈判的难度最大。

一、国际工程索赔谈判概述

（一）索赔谈判的任务

索赔谈判的任务主要是通过谈判维护自己的索赔权利。提出索赔是维护己方利益的前提，而谈判则是维护己方权益的直接手段。索赔谈判是指在工程项目实施过程中，合同当事双方为维护己方利益，对双方存在争议的事项进行磋商，并就与该事项相关的费用和工期问题达成一致意见的谈判过程。

在工程项目实施阶段，项目参与各方既有良好完成项目的一致目标，也存在利益上的冲突，处于一种很微妙的伙伴关系中。各方都需要在谈判中考虑今后的合作和长远利益，采用建设型的谈判，必要时作出妥协和让步。

（二）良好谈判氛围的建立

由于工程索赔直接关系到业主和承包商双方的切身利益，所以索赔对于双方来说都是十分重要的。任一索赔事项的谈判，均应力争在友好协商的气氛中解决，伙伴关系（Parternering）项目管理模式正是建立良好谈判氛围，友好解决争端的方法。

伙伴关系是指两个或两个以上的组织之间为了充分利用各方资源，获取特定的商业利益而作出的共同承诺。

工程项目管理中的伙伴关系管理模式是指项目的各个参与方，通过签订伙伴关系协议作出承诺和组建工作团队，在兼顾各方利益的条件下，明确团队的共同目标，建立完善的协调和沟通机制，实现风险的合理分担和矛盾的友好解决的一种项目管理模式。

建立伙伴关系项目管理模式必须具备六大要素：承诺、明确的角色和责任、共同分担风险、充分的沟通与反馈、评价履约行为的客观方法以及公平的奖惩机制。

承诺是指项目参与方必须拥有提交质量合格的建筑产品的共同目标，并对此作出承诺。同时承诺各方均应为建造优质建筑产品的目标尽力，在预算内按时提交合格的建筑产品，并最终使各方都能受惠。

角色和责任不清往往是产生争端的原因，而工程项目涉及多个参与方，很难通过详细的合同约定明确所有各方的角色和责任。但作为伙伴关系项目管理模式必须尽可能清楚地确定各关键参与方（项目业主、工程师和承包商）的角色和责任，使各关键方对项目的贡献和相互作用达到收益最大化。

不合理的风险分担是工程项目管理中产生争端的主要原因之一，特别是工程项目的现场地质条件，对承包商而言由于其不可见性而存在很大的风险。国际工程承包存在很大的风险，合理的风险分担是建立高效伙伴关系的基础，也是各方形成共赢哲学理念的前提条件。虽然不能完全消除风险，但是如果在风险发生时各参与方能够积极地采取措施，减少风险造成的损失，同时，各参与方能本着共赢的理念，用快速、明确和经济的方法来客观地解决合同争端，将有助于工程项目的成功实施。

工程各参与方之间诚挚和持久的沟通对于促进形成一个真诚的伙伴关系是绝对必要的。只有保持各参与方之间沟通渠道的通畅，才能及时交换意见，因此在合同中必须对信息共享和沟通方式作出明确说明，以避免沟通障碍带来的负面效应。

伙伴关系项目管理模式的高级形式是形成一种长期的战略合作关系，而履约行为的好坏是能否延续这种伙伴关系的基础。对承包商而言，这种长期的伙伴关系不仅给公司带来承包工程的机会，同时也增加了公司的品牌价值。对工程业主而言，则可以节约招标时的成本和时间，在工程质量得到保证的前提下，大大降低了工程采购成本。而这一切均取决于各方的履约行为能否得到客观的评价。

激励机制是伙伴项目管理模式的重要内容之一。适当的激励措施，如工程节余与增值部分利益共享的激励措施，对加强伙伴关系意义重大。

伙伴关系管理倡导各个伙伴均应积极、有条理、及时和友好地解决不可避免的争执和问题，而不是相互攻击，尽最大可能避免将争端提交仲裁或诉讼。

（三）索赔谈判成功的关键因素

工程索赔涉及面很广，它不仅是一门科学，又是一门艺术，要想获得好的索赔谈判效果，必须要有强有力的、稳定的索赔班子以及正确的索赔谈判战略和机动灵活的索赔谈判技巧。

1. 索赔谈判小组

针对每一项索赔均应由专人负责，从以往工程索赔的经验看，由项目合同部的人员牵头组成索赔小组是一种最佳选择。合同条款是承包商提出索赔的主要依据，合同部门的人员熟悉合同的具体规定，当一项索赔事项发生时，合同部首先要从合同中寻找索赔的论据，同时，通知与索赔事项相关的人员随着事件的发展应做好哪些详细记录和记录的格式。

负责合同管理的人员应具备丰富的谈判经验，懂得索赔谈判的策略和技巧，同时要具备相应的组织能力，能够担负起组织谈判的任务。

索赔小组通常由项目经理、合同和法律专家、工程估算人员、施工技术人员等组成，由专职人员搜集和整理索赔资料，各职能部门配合。索赔谈判小组的成员应相对稳定，建立一种团队文化，以保证齐心协力。

对于主要事项的索赔谈判，项目经理或项目副经理常常作为谈判组长进行谈判。如果是其他人员被任命为谈判组长，负责一次谈判，则项目经理应注意对谈判组长的授权。

2. 索赔谈判策略

索赔谈判策略是承包商经营战略的一部分，为使承包商实现索赔利益的最大化原则，在制订索赔策略时应考虑承包商的当前利益和长远利益。

对不同的索赔内容和谈判的议题，索赔谈判的策略应有所不同，可参照本章前两节的内容制订索赔策略。承包商制订索赔策略的主要过程如下：

（1）确定索赔目标

对每一项索赔都应制订要达到的索赔目标，包括费用目标和工期目标。需要将这些目标做进一步分解，分析索赔成功的可能性，以确定最优期望目标、可接受目标和最低限度目标。

（2）对业主分析

对每一项索赔应做到知己知彼，仔细分析业主关注的主要内容是什么。承包商在制订索赔的让步策略时，应力争在不过多损害自己利益的情况下作适当让步，以此换取对方的让步。

（3）承包商经营战略分析

承包商的经营战略直接制约着索赔策略，在分析业主情况和工程所在地的情况以后，承包商应考虑有无可能与业主继续进行新的合作，是否在当地继续扩展业务，承包商与业主之间的关系对当地开展业务有何影响等等。

如果期望与项目业主进行再次合作，在不失掉原则的情况下，应力争友好解决，且尽可能将争端消除在萌芽状态，以减少双方对立情况，创造和谐的合作氛围，为下一次的合作打下基础。

（4）相关关系分析

业主往往聘请专业咨询公司为其管理项目，在任何一项索赔过程中，应该注意与这些咨询公司和咨询人员的关系。他们的同情和支持是索赔成功不可缺少的润滑剂。

如果承包商的一项索赔是由于业主聘请的工程师的工作失误造成的，承包商更应注意索赔的策略。这项索赔可能成功，但在其他的索赔事项上，该工程师可能会给承包商制造很大的麻烦。因此，应注意与工程师的良好关系，以换取他们在其他索赔事项上的支持。

可能与索赔相关的其他方还包括设计单位、业主的上级主管部门等等，通过他们对业主施加影响，往往比同业主直接谈判有效，既避免了直接对立的局面，也使索赔达到了预期的效果。

（5）谈判过程分析

在索赔谈判中承包商处于不利的地位，所以承包商应从业主关心的议题入手，使谈判气氛保持友好和谐是很重要的。在谈判中要讲事实、重证据，既要据理力争，坚持原则，又要适当让步，机动灵活，使索赔的“艺术”、“策略”在谈判桌上得到充分的体现。

（6）采取适当的索赔计价方法和款额

1）单价合同的索赔计价方法

单价合同中包含工程量清单，对索赔工作的费用计算应首先采用清单中单价，此单价为一综合单价，包含了管理费和利润，而且双方均认可此单价。

如果清单中的单价不适用，则可作为参照，对其做一定的调整，以适应索赔工作的费用计算。

如果由于索赔工作的性质或实施环境等等发生了显著改变，无法直接套用或参照清单中的单价，则承包商应提出一个新的费用计算方法，由双方协商确定。

新的费用计算方法是指双方在合同中事先约定的变更工作费用的计算方法或用（直接费＋间接费＋利润＋税金）的计算方法。

2）总价合同

总价合同的构成文件中，没有工程量清单，只有一份较粗的总价分解表。就标准的总价合同而言，还应针对工程实施过程中可能发生的变更内容，编制一份专门用于对变更工作进行估价的单价表。该表由承包商在投标时填写完成，是合同的一部分。

当发生索赔事项时，应首选该单价表中的单价，以表中单价乘以相应索赔工作的工程量计算索赔费用额。否则应双方协商确定新单价或价格。

在索赔谈判中，选择索赔计价方法要恰当和有依据，索赔额要客观。要价过高容易让对方产生反感，使索赔报告束之高阁，长期得不到解决。另外还有可能让业主准备周密的反索赔计划，使索赔工作更加复杂化。

（7）力争单项索赔谈判

单项索赔事项简单，容易解决，而且能及时得到支付。一揽子索赔，问题复杂，金额大，不易解决，往往工程结束后还得不到付款。因此在项目中出现多个索赔情况时，要及时进行索赔谈判。一事一解决，千万不要抱着一揽子解决问题的心态来处理索赔谈判问题。

二、索赔谈判的主要事项

在项目实施过程中经常发生并需要通过谈判解决的主要事项如下：

（一）变更工作产生的索赔谈判

每一个工程项目都会发生程度不同的变更，如何对变更工作估价并确定变更工作对项目工期的影响是合同双方关注的焦点。

业主或工程师对变更工作发布变更指令是实施变更的前提条件，对变更工作需要通过谈判解决的主要事宜包括：

1. 变更工作的估价方法

对变更工作进行估价，如能直接套用合同中已有的单价，则双方不需要协商。但当工程性质和数量以及周围环境发生较大改变，套用合同中的单价或价格显然不合理时，则需要通过谈判确定新的单价或价格。对变更工作估价时需要考虑的主要因素如下：

1）变更工作的内容、性质及数量；

2）变更工作的施工方法；

3）业主删减一项工作导致承包商产生的额外费用，如承包商已经为该删减的工作准备了施工机械并运至现场，由于删减该工作造成承包商无法收回发生的机械动迁费用等；

4）对变更工作需要支付的货币种类。

2. 变更工作导致工期延长

变更工作往往对项目工期产生影响，需要双方通过谈判确定变更工作对里程碑事件的影响程度，以此确定工期延长时间。

（二）违约索赔谈判

违约索赔是指合同一方当事人未按照合同履约，导致另一方针对此违约行为提出索赔。主要分为两类：业主违约和承包商违约产生的索赔。

1. 业主违约产生的索赔

业主违约行为包括：①不按合同约定的时间付款；②不按合同约定的时间签订合同协议书；③业主破产或无力偿债，停业清理等，导致无法继续履行合同；④业主实质上未能根据合同规定履行其义务。

在业主违约的情况下，承包商可以首先采取暂停工作或放慢工作速度，在业主继续违约的情况下可终止合同。

索赔谈判的内容包括：①违约证据资料的审核；②承包商是否严格按索赔程序执行；③违约产生的额外费用的估算方法的合理性；④违约造成的工期延长时间的计算合理性。

例如，在延迟付款的情况下，如何确定利息率、迟付款的额度、迟付款的具体时间等。

2. 承包商违约产生的索赔

承包商违约行为包括：①未能按合同规定提交合格的履约担保或保持履约担保一直有效；②放弃工程，或明确表示不继续履行其合同义务；③无合理解释，不按时开工和竣工；在收到业主发出的修补缺陷工作的通知后不及时进行修补；④未经业主同意，将整个工程分包出去，或将合同转让他人；⑤破产或无力偿债，停业清理等等，导致无法继续履行合同；⑥有腐败或欺诈行为。

在出现上述情况下，业主可选择终止合同。谈判可能涉及的内容包括：①确定违约的证据资料的审核；②合同终止日期，对承包商所完成工作的估价方法；③合同终止后付款时间和方式。

（三）合同歧义或模糊产生的索赔谈判

合同歧义或模糊也常常导致索赔争端发生，主要原因是双方对合同条款的解释不同。如果承包商在签订合同之前发现歧义或模糊，应让工程师或业主进行澄清，以避免以后的争端。

由于合同是业主负责编写的，所以合同的解释权往往在业主一边，使承包商总是处于不利的谈判地位。谈判可能涉及的内容包括：

1）如何对合同条款进行解释。承包商应注意合同解释中的一般原则是以不利于起草方的原则进行解释。

2）额外费用的估算方法。

（四）工期延误索赔谈判

工期延误是指在合同实施过程中，发生了导致工程延期的事件，如不采取特殊措施，承包商将无法按合同规定的时间完成和移交整个工程。按国际惯例，常把工期延误划分为可原谅的延误和不可原谅的延误。

1. 可原谅的延误

此种延误是非承包商原因造成的，不是承包商的责任，延误的责任者可能是业主或工程师，也可能是客观原因。如果工期延误是由于业主或工程师的原因造成的，承包商可得到工期延长和费用补偿，因此被称为可原谅并给予补偿的延误。如果由于客观原因造成了工期延误，如不可抗力，则承包商可以得到工期延长，但很难获得费用补偿。

工期延长谈判的焦点主要集中在事实的认定上，涉及以下两点：

1）的确发生了可原谅的延误。一般地，合同中均规定了可索赔工期的条款，承包商要充分利用合同所赋予的权利，证明工期延误的可原谅性。对业主或工程师原因造成的延误，要收集其发布的、与延误事件相关的指令、信函或文件，以此论证索赔权；对客观原因造成的延误，例如异常恶劣的气候条件，则需要来自当地官方气象部门的权威数据和证明，确切记录发生的时间和严重程度。

2）工期延误的时间计算。按一般惯例，工期延误必须对里程碑事件产生了影响。因此，可按对里程碑事件影响的程度推算工期延误的时间。第二种方法是按双方审核的进度计划，计算延误时间，但应注意不断更新进度计划。

2. 不可原谅的延误

此种延误完全是由于承包商自身原因造成的，如承包商管理不善，缺少设备、材料和人力等。对这种延误承包商无权获得任何工期延长和费用补偿。而且，承包商还必须根据业主或工程师的指示修改进度计划，以确保按原定工期完成工程。

对不可原谅延误造成业主产生额外费用时，业主可以向承包商提出补偿要求。

（五）竣工验收索赔谈判

"基本竣工"或称"实质性完工"（Substantial Completion）是竣工验收阶段常用的一个词，其含义是当工程能够按照合同的预期目的被业主占有和使用时，工程就可以视为基本完工，但不是指百分之百地完成了合同中规定的工作。此时，可启动竣工验收程序：由承包商准备好合同规定的竣工验收资料并提出竣工验收申请，业主和工程师应在收到该申请后合同规定的时间内，或者组织工程竣工验收，或者通知承包商影响进行工程竣工验收的内容，而在承包商完成这些内容后再组织验收。

通过竣工验收后，承包商有权在合同规定的时间内得到业主颁发的接收证书，证书中注明工程移交的具体日期，此后工程照管的责任转由业主负责。

此阶段需要通过谈判解决下列问题。

（1）按合同确定是否达到基本竣工

有的合同中没有明确的基本竣工条件，这时需要当事各方协商确定。承包商需要主动而明确地说明还未完成的工作，同时重点证明这些工作已经不影响工程的投产使用。一般地，达到基本竣工至少满足下列两个基本条件：

1）实体工程完成，可以进行竣工实验；

2）已经提交了合格的全部竣工资料。

（2）就尾项工作达成一致

在达到基本竣工的情况下，列明尚未完成的收尾工作（Punch List，Snagging List）。

对这部分工作，需要承包商作出明确的尽快完成的承诺并得到业主的认可。同时，业主会扣留相应比例的费用，以保护其权益。

（3）要求颁发接收证书

接收证书在项目实施过程中是一个重要事件，它标志着工程已经基本完成和整个项目从证书中注明的日期开始，进入质量保证期，同时也标志着可以进行工程竣工结算。在工程通过竣工验收后，承包商应按照合同规定的程序申请颁发接收证书。按照 FIDIC《施工合同条件》（1999 年第 1 版），“如果工程师在 28 天期限内既未颁发接收证书，又未拒绝承包商的申请，而工程或区段（视情况而定）实质上符合合同规定，接收证书应视为已在上述规定期限的最后一日颁发。”

（六）缺陷责任索赔谈判

缺陷通知期，也称质量保修期，其主要目的是要在正常使用条件下，验证合同中所规定的承包商责任和义务是否得到严格遵守。缺陷通知期的起始时间是从接收证书中注明的日期算起，一般为一年，个别保修项目会超过这个期限，但应在合同中有明确规定。

对一项工程合同，可能针对工程的特点，分成几个子工程（区段），每个子工程有不同的缺陷通知期，即整个工程分几次移交，会有多个接收证书。但履约证书通常只有一个，是在最后一个子工程缺陷通知期满后颁发给承包商的，履约证书证明了承包商已经履行完合同规定的各项义务，该证书同时被视为是业主对工程的最终接收。

FIDIC《施工合同条件》第 11.9 款规定：“履约证书应由工程师在最后一个缺陷通知期期满后的 28 天内颁发，或者在承包商提供所有承包商文件、完成所有工程的施工和试验，包括修补任何缺陷后立即颁发。”

由于合同往往规定承包商负责修补在缺陷通知期内出现任何工程缺陷，因此，对在此期间出现的任何缺陷所产生的修补费用成为双方关注的焦点。此阶段谈判的主要内容：

1）缺陷责任界定；

2）缺陷导致的修补费用的计算方法；

3）缺陷通知期的延长。

一般地，无论发生什么样的缺陷，承包商均应按工程师的指示进行调查，确定缺陷责任的归属。如果承包商在收到业主的通知后未能在合理时间内进行缺陷调查和修补缺陷，则业主有权雇用他人完成修补工作，并由承包商承担全部费用。

对非承包商原因造成的缺陷，承包商有责任去修补，但由业主承担调查和修补的费用。

三、索赔谈判应注意的问题

（一）对索赔谈判中的事件论证要充分

承包合同通常规定，承包商在发出“索赔通知书”后，每隔一定时间（28 天），应报送一次证据资料，在索赔事项结束后的 28 天内报送总结性的索赔计算及索赔论证，提交索赔报告。索赔报告一定要令人信服，经得起推敲。

（二）力争友好解决，防止对立情绪

在索赔谈判中，争端是难免的，如果遇到争端不能理智协商讨论问题，就会使一些本来可以解决的问题悬而未决。承包商尤其要头脑冷静，防止对立情绪，力争友好解决索赔谈判中的争端。

（三）注意同工程师搞好关系

工程师是处理解决索赔问题的关键人员，代表业主方的利益，应注意同工程师搞好关系，协商解决争端，竭力避免仲裁或诉讼。

复习思考题

1. 一般来说，谈判由哪几个基本要素构成？
2. 谈判具有哪些共性特征？除了共性特征，国际工程谈判还具有哪些特点？
3. 在国际工程谈判过程中都有哪些技巧？
4. 国际工程谈判划分成几个阶段？每个阶段有哪些类型？
5. 在项目实施过程中，经常发生并需要通过索赔谈判解决的事项主要包括哪些？
6. 索赔谈判过程中应注意哪些问题？

第六章　国际工程合同管理

本章内容包括国际工程合同、国际工程合同管理的概念、特点及其生命周期；国际工程合同管理体系，包括相关法律法规、国际工程合同类别、合同管理组织及合同管理制度；国际工程合同管理体系的实施、评审及持续改进。

第一节　国际工程合同管理概述

一、国际工程合同管理的概念

（一）国际工程合同

国际工程合同是指国际工程的参与方之间，为实现国际工程项目的特定目的而签订的确立相互之间权利义务关系的协议。

FIDIC《施工合同条件》（1999年第1版，红皮书）中关于合同的定义：合同系指合同协议书、中标函、投标函、本合同条件、规范、图纸、明细表以及合同协议书或中标函中列出的其他文件（如果有）。可见，合同是由一系列文件所组成。

（二）国际工程合同管理

国际工程合同管理是指在国际工程项目建设过程中，各方本着协作和互惠的精神，对国际工程合同的签订、履行和终止过程进行监督检查，认真行使各自的权力，履行各自的义务和维护各自的权利，努力完成项目目标的全部活动。

广义上讲，承包工程项目的实施和管理等活动都可以纳入合同管理的范畴，合同管理贯穿工程实施的全过程和各个方面。

由上述定义可知，合同管理有十分广泛而复杂的内涵：

1）合同管理是一种有目的的活动，应与项目主体的目标一致；

2）合同管理的核心是协调，协调的对象是组织中各种资源之间的关系；

3）合同管理是一个动态过程。

（三）合同管理在国际工程管理中的地位

国际工程项目管理应以合同管理为核心，承包合同确定了国际工程的安全、质量、工期、费用等管理目标，这些目标正是承包商进行项目控制的主要依据。

合同管理与项目其他管理职能之间存在密切关系，其他管理职能是以满足合同管理的要求为自己的管理目标。所有管理职能通过集成管理实现各职能间的协调一致，并共同构成国际工程管理系统。

二、国际工程合同管理的特点

由于国际工程自身的特点，国际工程合同管理具有以下特点：

1）全过程性。因为项目建设是一个渐进的过程，从项目立项到建成，需要的建设周期长，这使得相关承包合同的有效存续时间长。在项目建设过程的不同时期，项目业主与提供服务者之间存在着不同类型的合同形式，因此，合同管理必须在整个建设生命周期内连续地、不间断地进行，从招标投标直到合同完成并结束。

2）目标一致性。合同中包含了项目的总体目标，所以合同管理对项目的进度管理、质量管理、费用管理以及健康安全环境（HSE）管理分目标有总控制和总协调作用，使这些目标达到一致。它是综合性的、全面的、更高层次的管理工作，是项目管理的核心。

3）系统性。国际工程的复杂性以及参与方众多的特点，决定了国际工程合同类型多，条款数量多，合同条件复杂，合同文件和往来函件多。所以，需要协调的关系就多，而且杂，使得合同管理工作繁杂和琐碎。为了进行高度准确和精细的合同管理，必须在建设过程中，统筹考虑项目的各个方面，优化资源配置，实现资金价值最大化，因此合同管理是一个系统。

4）严格履行性。国际工程一般价值量大，合同价格高，使得合同管理的经济效益显著。实践已经证明，合同管理对工程经济效益影响很大，合同管理得好，可以为项目业主节约投资，亦可为承包商赢得利润。合同管理中稍有失误即可能导致项目失败，因此，合同管理必须以双方签订的合同为依据，严格履行合同中规定的职责和义务。

三、国际工程施工合同生命周期

每一类型的合同都有自己的合同生命周期，合同生命周期是指从该合同的酝酿开始至合同有效期结束为止的一段时间，合同管理贯穿于合同的整个生命周期。下面以国际工程施工合同的生命周期为例作出进一步解释。国际工程施工合同从起草、签订、履约到完全结束，需要经历许多阶段和很长时间。合同管理必须贯穿于合同整个生命周期中，而且应针对不同的阶段，确定合同管理的目标、任务和工作重点。国际工程施工合同通常需经历以下主要阶段，如图6-1所示。

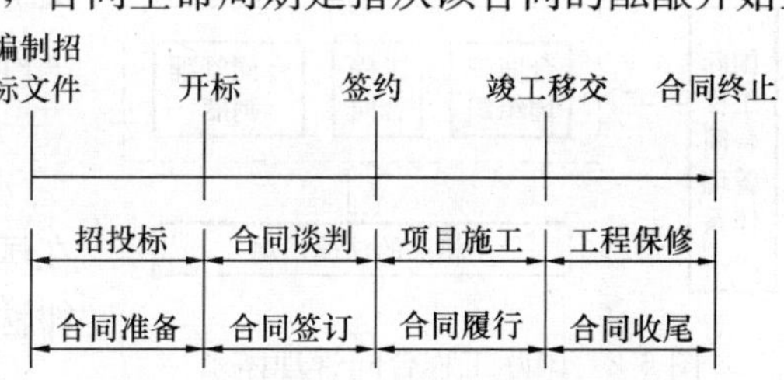

图6-1　国际工程施工合同生命周期

（一）国际工程合同准备阶段

从国际工程项目业主编制招标文件到投标人取得招标文件并提交投标书止，是合同形成的初始阶段。在此阶段，由于招标文件95%以上的内容将作为项目业主与中标的投标人所签订合同的内容，业主必须考虑采用恰当的合同类别和确定合同的具体内容。

作为投标人，在获得招标文件后，应对其仔细研究分析，并最终向业主提交一份完整的投标书。从法律意义上，通常认为业主的招标文件是一种要约邀请，而投标人的投标书为要约。

（二）国际工程合同签订阶段

从开标始至签订合同止，此阶段的结果是合同的诞生。虽然在一些项目中，该阶段可能很短，但很重要，不能忽视。业主和承包商在这一阶段将对双方间的合同内容，包括报价，进行谈判并取得一致，从而最终签订合同，使之具有法律效力。

此阶段中，业主的中标函被视为是一种承诺，在正式签订合同前，投标人的投标书和业主的中标函将共同构成对双方具有约束力的合同。

（三）国际工程合同履行阶段

这一阶段从合同签订始到竣工验收和移交止，主要是指当事双方完成合同规定的主要职责和义务，业主接收了工程。在此阶段，合同双方都应严格按照合同规定完成各自承担的职责和义务，直到项目被业主完全接收。其标志性事件是业主向承包商发出竣工移交证书。

（四）国际工程合同收尾阶段

从业主竣工验收并接收工程始到合同有效期结束，即缺陷通知期。此阶段双方主要就一些扫尾工作、遗留问题（如争端）、质量保修、最终结算款以及合同义务终止等进行协商处理，并且双方都将就合同的履行情况进行评估，从中总结经验和吸取教训。

第二节　国际工程合同管理体系

一、国际工程合同管理体系概述

国际工程合同管理体系是指以工程所在国的相关法律体系为基础，以国际工程合同为管理对象，以合同管理组织为管理主体，依据双方签订的合同，建立严格履行合同职责和义务的评审、实施、履约评价和持续改进的体系。国际工程合同管理体系如图 6-2 所示。

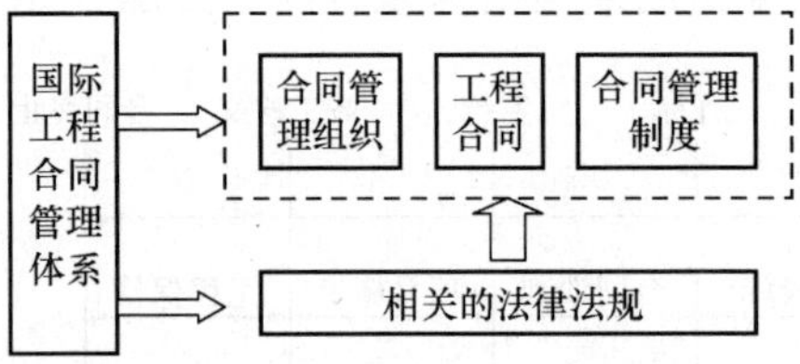

国际工程合同管理体系
合同管理组织
工程合同
合同管理制度
相关的法律法规

图 6-2　国际工程合同管理体系

二、国际工程相关法律法规

国际工程相关法律法规主要是指工程项目所在国的法律体系，国际工程管理必须遵守这些法律法规。

在一些法律不健全的国家，特别是以前曾经是殖民地的国家，他们的法律体系往往具有西方法律体系的特点，甚至仍然直接采用西方国家制定的法律，而不是本国的法律。因此，在进入一个新的国际工程承包市场前，应对与承包工程相关的法律有较详细的了解。下面以我国为例分析法律法规体系的构成。

我国自改革开放以来，一系列与工程合同管理有关的法律、法规以及规章相继颁布和实施，使我国的工程项目管理逐渐有章可循。根据《中华人民共和国立法法》有关立法权限的规定，目前工程项目法律法规体系的构成包括如下五个层次：

（一）法律

指由全国人民代表大会及其委员会制定颁布执行的各项法律，如《民法通则》、《合同法》、《招标投标法》、《建筑法》等，这些法律是工程项目合同法律体系的核心和基础。

（二）行政法规

指由国务院制定和发布实施的各项法规，如《建设工程勘察设计管理条例》、《建设工程质量管理条例》、《工程造价管理法规》等。

（三）部门规章

指由国务院建设行政主管部门或其他主管部门依法制定和发布实施的法规。如原建设部颁布的《建筑业企业资质管理规定》、《房屋建筑和市政基础设施工程施工招标投标管理办法》等。

（四）地方性法规

指由各省、自治区、直辖市人民代表大会及其常委会制定和发布实施的或经其批准颁发执行的由下级人大或常委会制定的法规。

（五）地方规章

指由各省、自治区、直辖市人民政府颁发执行的或经其批准颁发执行的，由所辖城市人民政府制定的规章。

下层次的法规和规章不能违反上层次的法律和行政法规，而行政法规也不能违反法律，上下形成一个统一的法律体系。在不矛盾、不抵触的情况下，该法律体系的各个法律、法规和规章的优先性原则为：对一个具体的合同和具体的问题而言，应以更加详细和具体的规定优先。

三、国际工程合同管理的组织

（一）合同管理的组织形式

国际工程合同管理的任务必须由项目部中的合同管理部门来完成。但所有的合同事务均与项目部的其他职能部门的职责有密切联系，离不开项目部各部门间的大力支持。合同部与其他职能部门的关系示例如图 6-3 所示。

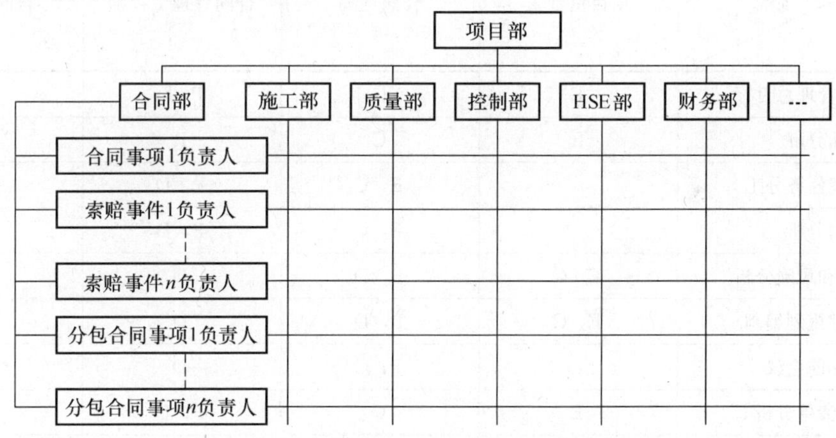

图 6-3 合同部与其他职能部门关系示例

合同部的合同管理工程师，其知识结构主要包括法律知识和工程合同管理知识，但缺乏工程专业知识和基础性管理知识。因此，当出现变更和索赔事项时，需要其他部门提供相应的支持，如索赔权力的技术论证、索赔费用的计算等等。通常是由合同管理工程师牵头，组成处理具体事项的小组，共同完成这些跨职能部门的任务。这种组织形式是在项目部内的矩阵式组织结构，此种结构从项目各有关职能部门集合了各方面的专家，以保证按质、按量、按期、经济地完成项目任务。

这种管理方式的优点是能充分发挥每一个专业人员的专业特长，能针对合同中出现的问题进行深入地分析和研究，尤其是对于主合同、重大索赔事项和主要分包合同的处理和研究，同时信息反馈的速度较快。缺点是各个专业之间的协调工作量较大，可能会形成职责不明确的状态。

选择适宜的合同管理组织结构和准确、灵活地运用所选择的组织方式，扬长避短，才能真正提高国际工程合同管理的水平。同时，合同管理的成功与否与以下因素也是密切相关的：

1）与合同组织结构相适应的完善、合理、具有可操作性的规章制度和相应的管理程序；

2）标准化、规范化完备的文档管理工作；

3）高素质的合同管理人员，尤其是合同部经理；

4）项目经理对合同管理工作的重视程度。

（二）合同管理人员的角色、任务和职责

合同部人员确定后，合同部经理就要对项目中合同管理的总任务进行分解，需要将每一项任务落实到组织中具体的成员身上，责任到人。表6-1是一张合同管理职能分工矩阵示例，能较好的反映各成员的职责情况，并且便于检查和协调。

表6-1中，合同经理可以将某些权力委托给合同管理工程师，而合同管理工程师也可以将某些权力委托合同管理员，但并非是所有权力都可以向下一级委托。

合同管理职能分工矩阵 **表6-1**

人员 / 职能 / 任务	项目负责人	合同经理	合同管理工程师	合同管理员
确定合同管理总目标	E	C	P，D	D
目标分解	E	C	P	D
合同管理任务分工		E，C	P，D	D
合同分析		E，C	P，D	D
合同条款和风险分析	E，C	P，D	D	
合同管理规划编制	E，C	P，D	D	
组织标前会议	E	P，C	D	
工程量清单分析	E	C	P，D	D
合同谈判	E，C	P，D		
合同交底和培训		E，C	P，D	
合同跟踪控制		E，C	P	D
合同变更管理		E，C	P，D	D
索赔管理		E，C	P，D	D
风险管理		E，C	P，D	D

*表中：P—计划；E—决策；C—检查；D—执行。

四、国际工程合同

国际工程承包是一个极为复杂的生产过程，需经历投标、前期准备、实施、竣工交付与试运行以及质量保证等多个阶段，涉及建筑、结构、给排水、电力、机械、暖通设备、通信等专业设计和施工活动，需要各种材料、设备、资金和劳动力的供应，需要各种管理活动的支持。

由于现代社会化大生产的专业化分工越来越细，一个稍大一点的工程其参与方就有几十个，甚至几百个。工程项目参与各方之间形成各式各样的经济关系。而维系这种经济关系的纽带就是各种各样的经济合同。

在一个工程项目中，需要订立很多合同，并因此形成一个复杂的合同网络。这样不同层次、不同种类的合同就共同构成工程项目的合同分解结构。对大型工程项目，合同总数可达几十个，甚至上百个。图 6-4 为 EPC 总承包合同的合同分解结构示例。

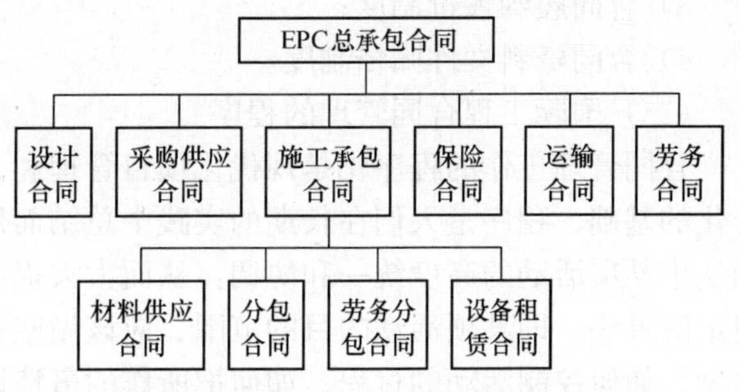

图 6-4　EPC 总承包合同分解结构

五、国际工程合同管理制度

（一）国际工程合同管理原则及制度的建设

1. 国际工程合同管理原则

在国际工程项目实施过程中，合同管理应遵循下述原则：

1）法律第一性原则，即合同的签订、实施以及管理都应该符合工程项目所在国的相关法律法规的要求，避免产生法律问题，最好由律师对拟签订的合同进行审核；

2）合同生命周期理论的原则；

3）合同履约的全面、适度原则；

4）合同管理的经济性原则；

5）合同管理的风险责任原则；

6）标准规范原则。

2. 国际工程合同管理的制度建设

国际工程项目的合同管理涉及到承包商的各个部门和参与项目建设的分包单位，建立明晰的责任制度是保证协调一致的前提。国际工程合同管理制度通常包括责任制度和合同管理程序。应将这些责任制度和合同管理程序统一编入国际工程合同管理手册，供管理人员使用。

（1）建立合同管理的协作责任制度

1）合同管理岗位责任制度；

2）合同的内部会签制度；

3）合同的协作履行制度；

4）合同管理绩效的奖罚制度。

（2）建立合同的监督检查制度

1）合同相关方资信调查制度；

2）合同的汇报登记制度；

3）全面审批监督检查制度；

4）合同的签证公证制度。

（3）建立合同的统计考核制度

1）合同的跟踪制度；

2）定期上报合同统计报表制度；

3）合同履约评价制度；

4）合同资料文件归档制度。

（二）国际工程合同管理的程序

合同管理工作的程序化是现代化项目管理和大型项目管理的要求，是合同管理工作标准化的基础。程序是人们在长期的实践中总结而形成的共同遵守的准则，程序可以保证人们从事某项活动的高度统一和协调，从而大大提高工作的效率，程序是为完成某项活动而规定的方法，即某项活动的目的范围、应该做些什么、由谁来做、在何时何地去做、如何去做、如何控制活动的过程、如何把所作的事情记录下来等。从而使每一过程，每一次活动都尽可能得到恰当而连续的控制。做到“凡事有人负责，凡事有章可循，凡事有据可查，凡事有人监督”。

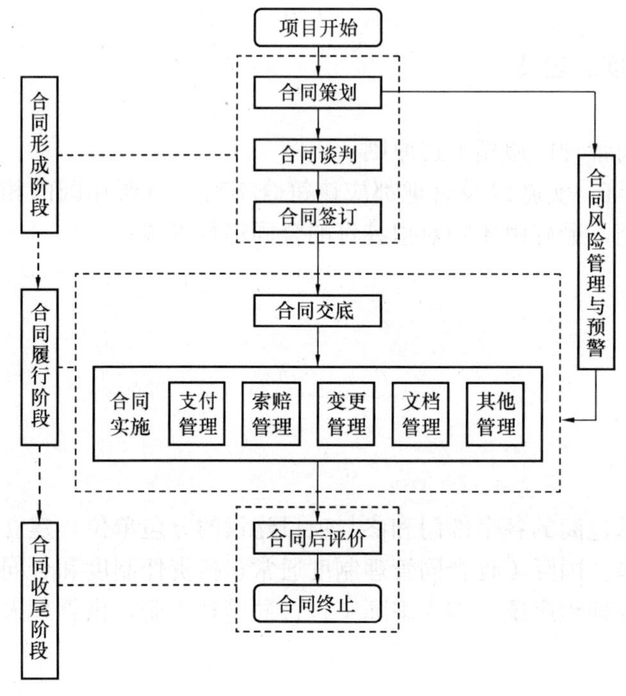

图 6-5　项目合同管理流程图

建立合同管理组织、职能分工后，就应根据合同管理的原则制定相应的合同管理流程，一方面，可以明确各项任务在时间上的先后顺序，另一方面，程序规定了各部门间的工作关系，有利于合同管理工作的安排和顺利实施。图 6-5 是项目的合同管理流程图。

根据合同的生命周期，可将合同管理全过程设定为 3 个阶段。

1. 合同形成阶段

合同形成阶段主要包括合同策划、合同谈判和合同签订。其具体过程可以细分为：整体策划→参加资格预审→编制和提交投标书→合同谈判→法律审查→合同签订。

2. 合同履行阶段

合同履行的具体过程包括：合同交底→合同实际履行→填写履行报告书→工作结果验收→违约责任追究→合同款支付→合同资料整理→合同台账登记→合同资料存档。

在此阶段，对出现的合同变更、合同索赔及争端解决的工作程序如下：

1）合同变更：业主或工程师发出书面变更指令（或由承包商提出变更申请）→针对变更进行的价格和工期调整谈判→变更批准→变更的执行；

2）合同索赔：索赔意向通知→报送索赔资料→进行索赔谈判→索赔争端解决；

3）合同争端解决：与签约对方就合同权利义务发生争端→填写合同争端审查处理表→综合法律性审查并提出处理意见→双方调解或仲裁或诉讼解决。

3. 合同收尾阶段

主要包括合同终止和合同后评估工作。

合同非正常终止工作程序：显失公平或有重大欺诈等合法理由出现→填写变更解除合同审查表→综合审查并提出意见→原合同有权签约人或事项审批人批准→通知对方解除合同。

合同正常终止程序：对合同履行情况作出后评估→吸取经验教训→改进建议→合同关系解除。

（三）合同管理手册的编制

1. 合同管理手册的编制原则

1）标准规范原则；

2）全面全过程原则；

3）协调性原则；

4）可操作性原则；

5）适用有效原则。

2. 合同管理手册的内容

合同管理手册规定国际工程合同管理体系的范围、程序文件和作业文件，是合同管理工作的指南。合同管理手册必须对合同管理体系作充分详细的阐述，它是合同管理工作的执行性文件，其内容包括：

1）合同管理体系的范围，包括任何的细节与合理性，即在合同生命周期的整个过程中出现的所有问题及领域；

2）合同管理组织的结构及管理人员的职责；

3）编制组成合同管理体系的各类文件的程序；

4）对合同管理体系所包括的作业过程的相互作用、相互影响的表述。

（四）合同评审

合同评审是合同管理体系的质量保证部分，属于合同管理手册的内容之一。合同评审主要是对合同生命周期各阶段的合同管理工作进行审查，不仅是对合同管理工作的事前控制，更是为合同管理体系的评价和持续改进做好基础工作。构建合同评审制度主要是对合同评审工作的任务进行定义和制定实施程序。构建合同评审制度的主要工作包括：

1）确定实施合同评审的原则，建立评审制度；

2）确立合同生命周期各阶段合同评审的任务；

3）建立专门的合同评审小组；

4）制定合同评审工作程序。

第三节　国际工程项目合同管理体系的实施

一、合同形成阶段的管理

此阶段的合同管理内容包括合同的总体策划、合同谈判和合同签订。

（一）合同总体策划

合同的总体策划是指投标人对拟投标的一个或多个合同，就投标方式（如是否组建联营体投标）、拟分包出去的工作内容等进行的总体规划。在目前的国际工程承包市场中，特别是采用EPC交钥匙方式的项目，有超过20%的业主将整个项目的合同总体策划任务交由总承包商完成。

1. 合同策划的依据

合同策划的主要依据主要包括以下方面。

1）项目要求：项目目标，工程类型、规模、特点、技术复杂程度，工程质量要求和范围，招投标的时间和工期限制，项目的盈利性以及风险程度等。

2）资源情况：人力资源，工程资源（如资金、材料、设备等供应及使用条件），环境资源（如法律环境、自然环境、经济环境以及政治环境等），获得额外资源的可能性。

3）市场情况：采购策划过程必须考虑在多大范围的市场内采购、市场的价格变化、采购合同的条款和条件、市场竞争程度等市场因素。

4）合作伙伴的选择：当地、本国和第三国合作伙伴。

2. 合同策划的内容

1）将合同工程分成多个相对独立的分包合同，并确定每个分包合同的工作范围；

2）选择合适的委托或分包方式；

3）恰当地选择合同种类、形式及条件；

4）确定合同中一些重要的条款；

5）对合同签订和实施过程中的一些重大问题的决策程序；

6）协调各个合同在内容、时间、组织和技术上的相互关系。

3. 合同总体策划的步骤

1）依据企业战略方针和合同工程的具体要求，确定合同管理的总体原则和目标；

2）确定企业和业主对合同管理的要求；

3）分层次、分对象对合同的一些重大问题进行研究，列出可能的解决方案，并综合分析各种方案的利弊得失，选择最优方案；

4）对合同的各项重大问题作出安排和决策，提出具体的合同措施；

5）编制合同管理规划。

（二）合同谈判

合同谈判是一个项目执行的关键阶段。对业主而言，如果让承包商承担过多的风险，则承包商一定会加大报价中的风险费，抬高报价。对承包商而言，谈判成功，可以得到合同，可以为合同的实施创造有利条件，给企业带来可观的经济效益；谈判失败或失误，会失去合同或给合同的实施埋下隐患，导致严重亏损或失败。合同双方都希望签订一个有利的、风险较少的合同，但在项目中许多风险是客观存在的，分担风险的多少与合同价格密切相关。如何找到风险与合同价格的平衡点是谈判能否成功的关键。

1. 合同谈判的内容

合同谈判的内容因项目和合同性质、招标文件规定、业主要求等的不同而有所不同。但一般来讲会涉及合同的技术和商务的主要条款，主要有：

1）合同内容和范围的确认；

2）技术要求、技术规范和技术方案；

3）支付条款；

4）工期和缺陷通知期；

5）争端的解决方式；

6）其他有关改善合同条款的问题。

2. 合同谈判的注意事项

1）做好准备工作，如组织精干的谈判班子，准备完整的资料，提前安排谈判的议程及谈判策略等；

2）要善于抓住谈判的实质性问题，在谈判过程中不断变换谈判技巧的同时，应注意始终以全局为重；

3）言而有信，留有余地；

4）做好记录，谈判时双方一定要作记录，一般在谈判结束前双方对达成一致意见的条款或结论进行重述确认；

5）坚持“统一表态”和“内外有别”，任何时候不应该把内部意见分歧在谈判会上暴露出来，可以建议休会，会下先协商一致。

（三）合同签订

合同签订时应注意以下问题。

1. 全部事项必须形成书面文件，得到双方签认

通常按照合同的订立方式可以将合同分为口头合同和书面合同，但由于国际工程合同一般具有合同标的大、合同内容复杂、履行期限较长以及涉及参与方众多等特点，为慎重起见，应当采用书面形式。而对实施过程中发生的合同变更，更应注意采用书面形式。口头指令在国际工程合同管理的惯例中，通常被视为无任何约束效力。

2. 认真审查合同双方主体资格及履约信用

工程项目施工合同双方当事人的主体资格具有特殊性。作为合同的发包方，必须注意承包商是否具有承包该工程项目的相应资质。承包商应当持有依法取得的资质证书，并在其资质等级许可的业务范围内承揽工程，禁止超越本企业资质等级许可的业务范围或者以任何形式用其他公司的名义承揽工程，如果承包商不具有合法资格，必将导致所订合同无效。

同样地，作为合同的承包商，必须注意两个问题：一是要注意业主是否具有开发项目的合法主体资格，即业主作为合格的发包人，其对被开发项目应持有立项批文、土地使用证、建设用地规划许可证、建设工程规划许可证及建设施工许可证等；二是要注意业主开发工程项目所需资金是否已落实，看其是否具备足够的、及时支付进度款的履约能力。

3. 严格审查合同条款

为确保合同的有效性，必须对合同条款严格审查，工程项目施工条款必须齐备，措词必须准确。另外，对诸如工程竣工结算、工程款支付等重要条款，必须包括在合同中，且用语要准确、严密，最终达到维护当事人的合法权益以及避免和减少纠纷的目的。最后，对合同生效方式也应当注意，实践中应注意合同加盖的公章应与合同名称相一致，并有法定代表人或授权代表签名，法定代表人证书或授权代表委托书应作为合同附件。

4. 明确规定不可抗力条款的内容

如果采用较好的范例合同条件，其《通用条件》会对不可抗力发生后当事人应承担的责任、义务、费用等作出详细规定。但对确定不可抗力的标准往往只作出原则上说明。

在实践中，业主和承包商常常认为《通用条件》的不可抗力内容已经足够，于是，在《专用条件》上打“√”或填上“无约定”的比比皆是。大部分国家在合同工期内发生战

争、动乱、空中飞行物体坠落等现象的可能性很少，较常见的是风、雨、雪、洪、震等自然灾害。那么，达到什么程度的自然灾害才能被认定为不可抗力呢？这就是需要在合同《专用条件》中进一步明确规定的内容。双方当事人应在合同中对可能发生的风、雨、雪、洪、震等自然灾害的程度予以量化，如几级以上的大风、几级以上的地震、持续多少天达到多少毫米的降水等等，才可能认定为不可抗力，以免引起不必要的纠纷。

二、合同履行阶段的管理

（一）合同交底与培训

合同交底与培训是指合同管理人员要向相关的项目管理人员讲解本合同的要点和易产生歧义的合同内容，意在提醒项目管理人员必须严格履行合同职责和义务，同时注意维护自己的权益。

投标（包括投标谈判和最终签订合同）时负责合同管理的人员须向参与项目实施的承包商人员讲解合同的主要规定，应注意的问题，承担的合同责任和义务，以及违约的责任。

合同交底解决了项目管理人员“如何做”的问题。通过交底将合同总目标和分目标落实到合同实施过程中的具体任务上，使工程严格按合同约定实施。

在进行合同交底前，首先要对签订的合同内容做进一步的分析。合同分析是项目管理的起点。

1. 合同分析的基本要求

（1）准确性和客观性

合同分析应准确、全面和客观。如果分析出现误差，将必然影响执行过程，导致合同实施中更大的失误。

合同分析的准确性是指准确理解合同中的用语和措词的含义。在合同中对某些词语作出定义的情况下，应严格按这些定义对合同条款作出解释。

合同分析的全面性，应从两个角度来理解：一是对合同的每一条款、每句话，甚至每个词都应认真推敲，细心琢磨，全面落实。二是要全面地、整体地理解，而不能断章取义，特别是当不同文件、不同合同条款之间不一致，出现矛盾时，应按照合同文件的优先性原则作出解释。

合同分析的客观性是指合同分析不能“自以为如何”和“想当然”，而应依据合同解释的一般原则和国际惯例作出解释（详见其他相关章节）。例如，对合同风险的分析，合同双方责任和权益的划分，都必须实事求是地按照合同条款，依据合同精神进行解释，而不能以当事人的主观愿望解释合同，否则，必然导致实施过程中出现合同争执，导致损失。

（2）合同双方的一致性

在实践中，合同分析往往是一方在单方面对合同作出解释。但在分析过程中可能会发现合同中存在的缺陷，这些缺陷可能对己方有利，也可能不利，但从合作伙伴关系的角度考虑，均应主动向对方提出，以澄清并使问题得到解决。所以合同分析的结果应能为双方认可，如果有不一致，应在合同实施前解决，以避免合同执行中的争执和损失。

（3）合同分析的结果应具有可操作性

合同分析结果用于指导合同实施，其详细程度应达到具有可执行性和可操作性。

2. 合同分析方法

(1) 合同总体分析

合同总体分析目的在于确定合同规定的主要目标，划定各方的职责、义务和权限，分析各种活动的法律后果。合同总体分析的结果是工程实施的总体指导性文件，此时分析的重点是：承包商的主要职责和义务；业主的主要职责和义务；合同工作范围、合同价格、计价方法和价格补偿条件；工期要求和补偿条件；风险类别；合同双方的违约责任；合同变更方式和程序；工程验收方法；争执的解决等等。合同总体分析中应对合同中的风险和执行中应注意的问题作出特别的说明和提示。

(2) 合同详细分析

合同详细分析必须将合同目标、要求和合同双方的责任权利关系分解到具体的工程活动上，以便使工程有计划、有秩序、按合同实施。合同详细分析的主要结果是合同事件表，实质上是项目合同实施计划，它包括：整体管理与协调计划、工作分解结构（Work Breakdown Structure，WBS)、施工方案和施工组织设计、成本计划、质量计划、进度计划、沟通计划、人力资源计划、风险管理计划、采购计划和 HSE（健康安全环境）管理计划等。

(3) 特殊问题的合同扩展分析

在合同的签订和实施过程中常常会有一些特殊问题发生，会遇到一些特殊情况。它们可能属于在合同总体分析和详细分析中发现的问题，也可能是在合同实施过程中出现的新情况。这些问题和情况在合同签订时可能未预计到，合同中未明确规定或它们已超出合同的范围。由于这一类问题在合同中未明确规定，其分析的依据通常有两个：一是合同意义的拓展，通过整体理解合同，再做推理，以得到问题的解答；二是工程管理的国际惯例，即考虑在通常情况下，国际上对这一类问题的处理或解决方法。

（二）合同控制

1. 合同控制概述

要完成合同目标就必须对合同履行过程进行有效控制，合同控制是指合同管理组织为保证合同所约定的职责和义务的全面履行及各项权利的实现，以合同分析的成果为基准，对合同实施的整个过程进行全面地监督、检查、对比和纠正的管理活动。合同控制流程如图 6-6 所示。

2. 合同控制的日常工作

(1) 参与落实计划

合同管理人员与项目的其他职能人员一起制订和落实合同实施计划，为具体实施人员的工作提供必要的合同保障。

(2) 协调各方关系

在合同范围内协调业主、工程师、承包商之间，以及项目管理各职能人员、所属的各工程小组、分包商之间的工作关系，解决相互之间出现的问题。

(3) 指导合同工作

合同管理人员对各工程小组和分包商进行工作指导，作经常性的合同解释，使各工程小组都有全局观念，对工程中发现的问题及时提出意见、建议和警告。

合同管理人员在工程实施中主要起“服务”作用，是服务于项目和各参与方，切记不

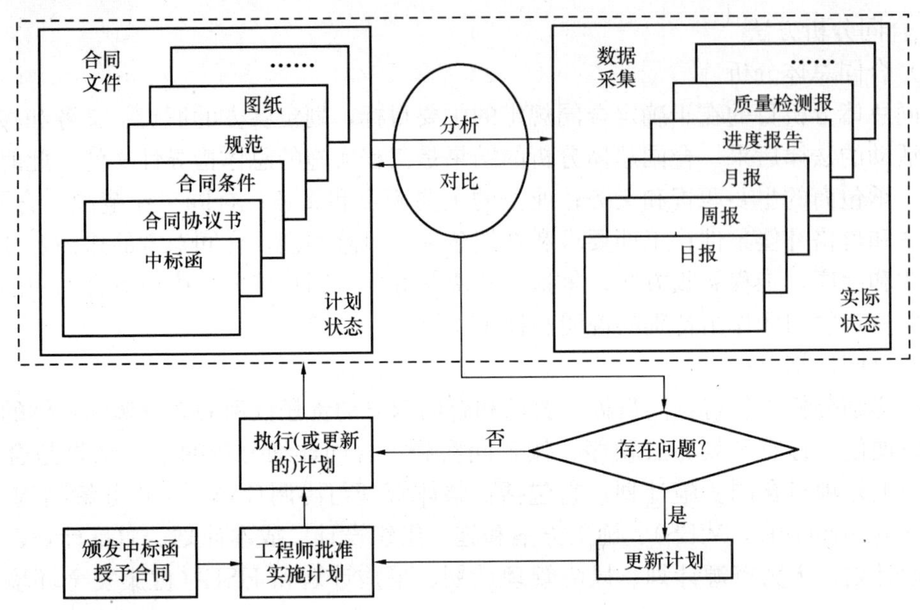

图 6-6 合同控制流程图

可为项目的实施设置障碍，要努力营造和谐的伙伴关系氛围，各方在合同和客观原则下，建立相互信任和坦诚的关系，积极防止质量问题和争端的发生，成功地完成工程。

(4) 实施合同监控

合同管理的有关职能人员应每天检查、监督各工程小组和分包商的合同实施情况，对照合同要求的数量、质量、技术标准和工程进度，进行偏差分析，及时发现问题并采取相应的纠偏措施。

(5) 负责工程变更与索赔管理

变更和索赔事宜首先要通过合同得到论证，因此合同管理人员应负责变更与索赔的管理工作，与各专业人员密切合作，相互配合。只有这样，才能合理维护己方的利益。

(6) 负责工程文档管理

文档管理是合同管理的一项重要基础性工作。文档管理为项目的顺利实施和成功索赔提供大量的证据资料。

3. 合同跟踪

在工程实施过程中，由于实际情况千变万化，导致合同实际情况与预定目标的偏离，如果不及时采取措施，日积月累，会产生无法弥补的损失。合同跟踪就是对合同实施情况及时进行检查，客观地和科学地采集原始数据，及时发现偏差，不断调整合同实施计划，使之与总目标一致。

(1) 合同跟踪的依据

合同跟踪时，判断实际情况与计划情况是否存在差异的依据主要有：

1) 原计划资料：如双方签订的合同，据合同制订的各种计划、方案等；

2) 实际状态资料：如随工程进展采集的实际数据（原始记录、各类报表、报告等）、统计分析结果、工程管理人员对现场情况的直观了解结果等。

(2) 合同跟踪的对象

合同实施情况跟踪的对象主要有：

1）具体的合同事件，需要对照合同事件表的具体内容，分析该事件的实际完成情况；

2）各单位工程、分部和分项工程的进展情况；

3）已完工程和采购的材料设备的质量情况等；

4）工程资金使用情况，与总的投资计划进行对照；

5）合同各相关方的工作；

6）工程总的实施情况。

通过合同跟踪，收集、整理能反映工程实施状况的各种资料和实际数据，如各种质量报告、各种实际进度报表、各种成本和费用收支报表及其分析报告。将这些信息与工程目标进行对比分析，可以发现差异。根据差异情况，确定纠偏措施，制定下一阶段的工作计划。

4. 合同实施情况偏差分析与偏差处理

（1）合同实施情况偏差分析

合同实施情况偏差分析是指在合同实施过程中，评价合同实施情况及其偏差，预测偏差的影响及发展的趋势，并分析偏差产生的原因，以便对该偏差采取调整措施。合同实施情况偏差分析的主要内容包括以下几方面。

1）合同执行偏差的原因分析

通过对监督对象计划值和实际值的对比分析，不仅可以得到合同执行时的偏差，而且可以探索分析引起偏差的原因。

2）合同偏差责任分析

这些原因由谁引起，该由谁承担责任，这常常是索赔的理由。一般只要原因分析有根有据，则责任分析自然清楚。责任分析必须以合同为依据，按合同规定落实双方责任。

3）合同实施趋向预测

对合同未来的实施情况进行预测，尤其应对总工期的延误、总成本的超支、可能的质量问题进行预测，并在此基础上预测合同各方应承担的责任和结果。

（2）合同偏差处理

根据合同实施情况和偏差分析的结果，管理人员应采取相应的调整措施。调整措施可分为：

1）组织措施，如增加人员投入，调整计划或重新制订计划，派遣得力的管理人员；

2）技术措施，如变更技术方案，采取更高效率的施工方案等；

3）合同措施，如进行合同变更，签订新的附加协议、备忘录，通过索赔解决费用超支问题等；

4）经济措施，如增加投入、对工作人员进行经济激励等。

（三）合同变更管理

在建筑工程中，工程变更是不可避免的。工程变更往往是导致项目投资失控和工期延误的主要原因，许多工程项目未能实现预期的目标都是由变更造成的。工程变更常伴随着合同价格和工期的调整，是合同双方利益的焦点，因此，合理确定并及时处理好工程变更，既可以减少不必要的纠纷，保证合同的顺利实施，又有利于业主对工程造价的控制。

1. 合同变更的原因

常由于下列原因产生工程变更：

1）工程量增减；

2）某些工程内容被取消；

3）工程质量、性质或类型的改变；

4）工程任何部分的标高、基点、位置、尺寸的改变；

5）任何种类的附加工作；

6）工程任何部分规定的施工顺序或时间安排的改变；

7）因合同实施中出现问题，必须调整合同目标或修改合同条款。

2. 合同变更管理注意事项

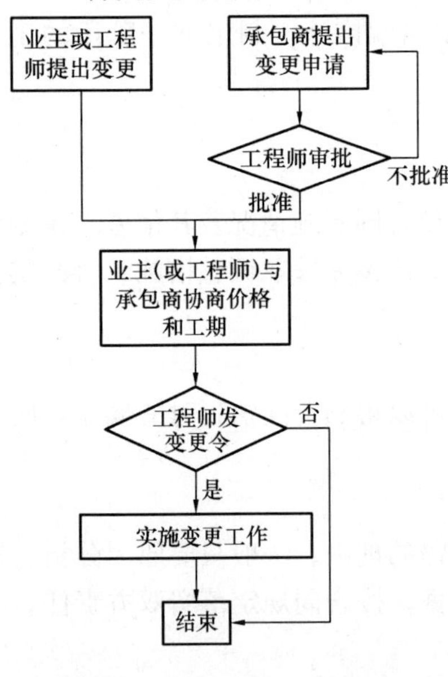

图 6-7　合同变更的一般程序

（1）严格遵守合同变更程序和条款规定

合同变更的一般程序如图 6-7 所示。合同中通常会将关于变更的规定作为一个重要的条款独立列出（如 FIDIC 合同条件、ICE 合同条件等），在工程实施过程中，双方均应严格遵守合同变更程序和相应的规定，做好变更工作记录。

工程变更不能超过合同规定的工作范围，否则，合同双方应另行签订协议，先商定价格再进行变更，工程师对变更的审批权限也必须限制在业主对其授权范围之内。此外，业主与承包商之间的任何书面函件、报告、指令等应由合同管理人员进行技术和法律方面的审查，这样才能保证任何变更都在控制中，不会出现合同争端。

（2）工程师应及时作出工程变更决定

在实际工作中，变更决策时间过长可能会造成工期延误，甚至停工待图，以至于造成很大的损失，所以应尽可能促使工程师提前作出工程变更决定。

（3）承包商应核实工程师发出的变更指令

在国际工程中，承包商有责任对收到的变更指令，特别是对重大的变更指令或在图纸上作出的修改意见，予以核实。对超出工程师权限范围的变更，应要求工程师出具业主的书面批准文件。

（4）迅速、全面地落实工程变更指令

合同变更指令应该在工程实施中贯彻并体现出来，具体表现在：合同管理人员应将其并入整个项目的合同中，并对变更工作的实施情况纳入整个项目的实施控制体系，统一对资源作出优化调整。

（5）分析合同变更的影响

对业主而言，合同变更会对项目投资产生重大影响，所以业主应分析合同变更对整个项目是否有利。对承包商而言，合同变更是索赔机会，应在合同规定的索赔有效期内完成对它的索赔处理。

此外，合同双方应做好变更工作的实施记录，收集和整理所涉及到的各种文件，以作为进一步分析变更影响和最终处理变更的依据。

（四）合同索赔管理

相关内容见本书第十三章。

三、合同收尾阶段的管理

合同收发阶段的管理包括合同后评价和合同终止。

合同收尾过程涉及验证所有的可交付成果和竣工文件是否满足合同要求，对未解决的争端将进入争端解决程序。在合同中均规定了合同工程竣工验收的相关程序，双方必须遵守。

（一）合同后评价

合同后评价是指承包商应在合同收尾阶段对合同执行的全部过程进行经验和教训总结，提出下一个合同的改进措施，以提高合同管理水平。合同后评价的具体方法见本章合同管理体系的评审。

合同后评价应建立一整套该合同的文档，将其归入企业的最终档案。

（二）合同终止

合同终止包括两种：合同正常终止和提前终止。

在双方履行了合同规定的全部责任和义务后，合同正常终止。

合同提前终止是合同收尾的一种特殊情况，可能是双方协商一致的结果，也可能是一方违约导致的结果。根据 FIDIC《施工合同条件》，业主有权随时有因或无因终止合同，但是要视提前终止的具体原因对终止时已经完成的工作进行结算，业主还可能需要就此对承包商进行赔偿。

在业主违约导致合同提前终止时，承包商除可索赔已经完成的工程的费用、人员和设备返回原地的费用以及其他业主应支付给承包商的费用外，承包商还可以索赔未完工程部分的利润。对因不可抗力造成合同提前终止，承包商不可以索赔未完工程部分的利润。对业主自便终止合同的情况，其费用结算方式按不可抗力对待。

第四节　国际工程合同管理体系的评审

一、工程项目合同评审概述

合同评审是指合同当事方对拟签订合同的各个方面在招标投标、签订合同、履行合同、合同终止的不同阶段进行的评审，是一种内部合同管理方法。

合同评审的主要目的是保证合同的正确履行，通过对项目招标文件与承包合同的严格分析和审查，确保签订一份公平、合理的合同。同时，这个过程也是识别和处理合同风险的重要步骤。进行严格的合同评审不仅是企业严格履行合同的要求，也是实现内部控制机制的重要方面。

二、招标投标阶段的评审

（一）信息评审

信息评审是指合同当事人一方对另一方在履行合同义务能力方面的信息审查。工程项目信息评审包括项目业主对投标人资格信息评审和投标人对业主的信息评审。

投标人对业主信息的评审主要是确定业主的项目概况、资金来源、支付信誉、履约能力等，目的是确保及时获得工程进度款。同时，对招标文件进行仔细分析，重点抓住以下几点：

1）核准投标截止的准确日期和时间、投标有效期、工期和保修期等；

2）保函方面的要求，如投标保函、履约保函、保证金保函等的额度要求、关于保函开出行的限制、保函有效期等；

3）保险要求，如业主要求的保险险种、最低保险金额和保期等；

4）支付的程序、时间、要求等；

5）关于税收，搞清关税、营业税、所得税税率，以及税收方面的优惠条件等；

6）违约罚金的金额、条件，以及是否有提前竣工奖励等；

7）关于不可抗力条款，及争端、仲裁、索赔条款等；

8）招标方面的其他要求。

除对业主的信息进行评审外，承包商还应对自身情况作出客观评定，包括本公司的优势和劣势、技术水平、资金状况、同类工程的经验、正在承建的工程数量等。必须分析自己是否具有满足业主对工程质量要求的能力，能否满足在招标文件中对项目技术和商务方面提出的要求，而不要企图承包超过自身水平和能力的工程。

承包商同时要研究国际工程承包市场情况、竞争的形势和参与此工程竞争的承包商数量和竞争对手的实力，确定自己的投标竞争力和中标可能性。

（二）招标文件和投标书评审

1. 招投标文件评审概述

承包商在提交投标书前必须对业主的招标文件作出仔细的审查和客观的评估，一旦提交了投标书，在法律上即意味着提出要约，就产生了法律效力，它是对业主的招标文件（要约邀请）的响应。

一般地，招标文件都规定承包商对招标文件的理解自行负责，所以招标文件对承包商的报价起决定作用。而且，通常情况下，招标文件的大部分内容将构成合同文件，是合同签订后实施工程的依据。因此，承包商必须全面分析和正确理解招标文件，做好投标报价阶段的评审。

对业主而言，投标书评审的主要目的在于选择能力强、信誉好、经验丰富的承包商，一般地，业主通过评标专家委员会按照事先确定的评标方法和评标标准确定最终的中标人。

2. 承包商对招标文件和投标书的评审

承包商投标书往往视作对业主招标文件的再要约，而且，在中标后签订的合同文本中，承包商的投标书构成合同的一部分，因此，应十分慎重。

（1）专门的评审小组

承包商应成立评审小组对招标文件和投标书进行评审。在对外提交报价文件前，还应由主管负责人主持投标书评审会，对投标报价进行最终审查。参加评审小组的人员必须具备：

1）对国内和国际工程环境有全面的了解，具有本专业的技术知识和实践经验；

2）有国际工程概预算的实际经验；

3）有国际工程合同管理的实际经验；

4）有国际工程成本和资金管理方面的实践；

5）熟悉相关的法律法规，精通合同条款。

（2）招标文件评审的主要内容

承包商应在信息评审的基础上，逐条逐句地研究招标文件的含义并理解业主的要求，透彻理解招标文件中有关商务、技术要求的所有条款，不放过任何细节，因为投标价格是在对招标文件彻底理解的基础上报出的。评审的主要内容包括：

1）工作范围的明确性；

2）工程质量标准和进度要求的准确性；

3）招标文件中模糊和歧义的内容，确定需要澄清的内容；

4）风险类别和风险程度评价；

5）针对项目的自我能力评价，即作出是否投标的决策。

（3）投标书评审的主要内容

投标书评审是指承包商对已编完的投标书进行的综合审核，是在承包商将已经编制完的投标书向业主提交之前，投标评审小组对投标书的最后审核。审核的主要内容包括：

1）是否完全对招标文件的要求作出了实质性响应；

2）偏差的幅度量化值是多少；

3）我方的技术水平是否能满足招标文件提出的技术要求；

4）商务报价是否充分考虑了竞争对手、公司报价策略、盈利水平等因素；

5）投标书的完整性（是否提交了招标文件要求的全部文件）；

6）商务部分估算的准确性。

三、合同签订前的评审

在工程项目承发包中，合同是影响利润最主要的因素。签订一个公平合理的合同，是承发包双方都十分重视的问题。在合同签订前，合同当事人可以利用法律赋予的平等权利，进行对等谈判，充分协商。通过谈判，进一步地讨价还价，业主有望得到更优惠的服务和价格和一个更完美的工程；承包商有望得到一个合理的价格和公平的利润回报。

在合同签订前，合同当事人双方应进行下列工作：

1）审查合同文件是否符合法律规定，包括所有的合同条款是否符合工程所在国的有关法律法规、相关标准规范等；

2）审查合同的完备性，包括合同条款和合同文件是否完善、齐全、具体、可操作等的要求；

3）审查合同双方的责、权、利及其关系的对等性，如关于合同当事人双方的责任和权益的条款尽可能具体、详细，公平合理地分配合同风险，公平地分担工作和责任，并公平地享有权利；

4）审查合同文字表达是否准确，外文译稿是否准确反应了原稿的含义等；

5）审查合同文本的规范性，如合同文本的内容是否齐全，定义是否清楚、准确，双方责任界限是否明确，合同格式是否符合规范要求等。

四、合同变更的评审

合同变更往往是因为项目的需要而对原合同进行的修改和补充，而且，双方在合同中已经就工程变更的程序和权利达成了一致意见。在合同实施中，业主（或工程师）直接行使合同赋予的权力发出工程变更指令，根据合同约定程序，承包商执行变更指令。同时，双方对变更价款和工期进行协商。

有的合同约定，先实施变更工作再确定变更工作的价格，这种变更工作实施在前，确定变更价款在后的特点容易导致合同处于不确定状态。

合同签订后，承包商的根本任务是严格遵守合同，圆满地完成施工。但工程项目的特点是合同内容变更频繁，对一个较为复杂的工程项目，在合同实施中变更可能达到几百项。有的变更对合同实施影响很大，而且经常会引起争执，因此，在合同实施中，承包商对合同变更应进行评审。

承包商在实施合同变更评审过程中，应明确以下几个方面。

1. 业主和工程师的认可权必须得到合理限制

在国际工程中，业主经常运用工程师对材料和工艺的认可权提高材料认可的质量标准，提高设计质量要求和提高施工质量标准。如果合同规定比较含糊，则容易引起争执。但是，如果这种认可权超过合同明确规定的范围和标准，它即为变更指令，应争取获得工程师的书面确认，进而提出工期和费用索赔。

对合同规定比较模糊或不清的内容，应适用国际惯例、当地法律法规以及行业标准。

2. 合同变更的处理原则

当业主（或工程师）指令变更时，承包商要审核是否有能力满足业主的变更要求（包括变更内容和时间安排），如果超出自己的能力范围，应及时向业主提出无法实施变更工作的合理理由。

如果变更内容超过合同规定的工作范围，承包商有权不执行变更或坚持先商定价格再实施变更。

3. 承包商不能擅做主张进行工程变更

承包商应明确对任何工程问题，都不能擅做主张，进行工程变更。在国际工程中，特别要注意这一点。施工中发现图纸错误或其他问题，需进行变更时，首先应通知工程师，取得工程师同意并严格按变更程序进行变更。否则，可能无法获得应有的补偿。

4. 必须坚持审查制度

在合同实施中，合同内容的任何变更都必须经过合同管理人员的仔细审核，承包商与业主、分包商之间的书面函件、报告、指示等应抄送合同管理人员，由其进行合同方面的审查。这样才能保证任何变更都在控制之中，不会出现合同问题。

5. 注意收集资料

合同变更赋予承包商合理的索赔机会，应严格按变更程序和索赔程序在合同规定的索赔有效期内完成对变更工作的处理。在合同变更过程中应记录、收集、整理所涉及的各种文件，如施工日志、图纸、各种计划、技术说明、规范和业主的变更指示，以此作为进一步分析的依据和索赔的证据。

在合同变更中，特别注意因变更而造成返工、停工、窝工、修改计划等引起的费用增加和工期延长问题，注意这方面资料的收集。

五、合同评审管理

（一）合同的定期评审

由于一个工程项目从招投标、谈判、签约、实施到移交业主使用，要持续较长时间，在项目实施过程中，合同要经过多次修订，而且管理人员也会变动。因此，对合同进行定期评审有助于更好地理解合同，实施合同和更有效的进行合同管理，保证项目的顺利实施。

（二）合同评审文件的管理

在招投标和合同实施过程中，合同当事人双方都要保存好记录，做好文档收集、处理、保存工作。其一，可以保存证据，为以后在索赔和争端中争取有利地位；其二，可以通过记录，分析合同管理情况，为合同管理体系的评价和持续改进奠定基础。

（三）工程项目合同管理体系的评价和持续改进

工程项目合同管理体系评价是指在合同履行过程的主要阶段结束时或当一份合同终止后，合同管理人员对该合同某一阶段或合同的整个履约过程进行的综合评定，以总结成功经验和教训。工程项目合同管理体系持续改进则是在对合同管理体系进行评价的基础上，不断提出对现有合同管理体系的持续改进建议，旨在进一步完善合同管理体系，促进项目的成功实施。持续改进是合同管理的一个动态控制过程。

六、工程项目合同管理体系评价

（一）工程项目合同管理体系评价内容

1. 合同管理体系的可操作性评价

合同管理体系的可操作性是合同管理体系实施的基础，脱离了操作性，合同管理必然流于形式，达不到建立合同管理体系的目的。可操作性评价主要包括以下几个方面：

（1）合同管理制度

主要评价合同管理制度是否健全，每一项制度的内容是否完善，合同管理制度考核方法的适宜性等等，从而评价合同管理制度是否严谨细密，而不是大而空的论调。

（2）合同管理程序

合同管理程序是指合同管理过程中的工作流程，它是指导合同管理工作的最直观方法。对合同管理程序的可操作性评价主要包括流程中是否包括了全部主要工作，工作流向是否合理，合同管理各工作界面划分是否明确，合同管理各项工作的实施是否顺利，实施过程中是否经常受阻，受阻的频率有多大，以及合同管理程序文件报告是否完整详细等。

（3）合同管理文件

主要是指合同管理手册，是合同管理的指导性文件。评价内容包括合同管理手册内容的可用性，手册内容是否全面，是否经常发生找不到管理依据的合同事件，手册的编写是否易于理解，手册中的管理方法是否易于操作，在实际操作中有无不依据手册执行的情况，手册中的表格是否被使用，其使用效果如何等。

2. 合同管理体系的适用性评价

合同管理体系的适用性是合同管理体系实施的前提，如果建立的合同管理体系不适用，不仅不能得到相应的管理绩效，而且往往会导致工程项目成本增加，目标无法实现。适用性要求在实施合同管理体系的时候，要针对具体的项目，通过对标准的合同管理体系的补充和改进而满足项目的具体要求。适用性评价主要评价合同管理体系的适用范围和适用程度。

3. 合同管理体系的经济性评价

合同管理体系的经济性评价是实施合同管理体系的意义所在，离开经济性，再好、再规范的体系对项目而言都是失败。经济性评价一般采用成本/收益法，考察实施合同管理体系的成本，例如合同管理人员的费用、合同管理对项目目标的影响，测算实施合同管理体系的收益，例如合同成功索赔带来的收益、合同管理在质量、进度、费用等方面带来的效益，通过成本/收益的对比分析，从而确定合同管理体系的经济性，不仅要进行绝对分析，而且要进行相对分析。不但要对同一项目在实施合同管理体系前后的变化进行分析，而且要研究实施合同管理体系给企业、给组织带来的长久收益。

4. 合同管理体系的可靠性评价

合同管理体系的可靠性是实施合同管理体系的保证，没有可靠性，实施合同管理体系就失去了支撑，不仅使管理人员的决策失去依据，而且使执行人员对管理人员的指令很难服从。

合同管理体系可靠性评价主要借鉴系统的可靠性评价理论，针对合同生命周期，考察分析合同管理各过程在管理实践中的可靠性，从而最终确定整个管理体系的可靠性。与系统各部件略有不同的是合同管理体系各管理过程不像系统各部件那样具有很强的相关性，合同管理体系各管理过程甚至毫无关联，所以，在评价合同管理体系可靠性的时候，应先确定各管理过程在合同生命周期中的位置和在合同管理体系中的地位以及相互间的关联度。

(二) 工程项目合同管理体系的评价指标

在进行合同管理体系评价时，应依据合同统计资料，选取一定评价指标，建立指标体系，且指标应随着合同的实施进行必要的更新，如图6-8是以施工合同为例建立的评价指标体系。

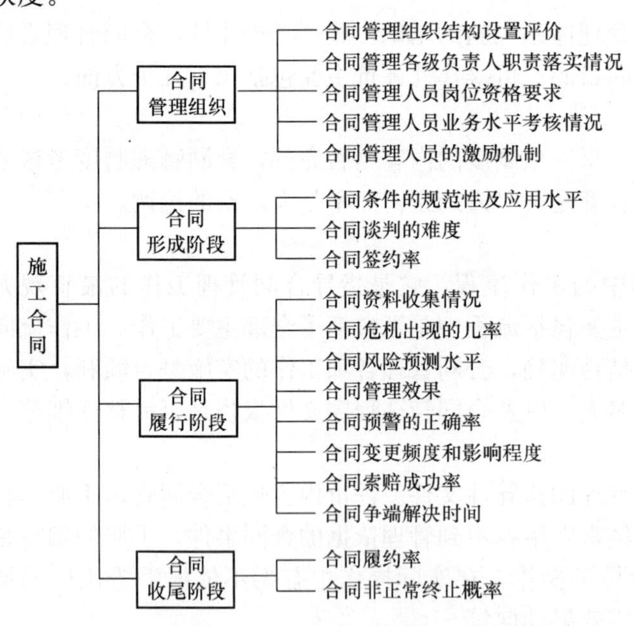

图6-8　施工合同管理体系评价指标

合同管理体系评价的切入点应是合同管理过程中发生在组织内部和外部的：

取得成功的具体事件或工作失误、疏漏和对抗等。

一般可使用综合评价法对合同管理体系进行评价。首先确定评价指标，通过对评价指标的综合加权，对合同管理体系进行评价，确定合同管理的综合效果。同时应对合同管理中存在的具体缺陷给予剖析，尽可能提出改进的具体方向和办法，为合同管理体系的持续改进奠定基础。

七、工程项目合同管理体系的持续改进

(一) 持续改进概述

合同管理体系持续改进是合同管理组织永恒的目标，是企业持续发展的保证。合同管理体系持续改进应贯穿于合同生命周期的每一阶段，前一阶段的经验与教训对下一阶段具

有指导和借鉴作用。

合同管理体系持续改进包括组织目标的调整、策略的更改、组织机构的变动、管理过程的重组、管理程序的改进等等，可以说涉及到合同管理的方方面面。这种持续改进可以提高合同管理的效益，改善组织的人际关系，提升组织的竞争力，降低合同实施对资源的消耗，从而提高组织的投资收益和实现最终的增长目标。

（二）持续改进的方法

目前，管理领域实施改进的方法很多，本文主要借鉴质量管理中的 PDCA 循环法，以此为手段，为合同管理体系构建一个持续改进的简单程序。PDCA 代表英文的“计划（plan)”、“执行（do)”、“检查（check)”、“处理（act)”四个词的第一个字母。PDCA 循环的含义是管理改进的任何工作都必须经过四个阶段。

PDCA 循环方法是美国质量管理专家戴明发明的，因而又被称为“戴明循环”。PDCA 循环体现了管理的基本思想方法和工作步骤，所以广泛应用于管理的各个领域。不仅如此，PDCA 循环的关键之处在于其持续改进的实质，这正是管理的目的所在。按照 PDCA 循环的四个阶段进行合同管理体系的改进，不仅可以不断改善管理活动的手段，提高合同管理的绩效，而且可以保持合同管理体系的与时具进，使合同管理体系针对具体情况不断更新改进。

1. PDCA 循环的四个阶段

（1）P 阶段——计划阶段

这个阶段主要内容是根据前一项工作的经验和教训，对将要实施的合同管理工作进行计划，预测可能存在的问题和风险，通过分析，对现有的合同管理体系制定改进的目标，并确定达到这些目标的措施和方法。

分析现状切忌“好像没有问题”、“差不多”等模糊的定性概念，要针对具体的合同事件、过程和管理中的问题，尽可能用数据进行定量说明。而且，要抓住导致合同管理失误的主要原因，从主要矛盾入手解决问题。

计划和措施的拟定过程通常采用“5W1H”法：why（说明为什么制订计划)；where（说明计划实施的地点)；what（说明计划的内容)；who（计划由谁实施)；when（计划实施的时间)；how（怎样实施计划)。

（2）D 阶段——实施阶段

此阶段的工作是实施计划，即按照制定的计划和措施，严格地去执行。

（3）C 阶段——检查阶段

这个阶段主要是检查计划执行的效果。根据制定的计划，检查计划和实际执行效果之间的偏差，实际结果是否达到预期的目的。

检查效果的前提是要客观地采集实际执行状况的原始数据，并按统计方法进行科学整理，对照计划中规定的目标进行分析，确定与预期目标的偏差程度。

（4）A 阶段——处理阶段

根据 C 阶段检查得到的偏差程度，采取相应的纠偏措施。把成功的经验和失败的教训纳入有关的标准、制度和规定，防止再次发生。

至此，一个 PDCA 循环已经完成，随着工作的进展将转入下一个 PDCA 循环中。本循环中的经验和教训，将作为下一个循环计划制定的资料和依据。

2. PDCA 循环的特点

（1）循环不停转动，每转动一周提高一步。循环的四个阶段是紧密联系在一起，如同一个转动的车轮，转动一次前进一步，不停的转动，不断的前进，不断的提升。如图 6-9。

（2）大环套小环，小环保大环，相互联系，彼此促进，如图 6-10。

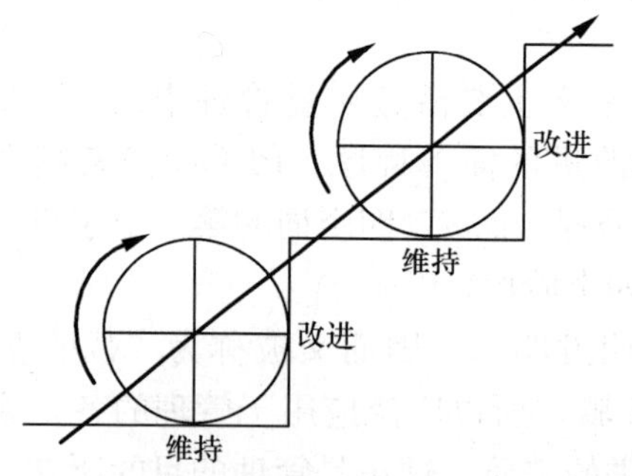

图 6-9 PDCA 循环的不停转动和提升

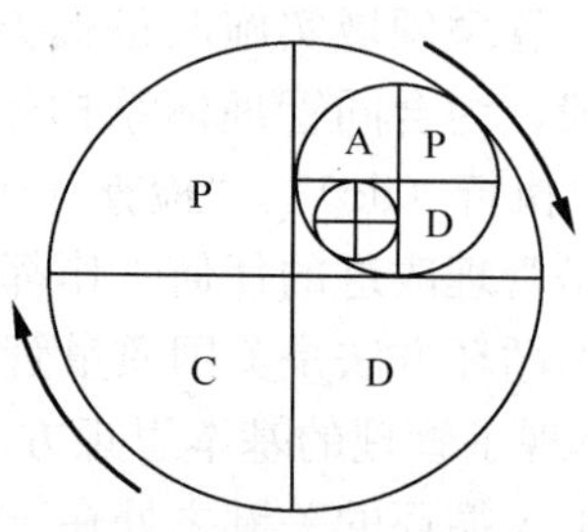

图 6-10 大环套小环

3. PDCA 持续改进的步骤

1）分析和评价现状，以识别改进区域；

2）确定改进目标；

3）寻找可能的解决办法，以实现这些目标；

4）评价这些解决办法并作出选择；

5）实施这些解决办法；

6）测量、验证、分析和评价实施的结果，以确定这些目标已经实现；

7）正式采纳使用；

8）对结果进行评审，以确定进一步改进的机会。

（三）持续改进的主要对象

1. 合同管理体系持续改进的主要对象

合同管理是一个全面的、全方位和全员参与的过程，所以对合同管理体系的改进首先是对合同管理组织的改进，不仅要加强合同管理人员的培训，而且要在对人力资源持续改进的过程中逐步提高合同管理人员对合同管理体系持续改进的认识，使合同管理人员能够自觉的融入持续改进、逐步提升的过程，能够在合同管理体系的实施中主动寻找改进的机会，依据合同管理目标，对合同管理体系进行改进。

其次，改进的主要对象是合同管理各过程，通过 PDCA 循环，不断改善合同管理程序，提高合同管理程序的管理效率，不断完善合同管理文件，使合同管理文件真正起到指导作用，实现改进合同管理体系的目的，最终实现工程项目的目标。

2. 合同管理体系持续改进的主体

持续改进的主要对象是管理组织，这就决定了持续改进的主体是组织的领导和管理人员。各级管理者应通过以身作则、持之以恒和优化配置资源，创造持续改进的环境，履行必要的领导职责并承担义务。其中一项重要工作，就是“持续的改进自己的工作过程”。

3. 合同管理体系持续改进的机会

合同管理组织和人员应不断寻求改进机会，而不是等待问题出现再去抓住机会，要用

"改进"的眼光看问题。依据合同管理体系评价的结果，寻找改进的机会。同时，要加强合同的跟踪和监测，从合同实施的危机中寻求合同管理改进的机会。

此外，应善于进行比较分析，对同一个管理程序，不仅要进行横向比较，比较不同管理程序的管理效果，而且，应进行纵向比较，比较同一管理程序在不同的时间、不同问题上的管理效果，从中寻求改进的机会。

复习思考题

1. 以国际工程施工合同为例，合同的生命周期分为哪几个阶段？每个阶段需要做的主要工作包括什么？
2. 请简述国际工程合同管理的程序。
3. 在合同谈判和签订的过程中，作为一个管理人员，应该注意什么问题？
4. 在合同的履行阶段，承包商都应注意些什么问题？
5. 在合同生命周期各个阶段，合同的评审工作都包括哪些内容？

第七章　国际工程合同工作范围管理

本章内容包括国际工程承包合同工作范围管理的概念、合同工作范围的定义方法——工作分解结构、工作范围的确认以及工作范围的变更管理。

第一节　国际工程合同工作范围管理概述

一、合同工作范围管理的概念

大部分教材使用项目工作范围管理，本教材使用合同工作范围管理，是因为一个项目通常存在多个承包商，也就存在多个承包合同，合同工作范围只是项目工作范围的一部分，但又依存于项目工作范围内。因此，本章意在分析具体合同下的工作范围管理问题。

合同工作范围管理是指按合同规定的质量标准，确保完成合同中规定的全部工作，而且仅仅完成合同规定要做的工作，从而成功地达到合同目标的管理过程。承包商须在满足工程项目使用功能的条件下，对承包合同中应该包括哪些具体的工作进行定义和控制。合同工作范围管理的内容包括合同工作范围定义、范围确认和范围的变更控制。

范围一词在本章中应解释为包括下述两方面的含义：一是工程项目将要包括的性质和使用功能；二是实施并完成承包合同而必须做的具体工作。

工作范围管理的对象应包括完成合同所必需的全部专业工作和项目管理工作。

二、合同工作范围定义

（一）合同工作范围定义的概念

合同工作范围定义就是把合同的可交付成果划分为较小的、更易管理的多个单元。范围定义的目的如下：

1）提高费用、时间和资源估算的准确性；

2）确定在履行合同义务期间对工程进行测量和控制的基准，即：划分的独立单元要便于进度测量，目的是及时计算已发生的工程费用；

3）明确划分各部分的权力和责任，便于清楚地分派任务。

一个项目在不同的阶段，可能存在不同的合同类型，如咨询服务合同、工程地质勘察合同、工程设计合同、施工承包合同等。每一种合同要求承包商提供的服务内容各异，合同履行期间应根据双方签订的合同，对这些服务内容进行管理。因此工作范围的定义就显得非常重要。

恰当的工作范围定义对成功地履行合同义务非常关键，反之，则可能由于工作内容不清，造成工程变更，导致费用超支、合同工期延误、生产效率降低以及工作人员的积极性降低等不利后果。

（二）合同工作范围定义的依据

1．业主需求文件

业主需求文件是定义合同工作范围最重要的依据。它主要描述了拟建项目所具有的性质和规模、建成后必须满足的使用功能以及项目主要的构成单元。如一个项目的构成单元可能包括生产工艺、办公、仓储、场内运输等。

采用招标方式的项目，业主的招标文件就是承包商确定其合同工作范围的主要文件，也是承包商报价的主要依据。

对总价合同，招标文件中的“业主要求”和“工作范围”文件；而对工程量清单合同，工程量清单和技术规范界定了合同工作范围。

2. 历史资料

借鉴其他项目工作范围定义方面的经验，避免犯类似错误。这些已完成的工程项目合同，在进行范围定义方面所发生的错误、遗漏以及造成的后果等资料，会对新项目的合同工作范围定义产生积极的影响。

（三）合同工作范围定义的方法——工作分解结构

一般采用工作分解结构（Work Breakdown Structure，WBS）方法对合同工作范围进行定义。

1. 工作分解结构的概念

工作分解结构是一种层次化的树状结构，是以可交付成果为对象的。它将项目划分为较小和更便于管理的项目单元，直到将可交付成果分解到工作包，每下降一个层次意味着对项目工作作出了更详细的说明。通过控制这些单元的费用、进度和质量目标，使它们之间的关系协调一致，能够最终达到整个项目的目标。处于工作分解结构底层的单元叫做工作包（Work Package，WP），可以安排在进度计划中，用来估算费用和进行监控。如图7-1所示。

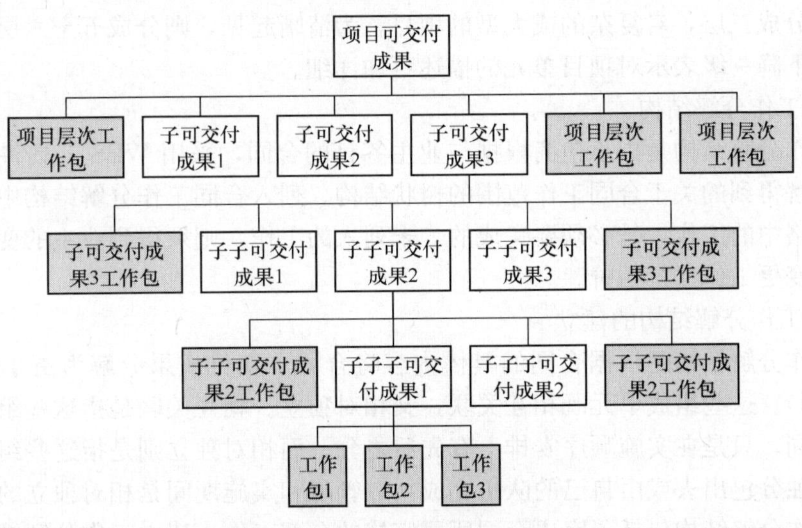

图7-1　工作分解结构示意图

不同的可交付成果会有不同层次的分解，为了达到易于管理的目的，有些可交付成果可能只须分解到第二层次，有些则需要分解到更多层次。

工作分解结构可以满足各级别的项目参与方的需要。工作分解结构可与项目部的组织结构有机地结合在一起，有助于项目经理根据各个项目单元的技术要求，赋予项目各部门和各职员相应的职责。同时，项目计划人员也可以对 WBS 中的各个单元进行编码，以满足项目控制的各种要求。

工作分解结构将项目依次分解成较小的项目单元，直到满足项目控制需要的最低层次，这就形成了一种层次化的“树”状结构。这一树状结构将项目合同中规定的全部工作分解为便于管理的独立单元，并将完成这些单元工作的责任赋予相应的具体部门、分包商、供应商等，从而在项目资源与项目工作之间建立了一种明确的目标责任关系，这就形成了一种职能责任矩阵。如图 7-2 所示。

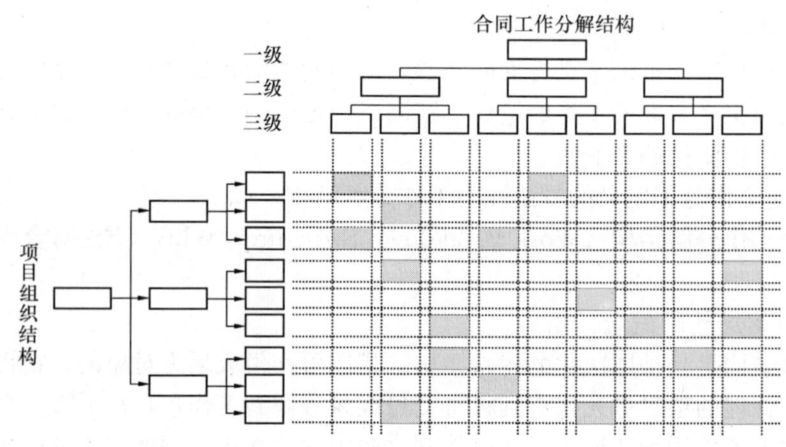

图 7-2 矩阵管理方法示意图

从上述定义和 WBS 的名称上不难看出，它是将项目中要做的全部工作分解成合适大小的部分来编制项目目标计划的一种结构或框架，这种结构或框架具有层次性。对简单的项目，只需分成三层，对复杂的或大型的项目，为清晰起见，则分成五至六层。工作分解结构中，每下降一级表示对项目单元的描述更加详细。

2. 合同工作分解结构

合同工作分解结构是指承包商根据与业主签订的合同，采用 WBS 工具将合同可交付成果进行分解得到的关于合同工作范围的树状结构。列入合同工作分解结构中的工作是包含在合同价格中的工作，是必须要完成的。未列入的工作，则须得到业主的变更指令才能实施，并按变更工作进行估价。

3. 合同工作分解结构的建立

建立工作分解结构是根据合同的具体内容将合同可交付成果分解为更小的组成单元(或分包合同)。这些组成单元既相互关联，又相对独立。相互关联是指这些组成单元同属于一个主合同，只是在实施顺序安排上有先后之分；而相对独立则是指这些组成单元可以作为项目单独分包出去或由自己的队伍完成，在管理和实施期间是相对独立的。

合同工作分解结构包括了完成合同所要实施的全部工作，建立工作分解结构就是将履行合同的过程、合同成果和项目部的职能有机地结合在一起。工作分解结构划分的详细程度要视具体的合同而定。

建立工作分解结构需要完成下列工作：

1）识别可交付成果和项目管理工作；

2）确定 WBS 的结构与编排；

3）将 WBS 的上层分解到下层的组成单元；

4）对 WBS 的各个组成单元进行编码；

5）核实是否已分解到必要的程度和是否已满足控制要求。

根据合同总目标和阶段性目标，将合同的最终成果和阶段性成果进行分解，列出达到这些目标所需的硬件（如设备、各种设施或结构）和软件（如信息资料或项目管理服务），它实际上是对承包合同的可交付成果进一步分解形成的结构图表，其主要技术是按工程内容、地域、专业分工等进行分解。这一过程简述如下。

（1）识别合同的主要组成部分：从两方面考虑，一是可作为独立的交付成果，一是便于合同实施管理（即考虑如何管理每个组成部分）。独立的可交付成果是指其具有相对独立性，一旦完成，可进行验收、移交。因此，在确定各可交付成果（或子项目）的开始和完成时间时，应注意各可交付成果之间的先后逻辑关系。提前完工并可向业主提前移交的可交付成果（或分包合同）应能相对独立地投产运营。同时需要考虑一旦承包商向业主提前移交了某些可交付成果，他将不能再占用此部分用于施工，在制定实施计划时要考虑到这一因素。

（2）确定所分解的每一组成单元是否可以"恰当"地估算费用和工期，能够独立控制。不同的单元可以有不同的分解级别，这就是"恰当"的含义。

（3）识别每一可交付成果的组成单元：这些单元在完成后可产生切实的、有形的成果，以便实施进度测量。

（4）证实分解的正确性。可通过回答下列问题，进一步证明项目分解的正确性。

1）对一项可交付成果的分解，是否很必要而且也足够详细？如果不是，则必须修改组成单元（增加单元、删除单元或重新定义）。

2）是否清晰和完整地定义了每一组成单元？如果不是，则必须修改对有关组成单元的描述并增加描述内容。

3）是否能恰当地确定每个单元的起止时间和进行比较准确的费用估算？这个单元是否已分派给某一组织或部门（小组或个人）？他们是否愿意承担完成该单元的全部责任？如果不是，则应作出修改以进行有效地管理控制。

在确定了工作分解结构后，对工作分解结构中的每一单元进行编码，建立项目工作分解结构的编码体系。

4. 参照曾经完成的类似合同的工作分解结构

曾经完成的合同的工作分解结构经常作为参照来指导一个新项目。尽管每个合同都是唯一的，但是 WBS 模板却可以重复使用，因为大部分工程性质相近的合同具有某些共性，这些共性使它们可以相互参照。

目前很多不同类型的工程项目已经有了标准的或半标准的工作分解结构，它们可以作为一种模板供类似合同使用，这既节省了时间，也节省了费用。

（四）合同工作范围的划分

工作分解结构是按合同的可交付成果对合同进行分解的，它组织和定义了承包合同的全部工作，未包括在工作分解结构中的工作则不属于该合同的工作范围。工作分解结构中的级别越低，对合同可交付成果的描述越详细。

可交付成果的含义是可以将该项工作独立委托给一个组织实施，在这种情况下，该组织可将此项可交付成果再细分，并将有关工作列入其规划和进度计划中。

根据工作分解结构可以将合同的全部工作通过分包合同的形式划分为多个相对独立的子项目，单独对外发包。

第二节　国际工程合同工作范围确认

范围确认是项目业主正式接收合同可交付成果的过程。此过程要求对完成的各项工作进行及时地检查，保证正确地、满意地完成合同规定的全部工作。如果合同提前终止，范围确认过程也应确定和正式记录合同完成的水平。

范围确认不同于质量控制，范围确认表示了业主是否接收完成的可交付成果，而质量控制则关注完成的可交付成果是否满足技术规范的质量要求。如果不是合同工作范围内的内容即使满足质量要求也可能不为业主所接收。

一、范围确认的依据

（一）完成的可交付成果

对合同实施过程进行控制的工作内容之一是收集有关已经完成工作的信息，并将这些信息编入项目进度报告中。完成工作的信息表明哪些可交付成果已经完成，哪些还未完成，达到质量标准的程度和已经发生的费用是多少等。在合同生命周期的不同阶段，可交付成果具有不同的表现形式。对一个 EPC 合同，其可交付成果包括以下几点：

1）设计文件，如工艺设计文件、设计图纸等；

2）采购文件和物资，如关于设备参数的数据单、所采购的设备等；

3）实体工程，在项目实施阶段，承包商建造完成的土建工程、电气工程、给排水工程以及已安装的生产设备等是阶段性的可交付成果，整个项目的交付使用，则是承包商最终的可交付成果。

（二）项目合同文件

合同文件是约束合同当事方的具有法律效力的文件，通常包括：合同协议书、中标函、投标函、合同条件、技术规范、图纸以及其他在合同协议书中列明的其他文件。

在合同实施过程中，双方都应严格遵守签订的合同文件，实际的可交付成果必须与合同中约定的预期成果一致。如对施工承包合同成果的确认主要是依据双方签订的施工承包合同的具体内容，应达到的标准和满足的要求，以及约定的验收方式进行实体工程的确认和验收。

尤其需注意对原合同相关文件进行的修改和更新的各种文件，在对已完成的工作进行检查时，要依据最新版本的文件。

二、范围确认的方法

范围确认的方法是对所完成可交付成果的数量和质量进行检查。检查的方法主要包括以下几种：

（1）试验。是指采用各种科学试验方法对完成的可交付成果进行试验检测。业主方（工程师）可以建立试验室对可交付成果进行采样试验，或委托具有相应资质的、独立的第三方进行相关试验，并出具试验报告。

（2）专家评定。业主方可以按合同约定的标准、程序和方法，组织相关领域的专家和相关政府部门代表对可交付成果进行评定。

(3) 第三方评定。按合同约定委托双方一致认可的、具有相应资质的、独立的第三方，运用专业方法，对可交付成果进行评定。

范围确认通常包括以下三个基本步骤：

(1) 测试，即借助于各种工程计量手段对已完成的工作进行测量和试验；

(2) 比较和分析（即评估），就是把测试的结果与双方在合同中约定的测试标准进行对比分析，判断是否符合合同要求；

(3) 处理，即决定被检查的工作结果是否可以接收，是否可以开始下一道工序，如果不予接收，采取何种补救措施。

三、范围确认的结果

范围确认的方式可分为区段接收、整个工程接收和部分接收，范围确认产生的结果包括三种：对可交付成果的完全接收、带缺陷接收和拒收。

(一) 完全接收

业主根据合同中关于接收可交付成果的有关规定，一次或分几次接收完成的可交付成果。业主通过颁发接收证书表示其对完成的可交付成果的正式接收。

在国际工程承包中，业主接收工程的方式有以下三种。

1. 区段接收

区段接收是指在合同中约定将整个工程划分成几个区段（可交付成果），各区段有不同的完成时间，在一个区段完成后即可将该区段移交给业主。业主向承包商颁发区段接收证书。区段接收证书的范例格式如下：

收到贵方根据合同条件第10.1款的通知，我们特此证明工程的以下区段除应对此类区段按其预期目的使用没有实质影响的少量收尾工作和缺陷（包括列在所附尾项和缺陷表中的）外，已按照合同在下属日期竣工。 [区段的名称或说明；并说明竣工日期]

＊本表引自《FIDIC合同指南》。

2. 整个工程移交

整个工程全部完成，并通过竣工检验，满足全部接收条件后，整体移交给业主。业主向承包商颁发工程接收证书。工程接收证书的范例格式如下：

收到贵方根据合同条件第10.1款的通知，我们特此证明工程除应对工程按其预期目的使用没有实质影响的少量收尾工作和缺陷［包括列在所附尾项和缺陷表中的］外，已按照合同在______（日期）竣工。

＊本表引自《FIDIC合同指南》。

3. 部分工程接收

当承包商完成部分工程后，业主想提前或已经占用该部分工程，但在合同中双方并未对这部分工程的提前移交作出约定，此时承包商应要求业主接收该部分工程，并针对此部分工程颁发接收证书。

(二) 带缺陷接收

如果合同工程或区段最终未能通过竣工试验，使业主损失了该合同工程或区段的部分利益，业主可以向承包商颁发接收证书，这种情况称为带缺陷接收。

带缺陷接收情况的出现是因为承包商无法完全修补好缺陷，在这种情况下，业主有两种选择：行使合同中赋予的终止合同的权利或争取与承包商就减小合同价格达成一致意见。对于后者，承包商应继续履行合同规定的全部其他义务，业主减少合同价格的金额应足以弥补因此项缺陷给业主造成的损失。

此项减少额的确定有以下三种方法：

1）双方在合同中对某些缺陷出现后的扣减额事先约定；

2）在出现缺陷后，业主提出减少额，经双方协商后确定；

3）业主可按合同中约定的索赔程序，提出索赔。

（三）拒收

如果合同工程或区段最终未能通过竣工试验，使业主实质上丧失了该合同工程或区段的利益，业主可拒收工程或区段。并且，在不影响合同中业主的其他权利的情况下，业主有权收回该工程或区段的全部支出总额，再加上融资费用和拆除工程或区段、清理现场以及将有关的生产设备和材料退还给承包商产生的全部费用。

第三节　国际工程合同工作范围变更控制

在合同实施期间，业主有权对工程进行变更，这是一个惯例。依据合同，这些变更可能涉及增加合同工作，或从合同中删去某些工作，或对某些工作进行修改，或改变施工方法和方式，或改变业主提供的材料和设施数量和规格等。

合同工作范围变更控制就是：

1）对造成范围变更的因素施加影响以确保这些变化给项目带来益处；

2）确定范围变更已经发生；

3）当变更发生时对实际变更工作进行管理。

范围变更控制必须完全与其他的控制过程（如时间控制、费用控制、质量控制等）相结合才能收到更好的控制效果。

在一般的工程项目合同中，并不区分变更属于范围变更，还是属于其他方面的变更（如工期变更），但是都单独列出变更条款，对工程变更作出明确的规定。

一、范围变更控制的依据

范围变更控制的主要依据包括合同文件、进度报告和变更令。

（一）合同文件

对总价合同，范围变更控制依据的主要合同文件是：业主要求、工作范围、技术规范和图纸。

对工程量清单合同（即单价合同），范围变更控制依据的主要合同文件是：工程量清单、技术规范和图纸。

（二）进度报告

进度报告提供了合同范围执行状态的信息。例如，合同的哪些中间成果已经完成，哪些还未完成。进度报告还可以对可能在未来引起不利影响的潜在问题向项目部发出警示信息。

（三）变更令

形成正式变更令的第一步是提出变更申请，变更申请可能以多种形式发生——口头或书面的，直接或可推定的。变更令可能要求扩大或缩小合同工作范围。大部分变更请求是由于下列原因造成的：

1）外界事件对工程项目造成影响，如政府法规的变化；

2）在定义合同工作范围方面的错误或遗漏；

3）增值变化，如在一个环境治理项目中，利用最新技术能够减少费用，而这种技术在定义合同工作范围时还未产生。

二、合同工作范围变更控制系统

合同工作范围变更控制系统规定了合同工作范围变更应遵循的程序，它包括书面工作、跟踪系统以及批准变更所必需的批准层次。范围变更控制系统应融入整个合同的变更控制系统。

下述工作范围变更程序适用于施工合同，项目参与方包括三方：业主、工程师和承包商。

（一）申请变更

工程师和承包商均可对合同工作范围提出变更请求。

工程师提出变更，多数情况是发现设计中存在某些缺陷或错误而需要对原设计进行修改。修改工作可由工程师自己完成，也可以指示承包商完成。

承包商提出的工作范围变更主要是考虑便于施工，同时也考虑在至少满足项目现有功能的前提下，可以降低费用和缩短工期。承包商提出变更请求，除说明变更原因外，还必须说明变更对项目产生的影响（主要指变更后可能增加的费用以及对项目使用功能和质量的影响）。

业主提出变更，则常常是为了提高项目的使用功能和质量要求。

（二）审查和批准变更

对工作范围的任何变更，工程师必须与项目业主进行充分协商，在达成一致意见后，由工程师发出正式变更令。

项目业主可以在一定程度上授予工程师批准变更的权力，这里所说的“一定程度”是指由于变更使项目费用增加的金额或导致工期延长的天数。如某项目规定，如果一次变更使合同增加的费用低于10万美元，合同工期延长少于3天，工程师可自己决定是否批准变更，不必事先与业主协商；如果费用变更在10万美元以上，或工期延长在3天以上，则必须报业主审批。

工程师批准工作范围变更的原则如下：

1）变更后的项目不能降低使用标准；

2）变更工作在技术上可行；

3）业主同意支付变更费用；

4）变更工作对总工期的影响不大。

（三）编制变更文件和发布变更令

变更文件一般由变更令和变更令附件构成。

1. 变更令

在实施项目之前，工程师应确定变更令的标准格式，以便在发生变更时使用。变更令通常包括如下内容。

(1) 变更令编号和签发变更令的日期，每个变更令应有惟一的编号，并应准确记录变更令发出的日期。

(2) 项目名称和合同号，一个项目可能存在多个合同，变更令中的合同号标示出变更发生在项目的哪一个合同中。

(3) 产生变更的原因和详细的变更内容说明，此部分应说明：

1) 依据合同的哪一条款发出变更令；

2) 变更工作是在接到变更令后立即开始实施，还是在确定变更工作的费用后实施；

3) 承包商应在多长期限内对变更工作提出增加费用和延长工期的请求；

4) 变更工作的具体内容和变更令附件。

变更费用是变更工作中最敏感的，承包商总希望在变更工作开始前即能确定变更费用额，而业主则希望先开始实施变更工作，然后双方再协商确定变更工作的费用，其主要目的是为了避免拖延工期。例如，某项目合同中规定：承包商必须在接到变更令后立即开始实施变更工作，不能以还未商定变更工作的费用为由延误实施变更工作，如果由此造成工期延误，则视承包商违约。

(4) 与变更有关的信息

这些信息包括先前变更产生的累计费用额、此次变更增加或减少的费用额以及累计总变更费用额。

在先开始变更工作后估算费用的情况下，变更令中就不可能列出变更费用，可在双方协商确定费用额后，再发一份变更费用的指令，或书面确认原变更令的费用额。

(5) 其他信息

在变更令中还应包括：

1) 业主名称、业主授权代表签字；

2) 工程师名称、工程师授权代表签字；

3) 承包商名称、承包商授权代表签字。

2. 变更令附件

变更令附件一般包括变更工作的工程量清单、设计资料、设计图纸和其他与变更工作有关的文件。

(四) 承包商向工程师发出对变更工作要求额外支付的意向通知

承包商提出变更工作价款的报告是开始变更估价的前提条件。按照 FIDIC《土木工程施工合同条件》，必须在发出下列通知之一后，才进行变更工作的估价，否则不予估价：

1) 由承包商将其对变更工作索取额外费用或变更费率和价格的意图通知工程师。

2) 由工程师将其改变费率和价格的意图通知承包商。

承包商在收到工程师签发的变更令时，应在变更令（或合同）规定的时间内，向工程师发出该通知，否则承包商将被认为自动放弃调整合同价格的权利。

工程师改变费率或合同价格的意图，可在签发的变更令中作出说明，也可单独向承包商发出此意向通知。

（五）变更工作的估价

1. 工程合同中确定变更工作费率（单价）和价格的程序

1）采用合同中规定的费率和价格进行变更工作的估价。这里所说的费率和价格，对单价合同是指工程量清单中填写的费率和价格；对总价合同，则指专门用于对变更进行估价的费用一览表中所列的费率。

2）如合同中未包括适用于该变更工作的费率和价格，则应在合理的范围内使用合同中的费率和价格作为估价的基础。

3）如工程师认为合同中没有适用于该变更工作的费率和价格，则在与业主和承包商进行适当的协商后，由工程师和承包商议定合适的费率和价格。

4）如双方在协商后未达成一致意见，则工程师应确定他认为适当的暂行费率和价格，并相应地通知承包商，同时将一份副本呈交业主。

在最终确定费率和价格之前，工程师应确定暂行费率和价格以便有可能作为暂付款，在当月签发的支付证书中支付给承包商。

2. 确定变更工作价格时应注意的问题

1）货币支付比例。当合同中规定以多于一种货币支付工程进度款时，应说明以不同货币对变更工作进行支付的比例。

2）变更工作的价格调整。在确定变更工作的费率或价格时，应考虑按合同中规定的条件进行价格调整（即考虑由于工程项目所在国的法律变化或国际市场物价变化，使得施工所需的劳务、生产资料的价格发生变化）。

（六）变更工作的实施和支付

如果承包商已按工程师的指令实施变更工作，工程师应将已完成的变更工作或部分完成的变更工作的费用，加入合同总价中，同时列入当月的支付证书中支付给承包商。有的合同则明确规定："只有在完成全部变更工作后，才支付变更工作的费用。"这对承包商是非常不利的。

复习思考题

1. 项目工作范围管理与合同工作范围管理有什么不同？
2. 为什么要进行合同工作范围定义？
3. 国际工程合同工作范围确认的依据、方法和结果各是什么？
4. 国际工程合同工作范围变更控制的依据是什么？
5. 合同工作范围变更控制系统包括哪些程序？

第八章　国际工程项目组织与人力资源管理

本章内容包括国际工程项目组织设计的原则和组织结构类型；国际工程项目团队的特征、发展过程、国际工程人力资源管理规划、团队组建和团队管理；国际工程项目的项目经理职权、素质要求，以及对外承包企业应该怎样选择项目经理。

第一节　国际工程项目组织设计

一、国际工程项目组织

组织的含义很广，但一般说来组织就是为了推进组织内部成员之间的活动，确定最好、最有效的经营目的，实现更有效的管理，从而规定各个成员所承担的任务、职责及各成员之间的相互关系。

组织结构是指组织内部各个职位、部门之间正式规定的、比较稳定的相互关系形式。要使管理工作有效进行，一个健全的组织结构是极为重要的。因为，组织结构形成了一种决定各级管理人员职责关系的模式。组织职能的目的是设计和维持一种职务结构，以便人们能为组织的目标有效地工作。

国际工程项目组织是为了完成某一国际工程项目的全部目标，考虑国际工程的特点，开展项目管理活动所建立的管理体制和管理机构系统。承包商的项目组织就是指我们通常所说的承包商的项目部。

二、国际工程项目组织结构设计的原则

国际工程项目组织结构的设计应遵循以下原则。

1. 目标原则。项目组织是实现项目目标的有机载体，项目组织的结构、体系、过程、文化等均是为完成项目目标服务的；达成一致的项目目标是进行项目组织设计的最终目的。项目组织结构的设计要考虑将项目目标分解落实到项目组织的各职能部门，使每个参与项目的人员在实现项目目标的过程中作出更大的贡献。

2. 适应创新原则。国际工程项目组织结构设计应综合考虑工程项目管理的国际化特征、对外承包企业的发展战略、企业组织结构、管理理念与文化价值观、项目管理中可能使用的各类技术等，以适应具体国际工程项目管理的实际环境。并且，项目组织会随着项目的实施进度不断发展变化，项目组织结构也应不断适应这种变化，不断创新。

3. 效率原则。国际工程项目管理的目标是根据合同约定，按时按质完成项目，同时降低成本，追求自身利益的最大化。这也是效率原则衡量任何组织结构的基础，效率是实现项目范围、工期、费用等目标的前提和基础。组织结构的效率还体现在高效的上传和下达。组织设计时要考虑上级部门能够对下级进行有效的控制，注意命令统一、权责对等，以保证上级制定的规范可行的政策、制度能够严格地被下级遵守，发出的指令能够及时被下级执行。同时，要及时反馈、上传执行的结果信息。

4. 职能专业化原则。项目组织整体目标需要通过完成多种职能工作来实现，项目组织设计中应充分考虑劳动分工与协作，包括：现场管理、合同管理、进度与费用、索赔等；对于以提高效率、监督控制为首要任务的项目活动，应以此原则为主，进行部门划分。

5. 管理层级与幅度原则。管理层级越多，效率越低。管理幅度越大，出现管理差错的概率越高。管理层级与幅度的设置往往受到项目规模的制约。在项目组织规模一定的情况下，管理幅度越大管理层级越少；组织管理层级的设计应在有效的管理控制幅度之下，尽量减少管理层级，以精简编制，促进信息流通。一般地，项目经理的管理幅度保持在3～5人，能够实现无差错管理。

6. 分工协调原则。组织的整体行为并不是孤立的，各职能部门既明确分工，又协调一致，使组织的各职能部门能够做到分工清晰、相互配合、通力合作，完成好项目总体目标和任务。

三、国际工程项目的组织结构

（一）职能型

职能型组织（图 8-1）是一个金字塔式层次结构，每一个员工都有一个明确的上级。将员工按专业分成不同的职能部门，如在上层有市场营销、工程、财务、计划等职能部门。在公司高级管理者的领导下，由各职能部门负责人构成项目协调层，并负责具体安排本部门内的人员承担项目的相关任务。协调工作主要是在各项目负责人之间进行。

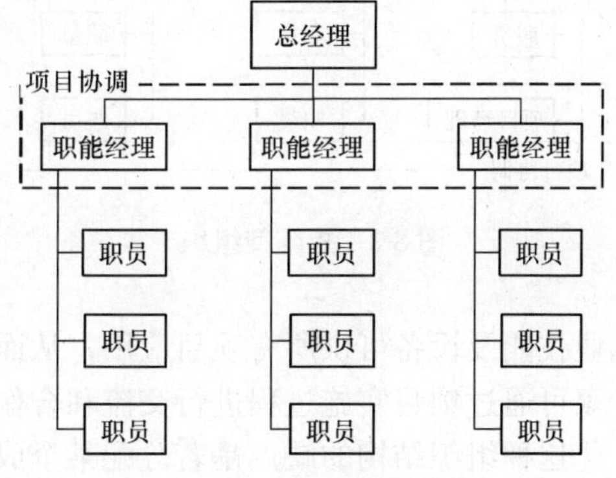

图 8-1 职能型组织

当一个项目开始运作时，委任一个职能部门的人员作为项目协调员，负责整个项目的协调工作，但协调员无权调动其他部门的人员。

职能型项目组织结构的优点是将同类专家归在一起可以产生专业化的优势并减少人员和设备的重复配置，成员在其所处的工作环境中，能够交流具体专业知识和技能，技术专家可以同时为不同的项目工作，部门内比较容易沟通，工作效率高，重复工作少。

这种组织结构的缺点是部门间沟通不畅，各部门往往为追求本部门的目标而看不到全局目标，不以项目或客户为主，不注重与其他职能部门的团队协作，使整个组织具有一种狭隘性，致使责任不明确、部门间协作成本增大。当项目任务出现问题时，互相推诿与指责，解决问题速度缓慢。

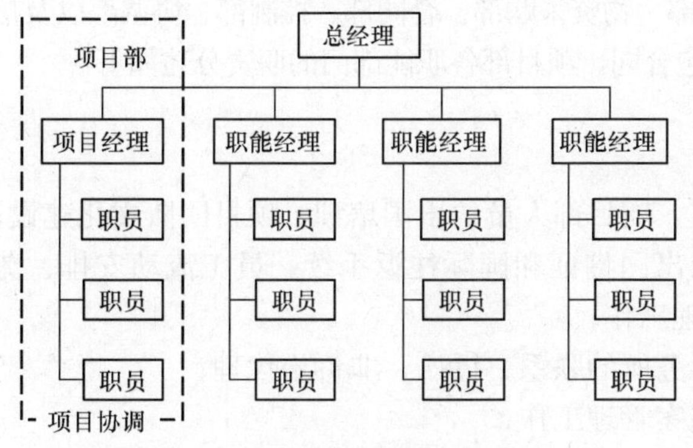

图 8-2 项目型组织

（二）项目型

国际工程跨国界的设备和人员流动、迁移成本很高，因此项目型组织是国际工程管理中常用的一种形式。项目型组织（图 8-2）是指将不同专业的员工聚集在一起为了完成某个特定项目而共同努力的组织形式。该组织大部分资源都专用于本项目工作，项目经理具有很大的独立性和权限，项目部各职能部门直接向项目经理汇报，由项目经理在项目内进行组织协调。

项目型项目组织结构的优点是项目团队成员被选拔而来，每一项目均拥有具备不同专业和技能的独立人员为之全职工作，项目经理可以完全控制所有资源，上下沟通便捷、协调一致、能快速决策及响应业主要求，对业主高度负责，有利项目的顺利实施。

这种组织结构的缺点是设备、人员等资源不能在多个项目间共享导致资源低效，由于项目各阶段工作重心不同，极易出现专职人员忙闲不均，总体工作效率低下。在项目收尾阶段，项目成员将面临被遣散回原职能部门，由于原职位丢失，项目成员需要考虑自己未来发展，如果处理不当，会导致无心工作，缺乏工作的积极性。

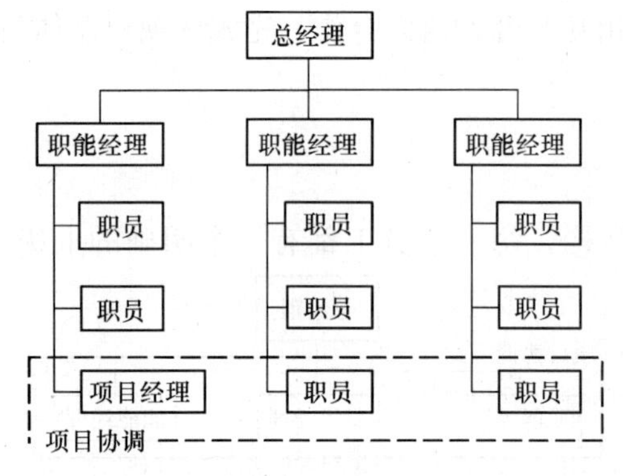

图 8-3　矩阵型组织

（三）矩阵型

矩阵型项目组织（图 8-3）是在企业组织内，既按履行职能的不同设立职能部门，又按项目任务的不同设立项目部门（项目负责人），项目负责人对项目结果负责，职能部门提供完成项目所需资源，二者共同发挥作用完成项目任务，该结构力求结合职能型结构和项目型结构的优点，克服二者的不足之处。

矩阵型项目组织结构的优点是组织成员及相应设备属于职能部门，他们能够为适应项目的变化需要而在各项目之间流动，成员的核心职业技能及设备可供所有项目应用，从而能有效利用资源，减少重复和冗余。不同部门的专家可通过项目实施过程进行交流和合作，信息传递迅速，发现问题及时，反应迅速。

这种组织结构的缺点是若分配某个成员同时在数个项目中工作，这个成员就会有好几个经理，出现“多头领导”的情形。项目经理和职能经理在工作优先次序、项目中具体人员的分配、工作中的技术方案以及项目变化等方面可能产生矛盾。如果二者之间权力分配模糊不清，会因权力斗争而导致项目运行困难。

四、国际工程项目部组织机构设置及职责

根据国际工程项目的特点，项目部组织机构通常采用项目型。项目部中设置不同的职能部门。具体的部门设置可以按照管理内容的相近程度、人员和资源的配置进行综合安排。通常设置综合办公室、工程管理部、财务部、HSE 部、物资采购部、合同部、控制部、协调部以及信息文档控制中心。根据所签订的国际工程承包合同，项目部各职能部门的职责分述如下：

1. 综合办公室

综合办公室主要负责：

1）项目的日常管理办法的制定和实施，项目部人员的出国培训，项目团队文化建设；

2）员工总量和用工计划的管理，员工出国签证和国际往返手续、员工流动安排、劳动合同、休息休假、劳动纪律、奖惩等管理工作；

3）负责法律事务工作，包括与法律事务所的联系、诉讼、非诉讼代理；

4）员工的业绩考核管理工作，人事档案管理工作；

5）员工劳动鉴定、病伤医疗、工伤保险管理；

6）项目综合管理相关资料文件的编制、收集和归档；

7）员工的住宿、膳食和交通等后勤保障管理。

2. 工程管理部

工程管理部主要负责：

1）工程项目总体布署和施工组织设计的编制；

2）开工前的准备工作和正式开工报告的组织编写；

3）工程项目实施全过程的动态控制；

4）施工方案的编制和技术管理；

5）工程项目质量管理计划的编制和控制；

6）建立、实施和保持适宜的项目质量管理体系，确保项目质量目标的实现。

3. HSE 部

HSE 部主要负责：

1）工程项目 HSE 管理体系的建立，所有分包商和供应商的 HSE 文件审查；

2）HSE 工作计划、目标、指标的制定和管理；

3）工程项目施工过程中 HSE（包括分包商与供应商的 HSE）工作的指导、监督、检查以及宏观协调；

4）定期或不定期地会同有关部门组织工程 HSE 检查，确保工程各项工作顺利进行；

5）项目施工过程中的 HSE 重大事件的处理工作；

6）实施过程中的职业健康安全和环境影响评价活动；

7）工程项目的风险管理，包括风险源识别、风险评价、风险控制；

8）工程项目保险计划的制订与控制。

4. 财务部

财务部主要负责：

1）工程项目的财务管理计划的制定与实施；

2）国际间的货币汇兑管理和项目的所有日常财务经费管理；

3）工程项的收支帐目管理和为项目筹措资金；

4）对分包商和供应商进行支付。

5. 物资采购部

物资采购部主要负责：

1）物资采购计划和物资分配计划的编制；

2）工程物资供应管理的规章制度和工作流程的制定；

3）物资供应单位的管理工作，物资供应单位的动态信息的收集、识别、整理；

4）物资采购计划的实施和控制；

5）工程物资的统一调度、分配、协调、运输管理；

6）组织物资供应商的售后服务和现场调试工作；

7）物资收、发、存资金账务管理，工程物资核销和剩余物资的回收处理。

6. 合同部

合同部主要负责：

1）国际工程承包合同管理工作，包括合同的解释、有关合同知识的培训等；

2）分包商和供应商的选择，包括招标文件的编制及发售、招标文件的澄清、开标和招标谈判工作的组织等；

3）各类分包合同和供应合同的管理，包括合同谈判、合同审核和签订、履约管理等；

4）变更与索赔管理。

7. 控制部

控制部主要负责：

1）工程施工进度计划的编制、跟踪控制和更新；

2）工程数据的统计管理；

3）工程项目费用管理，包括进度付款申请的编制和提交、项目现金流计划的编制、项目施工预算、工程进度款审核、对分包商的付款管理等；

4）工程日报、周报和月报的编制。

8. 协调部

对大型或现场比较大的项目，需要设置协调部，主要负责：

1）承包商、分包商、供应商之间的进度协调管理；

2）当地政府有关部门和民众的关系协调；

3）业主、工程师与承包商之间的现场移交协调、甲供材料的供应时间协调；

9. 信息文档控制中心

信息文档控制中心主要负责：

1）文档管理程序的编制、应用和推广；

2）提供文档的查阅和复印；

3）控制和管理文档的准备、修改、回收、存档和销毁；

4）文档整理分类，在项目结束后负责项目文档的移交工作；

5）项目数据采集、流通、处理、存储。

【案例 8-1】 某国际工程项目部组织机构设置和项目部管理人员及部门的责任划分

以下为某国际工程中项目部的组织机构设置，在该项目中，项目经理为项目的第一负责人，在项目经理下分设三个副经理，分别主管技术、商务、HSE（健康、安全和环境）。详细的项目部组织机构设置图如 8-4 所示。

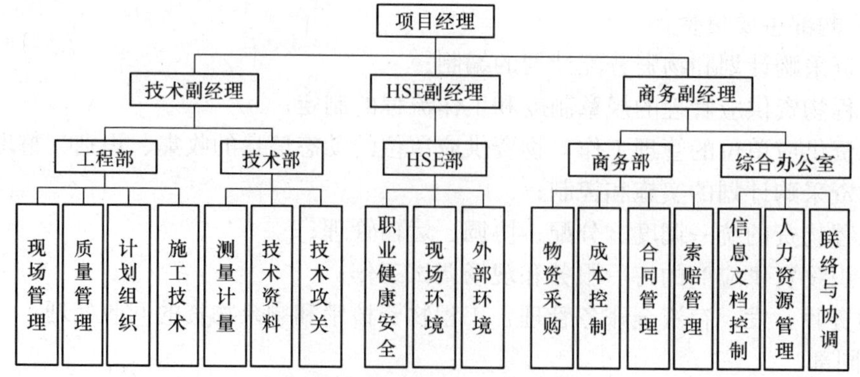

图 8-4 项目部组织机构设置

项目部主要管理人员及部门责任表，见表8-1。

项目部主要管理人员及部门责任表 表8-1

管理人员及部门	主要管理职责
项目经理	工程总负责人
技术副经理	主管施工、技术、资料
HSE副经理	主管职业健康、安全、环境
商务副经理	主管合同、索赔、费用、采购
工程部	施工现场管理、工程进度和质量管理
技术部	负责技术管理及工程量的测量
HSE部	现场所有人员的职业健康和安全管理、现场环境维护、项目施工造成的外部环境污染的预防和治理
商务部	物资采购、费用控制、合同管理、索赔管理
综合办公室	项目的日常管理；项目部人员的培训与绩效考核；员工劳动鉴定、病伤医疗、工伤保险管理；项目信息与文档管理工作

第二节 国际工程项目人力资源管理

人力资源管理可定义为一个组织为了实现既定的目标，运用现代管理措施和手段，对人力资源的取得、开发、保持和运用等方面进行管理的一系列活动的综合。目的是为了充分调动人员的工作积极性和创造性，最大限度地发挥人的潜能，为组织的经营和发展服务。人力资源管理一般包括人员招聘、培训、绩效考核、辞退等。

国际工程项目人力资源管理是指承包商根据与业主签订的承包合同中有关承包商人员的规定，为履行其合同义务，进行项目人力资源规划，以及项目团队组建和管理的全部过程。

一、国际工程项目团队的特征

项目团队是指为了完成某个一次性的特定任务（独特的产品或服务）而组建，由相互信任、相互支持、技能互补的人员所组成的一种配合默契的合作团队。

工程项目一次性和独特性的特点决定了项目团队具有其自身独特的特征。

1. 项目团队构成的开放性。项目团队是为了实现某一特定的任务而组建，随着任务完成而解散。同时项目团队的成员构成也不是一成不变的，而是随着项目的进展和任务的展开不断地调整，具有明显的开放性。

2. 项目团队生命的周期性。项目团队从组建到解散，是一个不断成长和变化的过程，一般可分为四个阶段：形成阶段、震荡阶段、规范阶段、表现阶段。

3. 项目团队目标的约束性。项目团队的目标是为了完成某个一次性的特定任务，它有着明确的质量、工期、成本等多目标约束，项目必须在预定的工期内、在预计的成本范围内、在预期的质量要求下交付使用。

国际工程项目团队除具有上述一般项目团队的特征外，还具有如下国际化的特征。

1）项目团队的多文化背景。国际工程项目团队的成员往往来自于不同的国家和不同的民族，由于文化背景不同，思维方式和对待问题的看法会有比较大的差异。团队建设中，必须考虑多文化融合下的管理，以形成新的项目文化。

2）异国他乡工作。对我国在境外承揽的国际工程项目，项目团队在异国环境下工作，在适应新的社会文化环境的同时，还要解决思乡之情。

二、国际工程项目团队的发展过程

许多国际工程项目，项目团队成员来自所属公司不同的职能部门和公司外的其他组织，还有许多成员是在工程所在国招募进入项目团队，要把来自于不同行业，具有不同民族文化背景的人员组织在一起，并发展成为一个高效率的团队，需要经过一个过程。项目团队的形成和发展一般需要经历四个发展阶段：形成、震荡、规范和表现。

（一）形成阶段

团队的形成阶段主要是组建团队的过程。在这一阶段，项目组成员刚刚开始在一起工作，对自己的职责及其他成员的角色都不是很了解，会不断摸索以确定何种行为能够被接受。这个过程中主要依靠项目经理来指导和构建团队。

由于刚刚开始工作，团队成员具有很高的工作积极性，项目经理应对团队成员进行引导，向他们阐释项目管理目标，描绘项目成功所能带来的效益，使每个成员对项目目标有全面深入的了解，建立共同的愿景；在这个阶段，应确定每个项目团队成员的角色、主要任务和要求，帮助他们更好的理解所承担的任务和需要达到的目标。为了做到这一点，项目经理应与项目团队成员共同讨论项目团队的组成、工作方式、管理方式以及方针政策，以保证团队成员对完成工作的内容和流程有清晰的理解，以便日后工作的顺利开展。

（二）震荡阶段

随着项目的开展，项目成员之间由于文化、教育、家庭、专业等各方面的背景和特点不同，使之观念、立场、方法和行为等都会出现各种差异，工作初期成员相互之间可能会出现不同程度和不同形式的冲突，导致成员合作不愉快，士气低落。这一阶段是团队从组建到正规的过渡阶段，也是一个创造理解和支持环境的重要时机。项目经理应把握好这个时机，允许成员表达不满或他们所关注的问题，接受及容忍成员的不满，并做好导向工作，依靠全体团队成员共同解决问题和矛盾。

（三）规范阶段

团队成员之间、团队与项目经理之间的关系确定好了，大部分个体之间的冲突已得到解决。团队的工作开始进入有序化状态，团队的各项规章制度经过建立、补充和完善，成员之间经过认识、了解和相互定位，形成了自己的项目团队文化、新的工作规范，培养了初步的团队精神。

这一阶段的团队建设需要注意以下几点。

1）团队工作规则的调整与完善。工作规则要在使工作高效率完成、工作规范合情合理、成员乐于接受之间寻找最佳的平衡点。

2）团队价值取向的倡导，创建共同的价值观。

3）团队文化的培养。注意鼓励团队成员个性的发挥，为个人成长创造条件。

4）团队精神的奠定。团队成员相互信任、相互帮助以及尽职尽责。

（四）表现阶段

在这一阶段，团队积极工作，急于实现目标，成员的工作效率有大的提高，工作效果明显，这时团队已经比较成熟，是团队状态最好的时期。但这个阶段需要注意不能偏离团队的目标，因为团队的组建是为实现预期项目目标服务的。

在项目团队发展与成长的四个阶段中，各阶段工作绩效和团队精神所处的水平不同。从图 8-5 中可看到，团队发展各个阶段团队精神和工作绩效并不完全呈正比，在团队的形成阶段甚至呈反向关系，震荡阶段波动也较大，当走入正规期及表现期后才趋于一致。在建设项目团队时，需要注意区分项目的各个发展阶段。

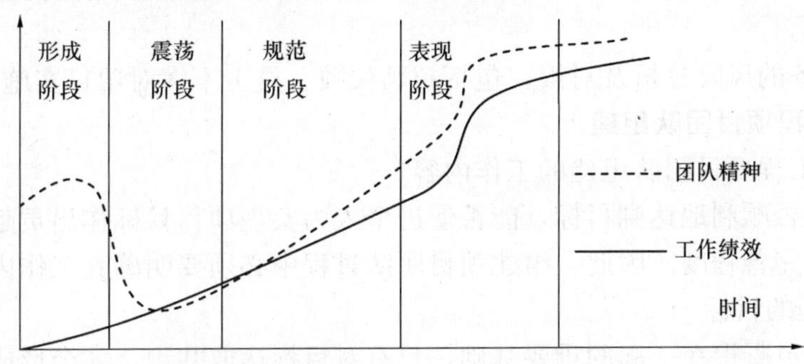

图 8-5　项目团队发展各个阶段的功能

三、国际工程项目人力资源规划

（一）岗位分析

岗位分析是根据工作分解结构（WBS）来确定每个工作岗位的职责和工作内容。岗位分析主要包括以下内容：这个岗位具体做什么工作；谁来担任这个岗位；此岗位开始工作的时间；安排此岗位的目的；此岗位向谁负责；此岗位的人员应如何履行职务。

岗位分析是人力资源管理的基础，对今后的人员选择、薪酬管理、绩效评价以及人员培训都具有十分重要的作用和意义。

（二）人员需求与供给预测

在进行人员需求与供给预测时，应当考虑以下几个方面的因素：

1）国际工程项目的特点、类型、规模、复杂程度和需要；

2）工程项目在不同阶段工作量的变化引起的人员需求变化；

3）工程项目所在地点和项目分部的数量和地点；

4）工程项目进度安排与施工组织设计；

5）人员的性格、素质和能力；

6）导致生产率提高的技术与管理方面的变化；

7）需求人员所在部门用于雇用人员的经济投入；

8）相应岗位人员在对外承包企业内部和外部的可获得性。

（三）编制人力资源计划

人力资源计划包括职务计划、人员配置计划、人员供给计划、培训计划、人力资源管理政策、关键任务的风险分析及对策等。人力资源计划的编制应根据岗位分析和人员的需求预测进行。

1）职务计划包括项目组织结构、职务设置、职务描述和职务资格要求等（具体内容见本章第一节）。

2）人员配置计划包括每个职务的人员数量、人员的职务变动、空缺数量、希望到岗时间、技能要求等。

3）人员供给计划包括人员供给方式（外部招聘、内部招聘）、人员内部流动政策、人员外部流动政策、人员获取途径及计划、招聘成本等。

4）培训计划包括培训政策、培训需求、培训内容、培训时间、培训形式、培训考核等。

5）人力资源管理政策包括招聘政策、绩效评价政策、薪酬与福利政策、激励政策、员工管理政策等。

6）关键任务的风险分析及对策，包括招聘失败、员工不满对项目实施的影响等。

四、国际工程项目团队组建

（一）国际工程项目团队组建的工作内容

项目团队能否顺利地达到目标，能否促进个人为实现项目目标作出贡献，在很大程度上取决于结构的完善程度。因此，组建项目团队过程中必须要明确其工作内容。

1. 制定合理的目标

目标是把成员凝聚在一起的重要基础，只有对目标达成共识，才会形成和谐团队。项目团队自成立开始起，就必须树立明确的目标，直至该团队完成使命为止。一个项目目标往往是多方面的目标的综合，如费用、工期、质量、HSE管理目标，这些目标相互影响，相互约束。确定一个明确的、有一定挑战但又可以完成的目标对团队成员是一种有效的激励。一个科学、合理的项目目标既是开展项目工作的基础，也是确定组织结构形式和机构的重要基础。随着组织所处发展阶段的不同，团队目标也应及时调整。

2. 确定项目的工作内容

要确定项目具体工作内容，应从项目的工作分解结构（WBS）分析开始着手。WBS定义了项目的控制账目、工作包、任务，以及他们之间的相互关系。WBS在充分理解进度和成本估算的基础上，将劳动力、材料、设备以及其他资源分配到工作任务上。工作分解分析为项目建立了合同、工作任务和时间的约束条件，这将决定组织结构的设计。项目工作内容的确定能使项目工作更具有针对性。

3. 明确成员岗位职责、权限及规模

团队工作绩效很大程度上取决于成员的积极性和主动性，而影响成员工作积极性的主要因素就是责权利的合理配置问题。因此，团队的权限必须和它的定位、工作能力和所赋予的资源相一致。一般地，团队权限包括：团队决策权；资源使用权；参与组织重大事务的权限；信息共享及保密。团队成员的数量随着工程项目的进展而增加，并随着项目接近交付与收尾而减少。

4. 明确团队沟通和协调的关系

1）团队成员之间的沟通和协调。项目经理要引导团队成员调整心态和准确定位角色，把个人目标与项目目标结合起来。

2）团队成员与工作环境之间的沟通和协调。项目经理要帮助团队成员熟悉工作环境，学习并掌握相关的技术，消除团队成员与周围环境之间的不和谐，如与项目技术系统之间的不协调、对项目团队采用的现代施工技术不熟悉等，以利于项目目标的及时完成。

3）项目团队与项目外其他部门之间的沟通和协调。在项目进行过程中，项目经理需要与项目外其他部门之间进行很好的沟通协调，避免产生各种各样的矛盾冲突，为项目团队争取更充足的资源与更好的环境，并对项目进程以及项目目标与项目关系人不断达成共识，更好地促进项目目标的实现。

5. 激发团队成员的积极性

在项目实施过程中，由于严格的目标约束及多变的外部环境，项目经理要善于运用各种激励理论和方法对成员进行适时的激励，激发团队成员的积极性、主动性，充分发挥团队成员的创造力。一般地，通过灵活的授权，显示项目经理对团队成员的信任，也给团队成员学习与成长的空间。这样，一方面团队成员在授权范围内可根据内外部环境的变化及时决策；另一方面，项目经理可以将工作重点转向关键点控制、目标控制和过程监控，工作重心由内转向外，侧重于处理与业主或社会之间的关系，从外部保障项目团队的运作。

（二）国际工程项目团队人员选聘及安排

1. 国际工程项目团队人员的选聘

国际工程项目管理中的人力资源管理区别于对外承包企业内部的人力资源管理：按人力资源分工的不同，国际工程项目中的人力资源大体可分为直接操作的作业人员和从事技术性、管理性工作的管理人员两大类；由于国际工程项目的国际性特点，工程项目往往并非在本国进行，出于政治制度和经济利益的考虑，对外承包企业难免要在项目所在国当地雇用人员参与项目的建设。因此按人力资源的来源不同，又可将其分为本国雇员和非本国雇员两类。

国际工程承包合同中经常会强制性的规定雇用当地人员的比例，或分配给当地企业一定合同额的工程任务，在这种情况下，承包商雇用当地员工时，应考虑员工的工资标准、工作条件、工作时间以及适用的劳动法规的本土化要求。一般说来，承包商所支付的工资标准及提供的劳动条件不得低于同行业中约定的标准和条件。

2. 国际工程项目团队聘用人员的安排

项目部具有对聘用人员的建议权，可以在向上级公司上报人力资源计划时，同时上报部分或全部所需人员的建议名单。项目部确认拟聘人员后，应根据具体情况签订聘用合同或用人协议，确定人员的职责、权限、工资等级、奖金标准等。项目人员因故离开项目而需要更换时，新聘用的人员应依照上述规定重新选择。

按照国际惯例，承包商从项目所在地或其它地方雇用了员工后，应负责支付他们的薪酬，并安排他们的食宿和交通。但在国际工程实践中，承包商也可根据具体情况来安排。对于自己从本国带来的人员，承包商可在现场或附近建立自己的营地或租赁当地人的住房为他们提供食宿；对当地雇员，如果施工现场距离当地居民区不太远，一般承包商只提供上下班交通即可，不提供住房，也可不提供三餐，但需要在现场提供饮用水。承包商人力资源的适当本土化可为其节省开支，降低人力资源成本。

五、国际工程项目项目团队管理

（一）国际工程项目团队人员的绩效管理

1. 确定绩效考核指标

绩效考核指标是对项目目标的分解，是能够有效反应关键绩效驱动因素的变化的衡量参数。日常工作绩效评价的重点是：

1）工作成绩，重点考核工作成果，同一岗位的评价标准要统一；

2）工作态度，重点考核工作中的表现，考核员工付出了多少劳动；

3）工作能力，人员的工作能力由于受到岗位、环境或个人主观因素的影响，在现有的工作中不一定显示出来，要通过考核发现。绩效指标的确定应根据这些绩效评价的重点来确定。

绩效考核指标的选择应遵循 SMART 原则：

1）指标是具体的（Specific），即绩效考核要切中特定的工作指标，不能过于笼统；

2）指标是可衡量的（Measurable），即考核目标可量化表示的，验证这些绩效指标的数据或者信息是可以获得的；

3）指标是可达到的（Attainable），即绩效指标在付出努力的情况下是可以实现的，尽量避免设立过高或过低的目标；

4）指标是现实的（Realistic），即绩效指标是实实在在的，可以证明和观察；

5）指标是有时限的（Timebound），注重完成指标的特定期限。

考核指标不宜过多，以免分散了员工的注意力。确定了考核指标之后，需要为每个指标分配权重。每个指标的权重应仔细考虑，过高的权重会导致对其他与工作密切相关的指标被忽略，而且使员工的考核风险过于集中，万一不能完成指标，影响过大。权重过低则会导致考核缺乏影响力。

2. 绩效的反馈与评估

进行绩效考核的主要目的是要更好地了解项目的现状，查找出项目目前存在的问题，借此来优化项目内部的管理制度，发现问题改进工作。

在绩效评估中，员工不仅关心自身绩效水平，而且关心上级主管人员对其工作能力、态度等方面的评价。绩效管理人员要采取合适的方式，及时有效的把评估结果反馈给员工，让他们能够从绩效评估中受益，从而发现自己的问题和明确努力方向。

工作绩效评价的结果，应与人员的薪酬相联系，对于绩效评价结果好的人员，应给予适当奖励；对于绩效评价结果差的人员，也应给予相应的惩罚，严重不符合项目要求的人员，应及时解聘，避免影响项目的目标。

（二）国际工程项目团队人员的激励

对项目人员进行激励就是运用有关行为科学的理论和方法，对成员的需要予以满足或限制，从而激发成员的行为动机，促使成员充分发挥自己的潜能，为实现项目目标服务。国际工程项目中的激励因素包括个人激励因素和组织激励因素两个方面。

1. 个人激励因素

与个人激励因素相关的一个重要概念是项目团队成员的个人目标。个人目标是个人行为所要得到的预期结果，它本身是行为的一种诱因，具有诱发、导向和激励行为的功能。个人目标本身包含若干层次，不同层次的目标所指向的标的物就构成了个人激励因素。

（1）物质因素

物质因素也就是一般意义上所讲的薪酬。当个人在决定是否参与某个项目时，一个很重要的因素就是考虑参与项目是否会给自己带来足够的收入。在这个因素上，项目成员往往会权衡项目工作和本职工作。物质因素包括：工资、津贴、海外项目补助、福利、保险等。

（2）个人发展因素

每个项目都是独一无二的。对于个人来说，每参加一个项目都是一次学习机会。个人的发展离不开知识的学习、经验的积累，而参与项目正是很好的学习实践机会。个人发展因素具体包括：对项目成员不熟悉技能的培训；适当范围的授权；给予项目人员较多的学习、参与机会；把个人在项目中的绩效记录在案等。

（3）专业认可

项目工作是以任务为导向的活动，每个人在项目中都是有特定任务的。在项目执行过程中，通过良好的沟通机制，有效的监控和反馈项目进展和任务的完成情况，使项目成员及时了解自己的努力结果。当其得到专业技能的承认和赞扬时，会产生出受尊重和自我实现的极大满足感。尤其专业人士及高成就者，他们并不在乎有无职权，他们更多地追求专业上的成就和认同。

2. 组织激励因素

组织的激励因素体现为两方面：激励和约束，具体包括以下方面：

（1）项目目标

项目管理的任务就是保证实现项目目标，因此，明确的项目目标是一种强烈的激励因素。管理大师彼得·德鲁克认为员工的共同参与与共识是达成目标的关键。

（2）利益共同体

项目人员往往来自于不同的国家、行业和部门，依据项目需要，可能被分配全职或兼职工作，项目结束后原则上仍回原行业和部门，容易使项目成员不会全心投入到项目工作中去。这就要求项目管理者在项目进程中，通过让项目成员适当地参与计划及决策工作，通过在为项目成员分配任务时赋予其相应的责任和进行适当的授权，并通过组织制度形式使所有的项目成员形成利益共同体，使其形成一种自我激励和约束。

（3）团队精神

项目团队是由项目组成员组成，是为实现项目目标而协同工作的组织。高绩效团队给予了参与项目的成员非常明确的目标，使其具有强烈的方向感和目标感，培养彼此之间的了解和协作精神。团队精神具有内聚性、义务性和热情性。因此，为项目团队打造有力的团队精神，是激励项目成员凝聚力量，为项目目标奋斗的强大动力。

（三）国际工程项目人员的遣散

工程项目上的人员流动性比较大，人员的需求量随着项目进展到不同阶段，而有所不同。项目部应根据项目的需要，确定项目上的人员需求，及时聘用或解聘人员。在某些情况下，应向被解聘人员支付一笔适当的遣散费。

工程建设项目一次性的特点决定了在项目结束时，项目上的所有人员都要结束该项目的建设工作。其结果有两种，一种是人员直接转往承包商的另一个项目继续进行工程承包工作，或者等待一段时间后再转往另一个项目；一种是人员经过培训，留在项目上，从事项目的生产运营工作。

第三节 国际工程项目经理

项目经理是对外承包企业派驻具体项目，全权代表企业对合同下的国际工程进行管理，是项目的第一负责人和实现项目目标的组织者。他既是项目总体的组织管理者，也是项目中所有生产要素的组织管理人。因此项目经理是项目实施阶段的责任主体，也是项目目标的最高责任者。

一、项目经理的权力

国际工程跨国经营的特点，使得项目经理的权限限通常高于纯国内项目。项目经理的权力包括：

1. 生产指挥权

项目经理有权按国际工程承包合同的规定，根据项目随时出现的人、财、物等资源变化情况进行指挥调度，有权在保证总目标不变的前提下对项目计划进行优化和调整，以保证项目经理能对施工现场临时出现的各种变化应付自如。

2. 人事权

在有关政策和规定的范围内，有权决定项目部人员的聘任、调配、考核、奖惩和解聘。

3. 财物决策权

项目经理必须拥有承包范围内的财务决策权。在财务制度允许的范围内，项目经理有权安排该项目费用的开支，有权决定项目部内部成员的计酬方式、分配方法、分配原则和方案。对风险应急费、措施费等都有使用支配权。

4. 技术决策权

主要是审查和批准重大技术措施和技术方案，以防止决策失误造成重大损失。必要时召开技术方案论证会或聘请咨询专家，以防止决策失误。

5. 设备、物资、材料的采购与控制权

在公司有关规定的范围内，决定机械设备的型号、数量和进场时间，对工程材料、周转工具、大中型机具的进场有权按质量标准检验后决定是否用于本项目，还可自行采购零星物资。但主要材料的采购权不宜授予项目经理，否则可能影响公司的效益，但由材料部门供应的材料必须按时、按质、按量保证供应，否则项目经理有权拒收或采取其他措施。

二、项目经理的职责

1. 实现项目目标

项目经理必须带动项目团队实现项目目标，达到业主的要求，这一项基本职责是检验和衡量项目经理管理成败、水平高低的基本标志。

2. 制定项目阶段性目标和项目总体控制计划

项目总目标一经确定，项目经理的职责之一就是将总目标分解，划分出主要工作内容和工作量，确定项目的阶段性目标，如里程碑控制点等。制定计划时应由项目经理负责，项目团队成员一起参与，这可以使计划更贴合实际，易于得到项目团队成员的普遍认同，在执行阶段可以减少阻力。

3. 组建项目团队

组建一支好的项目团队是项目经理管好项目的基本条件，也是项目成功的组织保证。项目经理负责项目成员的任务分配，明确其工作范围与职责，把一组成员组织起来共同实现项目目标。项目经理应保证参与项目团队的成员能够满足所在岗位的技能要求，并应创造条件确保项目成员能够经常地交流沟通，营造良好的团队文化和工作氛围。

4. 及时决策

项目经理需亲自决策的问题包括实施方案、人事任免和奖惩、重大技术措施、设备采购方案、资源调配、进度计划安排、合同及变更、索赔等。在项目执行过程中，会遇到各种各样的问题和障碍，项目经理应时刻掌握项目的最新信息，及早发现问题并果断理智的对这些问题进行决策，使项目能够按照计划进行。

5. 项目资源的组织

组织工作主要是为执行项目计划获得适当的资源，并决定资源的分配，保证资源的高效利用。资源主要包括人员、设施、材料、资金等，由于项目成本及资源可获得性的限制，资源通常是项目的约束条件，一般在制订项目执行计划时，应同时结合制订相应的资源计划，以保证在资源约束条件下项目的成功实施。

三、项目经理的素质

项目经理是整个工程建设项目的核心领导者，其工作能力关系到整个项目的顺利进行，因此对于项目经理的聘用要慎重对待。成功的项目经理至少应该具备以下三方面的资质能力：很好的管理、沟通与协调能力；全面的专业知识体系；良好的个人修养和人格魅力。项目经理应是一个通才，而非专才。

1. 很好的管理、沟通与协调能力

项目经理应该掌握管理的基本技能与知识。由于项目经理是一个管理岗位，需要熟悉项目管理的基础知识和分析方法，并经过必要的项目管理的技能训练；既要有管理意识，还要掌握管理的基本技能；在处理各种突发事件时，做到“处变不惊，从容应对”。

项目经理要有很好的沟通与协调能力。项目经理在某种程度上担当着协调员的角色，需要和方方面面的人员沟通，不仅是项目部内人员之间的沟通，更多的是与项目相关各方进行沟通与协调，因此这对项目经理的人际沟通能力提出了很高的要求。

在国际工程承包中，对项目经理语言能力的要求经常被写入合同，承包商必须遵守。

2. 全面的专业知识体系

项目经理要具备承担工程建设项目管理任务的专业技术、管理、经济和法律法规知识。

项目经理需要对大量的专业性任务进行计划、组织和协调，是项目实施的决策人。如果不懂与工程项目相关的专业技术，就很难对重大问题作出正确的决策。但这并不是说项目经理必须精通结构、机电、工艺、造价等各个方面的专业知识，而是要求其必须在这些方面具备一定基础知识，熟悉项目的主要技术，才可以借助于参加项目的专业人员，如结构工程师、机电工程师、工艺人员和造价人员，来作出决策。

除了工程技术方面的知识，项目经理还必须具有更广泛的商贸方面的知识，而且要具有一定的知识广度。如经济学、法学、管理学、财务、心理学等。

3. 良好的个人修养和人格魅力

项目经理应“忠诚”于这个项目。换句话说项目经理既然是项目的核心人物，因此不应随意更换。项目经理与所属对外承包企业必须建立充分的信任，才能有利于项目的完成。

项目经理要公正无私。项目经理要整合所有资源为实现预期的目标服务，因此项目经理应当站在公正无私的立场合理地分配资源，不能因为个人的利益而刻意增减各类资源。

良好的职业道德。项目经理要具有良好的职业道德，时时跟踪和关注项目的进展情况，遇到实施过程中所发生的问题和困难要及时与上级公司和项目各参与方进行充分沟通和协调，本着“共赢”的原则探讨解决方案。

具有开朗、坚韧、冷静而灵活的性格。国际工程项目的错综复杂决定了项目在实施过程中必然遇到许多棘手的问题，只有冷静而清晰的分析问题，灵活的处理问题，并以坚韧的意志克服困难，才能最终实现项目的既定目标。

良好的道德品质。项目经理应具有良好的道德品质，必须对社会的安全、和谐、文明和发展承担道德责任。首先，项目经理应保证他本人和项目管理班子成员严格遵纪守法，当项目的经济利益与社会利益发生矛盾时，项目经理应合理的加以协调，把自己追求利润的商业行为限制在社会和公众允许的范围之内。

四、项目经理的选聘

选聘项目经理除了要考虑上述的项目经理的素质要求外，还应该注意以下几点：

1. 要有一定类似项目的经验

项目经理的职责是将计划变为现实，因此对于项目经理的选聘，有无类似项目的工作经验是非常重要的。必须注意的是，如果一个项目经理在某一类型的项目中有较多的工作经验，在选聘时往往会被认为具有成熟的管理经验。但是这并不能表明他能管理其他特点不同的工程项目，因为对于新的类型，可能用老项目的管理经验，反而不利于新的工程项目的管理，所以应考核项目经理参与过的项目与拟建项目的类似程度。

2. 有较扎实的基础知识

在实践中，由于各种原因，有些项目经理的基础知识较弱，难于应付在实际工作中遇到的各类问题。因此在对项目经理进行选聘时要注意候选人是否有较扎实的基础知识。对基础知识的掌握程度的分析可以通过候选人所受教育程度和相关知识的测试来进行。

3. 兼具管理技能和技术技能

高层管理者往往倾向用技术部门的人员或高级工程师来负责工程项目，往往忽视了项目经理的管理技能。必须注意到，让高级工程师或技术专家充当项目经理有一定的危险性，因为它们容易沉缅于施工技术细节，而忽视管理，项目经理必须了解如何有效地发挥项目成员的作用，如何很好地与人相处，而这些往往是技术人员的弱点。

项目经理可以从公司内部选择，也可以在社会上招聘。公司内部招聘可采用组织选定、自荐、内部考核等方式进行。从社会上招聘可以从专业的工程咨询机构的专家库中挑选，也可以采取公开招聘的方式。无论采用哪种方式，在选聘项目经理之前承包商公司内部都必须确定一个候选人标准，这个标准综合考虑项目经理的素质、工作经验、学历等因素。

复习思考题

1. 国际工程项目不同组织结构的特点是什么？他们之间有什么区别？
2. 一个国际工程的项目部主要包括哪些部门？各部门的主要职责是什么？
3. 国际工程项目团队发展包括哪些阶段？各阶段的特点是什么？
4. 国际工程项目团队组建的工作包括哪些内容？
5. 如果一个国际工程项目要选聘一位项目经理，应该考察候选人的哪些素质和条件？

第九章　国际工程货物采购管理

本章内容包括国际工程货物采购的概念、特点以及采购工作的主要内容；国际工程货物采购的基本程序，涉及采购计划的编制、询价、供应商的选择、国际工程货物采购合同的内容、常用的交货方式以及运输、保险与清关等主要步骤；EPC总承包商货物采购过程中承包商与业主之间的界面管理和采购工作与设计施工的协调问题。

第一节　国际工程货物采购概述

货物采购是指承包商通过询价或招标等形式选择合格的供应商，购买工程项目所需要的物资。这是工程项目承包中的一项重要工作，贯穿于工程项目实施全过程中的各个环节。在实施国际工程货物采购时，不但应遵守一定的采购程序，还需了解国际市场的价格与供求关系、货源、外汇市场、保险和运输以及国际贸易情况等相关信息。

一、国际工程货物采购的特点

国际工程货物采购，除了具有一般工程货物采购的特点外，还具有以下特点。

1. 技术标准多样化

在国际工程招标文件中，通常对用于工程的材料和设备等都有较详细的要求。不同的国家地区、不同的项目要求各不相同，这就造成了工程采用的设备和材料的标准差异也很大。例如国际常用的标准就分英国标准、美国标准、日本标准等。这就要求项目人员必须掌握并熟练运用广泛的技术知识，并且要了解合同中规定的不同国家的规范和标准。

2. 程序复杂

国际工程承包既涉及一般工程承包的全部活动，又涉及不同国家间的货物进出口贸易，因此程序多，手续复杂。主要程序包括：编制采购计划，选择货源，询价，比价，报送样品，接受检验和认可，还盘、议价和订货，申请进口许可证，申请银行支付信用证或办理其他支付方式，货物运输、港口接货和商检，清关，银行付款或索赔，陆运和仓储，现场物资管理和使用等。对免税进口货物要办理免税保函和使用完毕后的核报与收回保函；对临时进口设备要办理临时进口税收保函和生产设备出境并收回保函等。

整个货物采购过程不仅需要业主和工程师的支持和协助，还涉及到许多政府部门、私人商业机构以及其他有关组织和团体，稍有失误，就可能遭受损失。这就要求有熟悉各种程序和手续的专门人员来实施和管理。

3. 货源广泛

国际工程承包的货物采购通常是在国际市场上进行，同类产品的生产厂家众多，质量和价格差异比较大。这种形势虽然提供了利用竞争选择供应商的机会，但同时也增加了采购时的复杂程度。这就要求采购人员熟悉货源渠道，懂得相关商业知识，而且要善于谈判，以有效实现质优价廉的采购目标。

4. 价格变化大

同类物资从不同的渠道或在不同时间进行采购时，价格变化也比较大。其价格影响因素有订货量、运输距离和方式、税收和保险以及汇率变化等。因此，为了降低工程物资成本，除了关注货物本身的价格，另外，还要综合分析一系列与成本有关的其他方面的问题。如，周转资金的有效利用、根据汇率利率选择的付款方式、根据进度计划选择的进货时间和数量等。这要求采购人员能把握国际市场行情的变化，熟悉国际商务，采取灵活的订货方式和策略来降低采购的成本。

5. 国际风险多

在国际工程货物采购中，货物的制造加工、运输和安装活动常常发生在不同的国家和地区，由此也就产生了大量的潜在风险。例如，货物在运往工程所在国时，可能会途经很多国家，而此时某一必须经过的国家正处于战乱中，那么由此就会对整个采购过程产生很大的影响。

另外，在采购过程中，采购人员要和不同国家和地区的具有不同文化背景的厂商打交道。这种文化差异也会对采购活动造成影响。因此，采购人员必须提高各方面素质，并且严格按照采购的原则办事以应对可能出现的风险。

二、货物采购管理的工作内容

在国际工程承包中，货物采购管理工作贯穿于工程承包的全过程，在各主要阶段的工作内容如下。

1. 工程投标阶段

承包商在投标报价时，要考虑各类成本和费用因素，其中材料和设备占主要部分，报价要以各类货物的询价结果作为基础和前提。在此阶段，采购人员的主要工作是紧密配合工程部门进行工程投标，包括按照招标文件的要求编制采购计划、了解主要货源、进行市场价格调查、询价以及明确工程货物的质量标准。

2. 工程实施阶段

这一阶段采购管理的主要任务是保证工程的顺利实施。采购人员需要根据工程的进度计划，及时供应符合文件要求标准的货物，并确保其价格处在投标价格控制范围内，不会对成本有太大的影响。另外，此阶段还需要对所采购的货物进行适当的仓储保管和监督管理。考虑到各种因素，所需的货物不会一次性采购齐全，往往是根据工程项目的进展来分段分批采购。本阶段的采购工作最多而且很复杂。

3. 工程完工和验收后物资的善后处理

此阶段的任务主要是协助工程部门撤离现场，如清点剩余物资、组织临时进口的设备转移或出境、收回保函或在缴税后在当地拍卖等。另外，还需要协同相关部门进行设备材料应收、应付款的结算，处理各项与材料设备相关的索赔工作。

第二节 国际工程货物采购程序

一、国际工程货物采购的基本程序

1. 编制物资采购计划及采购进度计划

承包商在面对复杂的物资供应市场时，需要针对项目所需的多种不同数量的物资，制定一个完善的货物采购清单和计划。

首先，采购部门需要了解本项目所需的货物的类型、性能、质量和数量等信息，并且据此对工程所在地市场以及国际市场进行调查分析以掌握最新的市场行情。大量的材料和设备的采购不宜一次性完成，要根据工程进度、贷款成本等因素建立分批采购计划。

2. 选择供应商

供应商的选择主要包括公布采购信息、初步筛选供应商、建立合格供应商名单、编制招标文件、邀请投标、供应商评审、签订供货合同等。

3. 催交

催交主要是督促供应商按合同的要求提供技术文件和材料，监督检验所供货物的质量性能，保证及时交货避免拖延工程工期，以此来确保工程顺利实施。催交工作贯穿于从合同签订后直到设备或材料制造完毕具备进行出厂检验条件的全过程。

催交工作的主要内容：

1）供应商确认收到采购合同；

2）催促供应商提交设计图纸等文件；

3）了解供应商的情况，比如其原材料的库存量是否能够满足需要，如不满足，则需另行采购；

4）检查设备的制造、组装和检验等情况，确保设备质量性能；

5）估计供应商的进度情况，确保其满足工程实施的需要，不会影响工程工期。

4. 检验

为了确保所提供的货物的质量等各方面满足工程所需的要求，承包商及其代表有权在制造或生产地对设备和材料进行检验，但是这种检验不能解除供应商必须提供符合要求的产品的责任，也不能排除在收货时的拒收。

5. 运输

根据具体情况，承包商可以选择不同的运输方式和交货方式。例如，货物需要通过联合运输方式（即不同的运输方式组合，如海陆联运等）运输，而且供应商在工程所在国又有其代理或者经销办事处时，承包商为了最小化自己的风险，可以选择“完税后交货(DDP)”方式。另外，运输过程中的保险是必不可少的。本章下一节将详细介绍运输方式、交货方式和保险。

二、国际工程物资采购计划的编制

工程项目中所需要的材料和设备种类多、数量大，而采购成本和采购时间也都需经过慎重考虑，这就需要制定一个合理并切实可行的采购计划。编制采购计划的主要依据有项目范围说明书、工作分解结构以及项目进度计划等。编制采购计划的步骤如下。

（一）确定工程项目物资的范围和种类

通常所需的物资可分为：

1）工程用料，指构成永久工程部分的各种建材，如水泥、钢材、砂石等；

2）临时工程用料，如现场的临时用房、水电及生产加工设施的用料等；

3）施工机具设备及维修备件，如各种土方机械、打桩机、起重机及其维修备件等；

4）施工用料，如模板、安全防护网、炸药、焊条等；

5）工程所需的机电设备，如施工外用电梯、空调、备用电机等；

6）构成永久工程部分的机电设备；

7）其他辅助生活、办公设施和试验设备等。

另外，还要明确这些物资中哪些是业主负责提供，哪些由承包商自己负责。在承包商自己负责的部分中，要初步确定哪些需要购买，哪些需要租赁，以使资源得到最充分的利用，减少成本。

（二）确定各种物资的需求量和供货时间

1. 计算需求量

计算物资需求量的依据主要是图纸、技术规范和工程量清单。在计算时，应考虑工程的正常需求量、正常损耗和非正常损耗，通常的做法是在消耗定额的基础上适当考虑一定的备用量。一般而言，由于国际市场的物资质量较高，因此定额标准可稍高于国内。对于某些可以多次周转使用的设施，要综合考虑其周转次数和成本来确定其数量。另外，施工设备是调遣自有设备，还是购买或者租赁，需要综合考虑可行性和经济性，选择最佳的供应方案。

2. 确定供应时间

工程上所需的货物并不是一次采购齐全为好，而是要根据现场施工组织设计和工程进度计划来确定供应时间，这样既可以保证满足工程施工的需要，又可以避免长期占用库存，造成资金积压。确定供应时间的主要步骤是：首先将材料设备分配到进度计划中的每道工序上，然后以时间为单位，将各道工序所需的材料、设备按种类汇总即可以得到各种物资随进度的需求数量。

（三）选择物资供应来源

在确定了国际工程物资的范围、种类、需求量以及供货时间后，需要选择国际工程物资供应来源，通常可以分为工程所在国采购、第三国采购和承包商所在国采购。

在满足合同规定的质量标准的条件下，选择采购工程所在国当地生产的物资会使采购成本降低很多。有些国际工程承包合同还明确规定，必须首选当地生产的设备和材料，除非当地生产的设备和材料不满足项目规定的质量标准。

（四）编制国际工程货物采购进度计划

在编制采购进度计划时，需要考虑如下可能影响采购进度的各种风险因素。

1）供应商因素。如供应商的原材料供应中断，组织管理出现问题，提供的物资出现不符合供应合同约定的质量标准等。

2）环境因素。如运输途中出现的不利自然气候条件，运输途经国家或地区的不可抗力（战争、制裁等）风险。

3）承包商因素。如清关时间过长，承包商负责的内陆运输不畅，运输道路条件需要改善等。

由于诸因素影响而不能满足施工进度计划的要求时，应及时提出，交由相关部门进行协调，在确保总进度计划的前提下，合理地调整局部计划。

在采购进度计划执行中，可能出现较大范围的变更或进度改变，执行的实际情况可能明显偏离基准进度计划，需要对进度计划作出调整。如果是非承包商原因造成采购进度拖延，承包商可向业主提出工期索赔，制定新的进度控制基准线，更新采购进度计划。

三、询价

（一）国际市场价格

国际市场价格是指在一定条件下，在世界市场上形成的市场价格，即某种商品在世界市场上实际销售所依据的价格。商品的国际市场价格通常可分为：

1）自由市场价格，指国际间不受市场垄断力量或国际垄断力量干预的条件下，独立经营的买方和卖方进行交易的价格。

2）封闭市场价格，指国际市场上买卖双方在一定的约束条件下形成的价格。这种价格不受国际市场上供求关系规律的制约，买卖双方中的一方具有市场垄断力量，从而影响了价格规律的作用。

通常情况下，商品的国际市场价格是由国际市场上的供求关系决定的。凡影响供求关系的因素都对价格产生影响。那么，影响国际市场价格变动的主要因素就有商品的生产成本、垄断、经济周期性波动、国家的政治经济贸易政策、规模经济收益、贸易条件及一些偶发性事件。

另外，在采购中，影响价格的因素还有订货数量、支付条件和支付货币种类等。

（二）询价的渠道

询价是投标报价的前提，而且一旦中标后，为确保工程报价的顺利实现，可在投标阶段与供应商签订意向协议，要求供应商在中标后的正式采购中不得随意抬价。

通常，询价的渠道有：

1）查阅当地的商情杂志和报刊；

2）向当地的同行了解调查；

3）向当地的制造厂商直接询价；

4）向国外的材料设备制造厂商或其当地代理商询价。

（三）询价程序

1）根据“竞争择优”的原则，选出可能的供应商，列出短名单。为了引入竞争，但又避免供应商太多，造成混乱，一般可以选择3到5家有实际供货能力的厂商进行询价。

2）为了使供应商了解所需物资的情况，应告知其所需物资的品名、规格、数量和技术性能要求等，这是对供应厂商销售货物的交易条件的询问。这种询问可以要求对方做一般报价，也可以要求做正式的发盘。

3）卖方发盘。通常是应买方的要求而作出的销售货物的交易条件。发盘可以分为虚盘和实盘。发实盘内容完整语言明确，可视为正式的要约。发盘是有发盘有效期的，在有效期内，买方一旦接受，即构成合同。

4）还盘、拒绝或接受。还盘是指买方对发盘条件不完全同意而提出变更的表示。而当买方不同意发盘的主要条件时，可以直接拒绝，此时发盘的效力也就终止。如果买方同意发盘的内容和条件，则可以接受，即视为承诺。

（四）询价时应注意的问题及询价的技巧

1. 询价应注意的问题

1）询价对象不可过多，要尽可能选择几个较为可靠的对象。

2）询价要详细、准确，对货物的质量、规格和其他的具体要求表述清晰，以免在正式采购时造成损失。

3）慎重对待低价。有时过低的价格意味着质量的低劣，或其他方面的不利因素。因此，买方要对供应商的报价进行综合评价，选择质优价廉的货源。

4）选择恰当的询价方法。由买方发出函电邀请供应商发盘是一种常用的询价方式，适用于各种材料设备的采购。除此以外，还可以采用招标方法，直接访问或约见供应商询价讨论交货条件等方法。承包商需要根据市场和项目情况来进行灵活的选用。

2. 询价的技巧

1）同类大宗货物最好一次将整个工程的货物需用量汇总作为询价中的拟购数量，这样可以避免物价上涨的风险，也可以获得优惠的报价。

2）向多家供应商询价时，应该相互保密，避免供应商相互串通提高报价。

3）尽可能采用卖方发盘的方式询价，这样可使自己处于还盘的主动位置。

4）如果供应商办事处或代理人对当地港口、海关和各类税务程序十分熟悉，那么承包商可以选择“目的港码头交货（DEQ）”或者“完税后交货（DDP）”等方式进行贸易。

5）由于承包商公司总部关系网络较多，对于某些重要的设备可以由总部统一采购。对于一些现场的材料，如砂石、砖瓦等可以在当地采购，以节省成本。

四、供应商的选择

承包商通常都会有合作良好的供应商。两者之间不仅是买方与卖方的关系，还需要建立相互合作、彼此支持、平等互利互惠的关系。只有这样的关系才能保证供应商按时提供符合质量要求、价格合理的设备、材料以及优质的服务。要选择出所需要的合格的供应商，承包商要注意以下几个方面。

1. 供应商需满足的基本条件

1）其产品质量可以达到工程所需的要求；

2）有足够的生产能力以保证按期交货；

3）符合工程所在国的相关法律法规。

2. 影响供应商选择的主要因素

1）能提供所需产品的供应商数量有限；

2）业主的长期供应商和双方的价格协议；

3）与业主和承包商曾经合作过的供应商；

4）符合质量管理体系和取得国际质量标准认证；

5）来自其他合格来源的具有价格竞争力的供应商；

6）供应商的知名度。

3. 供应商的物流能力

对于供应商的选择，除考虑其技术、生产能力、财务、管理状况等基本要素外，还应考虑其物流能力。在采购工作中存在着较长的设备运输周期和一定的风险，因此供应商物流能力的强弱是决定订货合同采用何种价格方式的依据。如果供应商的物流能力弱，可采用离岸价格甚至出厂价格，承包商自行组织运输，以保证货物及时到达现场。如果供应商的物流能力强，则可采用到岸价格以规避风险。

第三节 国际工程货物采购合同的签订和履行

一、国际工程货物采购合同

国际工程货物采购合同，是指营业地在不同国家境内的当事人之间关于一方提供货物，收取货款，另一方接收货物并支付货款的协议。通常包括以下内容：

1）定义。对合同中专用的基本名词进行定义，如“合同”、“合同价格”、“货物”、“服务”、“采购方”、“供应方”等。其目的是在对合同条款中出现的这些名词进行解释时，有统一的解释标准。

2）原产地。采购方可能会对货物的原产地有特殊要求。另外，对于某些贷款项目，贷款机构有时也会对此提出特殊的要求。例如，世界银行不允许使用其贷款采购受联合国制裁的国家以及非世行成员国的货物。

3）技术规格标准。所供货物的技术规格标准应与合同文件中规定的一致，若无相应规定，则应符合其原产国有关部门最新颁布的正式标准。

4）合同文件和资料的使用。在未经采购方事先同意的情况下，供应方不得向非合同履行人员提供、透露合同文件的内容以及相关资料。供应方不得擅自使用上述任何文件和资料。

5）专利权。供应方保证采购方在其所在国使用提供的货物、服务及其任何部分而不受到第三方关于侵犯专利权、商标权或工业设计权的指控。若任何第三方提出侵权指控，供应方应与其交涉，并承担可能发生的一切法律责任和费用。

6）履约担保。供应方应在收到合同授予通知后规定时间内，按合同规定的金额向采购方提供履约保证金。采购方应在供应方完成合同规定的义务后规定时间内退还保证金。

7）检验和测试。为确定供应方所交货物是否与合同相符，采购方有权在不增加额外费用的条件下对货物进行检验。检验种类、方法与地点应在合同中写明。若经检验，货物与合同不符，采购方可拒收，供应方应负责免费更换或修理。

8）包装。为防止运输途中发生货损货差，供应方应按照合同规定的包装条件对所交货物进行包装，该包装应具有良好的防高温、耐严寒、防野蛮装卸等保护措施。运输包装、标记和随运文件必须符合合同规定。

9）交货和文件。供应方应按照需求量表和合同规定履行交货义务。

10）保险。为防止货损货差，在制造、运输、贮存和交货过程中必须按合同的规定，对货物办理保险。

11）运输。该条款包括装运港、目的港、装运通知、运输方式等内容。

12）附加服务。供应方应按照合同规定，提供诸如货物现场装配、维护设备运转所需工具、操作和维护手册和人员培训等服务事宜。由此产生的费用如果未计入合同价，双方应事先约定。

13）零备件。供应方应根据合同中规定的条件提供货物的零备件。

14）货物保证。供应方应保证所交货物是最新的，且保证不会因供应方设计、材料、工艺等原因在正常使用条件下而产生问题。该保证的有效期在合同中具体规定。若采购方根据该保证提出索赔，供应方应在合同规定的期限内，对有缺陷的货物修整或更换，否则采购方可采取必要的补救措施，由此产生的一切风险和费用由供应方承担。采购方的补救措施不损害其合同规定的其他权利。

15）支付。合同条件中应规定具体支付方法、条件和支付货币。供应方一旦完成合同规定的义务，即以书面通知采购方付款，并随附证明已完成交货或服务以及合同中要求的票据，采购方应在收到供应方书面付款要求或票据后规定时间内按合同的规定付款。

16）价格。供应方在完成合同义务后，要求支付的价格款应与其投标书所列数额相同，除非合同中有价格调整条款。

17）变更令。采购方可在履约期间，根据图纸、装运、交货地点而引起的费用和时间的增减对合同价格或交货时间表作相应调整，并对合同加以修正。

18）合同修改。除受上款约束外，不得对合同作任何变动，除非双方当事人签字对合同作书面修改。

19）转让。供应方部分或全部转让其应履行的合同义务，应事先经采购方同意。

20）分包。如有分包合同，供应方应书面通知采购方，但该通知不解除供应方承担的合同规定的责任或义务。

21）供应方误期和误期损害赔偿。供应方应严格按照合同中规定的时间完成交货或提供服务。履约期间，如有妨碍其按时交货或提交服务的情况，经双方确认后延长履约时间，同时采购方有权从合同价中扣除一定金额作为损害赔偿。合同中规定了此赔偿金的最高限额。达到最高限额后，采购方可考虑终止合同。

22）违约终止合同。若供应方未能如期交货或未能履行其他的合同义务，采购方可全部或部分终止合同，并可以用他认为适合的条件和方式购进相同货物。供应方有责任赔偿采购方的差价损失，并继续履行未终止的合同义务。

23）不可抗力。不可抗力事故指事故的发生，不是由于供应方的过失，而是供应方无法预见的。采购方不应因由此引起的误期或货损货差，没收供应方的履约保证金，收取损害赔偿金或终止合同。事故发生后，供应方应立即将事故发生的情况和原因书面通知采购方，除非采购方另有书面指示，供货方应在合理范围内继续履行合同。

24）破产终止。当供应方破产或无清偿能力时，采购方可随时以书面形式通知供应方终止合同。此类终止合同应以不损害或不影响采购方采取补救措施的任何权利为条件。

25）采购方终止合同。采购方可随时向供应方发出终止合同的书面通知，并说明终止的工作范围及生效日期。供应方接到上述通知规定时间内仍应由采购方按合同价格购买已经生产或准备装运的货物，在停止购买条件下，采购方应按双方约定向供应方支付其应付的材料费和零件费。对于余下的货物，采购方可仍按合同条件购买或停止购买。

26）争议解决。有争议发生时，双方如果通过友好协商不能解决，可按照合同规定的争议解决方式进行解决，如第三方调解、法庭裁决或国际仲裁。

27）主导语言。合同书及有关合同的全部通信和文件应以合同中规定的语言来写。

28）适用法律。合同以工程所在国的法律进行解释。

29）通知。一方根据合同向另一方发出的任何通知应以书面方式进行，或以电报、电传、传真等方式通知后再书面确认。

30）税费。采购方应承担项目所在国政府根据现行税法向采购方保证的且与履行本合同有关的一切税费。而发生在项目所在国境外的，与履行本合同有关的一切税费，应由供应方承担。

二、常用的交货方式

国际工程货物采购时，一般都会使用到国际商会制定的《国际贸易术语解释通则(2000)》中的术语。一些常用的术语介绍如下。

1. FOB 船上交货（指定装运港）

FOB（Free On Board）即船上交货，又称“离岸价格”。采用 FOB 术语成交时，卖方承担的基本义务是在合同规定的装运港和规定的期限内，将货物装入买方指定的船只，并及时通知买方。货物在越过船舷时，风险即由卖方转移到买方，买方要负责租船，支付运费，并将船期、船名及时通知给卖方。

2. CIF 成本保险费加运费（指定目的港）

CIF（Cost、Insurance and Freight）即成本加保险费加运费。采用这个贸易术语时，卖方的基本义务是负责按通常的条件租船，办理保险，支付到目的港的运费，并在规定的装运港和装运期内将货物装上船，及时通知买方。卖方负责办理从装运港到目的港的海运货物保险，支付保险费。卖方承担的风险只限于货物越过船舷之前。这种术语只使用于海洋和内河运输。

3. CFR 成本加运费（指定目的港）

CFR（Cost and Freight）即成本加运费。采用这一贸易术语时，卖方承担的基本义务是在合同规定的装运港和规定的期限内，将货物装上船，并及时通知买方。买方负责办理从装运港至目的港的货物保险并支付保险费。通常这种术语只适用海洋和内河运输。

4. FCA 货交承运人（指定地点）

FCA（Free Carrier）即货交承运人。采用这一交货条件时，买方要自费订立从指定地点启运的运输契约，并及时通知卖方。卖方在规定的时间和指定的地点把货物交给承运人照顾，并且办理出口清关手续后，就算完成了交货义务。此术语适用于包括联合运输在内的各种运输方式。

5. CPT 运费付至（指定目的地）

CPT（Carriage Paid to）即运费付至。采用这一术语时，卖方要自费订立将货物运往指定地点的运输契约，并且负责按合同规定的时间将货物交给承运人处置之下即完成交货义务。

6. CIP 运费保险费付至（指定目的地）

CIP（Carriage Insurance Paid to）即运费保险费付至。采用这一术语交货时，卖方要负责订立运输契约并支付将货物运达指定目的地的运费，还要办理货物运输保险，支付保险费。卖方在合同规定的装运期内将货物交给承运人的处置之下，即完成交货义务。

除此以外，还有 EXW（EX Works）工厂交货（指定地点），FAS（Free Alongside Ship）船边交货（指定装运港），DAF（Delivered at Frontier）边境交货（指定地点），DES（Delivered EX Ship）船上交货（指定目的港），DEQ（Delivered EX Quay）码头交货（指定目的港），DDU（Delivered Duty Unpaid）未完税交货（指定目的地），DDP（Delivered Duty Paid）完税后交货等。

三、运输、保险与清关

货物采购合同的履行涉及诸多方面，下面主要介绍货物的运输、保险和清关。

（一）运输

货物运输是货物供应中的关键环节之一。在国际贸易中的运输方式有：海洋运输、内河运输、铁路运输、公路运输、航空运输、管道运输及联合运输。

1. 海洋运输

海洋运输是主要的运输方式。它又分为班轮运输和租船运输两类。其中，班轮运输是指按照固定的航线、港口和船期表运营的船舶，船方与货主之间不订立租船合同，双方的权利、义务和责任豁免以船方发的提单为依据。此方式适用装运小批量货物。租船运输是指通过订立租船合同作出具体安排，运费和租金由双方在合同中约定，适用于大宗货物运输。

2. 铁路运输

铁路运输是仅次于海洋运输的一种主要运输方式。在内陆接壤的国家间的贸易多采用此种运输方式。

3. 航空运输

该运输方式的特点是速度快，货运质量高，受地理条件影响很小，但费用较高。它主要又分为班机运输、包机运输和集中托运 3 种方式。

4. 联合运输

联合运输是指利用不同的运输方式来完成各项运输任务，如陆海联运、陆空联运和海空联运等等。通常国际贸易中，主要是以集装箱为主的多式联运。这有利于简化货运手续，加快货运速度，降低运输成本和节省运杂费。

（二）保险

保险的目的是为了尽量减少或消除承包商在货物运输过程中遭受的意外损失。运输保险又分为海运保险、陆运保险和空运保险。

1. 海运保险

平安险主要包括因自然灾害和意外事故所导致的货物的损失，以及海损造成的牺牲、救助费用等。

水渍险的责任范围大于平安险。除了平安险的责任范围外，还包括了由于恶劣气候、雷电、海啸、地震、洪水等自然灾害造成的部分损失。

一切险的责任范围最广泛，除了上两种险的责任范围外，还包括了货物在运输途中由于外来原因所造成的全部或部分损失。

除了以上 3 种基本险，投保人还可以根据需要酌情加保附加险。

2. 陆运、空运和邮包运输险别

这 3 种险别都可以分别分为运输险和一切险。此外，在这几种险别之外，还可以加投战争保险。

3. 保险的金额

在通常情况下，合同中的保险条款中都规定一个定值金额作为保险金额。保险金额是当保险标的物发生损失时，被保险人可以向保险人取得赔偿的最高限额，也是保险人收取保险费的依据。国际上习惯按 CIF 价值的 110％办理投保，高出 10％的部分一般称为保险加成率。保险金额及费用的计算公式为：

$$保险金额=发票金额\times 投保加成率 \tag{9-1}$$

$$保险费=保险金额\times保险费率 \tag{9-2}$$

（三）清关

在国际工程承包中，由于大批货物是进口到工程所在国，因此，清关成为一项很重要的工作。

1. 进口货物清关的主要工作

1）办理进口许可证。这是办理清关手续的必备文件之一。根据货物是否再出境，进口许可证又可以分为永久进口和临时进口许可证。永久进口的货物是指在工程竣工后无须再运出境的货物，如工程材料等。此类货物要缴纳关税及其他税费。而临时进口货物无需交纳关税，或者进口时向海关提交相应的关税保函，再出口时返还保函。

2）准备装运单或提单及发票。这些也是办理清关手续的必备文件。

3）启动清关程序。当货物到港后，立即进行清关。此环节手续繁多，文件复杂，应认真按程序办理，避免由于疏漏，影响货物到达工程现场，影响工程进度。在某些特殊情况下，清关代理人可以利用人际关系，在未办完清关手续前提前放行，但一定要注意补办，以免对日后造成不便。

2. 清关代理人

由于清关手续繁琐，承包商通常都会请当地清关代理人。在很多国家的相关文件中都会要求外国承包商在办理海关清关业务时，必须聘请当地注册、持有营业护照的清关代理。清关代理人承办客户所承包工程的货物的进出口、转关、延期、再评估、报废等一系列涉及海关及港务等方面的手续。这不仅保证进口货物的清关效率，而且还节省了清关环节所发生的成本和费用。

第四节　EPC 总承包中的货物采购协调管理

EPC 总承包商的采购管理，除具有一般采购管理的内容外，还应该注意以下两个方面的管理工作。

一、EPC 总承包采购管理中承包商与业主之间的界面管理

图 9-1 显示了采购各主要阶段承包商与业主之间界面管理的主要工作。

1. 编制采购计划并报业主审批

采购货物的类别、原产地、质量标准、技术指标等是否符合合同规定，采购进度计划是否与整体进度计划有冲突等，这些都是业主审批时重点关注的信息。

2. 提交材料样品或设备技术指标

对于材料的采购，在签订供应合同前，承包商应按合同规定将拟采购材料的样品提交给业主以供检验，并附上相关资料，标明产地及其在工程中预期的用处。

一旦样品通过检验，双方应将样品封装，以备今后材料进场检验时对比使用。对于设备的采购，承包商应将设备的工艺和技术指标报业主审批。

3. 提交供应合同（分包合同）

承包商在授标并签订供应合同（分包合同）前，应将供应合同、拟中标供应商（分包商）的相关资料等文件提交业主，供其审核。业主审核批准后，承包商方可授标，并正式签订供应合同。在供应合同审批过程中，承包商应了解业主关注的关键问题。

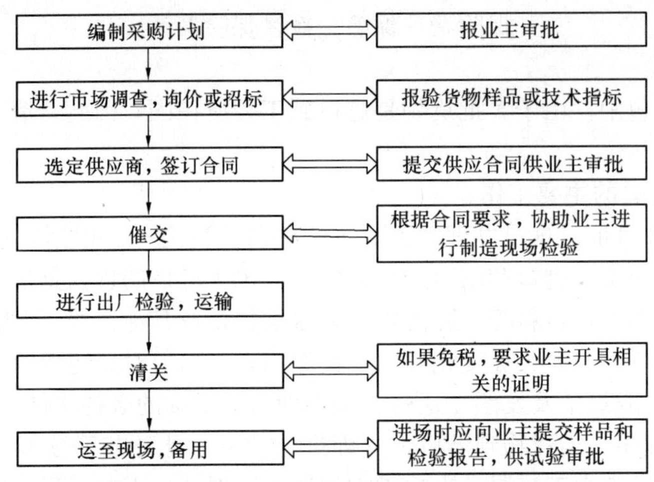

图 9-1 货物采购各阶段承包商与业主之间界面管理

1）设备供应周期问题

对于 EPC 总承包合同，业主往往比较关心能否按时供货，而此类合同经常存在大型设备的安装工程，大型设备的采购进度就成了决定整体进度的重要因素。

2）货源问题

业主有时会对一些重要设备的原产地作出规定。例如，中东的一些国家的业主，有时会要求关键设备要从欧美供应商处采购，但在订购设备时，发现业主指明的供应商无法满足供货的时间要求，会影响工程的总体进度。这时承包商应及时向业主建议并商谈，以解决此类矛盾，决不可以独自改变货物的原产地。

3）权益转让问题

当承包商的合同义务全部得到履行并终止合同时，供应商的义务还存在，那么承包商应该将从该义务中获得的权益转让给业主。比如，设备的保修期问题。在机电安装项目中常出现这种情况，当承包商履行完全部合同义务的时候，设备的供应商的质量保修义务还未完成。这时承包商要按合同的规定将此类权益转让给业主。

4. 协助业主进行制造现场检验

如果合同中规定，业主有权在材料或设备的制造过程中进行现场试验或检验，在业主提出要求时，承包商应该给予协助。

5. 申请某些清关所需文件

例如，对于一些免税货物或可退税货物，要通知业主向海关发相关证明或函件，以便办理免税或退税事宜。

6. 提交将进场的货物样品或相关检验报告

在材料和设备进场时，承包商也要向业主提交相关的样品和报告供检验和审批。另外，业主也可以派人进行抽检。这时如果发现有不符合规定的材料或者设备，业主仍然可以拒收，并指示承包商将其运出现场，尽快使用合格的材料或设备进行替代。

在这些界面管理过程中，承包商还应注意到以下问题：

1）对于某些重要材料和设备的采购，业主有时会提供一份供应商名单（Vendor List），总承包商只能从中选择供应商。在这种情况下，承包商可以提出增补，但必须提供足够的支持文件，如厂商样本、资信文件、设施、人力、财务、生产状况、供货业绩等等供业主审查。业主综合各方面意见作出增补与否的决定。承包商在项目采购活动中，拟用的供应商不能超出上述名单及增补名单的范围。

2）承包商对于重要货物的采购计划应提前送审，以避免不能按时取得许可而延误了进度。此时承包商应注意，业主若没有合理的理由且未能在合同规定的时间内发出相关的批准或者许可，导致承包商的工期延误和费用增加，承包商可以通过索赔来维护自己的权益。

3）承包商对整个采购工作负责，但是对于有些关键设备，业主可能会参加诸如技术交流等工作，并提出自己的意见。这种情况下，承包商应该协助业主，为其提供便利，并听取业主的意见。

4）在业主授权人员提出合同规定以外的附加试验或指示承包商提供附加的样品时，承包商要按指示去做，但要注意这构成了变更。当实验的结果表明材料设备是符合要求的，那么由此样品或试验所产生的费用，承包商可以得到补偿。否则，承包商将承担产生的额外费用。

5）大型设备及重要材料抵达现场前应提前通知业主，并得到其书面许可后才可以被运到现场。

6）当工程暂停时，承包商要注意，如果货物的运送因此而暂停超过一定天数，并且这些货物已经按要求标记为业主的财产，那么承包商可以要求业主按货物的价值进行付款。

7）在清关时，承包商通常要聘请清关代理，但如果能争取到业主的协助，则清关会更加方便顺利。

二、EPC总承包采购工作与设计和施工的协调

1. 采购工作与设计工作的协调

将采购纳入设计程序的管理思想是将设计工作与采购工作合理衔接和科学管理。将两项工作紧密结合的优点有：

1）设计与采购并行，及时预订物资，缩短项目建设周期；

2）动态管理，提高工程质量；

3）减少浪费以及由于供货影响的进度拖延，降低工程造价。

在设计与采购的协调工作中承包商应注意：

1）在设计的时候就要对材料设备的技术指标进行分析。并不是所有的关键材料设备一定要到国际一流的厂商处采购。只要满足工程需要和合同要求，承包商尽可能在施工所在国采购，这样不仅仅降低运输、税费等各种成本，也避免了长距离长时间的运输中的风险。

2）采购部门应向设计部门及时提供设备与材料的市场行情，使得设计人员能够在符合合同要求的前提下，在设计中尽量使用节省费用的设备和材料。

3）对市场供应的材料的规格、性能等进行分析，使设计工作尽可能合理规划，以减少材料的数量和种类等方面的要求，降低成本。

4）对来自设计部门的请购文件认真审核，及时发现其中的问题。对EPC承包商设计的工艺和设备，为避免设备制造商对其技术设计产生理解差异，导致返工和延误，应组织

技术人员与制造商进行技术交底。在制造过程中，催交人员要及时发现和解决双方在技术方面的协调问题。

5）在设备与材料的催交过程中，要保证供货厂商手中的设计文件总是当前的最新版本，这将对后面能否按时交货和顺利安装产生非常大的影响。

2. 采购工作与施工的协调

设备、散材能否及时运抵现场，能否跟上施工进度，对工程进度的保障至关重要。实际上，采购工作更多地受到外界因素的制约，特别是长周期关键设备，其到货日期常常因为制造中突发的质量和技术问题而延误。解决这个问题最好的方法就是采购部门及时与施工部门沟通，特别需要注意的是：

1）在采购计划被批准后，当知道货物运抵现场的时间和数量等信息后应及时提前通知施工部门，以便其能按照货物到场来调整施工计划，防止采购进度与施工进度冲突。

2）对于大型设备的到场，应提前通知相关的现场管理人员准确的到场时间和状态，以便能及时清理道路和存放场地、准备合适的起吊设备以及安排相应的技术人员等工作。

3）施工部门也应及时将施工进度通知采购部门，以防止设备材料到场后得不到及时安装，占用场地和大量的资金或者由于材料设备未及时到场而产生窝工。

复习思考题

1. 请简述国际工程货物采购的基本程序。
2. 如何编制国际工程货物采购计划？
3. 作为一名采购人员，在询价时应主要注意什么问题？以及常用的询价技巧有哪些？
4. 国际工程货物采购合同包括哪些基本内容？常用的交货方式有哪些？
5. 作为 EPC 总承包商，在货物采购管理中，需要与业主之间做好哪些协调工作？
6. 采购工作如何与设计和施工进行协调？

第十章　国际工程质量、费用与进度集成管理

本章内容包括国际工程的质量、费用和进度的计划和控制内容；重点阐述了费用和进度的集成管理方法——赢得值分析法。

第一节　国际工程进度、费用与质量管理

进度、费用、质量被称为工程项目三大控制目标，是工程项目在各阶段的主要工作内容。三大目标有着各自的内涵及控制方法，它们相互影响，相互制约，不能互为替代和等同。其关系如图 10-1 所示。

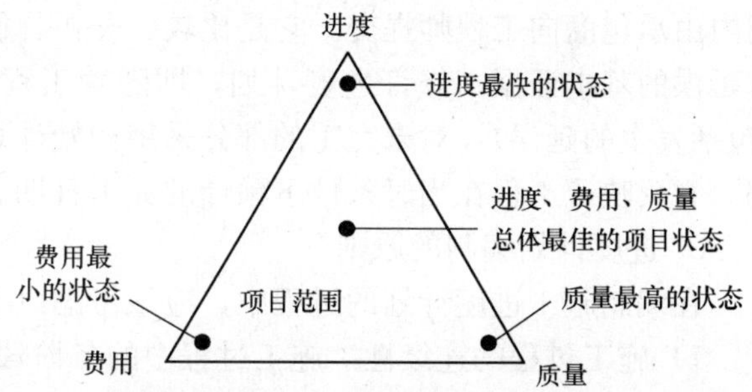

图 10-1　进度控制、费用控制与质量控制的关系

通常情况下，如果承包商要缩短工期，加速完成工程项目，就要相应地提高投资，或者适当降低质量要求；如果对工程质量有较高的要求，则须投入更多的资金和花费较长的建设时间；如果要降低投资、节约费用，就势必要考虑项目的功能要求和质量标准。任何工程项目总是要满足人们和社会的功能需求和质量标准，并且都是在一定的投资额度内实现。同时，任何项目的使用价值的实现，都受到时间的限制，有明确的进度和工期要求。

此外，一个项目的范围通过工作分解结构逐层分解到工作包，每个工作包都赋予了进度、费用和质量属性。项目的进度、费用和质量都受工程项目范围的约束。因此，承包商在进行进度、费用、质量管理的过程中不能顾此失彼，而应采取适当的控制措施，达到一个均衡状态，以实现工程项目的整体控制目标。

一、国际工程项目进度管理

工程项目进度管理是指在规定的时间内，拟定出合理、经济的全过程进度计划，在执行该计划的过程中，经常检查实际进度并对其进行控制，以保证实际进度按计划要求进行，若出现偏差，及时找出原因，采取必要的补救措施，并对原计划进行修改和调整，直至项目完成。

(一) 工程项目进度计划的编制

工程项目进度计划是施工组织设计的重要组成部分和核心内容。编制进度计划是在施工方案已确定的基础上，对构成工程的各组成部分的实施工作在时间上给以科学的安排，这种安排是按照各项工作在工艺上和组织上的先后顺序，确定其衔接、搭接和平行的关系，计算出每项工作的持续时间，确定其开始时间和完成时间。

对于总承包商，在编制进度计划时应该考虑各分包商报送的进度计划，再根据各项工

作的工程量和持续时间确定每项工作的日（月）工作强度，从而确定完成每项工作所需要的资源数量（施工人员数量、机械数量以及主要材料的数量）。

施工进度计划还表示了各个时段所需各种资源的数量以及各种资源数量在整个工期内的变化。据此，可以进行资源优化，以达到资源的合理安排和有效利用。根据优化后的进度计划可以确定各种临时设施的数量，并提出所需各种资源数量的计划表。在施工期间，施工进度计划是指导和控制各项工作进展的指导性文件。

1. 进度计划的种类

1）根据进度计划的时间跨度，可以分为年、季和月的施工进度计划。

2）根据进度计划编制的主体，可以分为总承包商编制的总进度计划和分包商编制的进度计划。

3）根据进度计划提交的时间，可以分为初始进度计划和修订进度计划。

初始进度计划也称为基准进度计划（Baseline Schedule），工程开工后在合同规定时间内由承包商向工程师提交。它是比较、分析、衡量各个施工阶段进度计划的基准，是计算延误的基本证据。修订进度计划，即随着工程进展，对完工的部分采用实际施工数据（包括发生的延误），对未完工的部分采用初始计划或调整后的数据，而形成的更新进度计划。它反映了工程在当时条件下预计的完工日期。

2. 进度计划编制的原则

在编制施工进度计划的过程中，应该考虑以下四点原则。

1）施工过程的连续性。施工过程中的各阶段、各项工作在时间上应该紧密衔接，避免发生不必要的等待和窝工。

2）施工过程的协调性。各施工环节的劳动力、施工机械以及材料的供应应该相互协调，避免各种资源使用效率的降低。

3）施工过程的均衡性。施工过程中的各种资源的消耗应该保持相对稳定，不发生时紧时松、忽高忽低的现象。

4）施工过程的经济性。尽可能用较低的消耗来取得较大的施工成果，在不影响工程质量和进度的前提下，降低成本。

3. 进度计划编制的步骤

编制一项进度计划需要完成分解项目、安排实施顺序、计算工程量、计算劳动力工日数和机械台班数、计算工作包持续时间、计算合同工期和优化进度计划等步骤。

1）分解项目

分解项目就是利用 WBS 技术，把一个已知的工程项目分解成多个可交付成果和工作包，建立该合同工程的 WBS。分解方法详见第三章。

2）安排实施顺序

对 WBS 中的各工作包设定逻辑关系，以反映各工作包实施的先后顺序。各项工作包间的逻辑关系可以分为由技术工艺决定的客观固定的工艺关系和根据人的意图、资源限制安排的组织关系。根据此实施顺序可初步绘制出用横道图或网络图表示的进度计划。

3）计算工程量

根据 WBS 结果，计算 WBS 中各工作包的工程量，并确定施工方案。

4）计算劳动力工日数和机械台班数

施工方案确定后，根据劳动力和机械的施工效率，按工作包的工程量，分别对劳动力和机械台班需求量进行计算。

5）计算工作包持续时间

工作包持续时间是根据已确定的工程量，在采取某种施工方法和配置相应资源量的条件下，确定的完成该工作包所用的时间。工程项目一般是在开放的条件下进行实施，易受自然环境的影响和约束。因此，在计算工作包持续时间时，必须考虑自然环境对进度安排的影响。

6）计算完成全部合同任务的时间

根据已经编制的网络图和各工作包的持续时间，计算完成全部合同任务所需要的时间，即工期。

7）优化进度计划

上一步计算出的工期值必须小于等于合同中约定的工期值，同时考虑资源限制因素，对进度计划进行优化，以达到工期、费用和质量目标的均衡。

（二）工程项目进度管理的方法

工程项目进度管理常用的方法包括横道图比较法、网络图分析法、S型曲线法等。

1. 横道图比较法

这种方法是把在项目实施中检查实际进度收集的信息，经过整理后直接用横道线并列标于原计划的横道线下，进行直观比较的方法。

在报告时点可对照计划看出实际完成状况（超出计划部分、未完成部分）。在横道图中，空心矩形表示计划进度，用实心矩形表示实际工程进度，使管理人员一目了然。横道图比较法的形式如图 10-2 所示。

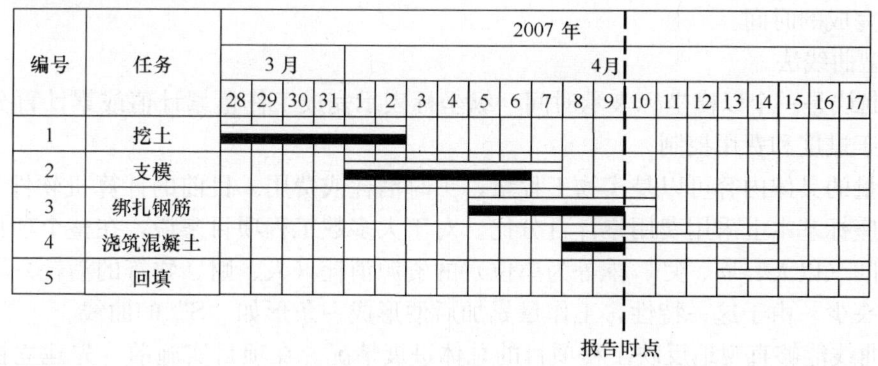

图 10-2　工程项目计划进度与实际进度比较的横道图

由于横道图比较法具有记录方法简单、形象直观、容易掌握、应用方便等而被广泛应用于进度监测中。但是它是以横道图进度计划为基础，因此具有其不可克服的局限性，如各个工作之间的逻辑关系不明显，关键工作和关键线路不明确。一旦某些工作进度发生偏差时，难以预测其对后续工作和整个工期的影响，并且难以及时调整。

2. 网络图分析法

目前，在国际工程承包中应用最多的网络图技术是关键线路法（CPM）和计划评审技术（PERT）。CPM 技术是工作的持续时间和逻辑关系均确定的网络技术，而 PERT 技术是逻辑关系确定，持续时间不确定的网络技术。网络图在表现方式上，可分为单代号网络和双代号网络。

网络图描绘了工程项目包含的各种工序的先后次序和逻辑关系，标明了每项工序的时间或相关的成本。它能协调整个计划的各道工序，合理安排项目人员、机械、资金及各种资源。如图 10-3 所示为 CPM 双代号网络图。

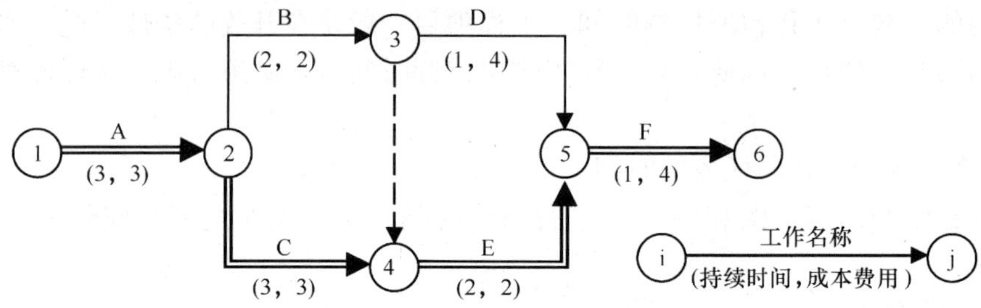

图 10-3　工程项目 CPM 双代号网络图

网络图分析法的作用包括：

1）标识出项目的关键路径（图中以双线表示），以明确项目工序的重点，便于优化对项目工序的资源分配；

2）当管理者计划缩短项目完成时间，节省成本时，就要把考虑的重点放在关键路径上工序；

3）在资源分配发生矛盾时，可适当调动非关键路径上工序的资源去支持关键路径上的工序，以最有效地保证项目的实施进度；

4）采用网络图分析法所获结果的质量很大程度上取决于事先对工序事件的预测，若能对各项工序的先后次序和完成时间都能有较为准确的预测，则通过网络分析方法可大大缩短项目完成的时间。

3. S 型曲线法

S 型曲线是一个以横坐标表示时间，纵坐标表示完成工作量累计值或累计百分比的曲线图，用于进度和费用控制。

工作量的具体内容可以是实物工程量、工时消耗或费用。目前的计算机软件绘制的 S 型曲线纵座标基本上采用费用累计百分比。对于大多数工程项目来说，在整个项目实施期内单位时间（以天、周、月、季等为单位）的资源消耗（人、财、物等的消耗）通常是中间多而两头少。由于这一特性，工作量累加后便形成一条形如“S”的曲线。

S 型曲线能够直观地反映工程项目的总体进展情况。在项目实施前，先建立控制用的计划 S 型曲线，即基准线。在项目实施过程中，每隔一定时间按项目实际进度情况绘制完工进度的 S 型曲线，并与原计划的 S 型曲线进行比较，如图 10-4 所示。图中 A 代表一个报告时点，此时用费用和时间表示的进度偏差如图中所示。

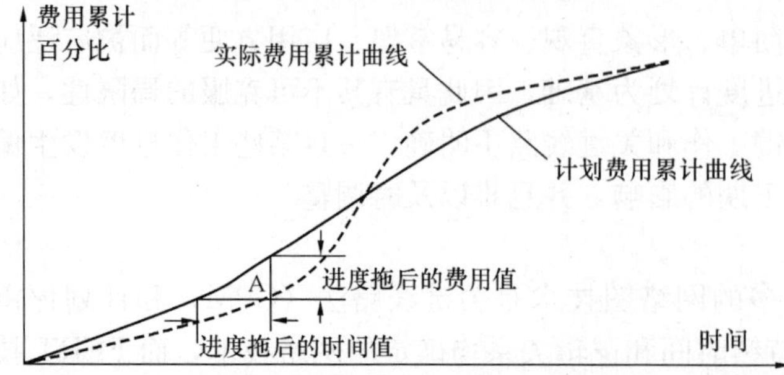

图 10-4　实际费用累计曲线与计划费用累计曲线比较图

（三）工程项目进度控制

用进度计划控制施工进度是工程项目进度控制的总原则。对工程师批准的初始进度计划，承包商在工程项目的实施过程中必须依此对项目进度进行时时监督和控制，以保证工程项目按期完工。

1. 进度控制的流程

进度计划的实施是一个发展和变化的动态过程，承包商在这一过程中应不断地根据实际情况对进度计划进行调整和优化。其具体流程如图10-5。

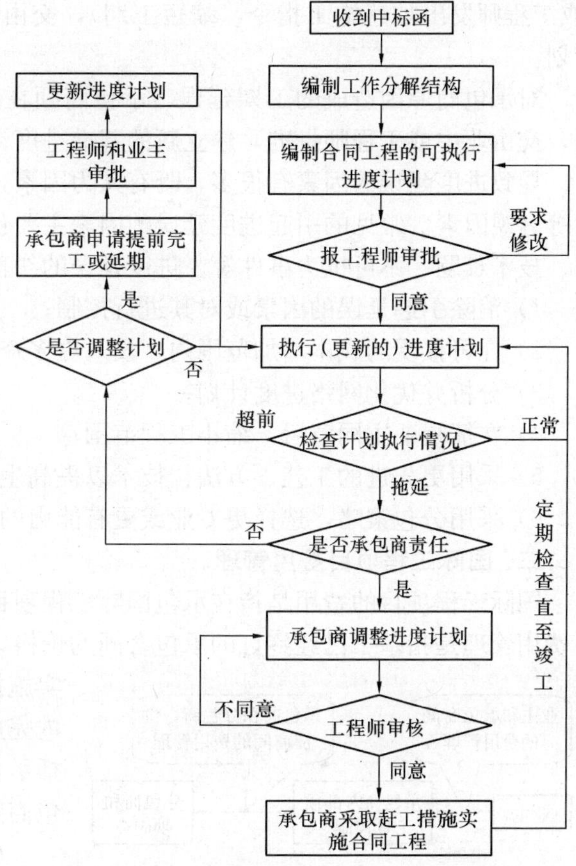

图10-5　进度计划编制与进度控制流程图

2. 基准进度计划的建立

承包商编制的可执行的进度计划一旦获得工程师（或业主）的批准，即成为基准控制进度计划，是双方对合同工程进度进行控制的依据，因此编制一个符合实际情况的基准进度计划是非常重要的。一般来说，承包商编制基准进度计划时应特别注意以下几个方面：

1）网络逻辑关系是否正确，关键线路是否明确、合理、可行；

2）资源配置是否合理，是否满足施工强度要求；

3）施工强度、施工方法及现金流量是否合理可行；

4）分包商场地使用、施工进度与其他分包商及总承包商的计划是否冲突；

5）主要施工机械设备入场计划是否合理。

3. 进度控制

计划只是进度控制工作的开始，更重要的是要保证计划的落实。控制进度的措施包括经济措施、技术措施、合同措施、组织措施等。进度控制应注意以下几点。

1）控制进度计划的关键节点：这些节点包括开工、支付证书的签发、已完工程的验收和移交等里程碑事件，或以里程碑事件为基础，在两个里程碑事件之间再增加一些关键控制点。

2）各种进度会议：在施工过程中，定期召开进度会议，加强与工程师的信息沟通，这是保证进度控制的主要手段。

3）原始数据的采集：承包商进度管理人员应客观地采集全部现场数据，这是进行进度控制的基本依据。

4. 进度计划的调整

承包商将每个报告时点采集到的原始数据进行统计和整理，并与基准进度计划的数据进行比较分析，确定实际进度的状态。实际进度状态分为三种情况：超前、正常和滞后。

实际进度超前和滞后于计划进度表明进度失控，需要视具体情况对进度计划进行调整。

对由于非承包商原因造成的工期延误，承包商需要提交修订进度计划，合同工期顺延（或工程师发出加速施工指令，缩短工期），交由业主或工程师批准，建立新的基准进度计划。

对承包商原因造成的工期延误，承包商须在总工期不变的条件下提交修订的进度计划，交由业主或工程师批准，建立新的基准进度计划。

导致进度延误的因素有很多，既有人为因素，也有技术、材料、设备、资金、气候环境等客观因素。常见的引起进度延误的因素主要包括：计划失误、合同变更、组织管理不力、技术难题、不可抗力事件等。进度延误的纠正措施主要包括：

1）消除引起延误的因素或对其进行控制；

2）在可接受的成本增加范围内，投入更多资源（如人工、机械）加快进度；

3）分析并优化网络进度计划；

4）在征得业主同意后，缩小工程范围；

5）采用更先进的工艺、方法、技术以提高生产率；

6）采用分包策略，选择更专业或更有能力的分包商加快工程进度。

二、国际工程项目费用管理

国际工程项目的费用是指在承包国际工程项目过程中的各种耗费的总和。国际工程项目费用管理是指基于已经签订的承包合同的价格，编制合同工程费用计划和预算，并进行实施控制的全部过程，以保证在批准的预算内完成项目。国际工程项目费用管理不仅包括承包商内部预算管理，还包括与业主和分包商间的费用收支管理，如图10-6所示。

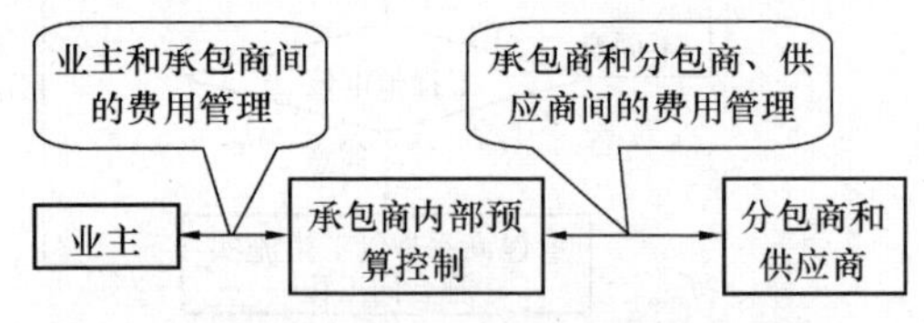

图10-6　国际工程项目费用管理类型

（一）工程项目费用预算

承包商在签订国际工程承包合同后，应根据合同工作分解结构WBS，编制工程项目费用预算（以下称费用预算或预算），以便对工程项目在实施期间的成本进行管理。方法是首先根据每个工作包的实施方案和资源配置估算每个工作包的费用，然后将工作包费用汇总，得到上一级可交付成果的费用预算。沿着WBS中工作包和可交付成果间的隶属关系，逐级向上汇总费用，最终就可以得到整个工程项目的费用预算。

编制工程项目预算的主要依据是：合同文件、工作分解结构、实施方案和资源配置等。

编制工程项目预算的目的是用于承包商内部的费用管理。此预算可能高于、等于或低于合同中标价格。当承包商采用低价中标策略时，则工程项目预算可能高于中标价格。

（二）工程项目费用计划

工程项目费用计划（以下称“费用计划”）是指将中标合同价格分配到工作分解结构的各个工作包上，以建立合同实际执行情况的费用基准，是进行费用控制的依据。

1．费用计划的编制依据

1）工程项目费用预算。根据费用预算，可以很容易地计算出每个工作包的费用预算占总预算的比例，按此比例可将中标合同价格分解到每个工作包上。

2）工作分解结构。工作分解结构包括了完成工程项目必须实施的全部活动，既是费用计划编制的依据，也是进度计划编制的依据。

3）工程项目的进度计划。据进度计划中每个工作包的开始和完成情况，在将中标合同价格分解到工作包上后，即可知道费用随时间的变化情况。

2. 费用计划的编制步骤

（1）搜集和整理资料

需要搜集的资料主要包括：①工程项目的费用预算；②施工组织设计；③项目使用的机械设备生产能力及其利用情况；④项目的材料消耗、物资供应、劳动工资及劳动效率等计划资料；⑤承包商现阶段的物资消耗水平、劳动生产率；⑥以往同类项目费用计划的实际执行情况及有关技术经济指标完成情况的分析资料；⑦工程所在国家和地区的劳工、当地自然环境等地域因素。

（2）编制费用计划

在掌握了丰富的资料后，应对其加以整理分析。根据已有的工程项目费用预算，结合项目进度计划，将中标合同价格分解到工作分解结构中的每个工作包。将工作分解结构各个层次的费用计划进行反复测算、修订、平衡后，提出用于费用控制的合同工程费用计划。

编制费用计划的主要技术是赢得值技术（详见下一节内容），其表达方法可以采用图示方法，即S型曲线，也可采用表格形式。通常是这两者结合在一起使用，S型曲线能够直观地看到工程的总体进展情况，而表格中的计算数据则可看到总体、分部和分项工程的进展情况。

（三）工程项目费用管理的价值工程方法

1. 价值工程

价值工程是分析产品功能与成本之间的关系，力求以最低的总成本实现产品或作业的必要功能的有组织活动。它的核心是功能成本分析，目标是在保证产品或作业必要功能的条件下降低产品成本。

（1）价值工程的一般工作程序

价值工程的工作过程，实质就是针对产品的功能和成本提出问题、分析问题、解决问题的过程，其一般程序如下：

1）组成价值工程领导小组，制定工作计划；

2）收集与研究对象相关的信息资料，此项工作应贯穿于价值工程的始终；

3）功能系统分析，这是价值工程的核心，通过功能系统分析应明确功能特性要求，理清研究对象各项功能之间的关系，调整功能间的比重，使研究对象功能结构更合理；

4）功能评价，即分析研究对象各项功能与成本之间的匹配程度，从而明确功能改进区域及改进思路，为方案创新打下基础；

5）方案创新及评价，即在功能分析与评价的基础上，提出各种不同的方案，从技术、经济和社会等方面综合评价各方案的优劣，选出最佳方案。

（2）价值工程的分析对象

价值工程的应用对象和需要分析的问题，应根据项目的具体情况来确定，一般包括以下九点：

1）数量大，应用面广的构配件；

2）成本高的工程和构配件；

3）结构复杂的工程和构配件；

4）体积和重量大的工程和构配件；

5）对产品功能提高起关键作用的构配件；

6）使用中维修费用高、耗能量大或使用期的总费用较大的工程和构配件；

7）在施工、生产中容易保证质量的工程和构配件；

8）施工、生产难度大、耗费材料和工时的工程和构配件；

9）可利用新材料、新设备、新工艺、新结构及在科研上已有先进成果的工程和构配件。

（3）价值工程的应用

FIDIC《施工合同条件》鼓励承包商运用其专业知识，积极主动地提出更加合理的建议。为调动承包商提出合理化建议的积极性，FIDIC 主张对因承包商合理化建议带来的直接效益由业主和承包商共享。

在工程项目的实施阶段，承包商可向工程师提交由承包商编制的可以加快竣工、降低费用、提高竣工工程价值或其他有利于业主的建议。如果经工程师批准的建议书使该部分合同价值减少，而该部分又不是由承包商设计的，则承包商可以得到一定数额的奖励。

（四）工程项目费用控制

在确定了工程项目的费用计划之后，就必须定期将实际费用值与计划值进行比较。当实际值偏离计划值时，分析产生偏差的原因，采取适当的纠正措施，确保成本目标的实现。成本控制的一般步骤包括：比较、分析、预测、检查和纠偏。工程项目费用计划、进度计划、进度报告、工程变更、索赔文件、合同文件以及相关的法律是费用控制的依据。

在工程项目的实施过程中，费用控制的要点主要包括以下几个方面。

（1）完成工程量的计量

在工程项目实施阶段，只有通过全面的计量才能获得实时完成的、准确的工程量，这是获得合理工程费用支付的基础。计量项目应该符合合同的要求，即计量的项目除清单中的工程量以外，还应包括合同文件中规定的其他项目以及有效的工程变更清单中的项目。

（2）计日工及暂定金额

计日工常用于工程施工过程中的一些临时性、新增加、特殊的或较小的变更工作，工程师在认为有必要时，可以指令按计日工完成这类变更工作。计日工费用在暂定金额费用中列支。

暂定金额是指包括在合同中并列入工程量清单，用于工程施工，或供应物资和材料，或提供服务，或供不可预见的紧急事宜使用的款项。工程师有权通过发出指示决定全部或部分使用暂定金额。

（3）工程变更及索赔费用

由于工程项目具有很强的不可预见性，工程变更和索赔事项的发生在所难免。对于工程变更和索赔管理本书第十三章作了详细的阐述。

（4）价格调整

如果工程建设的周期较长，而且在建设周期中物价变动较大，就必须考虑与工程有关的各种价格变化。价格变化原因主要有劳务工资及材料费用上涨、外币汇率不稳定、燃料费等主要价格的变化以及其他影响工程造价的原因。

(5) 误期损害赔偿费及提前竣工奖金

误期损害赔偿费是由于承包商未在合同规定的工期内完工，给业主造成了损失，从而支付给业主的一种赔偿。与误期损害赔偿费相对应，提前竣工奖金是为了调动承包商的积极性，在保证质量的前提下，对提前完成工程任务而给予的奖励。

(6) 延误支付的融资费用

由于业主未在合同规定的时间内向承包商支付应付款项，承包商有权按照合同中规定的利率向业主收取延误期的融资费用。

(7) 保留金的扣除与支付

设置保留金的目的是督促承包商按合同规定履行对工程项目的保修义务，保留金是对业主的一种保护措施。

根据 FIDIC1999 版《施工合同条件》，保留金在每次向承包商作出支付时扣除，一般扣留当期支付额的 10%，扣留的保留金最高限额不超过合同额的 5%。当业主接收工程时，退还承包商一半保留金，当缺陷通知期满时，退还剩下的一半保留金。如果分段移交，在接收区段时，退还该区段相应价值的保留金的 40%，区段担风险通知期满时，再退还 40%，整个工程缺陷通知期满时退还剩余的 20%。

(8) 预付款的支付和扣回

预付款是一项由业主提供给承包商的无息贷款，在承包商提交了履约保函和预付款保函后，由工程师开具支付证书，由业主向承包商支付。

当承包商完成合同额的 20%～30%时，业主开始扣回预付款，应在项目竣工前全部扣回。

三、国际工程项目质量管理

(一) 概述

1. 质量与质量管理

质量被定义为："一组固有特征满足要求的程度"(ISO9000：2000-3.1.1)。质量概念的关键是"满足要求"，这些"要求"必须转化为有指标的特征，作为评价、检验和考核的依据。这些特征包括：性能、适用性、可信性（包括可用性、可靠性和维修性）、安全性、环境、经济性（包括设计成本、制造成本和使用成本）、时间性（产品寿命和及时交货）和美学。

由于管理指"指导和控制组织的彼此协调的活动"(ISO 9000：2000-3.2.6)，所以质量管理就是"指导和控制某组织与质量有关的彼此协调的活动"(ISO 9000：2000-3.2.8)。

2. 工程项目质量管理

工程项目质量管理是指导与控制项目团队的、与工程项目质量有关的彼此协调的活动，是为达到工程项目质量要求所采取的作业技术和活动。工程项目质量要求主要表现为合同文件、设计文件、技术规范所规定的质量标准。

(二) 工程项目质量计划

工程项目的质量计划，也叫做基准质量计划（Baseline Quality），是指针对特定的产品、项目或合同，规定专门的质量措施、资源和活动顺序的文件。

1. 质量计划的内容

工程项目的质量计划的内容主要包括以下四点。

（1）目的

明确工程项目质量计划的目的是为了强化工程实施过程中的质量管理和程序管理，规范项目人员的行为和纪律，最终实现项目的质量目标。

（2）各相关部门的职能分配

质量计划中应该明确项目实施过程中质量管理的组织结构，以及相关人员特别是项目经理、相关的质量主管经理的职责。

（3）质量目标

质量计划的目标就是工程项目的质量目标。

（4）质量体系要素的质量计划

这是质量体系中对各个程序文件在该工程中的实施计划，比程序文件更具体，针对性和可操作性更强。这些质量体系要素主要包括：合同评审；文件和资料的控制；采购控制；供应商提供材料的控制；材料的标识和可追溯性；施工过程控制；检验和试验；检验、测量和试验设备的控制；检验和试验状态控制；质量缺陷的控制；质量文件记录控制；培训；统计技术等。

2. 质量计划的编制步骤

（1）广泛的搜集资料

为了编制项目的质量计划，需要搜集的资料包括项目的质量目标、工作分解结构、拟定的施工组织设计、采用的施工工艺、施工规范等资料。

（2）质量计划分解

根据工程项目的工作分解结构，将质量计划逐级分解到每个控制账目（工作包上一级的可交付成果）、工作包和任务，使每个工作分解结构元素都具有质量属性。

（3）制定项目质量的控制程序

这些程序主要有：原材料及设备的检查试验和标识程序、施工过程的质量检查程序、不合格产品的控制程序、试验室的试验工作程序、计量器具的控制程序、各类施工质量记录的控制程序和竣工验收程序等。

（三）工程项目质量控制

1. 质量控制的理论方法

工程项目质量控制的理论方法包括因果图分析法、控制图、流程图、直方图、帕累托图、趋势图、散点图、统计抽样、检查和缺陷补救审查等。其中，前七种方法被誉为“质量控制七工具”。下面，就两种常用的控制方法进行阐述。

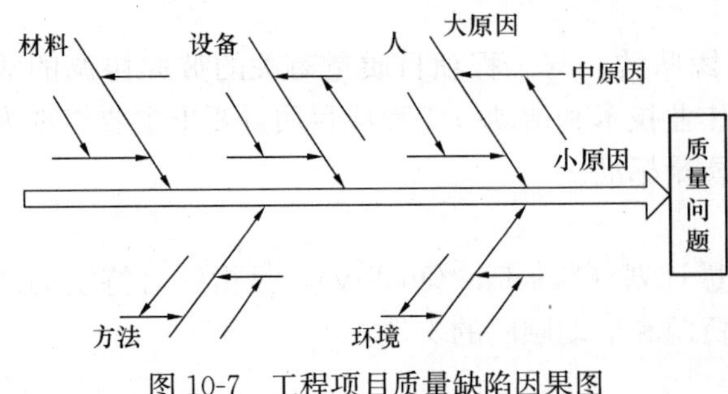

图 10-7 工程项目质量缺陷因果图

（1）因果图分析法

也叫做鱼骨图分析法，这是一种利用“头脑风暴法”，集思广益，寻找影响质量问题的潜在因素，然后用图的形式来表达的一种分析方法，有利于搜寻问题产生的根源，并为收集数据指出方向。因果图的形式如图 10-7 所示。

因果图有三个显著基本特征：

1）是对所观察的效应或考察的现象有影响的原因的直观表示；

2）这些可能的原因的内在关系被清晰地显示出来；

3）内在关系一般是定性的和假定的。

因此在构造因果图时最重要的考虑是清晰理解因果关系。同时还要考虑所有可能的原因。一般可以从人员、机械设备、材料、所采用的实施方法以及环境五个方面去寻找。

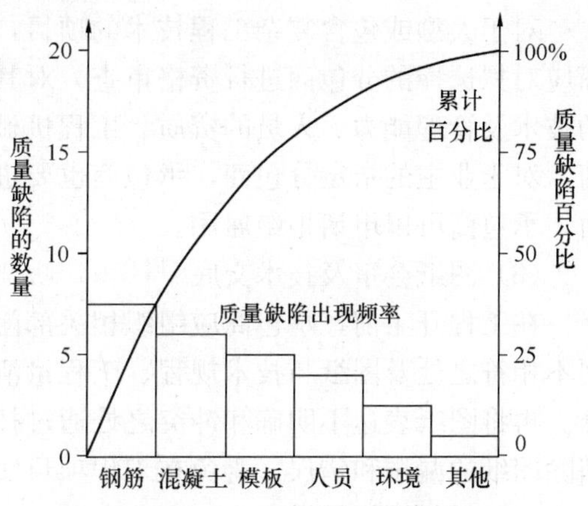

图 10-8 工程项目质量缺陷帕累托图

(2) 帕累托图分析法

也叫做主次分析图分析法，用于从大量数据中找出主要原因，分析主要矛盾的一种图形。这种方法按照各原因发生频率大小顺序绘制直方图，表示有多少结果是由已确认类型或范畴的原因所造成。它是将出现的质量问题和质量改进项目按照重要程度依次排列而采用的一种图表，可以用来分析质量问题，确定产生质量问题的主要因素。帕累托图的形式如图 10-8 所示。

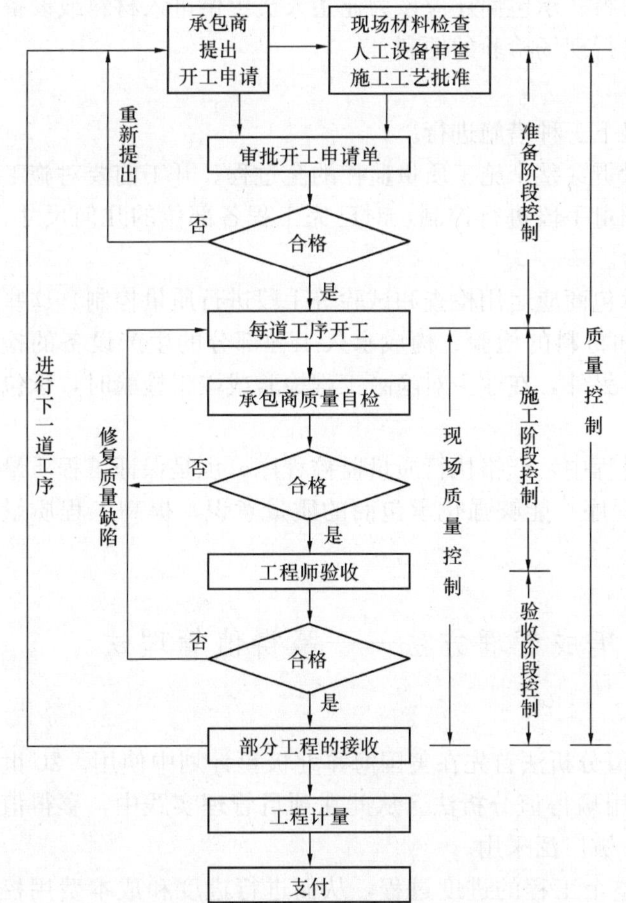

图 10-9 工程质量控制程序

按等级排序的目的是为了指导如何采取纠正措施：项目应首先采取措施纠正造成最多数量缺陷的问题。从概念上说，帕累托图与帕累托法则一脉相承，该法则认为相对来说数量较少的原因往往造成绝大多数的问题或缺陷。帕累托分析法往往被称为二八原理，即百分之八十的问题是百分之二十的原因所造成的。

2. 质量控制的流程

工程项目的质量控制阶段主要包括准备阶段、施工阶段和验收阶段。承包商在进行质量控制时必须协同工程师对质量进行监督和管理，其过程如图 10-9。

3. 质量控制的内容

工程项目实施阶段的质量控制包括以下内容。

(1) 质量保证体系

承包商应该建立质量保证体系，该体系应符合工程合同的规定。承包商应在每一设计和实施阶段开始前，向工程师提交所有实施程序和如何贯彻这一体系的文件以供其审批。但承包商要注意，工程师对此类文件的批准不解除承包商的任何合同义务和责任。

(2) 分包商

对于大型或包含复杂工程技术的项目，承包商会在工程师的同意下雇用分包商。承包商应对拟选择的分包商进行资格审查，对其已完工程及施工工程质量进行考察，对分包商的技术及管理能力、人员的资质、工程机械设备和施工经验进行评价，从而择优选择分包商。对于业主的指定分包商，承包商也要进行各方面的评审。如发现问题或有其他合理理由，承包商可以申请拒绝雇用。

(3) 图纸会审及技术交底

在工程开工前，承包商应组织相关部门和人员进行图纸会审，查找图纸中不同专业之间不相符之处及图纸与技术规程、工程量清单之间不符之处，及早发现导致质量缺陷的隐患。再将图纸表达不明确和冲突之处通过技术交底的形式与工程项目各参与方进行交流，消除图纸的漏洞和错误，避免在工程项目实施过程中出现质量失控的情况。

(4) 材料及机械设备

承包商运到现场的任何材料和机械设备都必须经过检查，必须保证存放在现场的材料和设备是合格的，并妥善保存这些材料和设备。承包商在施工过程中或使用建筑材料前应该向工程师提交材料的样品和相关的资料。承包商还应该为业主人员提供进入材料或设备的加工制造场所和天然材料获取场所进行现场检验的便利。

4. 质量控制的措施

工程项目的质量控制，通常采用以下三种措施进行。

(1) 测量。工程实施过程中的测量贯穿整个施工质量监控的全过程。开工前要对施工放线进行核查，在施工过程中要采用测量手段进行控制，对已完工程各部位的几何尺寸、高程、坡度等方面也需要进行测量检验。

(2) 检验。在工程实施过程中，承包商应运用检查和试验等手段进行质量控制。这些关键的控制内容包括：施工机械设备和材料的检验、构成永久工程部分的生产设备的检验、重要的施工工艺和工序的检查等。另外，在业主对隐蔽工程检验或竣工检验时，承包商应予以协助。

(3) 质量控制程序。在质量控制过程中，严格执行质量监控程序，也是保证工程质量的有效手段。在监控过程中严格执行程序，能够强化承包商的质量意识，提高工程质量水平。

第二节 费用和进度的集成管理方法——赢得值管理法

一、概述

早在上世纪60年代的美国，赢得值分析法首先在美国海军北极星计划中使用。20世纪90年代中期，美国私营部门开始采用赢得值分析法。从此在项目管理实践中，赢得值分析法一直作为项目管理的主要方法，被广泛采用。

赢得值分析法可以用货币来量化整个工程的进度过程，从而进行进度和成本费用控制。这种方法在了解一个项目的真实情况，预测成本增长趋势、总工期以及总费用上的有效性已经得到证明。

作为赢得值分析法的基础，控制账目、工作包和任务这些工作分解结构的各个单元均是被赋予了进度和费用属性的。在工程项目的实施阶段，必须按照工作分解结构准确地记录项目状态，提供基础数据，进行有效的赢得值管理。

二、赢得值管理法

1. 赢得值管理术语

1）计划值（Planed Value，*PV*），即拟完工作的预算费用（Budgeted Cost for Work Scheduled，*BCWS*），是指到报告时点项目原计划完成的工作及其数量的预算费用。

2）赢得值（Earned Value，*EV*），即已完工作的预算费用（Budgeted Cost for Work Performed，*BCWP*）是指到报告时点项目已完成的工作及其实际完成数量的预算费用，按照项目预算费用乘以项目实际完成工作量而得到的项目费用值，代表业主按合同应向承包商支付的费用值。

3）实际值（Actual Cost，*AC*），即已完工作的实际费用（Actual Cost of Work Performed，ACWP），是指到报告时点项目已经完成工作实际发生的总费用支出，与项目计划值无关。

4）项目竣工预算（Budget at Completion，*BAC*），是在工程项目费用计划中标明的工程项目竣工时的预算值。

5）项目初始工期（Original Duration，*OD*），是在工程初始进度计划中标明的工程项目工期值。

6）实际花费时间（Actual Time Expended，*ATE*），是从工程开工至报告时点为止工程项目实际耗费的时间。

2. 赢得值管理计算方法

（1）项目费用偏差和项目进度偏差的计算

项目费用偏差（Cost Variance，*CV*）是在项目报告时点处的赢得值与实际值的偏差数值。

$$CV = EV - AC \tag{10-1}$$

当 CV 小于 0 时，表明至报告时点为止，项目的实际费用超过了计划费用，处于超支状态；当 CV 大于 0 时，表明至报告时点为止，项目的实际费用小于计划费用，节省了费用。

项目进度偏差（Schedule Variance，*SV*）是在项目报告时点处的赢得值与计划值的偏差数值。

$$SV = EV - PV \tag{10-2}$$

当 SV 小于 0 时，表明至报告时点为止，项目的已完工程量小于拟完工程量，处于滞后状态；当 SV 大于 0 时，表明至报告时点为止，项目的已完工程量超过了拟完工程量，进度较快。

但是 CV 和 SV 代表的是绝对数值，具有局限性，单纯依靠他们来判断项目的实际情况往往不准确。例如，有两个总工期均为 4 年工程项目，总预算分别是 1 亿美元和 1 千万美元，在某一报告时点项目费用偏差都等于－10 万美元。这时，虽然二者的费用偏差值相同，但不表明费用超支对两个项目具有相同的影响，超支的 10 万美元对第二个项目的影响更大。

(2) 项目费用绩效指数和项目进度绩效指数的计算

项目费用绩效指数(Cost Performance Index, *CPI*)是在项目报告时点赢得值与实际值之比。

$$CPI = EV/AC \tag{10-3}$$

指数 *CPI* 的值大于 1 时,说明项目费用有节余;如果 *CPI* 小于 1,说明项目实际费用超支,*CPI* 等于 1,则说明实际的费用正好等于计划的费用。

项目进度绩效指数(Schedule Performance Index, *SPI*)是在项目报告时点赢得值与计划值之比。

$$SPI = EV/PV \tag{10-4}$$

SPI 的值大于 1 时,说明项目实际进度超前;如果 *SPI* 小于 1,说明项目实际进度滞后。*SPI* 等于 1,则说明进度正常。

虽然 *CPI* 与 *CV* 都是关于 *EV* 和 *AC* 的函数,*SPI* 与 *SV* 都是关于 *EV* 和 *PV* 的函数,但这两个指数都是相对数值,在判断项目费用和进度状况上比 *CV* 和 *SV* 更能体现工程项目的真实情况。

在工程项目管理的实践中,通常将 *CPI* 和 *SPI* 指数控制在某个范围,如 10%,即当 *CPI* 和 *SPI* 指数在 0.9~1.1 之间变化时,认为项目的费用和进度在正常范围内,超出此范围则应采取纠偏措施。

(3) 项目竣工费用预测值和项目工期预测值的计算

项目竣工费用预测值(Estimate at Completion, *EAC*)是在报告时点,根据该报告时点的费用绩效指数 *CPI* 对项目最终可能发生的费用进行预测,以提醒项目管理人员可能发生费用超支的严重性。

$$EAC = AC + \frac{BAC - EV}{CPI} = BAC/CPI \tag{10-5}$$

计算公式由两部分组成,*AC* 是指工程开工至报告时点为止的已完工作的实际费用,$\frac{BAC - EV}{CPI}$ 指按照项目目前的绩效水平完成项目剩余工作所需的费用。

项目工期预测值(Expected Time to Completion, *ETTC*)是在报告时点,根据该报告时点的进度绩效指数 SPI,对项目最终完成全部工作所需要的时间进行预测。

$$ETTC = ATE + \frac{OD - ATE \times SPI}{SPI} = OD/SPI \tag{10-6}$$

ETTC 的计算公式也是由两部分组成的,*ATE* 指从工程开工至报告时点为止实际耗费的时间,$\frac{OD - ATE \times SPI}{SPI}$ 指按照项目目前的绩效水平完成项目剩余工作所要耗费的时间。

(4) 未来完工绩效指数(*TCPI*)的计算

未来完工绩效指数(To Complete Performance Index, *TCPI*)是指在报告时点,为保证项目能够按照初始计划中的预算或进度完成项目,根据报告时点的费用计划值、实际值和赢得值,对完成全部剩余工作必须达到的绩效水平进行预测计算得到的数值。

$$TCPI(BAC) = \frac{BAC - EV}{BAC - AC} \tag{10-7}$$

此公式表示，为保证项目竣工时实际发生的总费用不超过项目竣工预算（BAC），完成到报告时点为止尚未完成的工作所需的费用绩效水平。

$$TCPI(OD)=\frac{BAC-EV}{BAC-PV} \tag{10-8}$$

此公式表示，为保证项目竣工时实际耗费的时间不超过项目初始工期（OD），完成到报告时点为止尚未完成的工作所需的绩效水平。

【案例 10-1】 赢得值计算

某工程项目初始工期是 2 年，项目竣工预算为 1 千万美元。在第 1 年年末，按照项目的进度计划，应该发生费用支出 5 百万美元。然而，在第 1 年年末项目实际已经发生了费用支出 4 百万美元。并且在检查工作量时，发现项目已完工程量仅仅是进度计划的 30%，如图 10-10 所示。

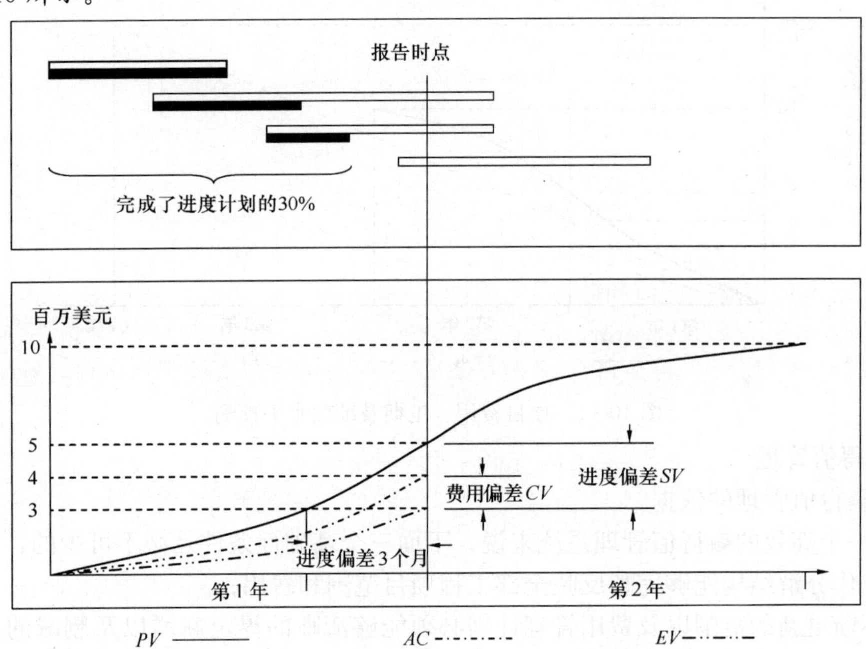

图 10-10　PV、EV 和 AC 三者之间的关系

由图可见，在第一年年末，赢得值 $EV=30\%\times10=3$（百万美元），而计划值 PV 和实际值 AC 分别为 5 百万美元和 4 百万美元。

费用偏差 $CV=EV-AC=3-4=-1$（百万美元）

进度偏差 $SV=EV-PV=3-5=-2$（百万美元）

费用绩效指数 $CPI=3/4=0.75$

进度绩效指数 $SPI=3/5=0.6$

据此可以判断，此项目正处于一个糟糕的状态，不仅项目实际进度远落后于计划进度，项目费用支出也比预算费用要多。

对项目未来费用、工期和绩效水平的预测，可以通过图 10-11 反映出来。

$$EAC=10/0.75=13.33\text{（百万美元）}$$

$$ETTC=2/0.6=3.33(\text{年})$$

这表明，如果项目以第一年的绩效水平完成未来的工作，项目从开工至竣工的总费用为 13.33 百万美元，总工期为 3.33 年。

$$TCPI(BAC)=\frac{10-3}{10-4}=1.17$$

$$TCPI(OD)=\frac{10-3}{10-5}=1.2$$

这表明，为了项目在竣工时总费用不超过预算（1 千万美元），则从第二年初起，必须以 1.17 的绩效水平完成未来的工作；为了项目在竣工时总工期赶上初始进度计划的要求（2 年），则从第二年初起，必须以 1.2 的绩效水平完成未来的工作。两者取大值，应按 1.2 的绩效水平完成剩余工作，才能满足 *BAC* 和 *OD* 的要求。

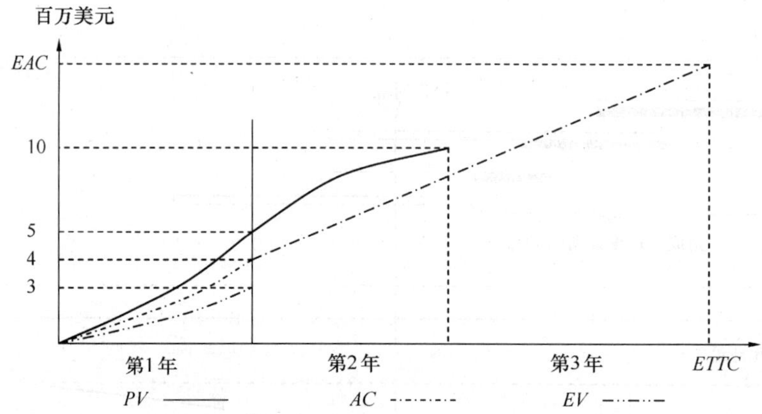

图 10-11 项目费用、工期及绩效水平预测

3. 赢得值管理

(1) 赢得值管理的依据

对于一个高效的赢得值管理系统来说，下面三个基础性条件是必不可少的：

1) 工作分解结构能够完整反映全部工程项目范围和费用；

2) 不断更新的范围以及费用管理计划必须能够清晰的界定新增以及删减的工作范围和与之相关联的费用增减；

3) 基准进度计划必须能够反映所有工作分解结构各层次要素及其相关活动的范围、费用和时间。

(2) 赢得值管理系统

赢得值管理系统的计划和报告层次显示了赢得值管理系统所必需组件，如图 10-12 所示。

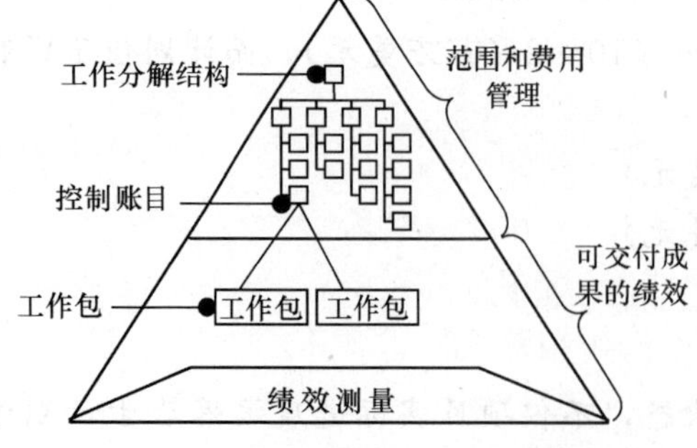

图 10-12 赢得值管理系统的计划和报告层次

控制账目（Control Accounts）是综合范围、计划费用、实际费用和进度，并能够对绩效进行测量的管理控制点。控制账目设置在工作分解结构事先选定的管理点上。每一个控制账目都可以包括一个或多个工作包，但是每一个工作包只可以同一个控制帐目相联系。

工作包（Work Packages）是对工程量、工期、质量、费用等各方面作详细说明的最低层次的工作分解结构元素。某工程项目土方开挖及外防水工程的工作包如表 10-1 所示。

土方开挖及外防水工程工作包表　　表 10-1

工作包名称	工作包编码	日期：2007 年 3 月 18 日
土方开挖及外防水工程	TYC00001000	版次：1
工作说明及工序描述： 本工程底板防水采用地下室底板下高分子防水卷材防水，S8 防水混凝土。 施工工序（任务）： 放线—基槽开挖—验收—垫层—砖胎模及粉刷—验收—回填—垫层二—粘贴防水层—验收—保护层—验收。		
质量要求： 达到设计的强度标准，保证底板不渗漏。		
紧前工序：平整场地、施工人员培训。		
主要责任人：		
计划所需资源： 瓦工工日：2287 工日　防水工工日：370 工日		
计划工期：35 天		
费用 计划：29.75 万元 实际 30.05 万元	工期 计划：2007.3.16～2007.4.19 实际：2007.3.12～2007.4.15	工程量 计划：1400 平米 实际：1400 平米

任务（Task）也称作计划活动（Schedule Activity）是在工程项目实施期间组成工作包的单项工作。它一般都估算了持续时间、费用和资源占用情况，并且一项任务按照逻辑关系同其他任务或里程碑相联系。在表 10-1 中，任务指的就是放线、基槽开挖、验收等施工工序。

当一个工程项目进入实施阶段，它可以通过工作分解结构分解成若干元素，这些元素又可以细分为若干更低层次的元素，直到它们充分涵盖了这个工程项目的所有工作范围。通过计算每一项最低等级元素的费用，并把它们逐级汇总，最终可以计算出工程项目的总成本费用（或预算）。它是协调和控制项目范围和预算的主要方法。在工作分解结构的各个层次中，每个元素范围的界定是工程项目总范围界定的工作基础。

除了范围和费用，赢得值管理系统还能够反映工程项目的进度或持续时间（Duration）。一个工作包中所有任务的持续时间就构成了这个工作包的持续时间，而一个控制账目中所有工作包的持续时间又构成了这个控制账目的持续时间，继而构成了包括这些控制账目的所有工作分解结构元素的持续时间和项目工期。由于各个层次元素不仅反映所需的时间还反映了所需的各种资源，所以持续时间包含了资源分配这个属性。这个自下而上的过程就是进度计划编制的过程，而且这一过程有利于跟踪项目的实际进度情况。

如果一个工程项目的所有工作范围都被编制进了进度计划，那么进度计划中包含的基准信息就叫做绩效测量基准（Performance Measurement Baseline），而建立这种初始基准信息的过程叫做集成基准评审（Integrated Baseline Review）。

绩效测量基准一旦确定，项目就进入了跟踪模式（Tracking Mode）。在跟踪模式中，项目的范围、预算、进度是被时时监控的。一旦项目范围发生增减，那么与之相关联的费用也必须相应进行改变。这些项目范围、费用、进度的变化必须通过集成基准评审来反映到绩效测量基准中去。

这种由任务、工作包、控制账目构成的，自下而上逐级汇总构成工程项目总体工作范围、进度、费用的动态过程就是赢得值管理系统工作的过程。

复 习 思 考 题

1. 工程项目的三大控制目标是什么？他们之间是什么关系？
2. 编制进度计划包括哪些步骤？
3. 国际工程费用控制的要点包括哪些？
4. 国际工程质量控制的内容包括哪些？
5. 你觉得赢得值分析法的预测公式有哪些局限性？
6. 按照层次划分，赢得值管理系统包括了哪些要素？

第十一章 国际工程 HSE 管理

本章内容包括国际工程 HSE 管理的定义、特点、目标、任务和体系，国际工程职业健康与安全、施工环境保护、事故处理和管理措施；国际工程项目实施过程中的资源和生态环境保护和可持续发展。

第一节 国际工程 HSE 管理概述

一、国际工程项目 HSE 管理的定义

HSE 管理是指 Health（健康），Safety（安全）和 Environment（环境）的一体化管理，健康是指职业卫生；安全是指项目实施过程中无危险状态；环境一方面指项目施工过程中的劳动环境，另一方面指项目施工对人类生存环境的作用。

国际工程项目 HSE 管理是对国际工程建设的全过程进行全方位的系统化的风险分析，确定工程建设活动中可能发生的危害和在健康、安全、环境等方面产生的后果，通过系统化的预防管理机制并采取有效的防范手段和控制措施消除各类事故的隐患，减少可能引起的人员伤害、财产损失和工程所在国（地区）环境污染的有效管理方法。

二、国际工程项目 HSE 管理的特点

国际工程 HSE 管理强调在工程项目建设过程中遵守工程所在国和相关国家的法律法规以及项目管理的国际惯例，重视人员的健康、安全和环保，指导和协调项目团队实现和系统地控制职业健康、安全、环保绩效，并通过职业健康、安全、环保管理体系所提供的运行机制，使其持续改进。

国际工程 HSE 管理的特点可以概括为：

1）多级 HSE 管理网络，自上向下层层负责。首先应由总承包商项目部根据企业 HSE 管理体系编制并建立针对具体项目的 HSE 管理体系，项目各级管理人员都应对 HSE 的管理结果负相应责任。如某输油管线项目的 HSE 管理建立了三级 HSE 管理网络：一级管理机构为项目部 HSE 部，二级管理机构为各项目分部 HSE 工作组，三级管理机构为现场机组。

2）项目部根据 HSE 管理体系和工程所在国（地区）HSE 管理方面的法律法规要求，制定现场 HSE 管理程序。

3）要求管理人员将“关注健康、安全和环保”精神注入到 HSE 管理的全过程中。

4）致力于从根源上解决问题，而不只是考虑保护措施、维修和补救工作。

5）鼓励全员参与，吸收工程所在国（地区）的政策和文化，创造良好的 HSE 文化。

6）HSE 管理是一个动态改进和运作的过程。

三、国际工程项目 HSE 管理的目标和任务

HSE 管理包括以下目标。

1）减少由项目建设引起的人员伤害，保障人员的职业健康和生命安全。控制影响工作场所内所有员工、临时工作人员、合同各方人员、访问者和其他有关部门人员健康和安全的条件和因素，避免和消除员工可能面临的健康和安全的危害，如职业伤害事故、职业病、流行性疾病等。

2）保护生态环境，减少污染。在项目建设过程中有效地管理废弃物和污染物，实施污染控制和废弃物监督，以减少对环境的污染，保证项目完工时没有垃圾或污染物遗留现场，控制或减少由于工程项目施工对工程所在地的生态环境造成的不利的干扰和影响。

3）促进项目可持续发展。提高项目的可持续性是进行 HSE 管理的重要目标之一，要提高项目的可持续性，必须考虑项目整个生命周期内的投入和产出状况，追求达到最佳的全生命周期经济效益，在进行 HSE 管理时，必须有效利用资源，减少自然资源和不可再生资源的消耗。

在工程建设项目中，HSE 管理的任务具体包括：

1）根据国际工程承包合同的要求，建立完善的 HSE 管理体系，并保持其持续有效性。例如，在某输油管线项目的 HSE 管理中，合同要求承包商必须编制《健康安全手册》、《健康安全常识手册》、《环境影响评估报告》和《环境质量管理方案》等程序文件和管理文件。

2）按照 HSE 管理体系要求对项目进行持续的 HSE 管理。包括对项目 HSE 管理的符合性、有效性进行客观的评定，制定审核程序进行定期审核，发现问题限期整改等。

3）建立 HSE 管理组织机构，确定 HSE 管理人员职责和权力。

4）对承包商全部人员进行 HSE 培训取证和外派劳务人员培训。

5）对分包商的 HSE 进行管理。

四、国际工程项目 HSE 管理体系

HSE 管理体系是 80 年代后期在国际上兴起的现代安全生产管理模式。英国标准化协会（BSI）、爱尔兰国家标准局、南非标准局、挪威船级社（DNV）等 13 个组织联合在 1999 年和 2000 年分别发布了 OHSAS18001：1999《职业健康安全管理体系——规范》和 OHSAS18002：1999《职业健康安全管理体系——指南》。我国也于 2001 年发布了 GB/T28001—2001《职业健康安全管理体系——规范》，该体系覆盖了 OHSAS18001：1999《职业健康安全管理体系——规范》的所有技术内容，并考虑了国际上有关 HSE 管理体系的现有文件的技术内容。

HSE 管理体系主要用于指导企业通过持续和规范化的管理，建立一个符合要求的健康、安全和环境管理体系，再通过不断的评价、管理评审和体系审核活动，推动这个体系的有效运行，达到健康、安全和环境管理水平不断提高的目的。与单纯的安全管理不同，HSE 管理体系把安全与员工健康、生态环境结合成一个整体，实行对健康、安全和环境的全过程管理。

HSE 管理体系由八个要素构成，分别是：领导和承诺、方针和战略目标、组织机构、资源和文件、评价和风险管理、规划（策划）、实施和监测、审核和评审。每一个关键要素都是 HSE 管理要达到的一个标准，每一标准又是由一个战略目标和一个具体指标来支

持。“领导和承诺”是核心，是建立和实施HSE的关键，其他要素围绕着这个核心，各要素的具体指标通过各种具体活动来实现，由此保证项目成功地实现其战略目标和达到各个要素要求的标准。这七个要素确定了HSE管理体系的建立过程以及此后的评审和持续改进的循环上升过程，从而使体系得以不断完善，有效地控制健康、安全和环境方面的事故。

HSE管理体系见图11-1。作为开展国际工程承包活动的承包商，应根据本企业的HSE管理，针对具体的承包项目，编制具有可操作性的项目HSE管理体系文件。

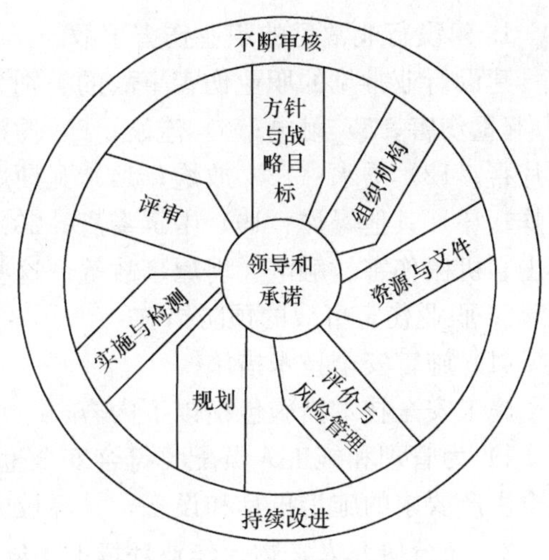

图11-1 HSE管理体系

第二节 国际工程项目职业健康与安全管理

国际建设行业从业人数众多，是一个与工作相关的事故和疾病发生比例非常高和最危险的行业。据国际劳工组织（International Labor Organization，ILO）估计，建筑业每10分钟就会发生一起致命事故。此外，在工业化国家，发生在建筑工地上的死亡人数在与工作相关的死亡中占据的比例高达25%～40%，而该行业雇用的劳动力在全部劳动力中所占比例仅为6%～10%。

一、工程项目职业健康安全事故管理

建设工程中的职业健康安全事故主要包括职业伤害事故、职业病、流行性疾病和社会安全问题等。

职业伤害事故是指职工在劳动过程中发生的人身伤害、急性中毒事故，即职工在本岗位劳动，或虽不在本岗位劳动但由于工作设备和设施不安全，劳动条件和作业环境不良，管理不善，以及被指派到项目现场外从事与本项目有关的活动所发生的人身伤害（即轻伤、重伤、死亡）和急性中毒事故。

职业病是指经诊断，因从事接触有害有毒物质或不良环境的工作而造成的急慢性疾病。

流行性疾病是指工程所在国（地区）在一定范围内大规模流行的可传播的疾病，项目人员在项目实施的过程中，有可能感染到此类疾病，从而对身体造成伤害。

由于不同的国家和地区采用不同的职业健康安全管理法规，其在职业健康安全管理体系的建立、职业健康安全控制措施以及职业健康安全事故处理程序等方面存在较大差别。首先，熟悉工程所在国（地区）适用的职业健康安全管理法规和管理要求是实施职业健康安全管理的第一步，也是遵守这些法律规定进行职业健康安全管理的基础。其次，在进行国际工程项目承包以前，了解工程所在国（地区）的社会治安、传染病等现状，也是承包商制定职业健康安全管理措施的依据。

（一）职业伤害事故管理

1. 建设行业常见的职业伤害事故

建设行业常见的职业伤害事故的类别为：1）物体打击；2）车辆伤害；3）机械伤害；4）起重伤害；5）触电；6）淹溺；7）灼烫；8）火灾；9）高处坠落；10）坍塌；11）冒顶片帮；12）透水；13）放炮；14）瓦斯爆炸；15）火药爆炸；16）锅炉爆炸；17）容器爆炸；18）其他爆炸；19）中毒窒息；20）其他。其中最常见的形式包括高处坠落、物体打击、机械伤害、触电、坍塌事故等。这些类型事故占到死亡总数的 90%。

2. 职业伤害事故的预防措施

（1）施工安全技术措施

施工安全技术措施包括以下内容。

1）为管理和施工人员配备符合安全生产要求的劳动保护服装和防护用品，配备符合安全生产要求的施工机具和设备，并经校验合格，使设备机具处于完好状态。

2）充分研究人、物、作业环境的不安全因素和管理缺陷，针对这些不安全因素和缺陷进行控制。

3）在进行施工平面图设计时，应充分考虑防火、防爆、防污染等因素，做到分区明确，定位合理。

4）对结构复杂、施工难度大、专业性强的项目还必须制定针对性的安全生产措施。

5）对高空作业、深基础开挖、脚手架上作业、有毒有害作业、特种机械作业等专业性强的施工作业及电气、压力容器、起重、金属焊接、机动车等特殊工种的作业，应指定单项安全技术方案和措施，并对管理人员和持证人员的安全作业资格和身体状况进行审查。

6）安全技术措施还应包括防火、防爆、防毒、防尘、防雷击、防触电、防坍塌，防物体打击、防机械损伤、防高空坠落、防交通事故、防暑、防疫、防环境污染等方面的措施。

（2）安全保护装置

为了保证施工现场的安全，应该在现场设立必要的安全保护装置来避免常见的伤害事故的发生。以下是一些常见的安全保护装置。

1）防坠落保护装置。当施工人员在较高的没有边沿的地方工作时要设置防坠落保护装置，例如在没有墙壁的楼板、墙上开口、屋顶、起重机、有洞口的工作面、开挖的边缘以及模板这些地方施工时，应该设立护栏、安全网、人员防坠落限制装置等。

2）个人防护装置。所有的施工现场都要求配备某种类型的个人防护装置。如安全帽和护目镜等。施工人员在较高的地方施工时，应配备个人防坠落装置。在进行桥梁修建等水面作业时，应配备救生衣。

3）防火。为避免可燃物和易燃物造成伤害，这些物品的保存和使用都应该严格遵守操作规范，除此之外还应配备灭火器材。

4）符号、标志和路障。当危险条件无法排除时，应该设置相应的符号、标志和路障，以提示进入现场的施工人员和管理人员可能存在的危险。符号和标志的设置应清晰醒目，必要的时候还应进行交通管制。

（3）现场检查

现场安全管理人员应定期或不定期对施工现场的安全状况、施工人员的施工环境和现场的环境条件进行检查，检查中应尤其重视重大危险源，应力图将不安全的状况消灭在萌芽之中。现场安全检查可分为联合检查、日常巡检、专项安全检查以及施工机具和设施的例行检查。

1）联合检查是由承包商的项目经理、现场安全管理人员会同业主和工程师定期进行的检查。

2）日常巡检是现场安全管理人员在日常施工中对现场安全状态的动态控制，在日常安全巡检中发现问题应及时解决，以免使安全隐患扩大并发展为安全事故。

3）专项检查是对现场某一特定的操作和设施进行的检查。如对起重作业、脚手架搭设、临时用电、消防设施等分别进行的检查。

4）在以上的现场检查之外，还应定期进行一次施工设备、机具的例行检查。对施工设备、机具的检查采用合格证制度，即将检查合格的机具、设备贴上合格证后使用，检查不合格须等修理好再经检查合格后才允许使用。对新进场的设备、机具也要进行检查，合格后贴上合格证才开始使用。承包商还应定期对现场的临时用电设施、消防设施、医疗设施、劳动保护用品等进行检查。

以上的检查是承包商（有时包括业主和工程师）对施工现场进行的检查，在某些国家或地区，政府有关安全管理机构也可能定期或不定期的对项目进行检查，如在美国，OHSA（职业健康安全管理局）检查员就经常对承包商的施工现场进行检查，一旦发现任何不符合职业健康安全法律法规的事件，将就此事件发出传讯通知，并要求承包商在规定时间内改正，同时对违反健康安全管理法规的情况处以高额罚金，并制止对生命安全造成威胁的施工作业。

（4）相关培训

国际工程承包中，承包商应根据工程所在国的相关法律法规，对所有进入现场的施工人员和管理人员进行相关培训。

1）新入场的施工人员应接受安全培训教育，并已具备岗位操作技能，通过了安全技术考核，持有相应的执业资格证书；

2）对于调换工种、转岗、脱岗一定时间以后再重新上岗以及使用新工艺、新技术、新设备、新材料的施工人员，应重新进行安全教育及技术培训；

3）临时劳务和其他临时进入现场工作的人员，应根据需要进行安全教育培训，合格后方可进入现场工作；

4）应明确各管理人员的现场安全管理方面的职责，并进行必要的健康安全培训；

5）专门的现场安全管理人员，如安全总监、监控人员则必须经过有资质的培训机构培训，取得培训证书。

安全培训计划应该和项目施工进度相一致，对于在现场进行实际施工和操作的施工人员，应对他们进行以下内容的培训：

1）安全生产和环境保护的基本知识；

2）承包商内部的 HSE 规章制度；

3）岗位安全操作规程、生产设备、劳动防护用品（用具）的性能及正确的使用方法；

4）作业场所和工作岗位存在的危险因素、防范措施及事故应急措施等。

对于承包商的现场管理人员，无论其是否直接从事安全管理工作，都要对他们进行教育和培训，培训内容除了以上的现场安全管理的基本规定外，还应包括：

1）项目的目标和施工进度；

2）对下级及施工人员的领导技能；

3）事故报告系统的使用方法；

4）对施工人员的培训方法。

专门的现场安全管理人员的安全培训内容还包括：

1）安全监督管理、安全技术、劳动保护基本知识；

2）工伤保险的法律、法规、政策；

3）伤亡事故、职业病和环境事件的统计、报告及调查处理方法；

4）重大危险源管理与应急救援预案编制方法；

5）先进的 HSE 管理经验等。

（二）职业病防治管理

1. 建设行业常见的职业病

职业病一般包括以下 10 大类：1）尘肺；2）职业性放射性疾病；3）职业中毒；4）物理因素所致职业病；5）生物因素所致职业病；6）职业性皮肤病；7）职业性眼病；8）职业性耳鼻喉口腔疾病；9）职业性肿瘤；10）其他职业病（职业性哮喘、职业性变态反应性肺泡炎）等。

在国际工程项目的承包过程中，易发生的职业病危害包括以下六大类。

1）生产性粉尘的危害：在建筑施工作业过程中，材料的搬运使用、石材的加工、建筑物的拆除，均会产生大量的矿物性粉尘，长期吸入这样的粉尘可能会发生矽肺病；

2）缺氧和一氧化碳的危害：在建筑物地下室施工时由于作业空间相对密闭、狭窄。通风不畅、特别是在这种作业环境内进行焊接或切割作业，耗氧量极大，又因缺氧导致燃烧不充分，产生大量一氧化碳，容易造成施工人员缺氧窒息和一氧化碳中毒；

3）有机溶剂的危害：项目施工过程中常接触到多种有机溶剂，如防水施工中常常接触到苯、甲苯、二甲苯、苯乙烯，喷漆作业常常接触到苯、苯系物外还可接触到醋酸乙酯、氨类、甲苯二氰酸等，这些有机溶剂的沸点低、极易挥发，在使用过程中挥发到空气中的浓度可以达到很高，极易发生急性中毒和中毒死亡事故；

4）焊接作业产生的金属烟雾危害：在焊接作业时可产生多种有害烟雾物质，如电气焊时使用锰焊条，除可以产生锰尘外，还可以产生锰烟、氟化物，臭氧及一氧化碳，长期吸入可导致电气施工人员尘肺及慢性中毒；

5）生产性噪声和局部震动危害：建筑行业施工中使用的机械工具如钻孔机、电锯、震捣器及一些动力机械都可以产生较强的噪声和局部的震动，长期接触噪声可损害职工的听力，严重时可造成噪声性耳聋，长期接触震动会损害手的功能，严重时可导致局部震动病；

6）高温作业危害：长期的高温作业可引起人体水电解质紊乱，损害中枢神经系统，可造成人体虚脱，昏迷甚至休克，易造成意外事故。

2. 职业病的防治措施

职业病防治工作必须贯彻“预防为主，防治结合”的方针，实行分类管理、综合治理，创造符合施工所在国（地区）职业健康标准和要求的工作环境和条件，防止职业病发生。职业病的防治措施包括：

1）进行职业病的防治必须根据国家和当地的有关规定，采用有效的职业病防护设施，同时还须为有可能遭受职业病的人员提供个人使用的职业病防护用品，提供的职业病防护用品必须符合职业病防护要求；

2）职业病防护设备、应急救援设施和个人使用的防护用品，应当进行经常性的维护、检修，定期检测其性能和效果，确保其处于完好状态；

3）对产生严重职业病危害的作业岗位，应当在其醒目位置设置警示标识和警示说明；

4）应定期对职业病危害进行风险评估，完善和建立职业病危害控制措施和事故应急救援预案，应急预案应进行针对性演练，一旦发生危害职工健康的紧急情况应当立即实施救援；

5）对从事接触职业病危害作业的项目人员，应组织上岗前、在岗期间、离岗时和应急的职业健康检查，并对职业病病人、疑似职业病病人应按规定进行登记、治疗、复查等管理，建立职业病档案，并定期对资料进行分析，提出建议。

各种不同起因和类型的职业病的防护措施见表 11-1。

职业病防护措施 **表 11-1**

接触各种粉尘引起的尘肺病	作业场所防护措施	加强水泥等易扬尘的材料的存放处、使用处的扬尘防护，任何人不得随意拆除，在易扬尘部位设置警示标志
	个人防护措施	落实相关岗位的持证上岗，给施工人员提供扬尘防护口罩，杜绝施工人员的超时工作
	检查措施	在检查项目工程安全的同时，检查施工人员作业场所的扬尘防护措施的落实，检查个人扬尘防护措施的落实，每月不少于一次，并指导施工作业人员减少扬尘的操作方法和技巧
电焊工尘肺、眼病	作业场所防护措施	为电焊工提供通风良好的操作空间
	个人防护措施	电焊工必须持证上岗，作业时佩戴有害气体防护口罩、眼睛防护罩，杜绝违章作业，采取轮流作业，杜绝施工操作人员的超时工作
	检查措施	在检查项目工程安全的同时，检查落实施工人员作业场所的通风情况，个人防护用品的佩戴，8 小时工作制，及时制止违章作业
直接操作振动机械引起的手臂振动病	作业场所防护措施	在作业区设置防职业病警示标志
	个人防护措施	机械操作工要持证上岗，提供振动机械防护手套，采取延长换班休息时间，杜绝作业人员的超时工作
	检查措施	在检查工程安全的同时，检查落实警示标志的悬挂，施工人员持证上岗，防震手套佩戴，工作时间不超时等情况
油漆工、粉刷工接触有机材料散发不良气体引起的中毒	作业场所防护措施	加强作业区的通风排气措施
	个人防护措施	相关工种持证上岗，给作业人员提供防护口罩，采取轮流作业，杜绝作业人员的超时工作
	检查措施	在检查工程安全的同时，检查落实作业场所的良好通风，施工人员持证上岗，佩戴口罩，工作时间不超时，并指导提高中毒事故中职工救人与自救的能力

续表

接触噪声引起的职业性耳聋	作业场所防护措施	在作业区设置防职业病警示标志，对高噪机械加强日常保养和维护，减少噪音污染
	个人防护措施	为施工操作人员提供劳动防护耳塞，采取轮流作业，杜绝施工操作人员的超时工作
	检查措施	在检查工程安全的同时，检查落实作业场所的降噪音措施，施工人员佩戴防护耳塞，工作时间不超时
长期超时、超强度地工作，精神长期过度紧张造成相应职业病	作业场所防护措施	提高机械化施工程度，减小施工人员劳动强度，为项目人员提供良好的生活、休息、娱乐场所，改善施工现场的环境
	个人防护措施	必须安排充足的人员，能够按时换班作业，采取8小时作业换班制度，及时发放施工人员工资，稳定施工人员情绪
	检查措施	施工人员劳动强度适宜，文明施工，工作时间不超时，施工人员工资发放情况
高温中暑	作业场所防护措施	在高温期间，为职工备足饮用水或绿豆水、防中暑药品、器材
	个人防护措施	减少施工人员工作时间，尤其是延长中午休息时间
	检查措施	夏季施工，在检查工程安全的同时，检查落实饮水、防中暑物品的配备，施工人员劳逸适宜，并指导提高中暑情况发生时，职工救人与自救的能力

（三）流行性疾病防治管理

目前，我国国际工程承包的目标市场主要集中在亚非拉等发展中国家，其中，很多国家环境条件恶劣，流行性疾病较多，比较常见的有霍乱、伤寒、肝炎等。承包商的本国人员以及雇用的当地人员在工程实施的过程中很有可能感染到此类疾病，一旦流行性疾病在承包商的项目人员之间广泛传播，将对人员的身体健康状况和工程的顺利实施造成严重的威胁。

为了对工程所在国（地区）的流行性疾病进行预防和控制，承包商可以采取以下措施：

1）在识别项目风险的过程中，应明确工程所在国（地区）常见流行性疾病的类型，并制定现场医疗救治计划，配备一定数量的医务人员，解决一般常见病的诊治。

2）针对工程所在国（地区）可能缺少治疗防治流行性疾病的药物的问题，承包商在派遣人员出国时，应考虑携带相应的药品，并注射相应的流行性疾病疫苗。

3）注意项目人员的食品营养卫生、饮水卫生和医疗卫生条件，保持工作环境和居住环境的清洁卫生，尽力隔绝流行性疾病的传播渠道。

4）为了避免蚊虫等有害动物传播疾病，可以按照项目所在国（地区）的卫生部门的健康安全法规，使用适当的杀虫剂。

5）与当地医务室、医院及其他医疗救助机构建立良好的联络，保证紧急救护措施通畅有效，并且制定相应的健康、接种防疫、卫生、医疗设施等标准。

6）针对工程所在国（地区）多种流行性疾病的情况，定期对员工的身体健康状况进行检查，及时发现流行性疾病感染状况并防止扩散。

（四）社会安全管理

1. 恐怖主义事件及工程所在国（地区）战争及动乱

针对近年来全球恐怖主义事件逐年上升的事态，防止恐怖袭击成为了国际工程安全管理的重要内容。工程所在国（地区）及其邻国的政局动荡也会导致战争爆发，也是国际工程安全管理的重要内容。如2007年，埃塞俄比亚的武装分子突袭了中国某承包商位于埃塞俄比亚的工地，这次袭击造成多名中国和当地项目人员丧生。国际工程承包商在恐怖事件频发和政局动荡的国家和地区承揽工程时，应提高警惕，防止此类事件造成人员伤亡和其他损失。

为了防止恐怖袭击和国内战争及动荡对工程项目安全的影响，承包商应该采取以下措施。

1）对即将出国的项目人员进行安全培训。培训内容包括工程所在国（地区）历史、现状和政治环境，以及应对恐怖袭击和战争爆发的个人防护措施。

2）承包商应制定相关的应急预案，如《国际工程涉外突发事件应急预案》、《国际工程涉外防恐应急预案》等。

3）承包商应和当地政府、军队及地方群众协调关系。承包商应该通过长期的联系得到当地政府和军队的支持，当出现恐怖袭击或战争爆发时，能够得到军方的协助，保护工程现场的人员和设备安全，避免损失。当出现恐怖袭击或战争爆发时，承包商应摆出中立的姿态，防止工程项目受到任何一方的袭击。

2. 违法交易

承包商在国外实施工程项目时，不得进行任何酒精饮料、毒品及武器交易，同时承包商应保证其人员也不进行此类交易。一旦发生这类事件，不仅会触犯工程所在国法律，而且承包商也可能因此被禁止继续实施工程或被驱逐出境。

3. 承包商人员管理

承包商应保证本国人员之间，以及与雇用的外籍劳务人员之间不发生冲突、械斗；对于雇用的外籍劳务人员，应尊重他们的节日、文化、宗教信仰和风俗，避免民族歧视和冲突；此外，承包商还不应为了降低成本而雇用童工来为其工作，也不得以威胁、强制或处罚等形式强迫员工为其工作。

二、职业健康安全事故处理

（一）人员抢救

事故发生后，应立即抢救受伤人员，并联系医疗卫生部门，防止人员因时间拖延而使伤情或病情恶化。如果发现项目人员感染流行性疾病，应立刻进行隔离，防止疾病扩散，并将感染疾病人员送至专业医疗机构救治。

（二）事故报告

当工程项目中发生任何事故时，承包商应在最短时间内先以口头方式上报业主，并立即派人员赶赴现场，组织抢险救灾，进行现场调查。在发出口头报告后，应尽快向业主提交正式的书面报告，承包商在提交给业主的书面报告中，应包括以下内容：

1）事故发生的时间、地点；

2）事故简要经过、基本情况、伤亡人数；

3）事故导致的直接经济损失估计；

4）事故发生原因的初步判断；

5）采取的措施、控制情况以及事态可能进一步发展的趋势。

（三）事故调查处理

事故发生后，应保护好事故现场，做好标识，为事后进行事故调查保留证据。同时承包商应采取措施抢险救灾，防止事故蔓延扩大。发生事故无论大小，事故的调查处理都应做到弄清安全事故原因、对事故责任者和员工进行教育、对事故责任者进行处理以及制定事故防范措施。承包商应视事故的严重程度，通知业主和事发有关部门参与联合调查。事故调查的主要内容包括：

1）事故发生的过程、原因、人员伤亡和经济损失情况；

2）确定事故的性质和责任，查明管理和规章制度上的问题；

3）确定事故责任人，包括肇事者责任和领导责任；

4）提出对事故责任者的处理建议；

5）提出对管理工作和修改规章制度的建议；

6）编写事故调查报告。

在对事故进行调查后，应对事故相关责任人员进行处理，对于忽视安全施工、违章指挥、违章作业、玩忽职守或者发现事故隐患、危害情况而不采取有效措施以致造成伤亡事故的人员，以及在伤亡事故发生后隐瞒不报、谎报、故意延迟不报、故意破坏事故现场，或者以不正当理由，拒绝接受调查以及拒绝提供有关情况和资料的人员，由对外承包工程公司主管部门或者由对外承包工程公司按照国家有关规定，对企业负责人和直接责任人员给予行政处分；构成犯罪的，由司法机关依法追究行政责任。

（四）事故建档

每一起事故处理结案后应将事故材料建档封存，事故档案应包括以下资料：

1）事故登记表；

2）事故调查报告、批复处理文件；

3）现场调查记录、图纸照片；

4）技术鉴定和试验报告；

5）物证、人证材料，直接和间接经济损失材料；

6）事故责任者的自述材料；

7）医疗部门对伤亡人员的诊断书；

8）发生事故时的工艺材料、操作情况和设计资料；

9）处分决定和受处分人员的检查材料；

10）有关事故的通报、简报及文件；

11）事故调查组人员名单、职务、单位、专业特长。

三、职业健康安全事故应急处理

对造成或可能造成人员伤亡和经济损失，并将持续一段时间，可能带来次生灾害，需要应急控制或救援的事件，应进行事故应急管理。所有已识别的危险源都应根据风险程度采取相应风险削减措施，将风险削减至可接受水平；针对重大风险，应制定目标、指标管理方案和运行控制措施。

应急管理工作一般包括应急预案和应急演习。

（一）应急预案

承包商应针对重大危险源、重要施工装置、重点施工场所、要害部位、关键施工环节，以及开展的重大活动，进行危害辨识和风险评估，编制各类应急预案。

应急预案至少应包括以下内容：

1）事故的基本情况和危险目标；

2）应急救援组织机构和人员职责，包括指挥、抢险、救护、通讯等人员、职责与机构网络图；

3）救援机构联系方式，如与当地消防、交通、医院、水利气象等部门的联系方式；

4）与临近危险设施单位的联系方式；

5）事故（事件）发生后采取的应急措施、人员紧急疏散撤离、危险区的隔离、检测、抢险救援和控制措施；

6）应急救援保障（内部保障、外部保障）；

7）主要风险危害与风险评价（针对主要风险危害的调查资料与记录）；

8）预案分级响应条件；

9）事故应急救援关闭程序；

10）应急培训计划、演练计划等。

对应急预案应进行审核和变更管理，不断补充、修订和完善应急预案，及时变更应急预案。

（二）应急演习

承包商应制定应急预案培训、演练计划，定期进行应急预案演练，以测试、检验各个应急预案的可操作性和时效性，及时了解施工人员对应急预案的掌握程度。应急预案本身存在的任何问题都应及时纠正，培训和模拟应急情况的测试都应该记录在案。

对可能发生涉及周边地区和公众安全的突发重大事件，应与当地政府协商，采取必要的方式做好响应、救援等联合应急演练工作。

现场还应配备必要的医疗措施并制定紧急医疗救护程序，紧急医疗救护程序是对现场发生紧急医疗救护时采取的应急程序。现场应进行紧急救护的培训，必要时进行紧急救护演习，以验证紧急医疗救护程序的实效性。

【案例 11-1】 某输油管道项目的健康管理与安全管理

1. 健康管理

在项目准备阶段，项目部通过对工程所在国的现场考察，掌握了该国地理、气候、流行病谱等信息，编制了《健康安全手册》，并结合职业病的预防制定了《营地卫生与健康计划》、《常见传染病诊治要点》等文件，分发各单位执行。项目部和各分包商共配备 14 名医生，购买了总计近 200 多万元的医疗器械和药品，对全部项目人员进行出国前体检。

项目开工以后，各单位按照已制定的方案防病治病，项目部定期派出巡诊医生协助各公司进行防病治病工作，对一些现场难以处理的病症，送当地条件好的医院治疗。1988 年 9 月份之前，管道项目职工未发生任何大规模流行性疾病。进入 9 月中旬，其中一个分包商的人员陆续出现疟疾患者，10月初疟疾病情呈爆发趋势，共计260名职工患疟疾。致病的主要原因是该分包商所处地带属热带雨林地区，是疟疾高发区；在野外施工作业，防蚊困难。针对此情况，项目部紧急调拨药品，派出医生与分包商医务人员共同开展疟疾的预防和治疗工作，10月下旬疟疾发病情况得到控制。

为了预防疟疾复发，项目部又于11月份从国内增订了防治疟疾的特效药，对疟疾高发区的职工进行计划服用预防。11月底，项目部又从北京热带病研究所请来著名热带病专家到项目上提供现场咨询服务。

由于该地区人烟稀少，无任何社会依托，医疗问题比较突出，为此，项目部决定该地区输油管线沿线设置三个医疗站，另外利用本项目另外一个合同段的医疗站作为补充。从而形成该区域的医疗网络，以确保职工的医疗需求。

2. 安全管理

(1) 实施动态管理

HSE管理必须实施动态管理，发现问题必须及时解决。如在《健康安全手册》的“交通安全指南”中，对车速没有具体的限制，对违章驾驶也没有具体的处罚措施，因此承包商和分包商的司机超速驾驶现象比较普遍。发现此问题后，HSE部根据当地交通的实际情况制定了《* *管道项目交通安全管理规定》、《* *管道项目交通安全奖惩办法》，使交通管理有章可循。此后又制定了《* *管道项目保卫方案》、《* *管道项目应急反应演习计划》等，使HSE管理体系文件得到进一步完善。

(2) 责任的落实

在编制《健康安全手册》时，从项目经理到一般施工人员，对十四种人员的安全职责作出了规定。项目开工后，由于连续发生了几起交通事故，为进一步加强安全管理，把安全管理责任落实到人，并明确各单位的行政一把手为该单位的第一安全责任人。项目经理同各项目分部第一安全责任人签定安全责任书。同时，对于一些危险性较大的作业工序，如下沟等作业，施工作业队长要同该工序负责人签定安全责任书，明确其安全职责。实行一级抓一级，层层落实安全职责，使安全管理工作不留空白点。

(3) 安全监督和检查

为加强安全监督、检查的力度，在资金比较紧张的情况下，配备专车，专门用于检查生产和交通安全工作。并要求各项目分部主要领导每周必须组织一次安全检查，并记录所参加的安全活动。

项目部向各单位的派驻协调员监管所驻单位的安全工作，有权检查和停止一切不安全行为，并向项目部报告。要求各单位明确安委会的人员组成和职责范围，同时，给各机组的兼职HSE协调员，每天留出不少于二小时的安全工作时间。

第三节 国际工程项目施工环境保护管理

一、国际工程项目施工的主要环境问题

工程施工过程中将消耗大量的能源和材料，对环境有着不可低估的影响。工程施工活动产生了大量的废水、废气、固体废弃物等，并形成了噪声、光污染等环境问题。30%～40%的城市垃圾来源于建筑活动，施工过程中还产生了超过30%的城市噪声。

1. 空气污染

由于施工现场堆积大量的施工材料，如细砂、堆土等，以及在施工过程中，拆除建筑物、推土、填土等都有可能造成大量扬尘，对空气造成污染。

2. 噪音污染

项目施工若毗邻居民区，就需特别注意噪声污染，施工过程中经常使用的打桩机、混凝土搅拌机、钢筋切割机、挖土机等设备易发出尖锐刺耳的机械噪音和震动，会严重影响附近居民的日常生活和工作。尤其是在进行夜间施工时，噪音扰民的危害就更大。

3. 水污染

施工期工程施工过程中产生的废水主要包括生活废水和生产废水，其中生产废水主要为基础施工过程中产生的废水、混凝土骨料加工和混凝土生产过程中产生的废水等。

4. 固体废弃物污染

在工程施工过程中，不可避免的产生大量的破碎砖石、残渣余泥等，这些以固体废弃物为主的建筑垃圾再利用价值低、难处理，大多数只能运往郊区露天堆放或当作普通生活垃圾填埋处理。建筑垃圾若处理不当，不仅污染周围环境，而且挤占生活垃圾的填埋空间，缩短垃圾填埋场的使用年限。

5. 生态破坏和水土流失

工程建设对生态环境的影响主要表现在工程建设施工对施工场地原生态环境的改变及挖方、填方所造成的水土流失及所产生的后果。

二、国际工程项目环境保护措施

环境保护措施包括以下方面的内容。

1）加强项目对环境的影响程度的检查和监控工作，如工程项目进行过程中，对项目现场由于项目施工所产生的粉尘、噪声、废水、废气等污染物应进行检测和监控，并根据污染情况采取相应的措施。

2）在防止大气污染方面，施工现场的垃圾渣土要及时清理出现场；施工现场的道路采用渣土等材料，并尽可能利用永久性道路；对可能产生烟气的施工设备，应采取消烟防尘措施。

3）在防止水污染方面，施工现场的废水和污水要经过处理后才能排入城市污水管道或河流；应禁止有毒有害废弃物作为土方回填；化学物品和有毒物品也应合理存放，防止其排入水源；砂石料加工系统废水量较大，应沉淀后再排放，从而减少对地表水的影响。项目人员产生的生活废水应有组织的排放入周边污水管。

4）在防止噪声污染方面，在人口稠密地区、学校、医院、居民区等地进行施工时，应采取降噪措施或限制施工时间，避免噪声扰民。施工机械应尽量选择低噪设备，高噪设备的工作时间应合理安排，打桩以及小量的施工爆破尽量选择白天进行。

5）在防止固体废弃物方面，应当采取措施，防止或者减少固体废物对环境的污染。收集、贮存、运输、利用、处置固体废物的过程中必须采取防扬散、防流失、防渗漏或者其他防止污染环境的措施。

6）在防止生态破坏和水土流失方面，工程施工以前，应进行详细的地质勘察，对不良地基进行处理；安排好施工作业时间，尽量避开雨季，加强排洪及地表水的排泄措施，易于垮塌的地方要先修挡土墙或护坡；施工过程中应结合地形地质条件，做好临时的排水沟渠，采取可行的施工方案，防止水土流失的发生；工程后期应对其区域中的裸地进行绿化，种植防尘降噪植物。

三、国际工程项目环境事件管理

环境事件是指在生产经营活动中或与生产经营活动有关的活动中发生的造成环境污染、生态破坏或一定社会影响的事件。

（一）项目环境事件分类

环境事件按其性质可分为环境污染事故、生态破坏事故、与环境有关的非正常生产状况、敏感环境事件。

1. 环境污染事故

环境污染事故指在项目施工活动中，一切对环境可能造成不良影响的物质，因各种原因以非正常方式或标准进入外部环境，引起可识别的不良环境影响。

2. 生态破坏事故

生态破坏事故指在生产、作业活动中，违反有关生态保护法规引起不良后果的行为。

3. 与环境有关的非正常生产状况

与环境有关的非正常生产状况指防止污染设施连续不能正常运转或污染物排放连续不能达到有关标准。

4. 敏感环境事件

敏感环境事件指因环境问题引起的所在地及附近单位或居民抗议、投诉、诉讼或政府部门行政处罚以及新闻媒体关注等。

（二）国际工程项目环境事件报告

发生了环境事件后，需要及时根据事故的严重程度向业主及工程所在国（地区）政府有关部门汇报，报告的主要内容包括：

1）事件发生时间、地点；

2）事件起因；

3）事件损害或可能的损害；

4）已采取的应对措施和进展情况；

5）其他相关重要情况；

6）报告单位、报告人、联系方式和报告时间。

（三）国际工程项目环境事件管理措施

当环境事件发生时，应视情况采取以下措施。

1）发生环境污染和生态破坏事故时，应当启动应急预案，同时向业主和工程所在国（地区）政府有关主管部门报告，并及时通知可能受到污染危害的企业和居民。

2）发生环境污染和生态破坏事故，或者发生对环境可能造成影响的突发公共事件时，应当对事故现场及受影响区域进行应急监测，并按照有关规定将监测信息上报有关主管部门。

3）对污染环境的废物进行管理应当符合工程所在国环境保护法律法规和相关标准规范的要求，可将废物进行再循环或处理，再循环即将废物进行最大可能限度的回收和再使用，处理则是对废物进行有效的处理使废物产生量或毒性最小化。

4）在保护环境的同时还应注意采取有效措施保护资源和生物多样性，施工结束后如使资源枯竭或生态遭受破坏应力图及时恢复自然生态。

5）造成环境污染事件后，应对有关责任人员给予相应处罚。

国际工程项目的国际化特征，加之可持续发展的要求，各国对保护环境日益重视，国际承包商都必须掌握国际工程环境管理方法和技术，同国际惯例接轨，按国际惯例实施项目环境管理。

【案例 11-2】 某输油管道项目的健康管理与安全管理

某非洲输油管线项目，业主在标书中明确提出"承包商应委托具有独立资格的，熟悉当地情况的第三方环境咨询商，编制环境影响评估报告，该报告应得到当地资源委员会的批准"。承包商选定了当地一所大学的环境学院作为第三方环境咨询商，并向业主提交了资质，很快得到了批准。

在两个月时间内，环境咨询商的环境专家完成了现场考察、水文、气象、地质等基础资料的收集整理，结合管道施工的特点，编制出环境影响评估文件。该项目开工后，承包商依据此"环评报告"确定的环境敏感地区和环境管理计划，采取了以下保护措施：

1. 对热带雨林的保护

工程所在国原是一个热带雨林茂盛的国家，由于经济和技术的落后，无力改善居民的生活，当地居民依然沿用较落后的生活方式，靠砍伐树木维持生活需求，致使热带雨林逐步向南部退化。

根据合同规定，当地政府许可承包商施工带的征地宽度为 30 米。为保护热带雨林，承包商对施工人员作出规定，在一般地区施工占地不得超过 15 米，特殊地段不超过 20 米。为减少树木的砍伐量，要求作业人员施工时在不改变设计走向的前提下，尽可能避免砍伐树木，从而使施工对环境影响减少到最低限度。

2. 对尼罗河的保护

该项目的输油管线需穿越尼罗河，尼罗河是该国农业和生活用水的主要来源，该国主要粮食产区和绝大多数人口均分布在尼罗河两岸，因此被定为环境敏感地区。在制定环境管理计划时，对施工可能造成的负面影响作了充分的估计。如果因设计不合理或施工造成环境污染，不但会影响该国境内流域，还有可能殃及到下游的国家，引起极其严重的后果。因此，在穿越设计和施工方案比选时把保护环境放在了首位。采用定向钻穿越不会对河堤和河床造成破坏，亦不会给水生动物的生存带来危害。

在施工中，对钻井泥浆可能造成的危害采取了以下措施：一是采用无毒泥浆；二是将泥浆循环使用，减少使用量；三是将废泥浆集中回收处理。通过采取上述保护措施有效地保护了环境。

3. 对文物古迹的保护

距管线几百米处有一金字塔群，由于年代久远金字塔群大部分被沙土掩埋，不能确定准确的区域位置，因此列为环境敏感地区。为保护文物遗址，在施工时要求施工人员挖探坑、打探钎确定有无地下文物，确定没有文物后，再进行放线、施工。同时对施工人员作出规定，任何人不准到金字塔群观光，各种车辆必须绕开金字塔群行驶。

4. 恢复地貌

为减少施工过程中对环境的影响，在工程后期 HSE 部及时向承包商人员和分包商下发通知，对施工作业带和营地拆除区域的地貌恢复作了具体的规定。HSE部对恢复地貌后的现场进行了抽查，并把检查中所拍的照片提交给业主，得到了业主的认可和满意。

第四节 国际工程项目HSE管理与可持续发展

可持续发展是人类对社会发展模式的新认识，近年来已在国际上获得广泛认同。随着承包商介入的项目的阶段逐渐增多，承包商在进行项目管理的过程中，也应将可持续发展的理念引入进来，谋求项目的经济效益与保护资源、保护生态环境相协调，与人和社会相统一，最大程度地促进项目人员与工程所在国（地区）的社会、自然环境的和谐统一。

一、工程项目可持续发展的影响因素

1. 项目的经济效益

项目全生命周期的经济效益是指整个生命周期内项目的投入与产出状况。项目可持续发展追求达到最佳的全生命周期经济效益。项目不可避免地会对周边经济产生影响，同时也会产生间接的经济效益。间接经济效益的好坏关系到外界对项目的支持力度，影响到项目以后运营、发展的外界环境条件，而这些又直接影响项目的发展前景。

2. 项目资源利用情况

建设期资源利用主要是对建筑材料的选择、评价、选用，并通过它来评价项目的可持续性。运营期所需资源供应的连续性和项目运营产生的废弃物处理的合理性直接影响项目的持续发展能力，项目报废后资源的回收再利用，可以减少其对环境的影响并节约社会资源。

3. 项目的可改造性

项目的改造再应用可以延长项目生命周期、提高项目资源利用率、降低项目生命周期成本。但是进行项目改造要考虑改造的经济可能性和技术可能性。

4. 项目的环境影响

任何项目都对环境不可避免地产生影响，对环境的影响是决定项目能否持续发展的主要因素之一。项目对环境的影响包括对自然环境、社会环境、生态环境等几方面的影响。

5. 项目科技进步性

项目只有具有先进的技术才能避免被淘汰或延长其淘汰时限，从而延长生命周期。项目的设计要具有科学性、超前性，并有发展余地。项目的实施技术和运营技术也要具有先进性，并具有可持续发展的前景。

6. 项目的可维护性

项目的可维护性是指项目运营期间维修、维护的难易程度。只有维护简单、费用低的项目才更具生命力，更有发展前景。项目的可维护性是项目可持续发展的前提，并为可持续发展提供保障。

二、可持续发展的内容

在项目设计、采购、施工过程中，应当采取一定的措施，来满足可持续发展的要求。在决定项目可持续发展的措施时，要权衡成本、进度、复杂性、技术可靠度等影响因素。实现可持续发展的活动包括以下内容。

1. 培训和教育

培训、教育和技能的提高是项目可持续发展的重要元素。开展培训和教育，应包括以下几项：

1）施工人员的能力和技术，帮助他们胜任施工岗位，这是安全施工和保证工期和质量的首要前提；

2）现场管理人员的监督和管理能力；

3）特殊环境下的行为，尤其是面对风险情况下的应对措施；

4）对于 EPC 项目和 BOT 项目等承包商应进一步负责运营期的项目，还应该对运营期的操作和管理人员进行岗位和岗外培训。

2. 有效地利用自然资源

项目应考虑以下事项来减少自然资源和不可再生资源的消耗：

1）评价消耗燃料、水、能源的工作程序的效率及减少使用的可能性；

2）循环使用建筑材料，诸如脚手架、模板、安全网、回填用的土和石屑、使用组装式临建房屋等。

3. 考虑项目施工对工程所在国（地区）的影响

项目的实施过程中，应尽量考虑项目施工对工程所在国（地区）的影响，这种影响包括三个方面。

1）尽量减少对工程所在地区的不利影响，如尽可能少的打扰当地居民，尊重当地居民的风俗习惯等。

2）尽量增加当地的福利。如在保证劳动力技术和素质的前提下，最大限度的增加工程所在国（地区）劳务的雇用比率；在工程所在地或所在国可以提供同等质量的施工材料时，尽量在工程所在国（地区）采购这些材料；建造那些完工后可以供当地社区利用的设施工程，以提高或增加当地居民使用的可能性。

3）增加与工程所在国（地区）政府和居民的联系。为了保证项目的可持续发展，与工程所在国（地区）政府和居民建立良好的关系是非常重要的，可以将工程所在国（地区）的政策文化融入到所有的培训计划中，使项目参与人员能够融入当地生活，建立良好的项目文化。

4. 减少对环境影响

应采取可以减少对环境破坏的措施，包括以下事项：

1）在项目运行中有效管理废弃物和污染物；

2）实施污染控制和废弃物监督计划，减少对项目周边环境的影响；

3）保证在项目完成时没有垃圾或污染物遗留现场。

复习思考题

1. 国际工程项目的 HSE 管理包括哪些特点？

2. HSE 管理体系有哪些要素构成？他们之间是怎样的关系？

3. 国际工程职业健康安全事故主要包括哪些方面？

4. 国际工程项目施工过程中，面对的环境问题主要包括哪些？

5. 项目可持续发展的影响因素有哪些？

第十二章　国际工程风险管理和保险

本章内容包括国际工程承包中的风险来源、风险分解结构和风险的识别、分析和防范措施；国家风险的概念、内容、风险等级和防范措施；国际工程项目风险管理内容和应对策略；保险基本知识、国际工程保险和理赔。

第一节　国际工程风险管理

一、风险和风险管理

在国际工程市场，激烈的竞争不可避免地带来各种风险，国际工程项目本身的复杂性、跨文化和较长的生命周期也增加了项目风险。因此，驾驭风险的能力是一个国际工程承包商能否成功的关键因素之一。

风险是给定情况下存在的可能结果的差异性。保险理论中将风险定义为对被保险人的权益产生不利影响的意外事故发生的可能性。风险包含三个基本要素：风险因素的存在性；风险事件发生的不确定性；风险后果的不确定性。风险的后果有可能是受到损失，也有可能是收益。

国际工程风险是指在国际工程承包活动中，由于各种事先无法预料因素的影响，使工程项目的业主和承包商的实际收益与预期收益发生背离，蒙受经济损失或获得额外收益的可能性。

国际工程风险管理是人们对国际工程实施期间潜在的可能影响预期收益的因素进行识别、评估，并根据具体情况采取相应的措施进行处理，从而减少意外损失或进而使风险为已所用的全部活动。

国际工程承包项目的风险和利润是并存的。在一项工程中，风险就像双刃剑，风险掌控得好，就能带来巨大的利润，反之，则会带来损失甚至灾难。国际工程承包商在风险管理时既不能夸大风险，缩手缩脚，让机会溜走，也不能盲目追求利润，忽视风险。要善于分析和预测风险，调查存在风险的主客观条件，采取有效的防范和转移风险的措施，使风险转化为利润。

本章所述风险主要指一般意义上的带来损失的风险，即纯风险。

二、风险分解结构

根据不同的划分标准可以将国际工程风险进行分解，划分成不同的类别。在国际工程承包领域，根据风险产生的来源可以将国际工程风险划分为国家风险和特定工程项目风险。国家风险是由国际工程项目所在国的社会和自然环境因素造成的，通常包括主权、政治、法律、经济、不可抗力等因素。而特定工程项目风险则是指工程项目本身存在的不确定性产生的风险，包括施工现场条件风险、合同风险、流动资金短缺风险、项目技术风险和现场人员的行为风险等。

对外承包企业可以根据以往的经验对风险进行分类，风险分解结构（Risk Breakdown Structure，RBS）是一种对风险进行分类的很好工具。国际工程风险分解结构如图 12-1 所示。

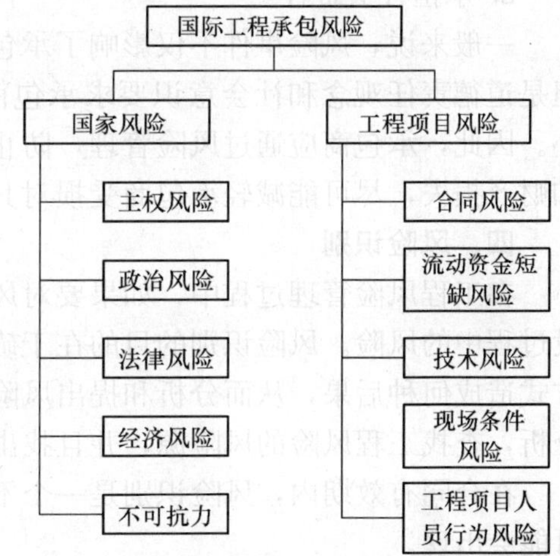

图 12-1　国际工程风险分解结构

三、风险管理的目标和责任

风险管理最主要的目标是控制与处置风险，以防止和减少损失，保障工程项目的顺利进行。风险管理的目标通常被分为两部分，一部分是风险发生前的目标，另一部分则是风险发生后的目标。风险发生前的管理目标是避免或减少损失的发生；风险发生后的管理目标是尽可能减少风险造成的损失，尽快恢复到损失前的状态，两者构成了风险管理的完整目标。

（一）风险发生前的目标

1. 以尽可能低的风险管理成本，获得最大的安全保障

风险管理者采用最经济的手段为可能发生的风险做好准备，运用最合适的、最佳的技术手段降低管理成本。具体来讲，风险管理者应在风险发生前，比较各种风险管理工具以及有关的安全计划，对保险和防损技术费用进行全面财务分析，从而以最合理的处置方式，把控制损失的费用降到最低限度，通过尽可能低的管理成本，达到最大的安全保障，取得控制风险的最佳效果。这一目标的实现依赖于风险管理人员对效益与费用支出的科学分析和对成本及费用支出的严格核算。本目标也是风险管理的经济目标。

2. 减少忧虑心理

风险给人们还带来了精神上和心理上的紧张不安的情绪，这种心理上的忧虑和恐惧会严重影响劳动生产率，造成工作效率低下。风险发生前的另一重要管理目标之一就是要减少人们的这种焦虑情绪，提供一种心理上的安全感和有利生产生活的宽松环境。

3. 履行有关义务

国际承包商在工程所在国从事施工工作，必然要承担社会责任和义务，实施风险管理也不例外。风险管理必须满足工程所在国的法律法规和各项公共准则的要求，必须全面实施防灾、防损计划，尽可能地消除风险隐患，履行有关的义务，承担必要责任。

（二）风险发生后的目标

1. 降低损失，尽最大努力继续履行合同

风险发生后实施风险管理的目标是采取恰当的措施，降低风险造成的损失。对非承包商承担的风险，考虑便于后期索赔和为避免采取的措施是否恰当而产生合同争端，承包商应尽快通知工程师和业主，就应急措施达成一致意见。一般地，采取的措施是否恰当，主要对所采取的措施产生的效果与不采取措施和采取其他措施产生的效果之间进行对比。对因承包商采取不恰当的措施而造成的损失，承包商须自己承担后果。

危害性的风险事件给项目各参与方带来了不同程度的损失，而实施风险管理则能够为恢复项目的正常实施提供条件，使项目参与各方在风险发生后迅速恢复正常运作。为达到

这一目标，承包商必须在遭受损失后的最短时间内，尽快在全部或至少在部分范围内提供服务或恢复施工。

2. 承担社会责任

一般来说，风险事件不仅影响了承包商，还会对项目各参与方产生不同程度的影响。但是道德责任观念和社会意识要求承包商使这类风险事件对各方人员产生的影响达到最小。因此，承包商应通过风险管理，防止由于风险而导致项目实施的中断或发生人身伤亡和财产损失，尽可能减轻承包商受损对其他人和整个社会的不利影响。

四、风险识别

在工程风险管理过程中，如果要对风险进行有效的管理，首先需要识别出工程项目建设过程中的风险。风险识别的目的在于确认项目风险的存在及其性质，在何时可能以何种方式造成何种后果，从而分析和提出风险管理的对策。风险识别的任务是通过风险调查和分析，查找工程风险的风险源，并且找出风险因素转化为风险事故的转化条件。

在合同有效期内，风险识别是一个不断反复的过程。随着项目时间的进展，新的风险可能会出现。

参加风险识别的人员通常包括：项目经理、项目团队成员、项目团队之外的相关领域专家、其他的项目经理等。这些人员是风险识别过程的关键参与者，同时应鼓励所有项目人员参与风险识别。

1. 风险识别的过程

风险识别是根据风险的来源等特征对风险及其影响因素进行统计和分类。风险识别过程通常分为以下5个步骤：

（1）识别不确定性因素

主要是确定所发现和预测的因素是否具有存在性、发生时间和造成后果的不确定性。有些因素是确定无疑，肯定会发生的，发生的后果和造成的影响也是可以预知的，这类因素不是风险管理要考虑的目标，因为承包商完全可以在其发生之前做好准备。

（2）建立风险清单

清单中应该列出所有的潜在风险，包括从准备投标到工程完全结束期间影响到工程项目各个方面的不确定性因素。这只是一个初步的风险清单，随着信息的增加，会对其作出更新。

（3）推测风险结果

依据上一步建立的清单，推测各种合理的可能结果，包括财产的损失，人身伤害，费用的增加和工期的延误等方面。

（4）建立风险分解结构

依据上面的结果，对风险进行分类，建立国际工程的RBS。风险的分类既能加深对风险的认识和理解，又能通过分类辨清风险的性质。分类的方法和标准有很多，各个承包商可以依据惯例和自己以往的经验和具体情况采取合适的方法，在分类时要注意风险之间彼此的相互关系。图12-1为一国际工程承包风险分解结构示例。

（5）建立风险登记册

这是风险识别过程的最后一步。通过建立风险登记册，可将项目可能面临的风险汇总并排列出轻重缓急，能给人一种总体风险印象。而且能把全体项目人员都统一起来，使各人不仅考虑自己所面临的风险，而且能自觉地意识到项目的其他管理人员的风险，还能预感到项目中各种风险之间的联系和可能发生的连锁反应。当然，风险登记册并非一成不变，风险管理人员应随着信息的变化和风险的演变而及时更新。表 12-1 为风险登记册的实例。

2. 风险识别的方法

风险识别是一项复杂的任务，需要细致耐心的工作。要对各种可能导致风险的因素进行反复比较，对各种趋势、倾向进行推测。因此风险识别工作要采用科学的办法，并且最好综合采用多种方法进行。

风险识别的方法有：专家调查法、风险检核表法、经验数据法、风险调查法和财务报表法。

（1）专家调查法

专家调查法是一种最常用的并且简单易行的分析方法。这种方法又有两种方式：一种是召集有关专家开会，运用头脑风暴技术进行集体磋商和讨论；另一种是采用问卷式调查，在运用这种方法时，专家发表的意见要由风险管理人员加以归纳分类、整理分析，有时可能要排除个别专家的个别意见。

（2）风险检核表法

建立工程项目的风险检核表有两种途径：常规途径是采用保险公司或风险管理学会（或协会）公布的潜在损失一览表，即任何工程都可能发生的所有损失一览表。通过适当的风险分解方式来识别风险是建立工程项目风险检核表的有效途径。对于大型、复杂的工程项目，首先将其按 WBS 分解，再从时间维、目标维和因素维进行分解，可以较容易地识别出工程项目主要的、常见的风险。从风险检核表的作用来看，因素维仅分解到各种不同的风险因素是不够的，还应进一步将各风险因素分解到风险事件。

（3）经验数据法

经验数据法也称为统计资料法，即根据以往国际工程承包中的风险统计资料来识别拟建工程的风险。由于风险管理主体不同、数据或资料来源不同，其各自的风险数据一般都存在差异。但是，工程项目风险本身是客观存在，有客观的规律性，当经验数据或统计资料足够多时，这种差异就会大大减小。这种经验数据或统计资料可以满足对工程项目风险识别的需要。

（4）风险调查法

风险调查应当从分析具体工程项目的特点入手，一方面对通过其他方法已识别出的风险（如风险检核表所列出的风险）进行鉴别和确认，另一方面通过风险调查有可能发现此前尚未识别出的重要的工程风险。通常风险调查可以从组织、技术、自然及环境、经济、合同等方面分析拟建工程项目的特点以及相应的潜在风险。

风险调查并不是一次性的。由于风险管理是一个系统的、完整的循环过程，因而风险调查也应该在工程项目实施全过程中不断地进行，这样才能了解不断变化的条件对工程风险状态的影响。当然，随着工程实施的进展，不确定性因素越来越少，风险调查的内容亦将相应减少，风险调查的重点也有可能不同。

（5）财务报表法

采用财务报表法进行风险识别，要对具体项目财务报表中所列的各项会计科目作深入

表 12-1

风险登记册(样表)

RISK REGISTER(风险登记册)

Project Name(项目名称):

Project Manager(项目经理):

Summary (概要)				Description (描述)					Preventative Actions (预防行动)			Contingency Actions (应急行动)		
ID	Date Raised	Raised By	Received By	Description of Risk	Description of Impact	Likelihood Rating	Impact Rating	Priority Rating	Preventative Actions	Action Resource	Action Date	Contingency Actions	Action Resource	Action Date
编 号	风险表完成日期	提出人	接收风险表人	风险描述	影响描述	发生的可能性	影响	优先性	预防行动	行动资源	行动日期	应急行动	行动资源	行动日期

* 本表取自 http://www.method123.com/

的分析研究，确定一个特定的工程项目可能遭受哪些损失和在何种情况下遭受这种损失。由于财务报表法的局限性，一般只作为其他风险识别方法的辅助方法进行使用。

对于工程项目的风险识别来说，仅仅采用一种风险识别方法是远远不够的，一般都应综合采用两种或多种风险识别方法，才能取得较为满意的结果。而且，不论采用何种风险识别方法组合，都必须包含风险调查法。从某种意义上讲，这五种风险识别方法的主要作用在于建立风险检核表，而风险调查法的作用则在于建立最终的风险清单。

五、风险分析

（一）风险分析的内容

风险识别提出了风险登记册，并且对风险的属性进行了描述。风险分析则是对风险发生的概率和风险发生后对项目目标的影响以及风险承受度进行分析，为风险应对提供依据。

1. 风险因素转化为风险事故的概率和损失分布

在工程风险的发展过程中，不是每一个风险要素最终都能发展成风险事故，因此需要判断风险发生的概率，以确定风险的影响程度和严重性，据此进行风险处理决策。在估计风险分布规律时，需要采用专家调查法、现场观察法、模糊综合评判法等方法，对工程风险进行观测或试验模拟，估计出目标风险的概率分布。

2. 单一风险的损失程度

如果某一个风险因素导致事故发生的可能性很大，但是可能的损失却很小，就没必要采取复杂的处理措施。只有综合考虑了风险发生概率和损失程度以后，才可能根据风险损失期望值制定风险处理策略。工程风险损失可以依据工程风险载体的状况、风险的波及范围和可能造成的损坏程度来估计。

（二）风险分析步骤

风险分析包括三个步骤：采集数据，建立风险模型，评估风险影响，如图 12-2 所示。

风险分析的有效性在于所获取的数据的充分性和客观性，因此采集数据是风险分析的第一步。风险分析数据包括客观统计数据和主观判断数据。

在获得足够数据的基础上，需要选择或建立恰当的风险分析模型，对风险发生后可能产生的结果及其发生概率进行评价。

图 12-2 风险分析的步骤

（三）风险分析的方法

风险分析是对风险发生的可能性和风险损失程度以及风险的不可控制属性等风险状态变量作出判断，很多风险分析方法都能从不同的角度分析得出这些风险状态变量。目前工程风险领域的风险分析主要基于主观的概率判断，常用的风险分析方法主要有：层次分析法、模糊数学法、概率统计法、敏感性分析法、蒙特卡罗模拟、影响图等等。这些方法有的侧重于定性分析，有的侧重于定量分析，也有的侧重于综合分析。这里重点介绍层次分析法和风险量估计法。

1. 层次分析法

利用层次分析法（AHP）进行风险分析的基本思想是利用递阶层次结构识别工程存

在的主要风险。然后由众多的专家从风险损失额和风险发生概率等方面判断风险因素的重要性，在此基础上对专家的判断矩阵进行一致性分析。如果通过一致性检验，则计算各风险因素的相对重要性并排序；如果没有通过一致性检验，则重复上面的过程，修改专家的意见，直到通过一致性检验。AHP 法进行风险分析的特点：一是风险损失期望值和概率分布主要是专家们的主观判断；二是风险评估是以本项目的风险系统中各因素的相对重要性程度来表示的，并不能得出各个风险损失值和概率值的绝对指标。

AHP 法大致需要经历四个步骤：第一步是以递阶层次辨识工程风险因素，递阶层次呈现出了各种风险因素，需要从中选择某一个风险进行下一步的风险分析。第二步是确定专家，AHP 中的所有风险因素的判断都需要专家来完成，专家组成员的合理性直接影响到风险分析的结果，因此要谨慎选取专家组成员。第三步是整理专家的判断结果，形成判断矩阵，并对判断矩阵进行一致性检验，若没有通过一致性检验，则要组织专家重新判断，构造新的判断矩阵，直到通过一致性检验为止。第四步是根据判断矩阵计算相对重要性排序，得出风险分析结论。

2. 风险量估计法

风险量估计法以风险因素对工程项目的影响程度来估计风险程度，并且考虑了采取风险处理措施对风险的影响。工程风险的实质是在非风险的状态下风险因素对目标投资、目标工程、目标质量的影响程度，这个程度受到风险损失发生的概率、风险损失发生后的后果以及风险因素的不可控制程度的影响。因此工程项目的风险程度可以表示成风险因素发生的概率、风险损失后果和风险的不可控制程度的函数。

$$PR = f(P, I, Q) \tag{12-1}$$

式中　PR——项目风险程度；

P——风险发生的概率；

I——风险事件发生后的影响程度；

Q——项目的不可控制性，取值在 0～1 之间。

利用风险量估计法的步骤主要分为三步：首先是估计风险发生的概率。主要依靠有关专家的主观估计和历史资料中类似项目发生相同风险的统计。其次估计风险损失水平。与风险概率的估计方式一样，专家判断和历史资料统计结合。再次就是风险的不可控制性。这个变量的估计很不容易，需要根据风险处理方法分散和控制风险的有效程度进行估计。应在借鉴其他类似项目风险的不可控制程度的基础上，充分考虑到本工程项目的风险状况以及风险管理计划制定和实施过程中所采取的措施的有效程度，从而估计该风险的可控制程度。

（四）风险评价

风险分析确定了工程风险发生的概率和损失的严重程度，并对风险进行了优先级排序。风险优先级排序可以将风险确定为不重要的风险、影响关键线路（工期）的风险、需要设置应急储备金的风险和对项目造成很大威胁的风险。对于确定为不重要的风险，可放入风险观察清单中做进一步监测。

风险评价是在工程风险辨识和工程风险分析的基础上，综合考虑风险属性，风险管理目标和风险主体的承受能力，确定工程风险和风险处理措施对工程的影响。

通过风险评价，决定是否采取措施以及采取什么措施，采取措施以后工程风险因素将发生什么变化。风险评价为风险防范提供了理论依据。

六、风险的防范

（一）风险的防范

对于国际工程中出现的风险可以采取不同的防范对策。对于消极风险，常用的风险防范的对策包括风险回避、风险减轻、风险转移、风险自留。

1. 风险回避

如果通过风险分析发现项目的实施将面临巨大的威胁，承包商又没有别的办法控制风险，这时就应当考虑放弃项目的实施。对于水利枢纽工程、核电站、化工项目等都必须考虑这个问题。采取回避策略，最好在项目活动尚未实施以前。放弃或者改变正在进行的项目，一般都要付出高昂的代价。但是，正在进行的项目如果经过仔细分析后认为没有办法控制风险则必须断然终止，以免项目继续越陷越深，造成更大损失。

风险回避是一种最彻底的风险管理措施，因为它将风险发生的概率降低到零，但这也是一种消极的预防措施，因为在回避风险的同时，也失去了可能的获利机会。

2. 风险减轻

风险减轻的目标是设法降低风险发生的可能性或减少风险可能带来的损失，将风险减轻到可接受的水平。风险减轻强调提前采取行动，对导致风险发生的因素进行干预，减小风险发生的概率或者减轻其对项目的影响。如采用不太复杂的工艺技术，进行更多的测试等，都可以减轻风险。

3. 风险转移

风险转移包括非保险转移和保险转移。非保险转移是指通过各种契约将本应由自己承担的风险转移给他人，例如通过订立合约，将部分风险转移给联营体的合伙人、分包商、设备材料供应商等。风险的转移也必然伴随着获利机会的转移。

保险转移则是通过购买保险从而通过保险公司获得可能的损失补偿。

4. 风险自留

自留风险就是将风险留给自己承担，自己承担风险事件的一切后果。在识别了风险、进行了风险分析、比较权衡了其他的风险对策之后，可以主动将风险留下。只有当风险自留与其他风险管理方式相比，更经济合理或更及时有效，或者这是不得已而为之的唯一方式时，才建议采用这种方式。

风险自留分主动和被动地接受风险。最常见的主动接受风险的方式是设置应急储备，包括储备一定的时间、资金或资源处理已知或潜在的风险。被动接受风险则不要求事先采取任何行动，待风险发生时相机处理。

（二）常见的风险管理策略及相应的措施

就国际工程承包而言，常见的风险管理策略及相应的措施基本如表 12-2 所示。

常见的风险管理策略及相应的措施　　**表 12-2**

风险目录	风险管理策略	相应的措施
财务和经济		
通货膨胀	风险自留	执行价格调值；投标中应考虑应急费用
汇率浮动	风险转移	投保汇率险；套汇交易
	风险自留	合同中规定的费率保值

续表

风险目录	风险管理策略	相应的措施
分包商或供应商违约	风险转移	履约保函
	风险回避	进行资格预审
业主违约	风险自留	索赔
	风险转移	严格合同条款
	风险回避	放弃承包
项目资金无保证	风险转移	分包
报价过低	风险自留	控制成本；加强管理；加班加点以节省人工费开支；加强索赔工作
设　计		
设计不充分、错误和忽略、不充分的细节、地下条件复杂	风险自留	索赔
	风险转移	合同中分清责任
政　治　环　境		
法规变化、战争和内乱、没收、禁运	风险自留	索赔
	风险转移	保险
	风险自留	援引不可抗力条款索赔
	风险减轻	降低损失
污染及安全规则约束	风险自留	保护措施；制定安全计划
施　　工		
恶劣的自然条件	风险自留	索赔；预防措施
劳务争端或内部罢工	风险自留	预防措施
	风险减轻	预防措施
现场条件差劣	风险自留	改善差劣条件
	风险转移	投保第三方险
工作失误	风险减轻	严格规章制度
	风险转移	投保工程一切险
设备损毁	风险转移	购买保险
工伤事故	风险转移	购买保险
自　然　条　件		
对永久结构的损坏	风险转移	购买保险
对材料设备的损坏	风险减轻	加强保护措施
造成人员的伤亡	风险转移	购买保险
火　　灾	风险转移	购买保险
洪　　水	风险转移	购买保险
地　　震	风险转移	购买保险
塌　　方	风险转移	购买保险
	风险减轻	预防措施
社　会　环　境		
宗教节日影响施工	风险自留	安排预防措施；合理安排进度；预留损失费
工作效率低	风险自留	预留损失费
社会风气腐败	风险自留	预留损失费

第二节 国 家 风 险

一、国家风险的概念

国家风险是指国际工程承包商在从事国际工程承包的过程中，因东道国政治、法律或经济政策的变化而遭受经济损失的可能性。

国家风险除具有海外投资商业风险的一般特征外，还具有如下几个特点：第一，国家风险与国家主权行为紧密相关，主要表现为东道国的有关不利于外国投资者的法律、法令和政策；第二，国家风险是由投资者个人或公司企业无法抗拒的因素造成的，通常包括政治、法律、经济等因素；第三，国家风险往往是国际经济活动中的歧视性风险，多因东道国基于本国同资本输出国的政治、军事、外交、经济、社会文化等方面的关系恶化而发生。

二、国家风险的内容

经济合作与发展组织（OECD）在关于国际贸易和信贷的"君子协定"中就给出了国家风险概念和含义的解释。它认为，国家风险包含5个基本要素：由债务人的政府或政府机构发出的停止付款的命令、政治经济事件引起的贷款被制止转移或延迟转移、法律导致的资金不能兑换成为国际通用货币或兑换后不足以达到还款日应该有的金额、任何其他来自外国政府的阻止还款措施、不可抗力（force majeure，包括战争和内战、没收、革命、骚乱、民变、飓风、洪水、地震、火山喷发、浪潮以及核事故）。根据这个解释，大体上可以将国家风险的内容分为主权风险、政治风险、法律风险、经济风险和不可抗力。

1. 主权风险

主权风险是指一个国家或地区政府为了保护其自身的利益所采取的不受其他外来法律约束的行为给投资者造成损失的风险。它通常包括如下三种情形：1）主权国家在因其自身的经济和财政状况发生危机而无法向债权人清偿债务时，不能像公司企业那样通过宣告破产或变卖主权来清偿债务，而常采取损害投资者利益的办法来摆脱债务；2）主权国家可以随时根据需要，单方面采取停止或延期付款的行为；3）当资本输入国与资本输出国两国政府处于政治敌对、战争或经济大战的状态时，其中一国可能单方面给予另一国以各种形式的制裁或双方相互制裁，从而影响了跨国投资经营活动。

2. 政治风险

政治风险是指与东道国的政治、社会有关的、人为的、投资者无法控制的风险。这类风险主要包括：1）征收险，即东道国基于国家和社会公共利益的需要，对外资企业实行征用、没收或国有化；2）转移险，是东道国因其国际收支困难，实行外汇管制，禁止或限制外国投资者将原本收益、利润和其他合法收入转移出东道国境外；3）战争和内乱险，是指东道国政局动荡、民族或宗教派别冲突，发生革命、战争和内乱，使外国投资企业或财产遭受重大损失，以致不能继续经营；4）违约险，即东道国政府违约，而投资者无法及时求助于司法机关或仲裁机构，或者虽有裁决，但无法申请执行等。

3. 法律风险

法律风险是指因法律原因而给投资者造成损失的风险，主要表现在如下三个方面：

1）法律不健全，即资本输入国还没有形成一整套有关外商投资活动的法律法规，这就使得投资者的投资活动没有法律依据，一旦出现问题或东道国基于自身的利益，随意处置投资者的资产，因而可能使外国投资者遭受不应有的损失；2）执法不严，对外商实行歧视性待遇；3）法律冲突，表现在东道国的法律与国际法或国际经济惯例的冲突，东道国与投资者母国的法律冲突，两国间投资活动违反了第三国法律等，这些也会增大投资者的投资风险。

4. 经济风险

国家风险的直接表现许多是经济和金融领域出现问题，严重的是经济金融危机。因此，经济和金融风险在国家风险中的位置特别突出，对国家风险具有中长期的影响力。影响一个国家的经济与金融风险的因素主要包括经济金融的体制、经济金融的政策、各种经济指标现状和比率比例、结构的稳定性、经济金融体系的脆弱性和易变性、违约历史、经济和金融资源的可持续性、产业前景和国际竞争力等。

5. 不可抗力

不可抗力除了传统的自然灾害和突发的战争、骚乱和民变等意外事故外，近年来有了更多新的内容，突出表现为恐怖袭击、国际流行的人畜传染病等，承包商在对外承包中，不得不关注这些因素导致的突发事件带来的影响。

三、国家风险的等级

确定国家风险的等级，是决定对此国家的风险采取何种应对措施的最重要、最基础的一环。通过搜集资料，利用技术手段，对各种国家风险识别、评估，确定各种分类标准，以对世界各国划分风险等级，达到控制风险的目的。

2005年11月，中国出口信用保险公司对外发布中国首份《国家风险分析报告（2005）》，这份报告对全球60个国家的基本信息、政治经济和社会发展现状、市场机遇与风险状况进行了分析，并在此基础上予以评级。在此基础上，中信保又于2006年12月发布了《国家风险分析报告（2006）》，这次报告在国家数量上实现了全面覆盖，包括除中国外全球189个主权国家。这份报告将国家风险划分为9类，分别用数字标识1～9来表示，其中风险水平随数字增大依次增高。

《报告》显示，对于中国而言，瑞士等国家风险最低，在9级评估体系中其参考评级为1级，刚果（金）和津巴布韦等国的国家风险最高。风险高发区以亚洲、非洲、拉丁美洲和东欧等地区的新兴市场国家为主，而我国开展对外工程承包业务的国家普遍集中于此，其中一些国家如伊朗、苏丹、印尼和缅甸与我国的经济利益关系非常密切。由于这些国家或地区风险状况多样，成因复杂，对我国与其双边经济合作的安全性均有不同程度的现实及深远影响。

国际上也有许多顶级的评级机构提供国家风险的评级服务，包括美洲银行世界信息服务公司、机构投资者、政治风险服务公司的国际国家风险指南（ICRG）（包括四个指数：政治风险、经济风险、金融风险和综合风险）、标准普尔信用评级集团和穆迪投资者服务公司等。它们的评级方法不尽相同。美洲银行世界信息服务公司完全依赖定量分析；机构投资者只用定性分析，完全基于专业人员的调查；其他三个则使用定性定量分析相结合。当这些不同的机构给一国评级时，该国得到的相对评级可能不一致。

国家风险较抽象，对外承包企业很少有实力在企业内部进行国家风险的评级，因此，利用这些国内外风险评估机构的国家风险评级是比较简便且有效的做法。

四、国家风险防范措施

1. 放弃投标

对外承包企业在工程投标前，经过充分的调查研究，发现该工程的国家风险较高，超过了本企业控制风险的能力，亏损的概率很大时，应决定放弃投标。

采用风险回避之前要做好国家风险的评估，国内的承包商可以利用每年发布的《国家风险分析报告》，对于风险等级高（如：8～9 级）的国家要考虑是否放弃投标，但必须说明的是，并不是在风险等级低的国家承包工程就一定比在等级高的国家安全。实际上，无论是发达国家还是发展中国家，风险都是一个涉及多个层面，涵盖众多因素，且内在关系十分复杂的复合型概念。对外承包企业应仔细分析影响此国家风险等级的主要因素是什么、有没有能力对这方面的风险作出控制，从而作出是否投标的决定。

2. 保险

承包商可以通过投保将国家风险转嫁给保险机构。国际上通行的海外投资保险的范围一般限于禁止汇兑险、国有化或征用险、战乱险、营业中断险等四种基本类型，保险额一般在投资额的 90%以内。

多边投资担保机构（MIGA）是世界上第一个也是目前唯一一个专营政治风险的国际经济组织。该组织提供的非商业性政治风险的担保，能提高在发展中国家国际投资的安全系数，解除投资者的后顾之忧。该机构的主要作用在于通过承保非商业性风险来促进私人投资，其承保的非商业性风险险别主要有货币禁兑险、征收和类似的措施、违约险、战争和内乱险及其他非商业性风险等 5 种。

通过直接承保以上各种政治风险，该机构为海外投资提供了经济上的保障，进一步加强了法律上的保障。中国出口信用保险公司也提供承保部分国家风险的服务。另外，承包商还可以在国际上的保险机构投保国家风险，如美国的“海外私人投资公司”、“北美保险公司”以及英国的“出口信贷保证部”等。

3. 加强与东道国的利益联系

降低国家风险最有效的措施之一是与东道国政府或企业共同投资、共担风险，采取合资经营、合作经营等形式，将自身承担的部分风险转移给东道国政府或企业，使东道国在采取不利于外资企业的措施的时候，能够有所顾虑。具体的措施包括：与工程所在国的企业组成联营体共同承揽工程；适当提高当地雇员和劳务的比例；在资金融通上适当依赖东道国的金融机构；在原材料、机械设备的采购上考虑以当地供应商优先等。

4. 自我控制风险

承包企业应视公司本身的经济实力、管理经验，来建立风险自我控制的体制。这种体制大致可以归纳为如下几种：1）由国内母公司集中统一控制，母公司通过内部的资金调拨和流动来抵偿可能出现的风险；2）设立风险基金，企业每年从自己所得利润中提取一部分资金作为补偿风险损失的专项基金；3）利用支付，东道国货币贬值，拖延以东道国货币计价的应付账款和货物款项的支付，拖延升值国应收款项（如利息、红利等），催促硬通货的应付账目和催促东道国软币的应收款项。

第三节　国际工程项目风险

一、国际工程项目风险的内容

区别于国家风险，本节国际工程项目风险是指工程项目本身产生的风险，这类风险的产生可能是因为合同订立不完善，风险分配不均；承包商组织不力；施工机械设备和材料供应不能满足项目进度的要求；设计文件错误或技术方案不合理等。这类风险不是由项目所处的社会环境导致的。项目内部风险可概括为以下几大类：合同风险、流动资金短缺风险、技术风险、现场条件风险和行为风险。

1．合同风险

合同风险主要是指合同的不确定性，承包商往往要承担由以下原因导致的风险。

1）合同中风险分配不均，业主通过合同条款将大部分风险转移给承包商。

2）合同条款不全面、不完整，没有将合同双方的责、权、利关系全面表达清楚，没有预计到合同实施过程中可能发生的各种情况。在合同的执行中导致承包商的损失。

3）合同条款不清楚、不细致、不严密。承包商不能清楚地理解合同的内容，造成损失。这跟招标文件的语言表达、承包商的外语水平、专业理解能力和工作态度等有关。

4）在对合同中出现的问题的认定和处理上，业主和工程师具有很大的权力，承包商往往处于被动地位。

2．流动资金短缺风险

从工程开工到完工，承包商可投入到工程中的流动资金一直都是影响工程顺利完工的关键因素，一旦承包商的流动资金无力支付工程费用，工程很有可能立刻陷入瘫痪状态，严重影响到工程的质量和按期完工。

影响工程费用风险的因素主要包括：

1）施工准备期过长而使费用大大增加，而业主的预付款不足以支付施工准备费用；

2）银行为承包商开具保函的成本过高；

3）项目资金需求量大，筹措资金和贷款担保的成本很高；

4）施工人员和移交后的运营人员的管理、培训和保险所需的费用可能很高；

5）工程前期可结算的款项很少，承包商容易发生现金流的中断；

6）工程款项从承包商递交支付申请到业主的最后支付中间时间可能很长；

7）业主对承包商的付款预扣各种款项，承包商无法拿到全部的工程款等。

3．技术风险

技术风险主要包括：

1）应用新技术、新工艺和新方法困难或失败；

2）施工技术和方案不合理；

3）地基沉降或移动对周围建筑物的影响；

4）临时设施的设计和施工的失误；

5）施工工艺落后；

6）现场计划进度不合理；

7）安全措施不当；

8）行政和外界对施工方案和技术的干扰等。

重大技术的决策往往影响整个项目的利益，因此对重大技术要认真进行评估，尽量采用成熟技术，而不要为了降低成本而采用投机性的设计或者不很成熟的技术。

4. 现场条件风险

现场条件风险包括：

1）不充分的现场调查；

2）征地拆迁拖延；

3）地质资料不充分；

4）不可预见的地下问题；

5）三通一平拖延；

6）不稳定的供水供电；

7）通讯不畅；

8）场地排水问题等。

5. 行为风险

行为风险主要是指项目各参与方的人员，主要是业主、承包商、工程师的人员的行为不恰当而引发的风险。可以分为组织协调和人员素质两方面的因素：

1）组织协调方面具体包括：承包商和上级主管部门的协调，承包商和设计方、业主以及工程师的协调，承包商内部的组织协调，国内外配合失调，后勤支持不力，业主和工程师不公正等；

2）由人员方面的风险主要包括：业主、工程师、承包商的施工管理人员、技术员和一般施工人员的素质不高，消极怠工，安全质量意识不高等，从而影响工程的顺利施工，而且又可能引发质量安全事故等。

二、国际工程项目风险的对策

1. 报价过程中的风险对策

对风险较大的合同，承包商应根据项目的风险度，适当提高报价中的风险费，为风险作资金准备，以弥补风险发生所带来的损失，使合同价格与风险责任相平衡。风险费的金额一般根据风险发生的概率和风险一经发生承包商将要受到的损失确定。但要考虑到风险费的提高可能会导致承包商的报价太高，失去竞争力，难以中标。

2. 项目策划过程中的风险对策

在承包合同的签订和实施过程中，采取技术的、经济的和组织的措施，提高应变能力和对风险的抗击能力，这是承包商防范特定工程项目风险的基础。

1）组织经验丰富的报价组进行详细的招标文件分析，对施工现场环境作出详细的调查，通过周密的计划和组织，作出精确的估算，降低投标风险。

2）对于技术复杂的工程，采用先进的同时又是成熟的工艺、设备和施工方法。

3）对风险较大的工程，任命工程经验丰富的项目经理、技术人员、合同管理人员等，组成精干的项目管理组。

4）对风险较大的工程，在技术力量、机械装备、材料供应、资金供应、劳务安排等方面予以特殊对待，全力保证工程项目的实施。

5）对风险较大的工程，应制定周密的计划，采取有效的检查、监督和控制手段。

3. 通过谈判合理转移风险

承包商应该利用合同谈判这个阶段来减少或避免风险。通过合同谈判，完善合同条款，使合同能体现各方职责权力关系的平衡，这是实际工作中使用最广泛也是最有效的对策。

在合同谈判之前，承包商应仔细研究招标文件中建议的合同条款，对合同条款中的不严密或模棱两可之处取得业主的澄清。在合同谈判的过程中，首先对合同条款拾遗补缺，使之完整；其次使风险条款合理化，力争对权责利不平衡条款、单方面约束性条款进行修改和限定，防止单独承担风险或业主转嫁风险；对不符合国际惯例的单方面约束性条款，在谈判中可以援引国际惯例，劝说业主同意修改或取消；通过谈判争取在合同条款中增加对承包商权益的保护性条款。

4. 在项目开工前将风险转移

1）购买保险。一般在招标文件中，业主都已明确承包商投保的种类，并在工程开工后就承包商的保险作出审查和批准。业主规定的这类保险常常就是针对特定工程项目风险，承包工程保险一般包括工程一切险、施工机具险、第三方责任险、车辆险、货物运输险和人身意外险等。当出现保险范围内的风险，造成财务损失时，承包商可以向保险公司索赔，以获得一定数量的赔偿。

2）与其他承包商建立风险和利润共同承担的联营体，共同参与国际工程项目的承包工作。为了提高中标的机会，优化资源配置，分散和降低风险，可与几家承包商携手合作，组成预期利润和风险共担的联营体，共同参与项目的投标工作。

3）与分包商共同分担风险。在分包合同中，要求分包商接受主合同文件中的某些条款，要求他们同样提供履约保函、预付款保函、工程保险单和扣留一定的保留金，这样可以在一定的程度上降低承包商的流动资金短缺风险。

5. 项目执行过程中的风险对策

1）在项目执行过程中增强索赔管理，用索赔来弥补和减少损失，通过索赔可以提高合同价格，增加承包商的收益。许多有经验的承包商在分析招标文件时就考虑到其中的漏洞，矛盾和不完善的地方，考虑到可能的索赔，甚至在报价和合同谈判中为将来的索赔留下伏笔，人们把这称为“合同签订前索赔”，但这本身又会有很大的风险。

2）减少材料的库存积压，通过租赁和转让机械设备来创造效益，减少资金占用，加速资金周转。

3）承包商应努力建立和业主及工程师的良好的关系，避免来自业主和工程师的无理的为难。

第四节　国 际 工 程 保 险

一、保险概述

（一）保险基本知识

1. 保险的概念

保险是指投保人根据合同的规定，向保险人支付保费，保险人对于合同约定的可能的事故因其发生所造成的财产损失承担赔偿保险金责任，或者当被保险人死亡、伤残、疾病或者达到合同约定的年龄、期限时承担给付保险金的行为。

保险是一种经济补偿制度。这一制度通过对可能发生的不确定性事件的数理预测和收取保险费的方法，建立保险基金；以合同的形式，将风险从被保险人转移到保险人，由大多数人来分担少数人的损失。保险并不能防止风险的发生，但是可以减轻保险人对不确定性的担忧和经济负担。

2. 风险管理和保险的关系

风险管理和保险无论是在理论上还是在经济活动中，都有着密切的关系。首先，风险是保险存在的前提条件，没有风险就不需要保险，也同样不需要风险管理。其次，风险和保险的理论基础一样，都建立在概率论的基础上，事实上风险管理就是在保险的基础上发展起来的。再次，对风险进行管理，保险仍然是最有效的措施之一。两者的区别在于管理的风险的范围不同。虽然风险管理与保险的对象都包括纯风险，但是风险管理是对所有的纯风险以及投机风险进行管理，而保险只管理纯风险中的可保风险。

3. 可保风险

可保风险是指保险人可以承担的风险。风险种类很多，有的风险损失大，发生可能性大，保险人不愿承保；有的风险发生可能性很大，但损失额很小，投保人认为无必要投保。保险的过程，既是风险的集合过程，又是风险的分散过程。众多投保人将其所面临的分散性的风险转嫁给保险人，保险人通过承保而将众多的分散性风险集合起来，当发生保险责任范围内的损失时，保险人又将少数人发生的风险损失分摊给全部投保人，也就是通过保险的补偿行为分摊损失，将集合的风险予以分散转移。

原则上说，可保风险应当满足以下条件：

1）经济上是可行的。即损失的潜在严重性很大，但是损失发生的可能性比较小。对于投保人来说，如果损失发生的可能性大，而损失发生后造成的后果也不严重，购买保险则不经济。再如损失发生的可能性大，发生后造成的损失也大，那么也会被保险人列为保险的除外责任。

2）有大量的相似标的存在。只有大量的相似标的存在，保险公司才能依据以往的资料计算出正确的损失概率，合理收取保费。

3）损失的发生具有偶然性。只有投保人对所投的风险既不能加以控制，又不能施以影响，才能说风险的发生具有偶然性。

4）损失是可以用货币衡量的。损失必须在时间上和地点上可以被确定，在数量上可以被计算。否则，保险公司无法预测和计算未来的损失，也无法确定损失是否在保险人的赔偿范围之内。

（二）保险的分类

1. 按保险标的划分

根据保险标的不同可将保险划分为人身保险、财产保险和责任保险三大类。每一大类下，又可以细分为若干小类。例如，财产保险可再细分海上保险、火险、运输险、工程险等。

人身保险是以人的寿命和身体为保险标的的保险。当人们遭受不幸事故或因疾病、年老以致丧失工作能力、伤残、死亡或年老退休后，根据保险合同的规定，保险人对被保险人或受益人给付保险金或年金，以解决病、残、老、死所造成的经济困难。

财产保险是以有形或无形财产及其相关利益为保险标的的一类保险，包括财产损失保险、信用保险、保证保险等。

责任保险是以被保险人的民事损害赔偿责任为保险标的的保险。如雇主责任险、职业责任险等。

2. 按照风险转嫁方式划分

保险按照风险转嫁方式可以分为原保险和再保险。

发生在保险人和投保人之间的保险行为，称为原保险。发生在保险人与保险人之间的保险行为，称之为再保险。具体地说，再保险是保险人之间通过订立合同，将自己已承保的风险，全部或部分转移给一个或几个保险人，以降低自己所面临的风险的保险行为，我们把分出自己承保业务的保险人称为原保险人，接受再保险业务的保险人称为再保险人。

3. 按是否以盈利为目的划分

保险按照是否以盈利为目的分为社会保险和商业保险。

社会保险是指：在既定的社会政策下，由国家通过立法手段对全体社会公民强制征缴保险费，形成保险基金，用以对其中因年老、疾病、生育、伤残死亡和失业而导致丧失劳动能力或失去工作机会的成员提供基本生活保障的一种社会保障制度。社会保险不以盈利为目标，运行中若出现赤字，国家财政将给予支持。

商业保险指保险公司所经营的各类保险业务。商业保险以盈利为目标，进行独立经济核算。

4. 按照实施方式划分

保险按照实施方式可以分为自愿保险和强制保险。

自愿保险是在自愿的前提下，根据保险人和投保人签订的合同而构成的保险关系。即投保人可以自由的选择是否参加保险和选择投保金额；保险人也可以决定是否承保和承保多少。自愿保险是由投保人和保险人双方自愿达成协议并签订契约来实现的。

强制保险又称为法定保险，它是基于国家保险法令的效力构成的被保险人与投保人的权利和义务的关系。它的特点是只要保险法令规定的范围内的保险对象，都必须参加保险；其保险责任是自动产生的，不论保险人有没有履行投保手续，其保险金额也是按照国家的统一标准选定。

二、国际工程项目保险

（一）国际工程项目保险概述

工程一切险承保的是各类建筑工程。在财产保险经营中，工程一切险适用于各种民用、工业用和公共事业用的建筑工程，如房屋、道路、水库、桥梁、码头、娱乐场、管道以及各种市政工程项目的建筑。这些工程在建设过程中的各种意外风险，均可通过投保工程一切险而得到保险保障。

1. 国际工程项目保险常见险种

1）工程一切险，分为建筑工程一切险和安装工程一切险。建筑工程一切险承保的是除外责任以外的由自然灾害和意外事故造成的损失，意外事故又包括人为风险。以工程合同额为暂定保额，工期费率（整个工程建设期一次投保）在0.18％～0.7％之间。保险期限从开工令下发或者人员设备材料进场之日起，先发生者为起始日期，以合同完工时间或者临时验收时截止，以先发生时间为截止日期。保单一般包括1年的质量保证期，保证期保费按规定另外计，但在实务中都包含在综合保费里。

2）施工机具和设备险，该险种可以是一切险的附加险，它对承包商施工用的工程机械进行承保。以设备重置价格作为保额，实务中一般用CIF价计价。年度费率在0.4%左右，从设备到达工地之日起，1年到期后需要决定是否续保。

3）第三者责任险，该险种也可以是一切险的附加险，对所承保工程直接相关的意外事故引起工地内及邻近区域的第三者人身伤亡、疾病或财产损失进行承保；工期费率一般在0.2%～0.3%之间。每次事故赔偿限额和最低保险金额在工程合同中有明确规定。

4）雇主责任险，对雇员在受雇期间因工作遭受意外而致受伤、死亡或患有与业务有关的职业性疾病情况下获取医疗费、工伤休假期间的工资及必要的诉讼费用等承保。人身伤害险是主险，可以选择附加医疗费险和诉讼费险。保险受益人是承包商。近年来我国承包商在国外屡遭袭击，雇主责任险涵盖了此类风险。

5）机动车辆险，即为具有公共牌照的机动车辆进行投保，包括办公用车、运输车辆和拖车等，标的包括机动车本身和第三者责任险。

6）十年责任险，一般在法语区国家要求有该险种，要求承包商在工程竣工验收前向业主指定的保险公司投保，否则不予进行验收。该险种针对工程竣工验收后10年内的主体工程质量责任承保，特别是对坍塌、下沉、裂缝等重大质量责任承保。费率一般为0.45%～0.7%。保费计价基础并不是合同价，而是根据不同区间合同价有对应的最高保险金额。

2. 国际工程项目保险的被保险人

(1) 工程项目业主，即工程项目的最终所有者。

(2) 承包商，即负责承包该项工程的承包商，可分为总承包商和分包商，分包商是向总承包商承包部分工程的项目参与方。

(3) 咨询人员，即由业主聘请的建筑师、设计师、工程师和其他专业顾问，代表业主监督工程合同执行的单位或个人。

(4) 项目其他参与方，如贷款银行或债权人等。

当存在多个被保险人时，一般由一方出面投保，并负责支付保费，申报保险期间风险变动情况，提出原始索赔等。在实务操作中，由于建筑工程的承包方式不同，所以其投保人也就各异。主要有四种情况。

1）总承包方式。业主将工程全部承包给某一承包商，该承包商负责设计、采购、施工等全部工程环节，最后以交钥匙方式将完工的工程交付给业主。在此方式中，由于承包商承担了工程的主要风险责任，故而一般由承包商作为投保人。

2）施工承包方式。业主负责设计并提供部分建筑材料，承包商负责施工并提供部分建筑材料，双方各承担部分风险责任，此时可由双方协商，推举一方为投保人，并在合同中写明。

3）多承包商共同承包方式。业主将一项工程分成多个合同向外发包，同时存在多个并行的承包商，各个承包商之间是相互独立的，没有合同关系。此时，为避免分别投保造成的时间差和责任差，以及提高投保的规模效益，应由业主作为投保人办理工程一切险。

4）承包商只提供劳务的承包方式。业主负责设计、采购和工程技术指导；承包商只提供劳务和进行施工，不承担工程的风险责任。此时应由业主投保。

由于工程一切险的被保险人有时不止一个，而且每个被保险人各有其本身的权益和责任需要向保险人投保，为避免有关各方相互之间的追偿责任，大部分工程一切险保险单附加交叉责任条款，其基本内容就是："各个被保险人之间发生的相互责任事故造成的损失，均可由保险人负责赔偿，无须根据各自的责任相互进行追偿。"

（二）国际工程项目保险合同的主体

在工程保险市场中，保险合同的主体主要包括保险人、投保人、被保险人、再保险公司和保险中介。各工程保险合同主体的关系如图 12-3 所示。

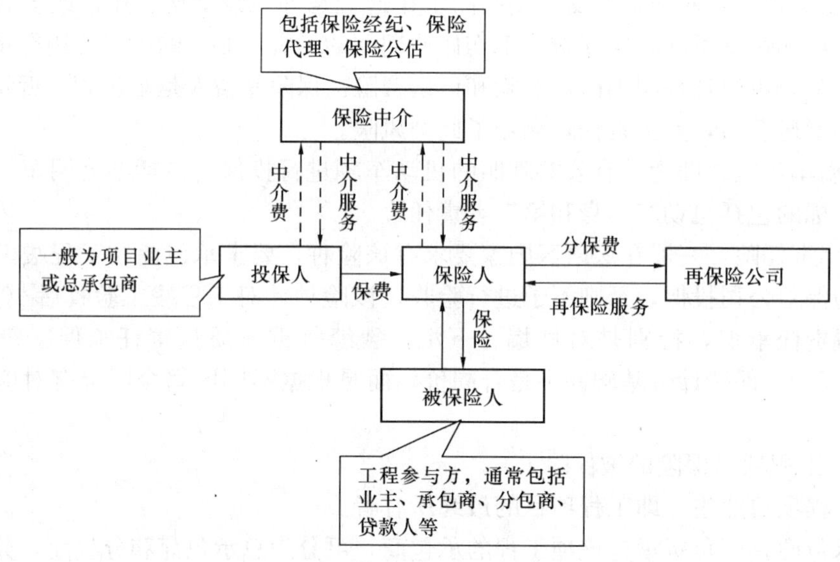

图 12-3　工程保险合同主体及其关系

1. 保险人

保险人又称作承保人，或保险公司，是经营保险业务收取保险费和在保险事故发生后负责给付保险金的人，提供的主要服务包括险前预防、险中抢救和险后赔偿。

2. 投保人

投保人指对保险标的具有保险利益，向保险人申请订立工程保险合同，并附有缴纳保险费义务的某一工程参与方，一般为项目业主或总承包商。

3. 被保险人

被保险人指当保险事故发生时，遭受损害，享有赔偿请求权的工程参与方，通常包括业主、承包商和分包商，有时也包括贷款人。

4. 再保险公司

再保险公司提供分保服务，是对原保险人（也称分保公司）的危险赔偿责任进行的保险，这可以提高保险原公司的承保能力，分散风险。

5. 保险中介

保险中介是接受保险公司或投保人和被保险人的委托，提供展业、风险管理、理赔等专业性服务，并收取佣金、手续费或咨询费的自然人或法人机构。

（三）国际工程项目保险标的和保险金额

本部分以工程一切险为基础，阐述工程项目保险标的和保险金额。工程一切险保单明细表中列出的保险项目通常包括物质损失、特种风险赔偿和第三方责任三个部分。

1. 物质损失

工程一切险的物质损失可以分为以下七项：

（1）建筑工程

它包括永久性和临时性工程及工地上的物料。该项目是工程一切险的主要保险项目，包括建筑工程合同内规定建筑的建筑物主体，建筑物内的装修设备，配套的道路、桥梁、水电设施、供暖取暖设施等建筑项目；存放在工地上的建筑材料、设备；临时的建筑工程等。建筑工程的保险金额为承包工程合同的总金额，即建成该项工程的实际造价，包括设计费、材料设备费、运杂费、施工费、保险费、税款及其他有关费用。

（2）工程项目业主提供的物料和项目

指未包括在上述建筑工程合同金额中的业主提供的物料及负责建筑的项目。该项保险金额应按这一部分的重置价值确定。

（3）安装工程项目

指未包括在承包工程合同金额内的机器设备安装工程项目，如办公大楼内发电取暖、空调等机器设备的安装工程。这些设备安装工程已包括在承包工程合同内，则无需另行投保，但应在保单中说明。该项目的保险金额按重置价值计算，应不超过整个工程项目保险金额的20%；若超过20%，则按安装工程保险费率计收保费；超过50%的，则应单独投保安装工程保险。

（4）施工用机器、装置及设备

施工用的各种机器设备，如起重机、打桩机、铲车、推土机、钻机、供电供水设备、水泥搅拌机、脚手架、传动装置、临时铁路等机器设备。该类财产一般为承包商所有，不包括在建筑工程合同价格之内，因而应作为专项承保。其保险金额按重置价值确定，即重置同原来相同或相近的机器设备的价格，包括出厂价、运费、保险费、关税、安装费及其他必要的费用。

（5）工地内现有的建筑物

指不在承保工作范围内的，归业主或承包商所有的或其保管的工地内已有的建筑物或财产。该项保险金额可由保险双方当事人协商确定，但最高不得超过其实际价值。

（6）场地清理费

指发生保险责任范围内的风险所致损失后为清理工地现场所支付的费用。该项费用一般不包括在建筑合同价格内，需单独投保。对大工程的该项保额一般不超过合同价格的5%，对小工程不超过合同价格的10%。本项费用按第一危险赔偿方式承保，即发生损失时，在保险金额内按实际支出数额赔付。

（7）业主或承包商在工地上的其他财产

指不能包括在以上六项范围内的其他可保财产。如需投保，应列明名称或附清单于保单上。其保险金额可参照以上六项的标准由保险双方协商确定。

以上七项之和，构成工程一切险物质损失项目的总保险金额。

2. 特种风险赔偿

特种风险是指保单明细表中列明的地震、海啸、洪水、暴雨和风暴；特种风险赔偿则是对保单中列明的上述特种风险造成的各项物质损失的赔偿。为控制巨灾损失，保险人对保单中列明的特种风险必须规定赔偿限额。凡保单中列明的特种风险造成的物质损失，无论发生一次或多次保险事故，其赔款均不得超过该限额。其具体限额主要根据工地的自然地理条件、以往发生该类损失记录、工程期限的长短以及工程本身的抗灾能力等因素来定。

3. 第三方责任

工程一切险的第三方责任，是指被保险人在工程保险期内因意外事故造成工地及工地附近的第三方人身伤亡或财产损失依法应负的赔偿责任。第三方责任采用赔偿限额，赔偿限额由保险双方当事人根据工程责任风险的大小商定，并在保险单内列明。

（四）国际工程项目保险的保险责任和责任免除

1. 保险责任

工程一切险的保险责任相当广泛，概括起来分为物质损失部分和第三方责任部分的保险责任，对物质部分还可分为基本保险责任和附加特别保险责任。

（1）物质损失部分的保险责任

它分为基本保险责任和附加特别保险责任，其基本保险责任承保造成物质损失的风险有自然灾害、意外事故和人为灾害三大类。

1）列明的自然灾害。自然灾害是指地震、海啸、雷电、飓风、台风、龙卷风、风暴、暴雨、洪水、水灾、冻灾、冰雹、地崩、山崩、雪崩、火山爆发、地面下沉下陷及其他人力不可抗拒的破坏力强大的自然现象。工程一切险所承保的自然灾害有洪水、潮水、水灾、地震、海啸、暴雨、风暴、雪崩、地陷、山崩、冻灾、冰雹及其他自然灾害（如泥石流、龙卷风、台风等）。

2）列明的意外事故。工程一切险承保的意外事故有：雷电、火灾、爆炸；飞机坠毁、飞机部件或物体坠落；原材料缺陷或工艺不善所引起的事故；责任免除以外的其他不可预料的和突然的事故以及在发生保险责任范围的事故后，现场的必要清除费用，在保险金额内，保险人可予赔偿。原材料缺陷是指所用的建筑材料未达到既定标准，在一定程度上属于制造商或供应商的责任。其中原材料缺陷或工艺不善所引起的损失是指由于原材料缺陷或工艺不善造成的其他保险财产的损失，对原材料本身损失不予赔偿。

3）人为风险。工程一切险承保的人为风险有盗窃、施工人员或技术人员缺乏经验、疏忽、过失、恶意行为。其中，施工人员、技术人员恶意行为造成的损失必须是非被保险人或其代表授意、纵容或默许的，否则，便是被保险人的故意行为，不予赔偿。

除工程一切险有关物质部分的基本保险责任外，有时因投保人的某种特别要求或因工程有其特殊性质需要还可增加额外的风险保障，如罢工、暴乱、民众骚乱条款等。

（2）建筑工程第三方责任险的保险责任

建筑工程第三方责任险的保险责任包括：在保险期间因建筑工地发生意外事故造成工地及邻近地区的第三方人身伤亡和财产损失且依法应由被保险人承担的赔偿责任，以及事先经保险人书面同意的被保险人因此而支付的诉讼费用和其他费用，但不包括任何罚款。其中，建筑工程第三方责任险的第三方是除所有被保险人及其与工程有关的雇员以外的自然人和法人；赔偿责任不得超过保险单中规定的每次事故赔偿限额或保单有效期内累计赔偿限额。

若一项工程中有两个以上被保险人，为避免被保险人之间相互追究第三方责任，则由被保险人申请，经保险人同意，可加保交叉责任条款。该条款规定，除所有被保险人的雇员及可在工程保险单中承保的物质标的外，保险人对保险单所载每一个被保险人均视为单独承保的被保险人，对他们的相互责任而引起的索赔，保险人均视为第三方责任赔偿，不得向负有赔偿责任的被保险人追偿。

2. 责任免除

(1) 物质损失部分的一般责任免除

它可分为两类：一类是与火灾保险共有的责任免除；一类是工程一切险特有的责任免除。工程一切险责任免除包括下列七项：

1) 错误设计引起的损失、费用或责任。建筑工程的设计通常是由被保险人自己或其委托的设计师进行的，因此，设计错误引起的损失、费用等被视为被保险人的责任，故保险人不予负责，同时设计师的责任可通过相应的职业责任险提供保障。

2) 换置、修理或矫正标的本身原材料的缺陷或工艺不善所支付的费用。

3) 非外力引起的机械或电器装置的损坏或建筑用机器、设备装置失灵。

4) 全部停工或部分停工引起的损失、费用或责任。

5) 保单中规定应由被保险人自行负担的免赔额。

6) 领有公共运输用执照的车辆、船舶、飞机的损失。

7) 工程一切险的第三方责任险条款规定的责任范围和责任免除。由于保险标的不同，其遭受的风险各异，因而对一些特殊的保险标的除上述责任免除外，保险人还有必要规定特别责任免除，以限制其责任。常用的物质部分特别责任免除条款主要有隧道工程特别责任免除条款和大坝水库工程特别责任免除条款。

(2) 第三方责任险的责任免除

1) 明细表中列明的应由被保险人自行承担的第三方物质损失的免赔额，但对第三方人身伤亡不规定免赔额。

2) 领有公共运输用执照的车辆、船舶、飞机造成的事故。

3) 被保险人或其他承包商在现场从事有关工作的职工的人身伤亡和疾病；被保险人及其他承包商或他们的职工所有或由其照管、控制的财产损失。因为这些人均不属于工程一切险中的第三方范围。

4) 由于震动、移动或减弱支撑而造成的其他财产、土地、房屋的损失或由于上述原因造成的人身伤亡或财产损失。但若被保险人对该类责任有特别要求，则可作为特约责任加保。

5) 被保险人根据与他人的协议支付的赔偿或其他款项。

(五) 国际工程项目保险的保险期间与保证期

1. 保险责任的开始时间

工程一切险的保险期限开始有两种情况：自工程破土动工之日或自被保险项目原材料等卸至工地时起，两者以先发生者为准。动工日包括打地基在内，若经被保险人要求也可从打完地基开始，但应在保单中注明。

2. 保险责任的终止时间

保险责任的终止有以下几种情况，以先发生者为准：保单规定的终止日期；工程业主对部分或全部工作签发工程接收证书或验收合格时；业主开始使用时。若部分使用，则该部分责任终止。

3. 保证期

工程完毕后，一般还有一保证期，在保证期间如发现工程质量有缺陷甚至造成损失，根据承包合同承包商须负赔偿责任，这是保证期责任。保证期责任加保与否，由投保人自行决定，但加保则要加交相应的保费。

4. 保险期限的扩展时间

在保单规定的保险期限内，若工程不能按期完工，则由投保人提出申请并加交规定保费后，保险人可签发批单，以延长保险期限。其保费按原费率以日计收，也可根据当地情况或风险大小增收适当的百分比。

（六）工程一切险理赔

工程一切险的理赔基本程序包括：出险通知、现场查勘、责任审核、核定损失、损失处理、计算赔款、赔付结案。即被保险人在发生保险责任范围内的事故后，应及时通知保险人；保险人应尽快赶到事故现场予以查勘定损，根据事故发生的时间、地点及原因来审核是否属于保险人应承担的保险责任；如果属于保险事故的损失，则应按保险单赔付。

对各承保项目的损失，按发生损失的账面金额或实际损失赔付；对于第三方责任事故造成他人的财产损失和人身伤亡，分别按保险单规定的赔偿限额内予以赔付；对于施救、保护、清理费用，应与保险项目和第三方责任保险分别计算，且以保险项目发生损失当天的账面金额为限，同时，保险人支付赔款时要扣除有关财产物质的残值。

在理赔时控制风险的方法主要有：

（1）被保险人在索赔时除提供事故报告外，还须提供保险单、损失清单、账册等保险人认为有必要提供的单证，并严格审核各种单证和被保险人是否履行了相应的义务。

（2）在现场查勘定损时，要查勘出险的原因和经过、组织援救和整理工作、提取有关单证并拍摄受损现场照片，要对照保单核实有关情况尤其要分析风险事故是否属于保险事故，从而确定是否承担赔付责任。

（3）在定损时，要准确估算保险标的的全部损失、保险标的的部分损失、施救整理费用、第三方赔偿金额、现场必要的清除费用。

（4）在计算赔款时，若为不足额保险，则采取比例赔偿方式，若为足额或超额保险，则按实际损失赔偿；若为重复保险，则采用分摊方式。同时，扣除残值和免赔额，即得赔偿金额。

（5）在理赔时应当扣除相应的免赔额。按照保险项目的种类，工程一切险的免赔额分为三类：

1）物质损失免赔额。建筑工程免赔额，一般为保险金额的0.5%～2%，对自然灾害的免赔额大一些，对其他灾害的免赔额则小一些；建筑用机器装置及设备，免赔额一般为保险金额的5%，或者为规定损失金额的15%～20%，以高者为准；其余保险项目的免赔额一般为保险金额的2%，而对场地清理费一般不单独规定免赔额。

2）特种风险的免赔额，应视风险大小而定。

3）第三方责任免赔额仅对财产损失部分有免赔额规定，可按每次事故赔偿限额的1‰～2‰计算，由被保险人和保险人协商确定；除非另有规定，人身伤亡部分一般不规定免赔额。

以上每项免赔额，均为每次事故的绝对免赔额。损失赔付后，保额应相应减少，要出立批单说明保险财产哪一项从何时起减少多少保额，要与明细表中的保险财产项目取得一致。对减少部分的保额不退回保费，若被保险人要求恢复保额，则应出具批单说明，并对恢复部分按日比例增收保费。

（七）国际工程项目保险应注意的事项

1）投保人不仅要力争降低费率，同时要考虑降低免赔额。保险公司为了减轻责任并促使投保人加强风险管理，保单中一般规定一定金额的免赔额。

2）要注意增大保险覆盖范围。例如一切险将工人罢工、暴动、骚乱设为除外责任，但根据实践，这类风险造成的损失很大，因此在谈判中，应该在保单中增加此责任。根据需要，可以增加如下附加条款：①罢工、暴乱及民众骚乱条款；②恶意破坏条款；③施救费用条款；④专业费用条款；⑤清除残骸条款；⑥内陆运输条款；⑦工地内及临近区域其他财产条款；⑧地下设施条款；⑨公共当局条款等。有些扩展条款需要适当增加保险费率。

3）在每个工程开工前，承包商要进行项目的风险评估，设计保险方案。除法律和合同中强制保险的内容外，只是在项目风险较大时才投保。

4）承包商应在项目实施期间继续加强风险管理。加入保险并不能保证各种损失都能得到赔偿。保险合同有很多除外责任，例如无照或酒后驾车、战争、内乱、设计等原因造成的损失，保险公司不负责赔偿。另外保险条款中有免赔额，这样每次免赔额以下的损失还是由承包商自己承担。

5）承包商总部和项目部应该将保险业务纳入合同管理范围，设专人负责保险业务。承包商总部应将保险业务由一人负责，每个项目也要将保险业务由合同管理人员一人负责。

6）承包商总部、项目部和保险公司应建立定期提示和检查制度。由于不同险种的保险期限不同，其中施工机具险又根据不同批次而有不同的保险期限，所以承包商总部和项目部很容易对保险标的和期限搞不清楚。承包商和保险公司应该在保险到期前或者事故发生后及时通告，以确定是否续保、延长保期或者索赔。

7）事故发生后，首先要明确事故责任，只有在保险责任内，被保险人才能向保险公司索赔。一般工程管理人员对保险合同并没有认真地理解，对保险责任和所需证明文件不清楚，不管什么事都首先找保险公司索赔，有时保险公司已经立案，但被保险人又不再提供相关材料，这样容易让保险公司对被保险人的管理水平、信誉产生怀疑，不利于以后的业务合作。

8）在项目竣工验收后、业主实际使用项目后或者保险期限到期后，保险责任终止。保单中的1年保证期，只是对承包商在维修缺陷过程中由承包商对工程造成的直接物质损失进行保障。所以保证期和保险期限的保障权益并不同。

9）保单规定保险期限过后3个月内被保险人要向保险公司提交最终结算金额，保险公司根据最终结算金额对暂定合同金额调整保费，多退少补。如果在合同工期内没有完成合同额，则被保险人应该要求保险公司延长保险期限，否则保险公司应该按照比例退回保费。

10）项目完工后，承包商应该就保险业务单独作一个总结或者后评价。这样可以总结经验，吸取教训，对同类项目的风险情况有一个掌握，提高风险管理的水平。

复习思考题

1. 按照风险产生的来源，国际工程风险划分为哪几种？各是由哪些风险组成的？
2. 风险分析由哪几个阶段构成？
3. 国际工程风险防范的对策包括哪些？
4. 对于国家风险，有哪些防范措施？
5. 工程项目保险的被保险人大致包括哪些方？

第十三章　国际工程索赔管理

本章内容包括国际工程索赔的定义和分类；FIDIC合同条件下承包商进行索赔工作所依据的条款和文件、索赔的情况和原则、索赔的计算方法和索赔工作的程序；国际工程索赔实践中合同的解释和怎样编写索赔文件。

第一节　工程索赔概述

一、索赔的定义

索赔（Claim）的含义非常广泛。在国际工程承包活动中，索赔是指签订合同的一方，依据合同的有关规定，向另一方提出调整合同价格和（或）合同工期，或其他方面的合理要求，以弥补自己的损失，维护自身的合法权益。在国际工程承包实践中，经常使用索赔和反索赔（Counter Claim）的概念。前者是承包商向业主提出的索赔，后者则是业主向承包商的索赔。

索赔包含了四层意思：1）一方认为是他应获得的；2）向对方申请或要求；3）双方尚未达成有关协议；4）所索要的是一种权力或付款。

二、索赔的分类

关于索赔的分类方法，在国际工程承包行业和相关的理论研究中的论述并不一致。目前对施工索赔的分类法，大致可以归纳为7种：按发生索赔的原因、目的、依据、有关当事人、对象、业务范围以及处理方式分类。受篇幅的限制，在本节中，我们仅介绍其中的几种。

（一）按索赔的原因分类

1. 承包商向业主索赔的原因

在每一项承包商提出的索赔中，必须明确指出索赔的原因。根据国际工程承包的实践，将承包商向业主的索赔的原因具体划分为以下几种。

（1）不可预见的施工现场条件的变化

虽然招标资料中提供项目的工程地质勘查资料，承包商在投标前也进行了现场踏勘，但由于地下条件的不可见性，不可能详尽和完全的掌握。承包商在施工的过程中，遇到的地质条件，如地下水、地质断层、溶岩空洞、地下文物遗址等，很可能与业主所提供的资料及自己现场勘查所得到的情况不尽相同。承包商在施工过程中，还可能遇到不利的自然条件和人为障碍，导致设计变更，使工期延长和（或）费用增加，以上这些情况即使作为一个有经验的承包商，投标以前也无法合理预见到。

（2）业主的原因

1）合同文件或设计错误

合同文件中的错误、矛盾或遗漏应由工程师来作出解释，但如果按此解释施工引起成本增加或工期延误，属于业主方的责任；

在业主负责设计的工程项目中，承包商按照业主提供的、存在错误设计文件施工，设计错误或缺陷及工艺不合理对工程造成了影响或损失。

2）业主违约

业主未能在合同规定的日期内向承包商提供施工现场，或未能及时提供合同规定的应由业主提供给承包商的其他条件，未能在约定的时间内向承包商提供施工图纸、指令或批复，业主拖延支付进度款，业主提前使用工程等，都属于业主违约，由此造成承包商工期延长或费用损失。

3）业主坚持雇用指定的分包商（或供应商）

如果业主坚持雇用某指定分包商（或供应商），而承包商有合理理由反对雇用该指定分包商（或供应商），但是业主把承包商接受此指定分包商（或供应商）作为向其授予合同的前提条件之一，那么，当该指定分包商发生违约行为，承包商有权向业主提出索赔。

当然，在遇到这种情况时，最好形成书面的保障内容，要求业主承担雇用该指定分包商产生的损失。

4）终止合同

由于业主的公司战略发生改变，决定取消该项目；或由于业主破产或财务的重大危机，业主决定终止合同；或由于业主其他违反合同的行为，导致承包商提出终止合同的情况等，导致承包商产生损失。

（3）工程变更

工程变更主要指：合同中包括的任何工作内容的数量改变；任何工作质量或其他特性的改变；工程任何部分的标高、位置和（或）尺寸的改变；任何工作的删减（但交他人实施的工作除外）；任何附加工作；实施工程的顺序或时间安排的改变等。

（4）价格波动及国家法令变更

基准日期（投标截止日期前28天）以后，工程所在国的法律法规发生变化，货币贬值或汇率变化，劳动力价格、设备及生产资料价格波动等引起的施工费用上升和工期延误。

（5）其他意外因素

其他意外因素包括不可抗拒的天灾、工程所在国发生的战争、恐怖活动和革命等业主承担的风险导致的损失。

2. 业主向承包商索赔的原因

业主向承包商提出索赔的主要原因一般为：

1）承包商未能按合同规定的时间竣工，影响业主的使用，给业主造成一定的损失；

2）承包商未能按施工图纸及合同规定的施工规范组织工程的施工，造成工程的质量事故；

3）工程的永久缺陷给业主的使用造成一定的影响；

4）缺陷通知期内，承包商未能就工程中出现的问题进行保修。

业主向承包商提出索赔的方式是用索赔款来冲减向承包商的支付款项。

（二）按索赔的目的分类

按索赔的目的可将索赔分为工期索赔和费用索赔。

承包商进行工期索赔主要是为了避免由于工程误期，承包商如果误期需向业主支付误期损害赔偿费；费用索赔就是承包商向业主要求补偿不应该由承包商自己承担的经济损失。

（三）按索赔的依据分类

1. 明示条款

在索赔事项发生后，承包商可根据合同中某些条款的具体规定提出索赔。如果合同中有明确的文字说明，承包商索赔的成功率是比较高的。这些合同条款，称为“明示条款”。

2. 默示条款

某些索赔事项，在合同条件中没有专门的文字叙述，但可以根据合同中某些条款隐含的内容合理推断出承包商具有索赔的权力，则这种索赔是合法的，同样具有法律效力。这种没有明确的文字说明但可以从中推断出索赔权利的合同条款，被称为“默示条款”。

默示条款包括三层含义，即：合同明示条款中未写入；符合合同双方签订合同时所设想的愿望；符合签订合同时的环境条件。默示条款，或者从明示条款中所表述的设想愿望中引申出来，或者从合同双方在法律上的合同关系中引申出来，经合同双方协调一致，或被法律或法规所指明，都成为合同文件中的有效条款，要求合同双方遵照执行。

合同未明确规定的索赔一般只能按照默示条款的原则来办理，显然，这种索赔比按合同条款进行的索赔难度大得多。

3. 道义索赔

既然是道义上的索赔，承包商不可能依据合同条款或合同条款中隐含的意义提出索赔。如承包商由于投标价过低或承包商的其他原因，使其产生巨大损失，而在施工过程中，承包商仍能竭尽全力去履行合同，业主在目睹承包商的艰难困境后，出于道义上的原因，可能在承包商提出要求时，给予一定的经济补偿。由于这种索赔几乎没有任何合同依据，成功的几率很小，但却是也有例可循的，承包商在索赔的过程中不应放弃这类索赔的机会。

（四）按索赔的处理方式分类

1. 单一事件索赔

在某一索赔事项发生后，承包商即编制索赔文件，向工程师提出索赔要求。单一事件索赔的优点是涉及的范围不大，索赔的金额小，向工程师证明索赔事项比较容易。同时，承包商也可以及时得到索赔事项产生的工期及费用补偿。这是常用的一种索赔方式。

2. 综合索赔

综合索赔，俗称一揽子索赔，是对工程项目实施过程中发生的多起索赔事项，综合在一起，提出一个总索赔额。造成综合索赔的原因如下：

1）承包商的施工过程受到严重干扰，如工程变更过多，无法执行原定施工计划等，且承包商难以保持准确的记录和及时搜集足够的证据资料；

2）施工过程中的某些变更或索赔事项，由于各方未能达成一致意见，承包商保留了进一步索赔的权力。

在上述条件下，无法采取单一事件索赔方式，只能采取综合索赔。综合索赔一般是承包商在履行合同过程中，保留对索赔事项的索赔权，在工程项目基本完工时才提出索赔，或在竣工报表和最终报表中提出。

第二节 FIDIC 合同条件下承包商的索赔

一、与承包商索赔相关的合同条款

合同条款是承包商进行索赔的主要依据，以 1999 版 FIDIC 版《施工合同条件》为例，表 13-1 和表 13-2 中分别给出了与承包商的索赔相关的明示条款和默示条款。表中还给出了根据每一索赔条款，可以在哪些方面得到补偿或调整，其中 C 代表费用，P 代表利润，T 代表工期。

1999 版《施工合同条件》中可引用的明示条款 **表 13-1**

序　号	条　款　号	条　款　标　题	有可能调整的内容
1	1.9	延误的图纸或指令	$C+P+T$
2	2.1	进入现场的权利	$C+P+T$
3	3.3	工程师的指令	$C+P+T$
4	4.6	合作	$C+P+T$
5	4.7	放线	$C+P+T$
6	4.12	不可预见的外界条件	$C+T$
7	4.24	化石	$C+T$
8	7.2	样本	$C+P$
9	7.4	检验	$C+P+T$
10	8.3	进度计划	$C+P+T$
11	8.4	竣工时间的延长	T
12	8.5	当局引起的延误	T
13	8.8&8.9&8.11	工程暂停；暂停的后果；持续的暂停	$C+T$
14	9.2	延误的检验	$C+P+T$
15	10.2	对部分工程的接收	$C+P$
16	10.3	对竣工检验的干扰	$C+P+T$
17	11.2	修补缺陷的费用	$C+P$
18	11.6	进一步的检验	$C+P$
19	11.8	承包商调查	$C+P$
20	12.4	删减	C
21	13.1	有权变更	$C+P+T$
22	13.2	价值工程	C
23	13.5	暂定金额	$C+P$
24	13.7	法规变化引起的调整	$C+T$
25	13.8	费用变化引起的调整	C
26	15.5	业主终止合同的权利	$C+P$
27	16.1	承包商暂停工作的权利	$C+P+T$
28	16.2&16.4	承包商终止合同；终止时的支付	$C+P$
29	17.3&17.4	业主的风险；业主的风险造成的后果	$C+(P)+T$
30	17.5	知识产权与工业产权	C
31	18.1	保险的总体要求	C
32	19.4	不可抗力的后果	$C+T$
33	19.6	可选择的终止、支付和解除履约	C
34	19.7	根据法律解除履约	C

* 本表引自张水波和何伯森编著的《FIDIC 新版合同条件导读与解析》。

1999版《施工合同条件》中可引用的默示条款　　表13-2

序　号	条　款　号	条　款　标　题	有可能调整的内容
1	1.3	通信联络	$T+C+P$
2	1.5	文件的优先次序	$T+C$
3	1.8	文件的照管和提供	$T+C+P$
4	1.10	业主使用承包商的文件	$C+P$
5	1.13	遵守法律	$T+C$
6	2.3	业主的人员	$T+C$
7	2.5	业主的索赔	C
8	3.2	工程师的授权	$T+C+P$
9	4.1	承包商的一般义务	$T+C+P$
10	4.2	履约保证	C
11	4.10	现场数据	$T+C$
12	4.20	业主的设备和免费供应的材料	$T+C+P$
13	5.2	对指定的反对	$T+C$
14	7.3	检查	$T+C+P$
15	8.1	开工	$T+C$
16	8.12	复工	$T+C+P$
17	12.1	工程计量	$C+P$
18	12.3	估价	$C+P$
19	16.4	终止时的付款	$T+C+P$
20	17.1	保障	C
21	17.5	知识产权和工业产权	C

* 本表引自莫俊文等的文章：新版FIDIC《施工合同条件》下承包商索赔的依据和程序。

二、承包商进行索赔的主要依据

为了成功索赔，承包商必须出示具有说服力的索赔依据，这也是决定索赔是否成功的关键因素，以充分翔实的资料来证明自己拥有的索赔权利及应得的索赔款额和索赔工期。可以作为索赔依据的主要有招标投标文件、合同协议书、来往函件、会议纪要和现场的施工记录等资料。

1. 招标文件

招标文件是承包商投标报价的依据，它是工程项目合同文件的基础。招标文件中包括的通用条件、专用条件、规范、工程量清单、工作范围说明、现场水文地质资料等资料，不仅是承包商投标报价的依据，也是施工索赔时计算索赔费用的依据。

2. 投标文件

在投标文件中，承包商依据招标文件和现场勘查的结果提出工程的施工方案，并按照工程量清单进行单价分析计算，对施工效率和施工进度进行分析，对施工所需的设备和材料列出数量和单价，并计算出最终的报价。以上文件是对工程进行控制的基础，也就成为施工索赔的依据之一。

3. 合同协议书及其附属文件

合同协议书是合同双方进入合同关系的标志。在签订合同协议书以前，合同双方对于中标价格、施工计划、合同条件等问题的讨论纪要文件，也是项目合同文件的重要组成部分。

4. 往来函件

合同实施期间，参与项目各方会有大量往来函件，涉及的内容多、范围广。承包商在进行索赔时，可以将这些往来函件作为证据。

在合同实施过程中，对于业主和工程师的口头指令和对工程问题的处理意见要及时索取书面证据。

5. 会议纪要

从签订承包合同开始，项目各方会定期或不定期地召开会议，商讨解决合同实施中的有关问题。工程师在每次会议后，应向各方送发会议纪要，如有不同意见或反驳须在规定期限内提出，超过期限不作答复视为认可纪要内容。这些会议纪要也成为了承包商日后进行索赔的依据之一。

6. 施工现场记录

施工现场记录包括：施工日志、施工质量检查验收记录、施工机械设备记录、现场人员记录、材料检验记录、施工进度记录等。它们能全面反映工程施工中的各种情况，如劳动力的数量与分布、设备数量与使用情况、进度、质量等。施工现场记录对工程索赔有着重要作用，但某些记录要由相关人员的签字才能生效，如施工质量检查验收记录要由工程师或工程师授权的相关人员签字。

7. 工程照片

照片作为证据是最清楚直观的。工程进度的照片、隐蔽工程覆盖前的照片、业主责任造成的返工和工程损坏的照片等，都是工程索赔中常用的，但需注意的是，照片上应注明日期。

8. 工程财务记录

在施工索赔中，承包商的财务记录非常重要，尤其在索赔是按发生的实际费用计算时，更是如此。因此承包商应记录工程进度款支付情况，保留各种物资采购单据，各种工程开支收据等。

9. 现场气象记录

在施工时，如果遇到特殊反常的恶劣的气候条件，除提供施工现场的气象记录外，承包商还应向业主提供工程所在地政府气象部门对特殊反常的恶劣气候的证明文件。

10. 市场信息资料

主要收集国际工程市场劳务、施工材料的价格变化资料、外汇汇率变化资料等。这些信息资料直接关系着工程索赔中工程款的调价计算。

11. 政策法令文件

工程所在国家的政策法令变化，如货币汇兑限制指令，调整工资的决定、税收变更指令等，这些变化可能给承包商带来益处，也可能带来损失。承包商应收集这方面的资料，及时提出因立法变动导致的索赔。

12. 案例和国际惯例

英美法系下的国家判案的特点是以案例为基础判案。因此，对于某些在合同文件中没有索赔依据的事项，如果有可靠的先例为证，仍然有可能索赔成功。

所谓国际惯例，是指国际工程界公认并广泛接受的一些原则和习惯做法，它们最初为某些国家采用，逐渐又为其他国家所接受、沿用，成为公认的行为准则。当然，国际惯例只有经过工程所在国认可才具有约束力。

三、承包商可索赔的情况

（一）工程变更

工程变更是工程施工中常见的情况，也是承包商进行施工索赔机会最多的情况。工程变更主要涉及两方面的内容：工作单价的调整和变更工作估价方法。

1. 工作单价调整

合同中某项工作的变化满足以下四个条件时，可对该项工作的单价作出调整。

1）一项工作的数量变动超过工程量清单或其他明细表中列明的10%以上；

2）工程量的变化导致合同金额的变化量超过中标合同款额的0.01%；

3）工程量的变化对该项工作的费用的直接影响超过1%；

4）这项工作并没有在工程中被标明为“固定单价项”。

2. 变更工作估价方法

对于变更工作的单价如何确定，这不仅是变更工作估价的一个重要问题，也是整个施工索赔中的一个关键问题。一般来讲，变更工作估价遵循以下次序：

1）按合同中约定的用于变更工作估价的单价计算工程款。如果工程师认为投标单价适合于此项变更工作，他便可决定按投标单价计算工程款额。对带工程量清单的单价合同，清单中的单价即为投标单价。

$$\text{工程款额} = \text{投标单价} \times \text{实际完成的工程量} \tag{13-1}$$

2）参照投标单价确定新单价。如果原单价与变更工作的性质、数量、地点、施工方法等差别很大，使原单价不适用时，则参照原单价数值用数量插入法或按比例分配法确定一个合理的新单价。

3）重新确定新单价。当变更工作与合同范围内的工作性质完全不同时，则由工程师与业主和承包商进行协商，共同确定一个新的单价。如果不能协商一致，则由工程师根据实施该工作的合理成本和合理利润，并考虑其他相关事项后得出一个合理的新单价，通知承包商，并抄送业主。

3. 工作范围的变更

工作范围的变更包括从合同工作范围中删减某项工作、实施新增工程等。

1）删减工作

如果删减的工作的款额中包含着某些费用的分摊，如总部和现场管理费不随工作的删减而减少，但该项工作的报价中包含有这类费用的分摊，在这种情况下，承包商可以向业主索赔因工作删减而损失的这部分费用。

2）新增工程

在工作范围变更的各种形式中，新增工程的形式最为普遍。新增工程包括两种形式，即“附加工程”和“额外工程”。在索赔管理中，应严格确定“新增工程”的确切范围。判断属于哪一类“新增工程”主要是看如果缺少这些工程，该项目能不能正常地发挥合同预期的作用。附加工程是合同工程项目所必须的工程，而额外工程则不是。

在国际工程施工的实践中，确定合同的工作范围时，通常遵循以下原则：

1）包括在招标文件的“工作范围”所列的工作中，并在工程量清单、技术规程及图纸中所标明的工程，均属于“附加工程”；

2）工程师指示进行的“工程变更”，如属于“根本性的变更”，则属于“额外工程”；

3）发生的工程变更的工程量或款额，超过一定的界限时，即超出了“附加工程”的范围，应属于“额外工程”。

两类新增工程的合同工作范围和处理原则如表 13-3 所示。

两类新增工程的合同工作范围和处理原则 **表 13-3**

<table>
<tr><th>工作性质</th><th>合同工作范围</th><th>BOQ 中的工作项目</th><th>工程变更指令</th><th>单价</th><th>结算支付方式</th></tr>
<tr><td rowspan="4">新增工程</td><td rowspan="2">附加工程：属原合同工作范围以内的工程</td><td>列入 BOQ 的工作</td><td>视合同规定发或不发变更指令（V. O.）</td><td>按投标单价或价格</td><td>按合同规定的程序每月结算支付</td></tr>
<tr><td>未列入 BOQ</td><td>发（V. O.）</td><td>议定单价</td><td>同上</td></tr>
<tr><td rowspan="2">额外工程：超出原合同工作范围的工程</td><td rowspan="2">不属 BOQ 中的工作项目</td><td>发（V. O.）</td><td>新定单价</td><td>提出索赔，按月支付</td></tr>
<tr><td>或另订合同</td><td>新定单价或合同价</td><td>提出索赔，或按新合同程序支付</td></tr>
</table>

（二）工期延误

造成工期延误的原因可以分为非承包商原因和承包商原因。承包商自身原因造成的工期延误只能自己承担。

非承包商原因主要包括三大类：①业主的原因，如未在规定时间内提供现场和道路占有权，增加新增工程等；②工程师的原因，如设计变更，未及时提供施工图纸等；③自然力的作用，如地震、洪水等。造成工期延误的更细的情况见表 13-1 和表 13-2。

对非承包商原因造成的工期延误，承包商必须索赔工期，以避免向业主承担误期损害赔偿费。工期延误情况下是否可索赔费用，要视情况而定。一般地，工期索赔，同时也伴随着费用索赔。但对于非承包商和非业主原因造成的工期延误，如在合同中规定降雨可延长工期的情况，风险分担的原则是业主同意延长工期，承担误期损害赔偿费，而承包商则承担现场管理费、人工费和设备折旧等费用。

（三）现场条件变化

现场条件变化的含义是：承包商“遇到了一个有经验的承包商不可能合理预见到的不利的自然条件或人为障碍（Adverse Physical Condtions or Obstacles，简称 APC）”，导致工期延长和工程成本大幅度增加。工程现场条件变化主要是指工程现场的地下条件（即地质、地基、地下水及土壤条件）同招标文件中的描述差别很大，或在招标文件中根本没有提到。至于水文气象方面原因造成的施工困难，如特大暴雨、洪水对施工带来的破坏或经济损失，则属于气候条件变化的范畴。

工程现场条件变化这一事实，在不同的标准合同条件中有不同的称呼。FIDIC“新红皮书”称其为“不可预见的外界条件”（Unforeseeable Physical Conditions），美国土木工程标准合同条件将其称为“不同的现场条件”（Differing Site Conditions）。

在国际工程承包中通常将不利的现场条件分成两类，作为处理索赔的重要根据。

（1）第一类不利的现场条件

第一类不利的现场条件（APC TypeⅠ）是指在招标文件中描述失实的现场条件，即在招标文件中对施工现场存在的不利条件虽然已经提出，但严重失实。在实际工作中经常遇到的第一类不利的现场条件主要有以下情况：

1）在开挖现场挖出的岩石或砾石的位置高程与招标文件中所述的位置高程差别甚大；

2）招标文件钻孔资料注明系坚硬岩石的某一位置或高程上，出现的却是松软土石；

3）破碎岩石或地下障碍物的实际数量大大超过招标文件中给出的数量；

4）设计指定的取土场或采石场开采出来的土石料，不能满足强度或其他技术指标要求，而要更换料场；

5）实际遇到的地下水在位置、水量、水质等方面与招标文件中的数据相差悬殊；

6）地表高程与设计图纸不符，导致大量的挖填方量；

7）需要压实的土壤的含水量数值与合同资料中给出的数值差别过大，增加了碾压工作的难度或工作量等。

（2）第二类不利的现场条件

第二类不利的现场条件（APC TypeⅡ）是指在招标文件中根本没有提到，这种意外的不利条件，是有经验的承包商难以预料情况，如：

1）在开挖基础时发现了古代建筑遗迹、古物或化石；

2）遇到了高度腐蚀性的地下水或有毒气体，给承包商的施工人员和设备造成意外的损失；

3）在隧洞开挖过程中遇到强大的地下水流等。

上述两种不同类型的现场不利条件，不论是招标文件中描述失实的，还是招标文件中根本未曾提及的，都给承包商带来严重困难，引起工程费用大量增加或工期延长。从合同责任上讲，不利现场条件不属于承包商的责任，因而应给予相应的经济补偿和工期延长。

在处理因施工条件变化引起的索赔时，需要考虑以下几个方面的问题：

1）什么是本工程可以合理预料到的不利自然条件？

2）实际遇到的条件是怎样的？

3）实际的不利条件与承包商可合理预料的不利条件差异有多大？

4）实际遇到的不利条件是否引起了承包商的施工费用增加和工期延长？

5）通过适当的标前现场查勘，是否可以发现这些不利条件？

通过分析这些问题，就可以判断这种不利条件是不是“一个有经验的承包商不可能合理预见的”，从而决定承包商是不是有权利索赔。

在国际工程施工索赔的实践中，由于不利的现场条件而提出的索赔要求，一般不容易取得成功。这是因为不利的现场条件包含着广泛的内容，它既包括由于勘探工作粗浅，因而在招标文件中描述失实的现场条件，即“第一类不利的现场条件”；又包括超出工程实践经验而意外出现的现场条件，即所谓的“第二类不利的现场条件”。而且，对于如何界定“有经验的承包商”是否可合理预见也比较困难，合同双方经常有不同的理解或解释。

因此，承包商在提出由于不利的自然条件导致的索赔时，要附以充分的论证资料，并紧密联系该工程项目的合同文件。对于笼统的“不利的自然条件”要尽量具体化，详细列出不利的自然条件和由此造成的损失，提出具体的索赔要求，如由于地质条件恶劣而要求修改施工单价；由于地下水涌出流量增加而需要增加排水设备；由于工效降低而要求业主给予相应的补偿；由于工期拖长而要求给予管理费补偿等。这些具体的索赔要求，一般比较容易成功。

（四）加速施工

加速施工一般来自工期延误。如果是非承包商的原因，业主此时有两种选择：一是给与承包商工期延长，允许整个工程项目的竣工日期相应拖后；或者要求承包商采取加速施工的措施，宁可增加工程成本，也要按计划工期建成投产。

业主决定采取加速施工时，将由工程师发布“加速施工令”，承包商将投入更多的资源，加班施工，以确保按原定计划完工，采取加速施工措施必然产生附加成本开支，这些附加成本开支主要包括以下几个方面：

1）采购或租赁原施工组织计划中没有考虑的新的施工机械和有关设备；

2）增加施工的施工人员数量，或采取加班施工；

3）增加单位时间材料供应量和生活物资供应量；

4）采用奖励制度，提高劳动生产率；

5）工地管理费增加等。

由于加速施工必然导致工程成本大大增加，因此承包商在采取加速施工措施以前一定要取得业主和工程师明确的、正式的认可，以便就采取加速施工措施所增加的成本开支，提出加速施工索赔。

（五）业主风险

根据 FIDIC 1999 年版《施工合同条件》第 17.3 款列出了业主风险，包括：①战争、敌对行动、入侵、外敌行动；②工程所在国国内的叛乱、恐怖主义、革命、暴动、军事政变、内战等；③承包商人员之外的人员在工程所在国内的骚乱；④工程所在国国内非承包商原因造成的军火、爆炸物、电离辐射或放射性引起的污染；⑤以音速或超音速飞行的飞行物所产生的压力波；⑥合同规定外的业主使用或占有永久工程的任何部分；⑦业主负责的设计；⑧不可预见和不能合理预期一个有经验的承包商已经采取预防措施的任何自然力的作用。

发生风险后，承包商应立即通知工程师，并按其要求修复损失或损害，承包商有权要求延长工期和增加费用，对上述第⑥和⑦项，还应包括利润。

（六）物价上涨

在一些经济发展不稳定的国家承包国际工程，经常会遇到物价上涨。对于较长工期（超过 1 年）的合同，通常允许进行价格调整。对于基准日期后的物价上涨所引起人工费、建筑材料及其他费用增长，承包商可以向业主进行索赔。

在有些合同中规定，如果物价上涨的幅度小于中标合同价 5%时，不进行价格调整。对于这样的限制，承包商应在报价时考虑此类风险。

（七）施工效率降低

在工程的施工过程中，经常会受到意外的干扰或影响，从而使施工效率降低，导致工程成本增加。在施工过程中，引起工效降低的原因主要有不利自然和气候条件、现场地质问题、业主风险、业主的变更等。

索赔施工效率降低产生的费用非常难，主要是承包商难以提供有说服力的证据。但在英美等国，因多次变更导致总体施工效率降低的索赔得到了法庭的认可，但即使如此，承包商也很难索赔到全部的损失。

（八）暂停施工或终止合同

在施工承包过程中，由于业主方面的原因或客观的干扰而发生暂停施工或终止合同时，承包商均有权提出经济索赔。

业主方面暂停施工的原因主要包括：

1）施工过程中出现紧急状况，如战争、地震、水灾等；

2）工程项目的规划设计上出现严重问题，需要修改设计；

3）业主出现重大财务危机，导致业主无力支付工程款。

如果合同终止是由业主违约造成的，承包商在此情况下除费用补偿外还应得到利润补偿。

（九）业主延误付款

如果业主不能按时向承包商支付工程款，导致工程延期，承包商将有权索赔工期及有关的额外开支，加上相应利润，并能享有延误工程款的融资费（利息等）。在1999版FIDIC《施工合同条件》中的规定，此融资费将按支付货币国家中央银行的贴现率加3个百分点的利率收取，按月复利计。

在实践中承包商切记，在合同中不但要规定业主延误支付时要负担利息，同时还要规定，承包商拥有暂停，甚至终止合同的权利，否则就可能会处于极为被动的局面。

（十）业主违约

业主不按合同规定履行自己的合同义务，即属于违约。业主违约的事例：

1）不按合同规定向承包商付款；

2）工程师不发证，或业主干扰或阻挠工程师发出支付证书；

3）破产倒闭，无力履行合同义务；

4）指示暂停施工后，超过合同规定的暂停时限不批准承包商复工；

5）无理干扰承包商的施工；

6）业主实质上未能根据合同履行其义务的其他情况等。

另外，工程师工作中的差错，如设计错误、迟交施工图纸，侵犯承包商的权利或利益等，都应视为业主方面的责任，承包商有权就工程师的差错向业主提出索赔。

（十一）工程所在国立法变动

在基准日期之后，由于工程所在国的法律发生变动，如颁布了新法律，或废止修改了原有法律，或者对原法律的司法解释或政府官方解释发生变动，从而影响了承包商履行合同义务，使承包商的费用有增加时，则所增加的金额要由业主负担。

在实践中，承包商编制投标报价主要依据的法律有税法、劳动法、保险法、海关法、环境保护法等。工程所在国法律变动使承包商施工费用增加的情况主要包括：各类税费的提高；货币汇兑限制；劳务工资标准的提高；工作时间的限制等。

四、承包商索赔的一般原则

承包商在向业主索赔时，根据情况的不同，可以索赔工期、费用和利润，在判断承包商可以获得哪些方面的补偿时，应遵守以下原则：

1）承包商能同时得到工期延长、费用和利润补偿的索赔，一般是由业主或工程师的原因造成的。这反映了施工合同谁违约、谁承担责任的“严格责任原则”，补偿以实际损失加合理利润为限的“补偿性原则”和“合理性原则”。

2）对于客观原因造成的索赔，承包商可得到工期延长，有时也可以要求费用补偿，但不会再得到利润补偿。这反映了因为客观原因造成的损失应由合同双方共同承担的“公平原则”。

3）可索赔利润的条款，一定可以同时索赔费用，也即如果某一事件能提出工期索赔而不能提出费用索赔，则就该事件也不能提出利润补偿的要求。这反映了施工索赔“无成本就无利润”的原则。

第三节　索赔计算方法

一、工期索赔计算

（一）工期延误的分类及处理措施

工期延误分为可原谅的工期延误和不可原谅的工期延误。

可原谅的工期延误是由业主、工程师或其他客观因素造成的，承包商有权获得工期延长，但是否能获得经济补偿要视具体情况而定。因此，可原谅的工期延误下又可分为：可原谅并给予经济补偿的延误，延误的责任者是业主或工程师；可原谅但不给予经济补偿的延误，这往往是由于客观因素即不归因于合同双方的因素造成的延误。

上述两种情况下的工期索赔可按表 13-4 处理。

工期索赔处理措施　　**表 13-4**

索赔原因	是否可原谅	延误原因	责任者	处理原则
工程进度延误	可原谅延误	（1）工程师的原因（如：图纸错误、设计修改等） （2）业主的原因（如：大量的工程变更、提前占用工程等）	业主	可给予工期延长； 可补偿经济损失
		（1）异常恶劣气候 （2）不可抗力	客观原因	可给予工期延长； 不给予经济补偿
	不可原谅的延误	（1）未做好施工组织设计 （2）设备材料不能及时供应 （3）工效不高	承包商	不延长工期； 不补偿损失； 向业主支付误期损害赔偿费

（二）共同延误下，工期索赔的有效期处理方法

承包商，工程师或业主，或某些客观因素均可造成工期延误，但在实际施工过程中，工期延误经常是由上述两种以上的原因共同作用产生的，在这种情况下，称其为共同延误。

所谓有效期处理方法是指承包商在此有效期内可得到工期延长或既可得到工期延长又可得到经济补偿。在确定延误索赔的有效期时，可依据下述原则：

1）判别造成延误的哪一种原因是最先发生的，即确定“初始延误”者，它应首先对工期延误负责。在初始延误发生作用期间，其他并发的延误者不承担延误责任。

2）如果初始延误者是业主，则在业主造成的有效延误期内，承包商既可得到工期延长，又可得到经济补偿。

3）如果初始延误者是客观因素，则在客观因素发生影响的有效期内，承包商可以得到工期延长，但很难得到经济补偿。

上述共同延误下的处理原则可用图 13-1 表示：图中第一列，初始延误者是承包商 C，第二列的初始延误者是业主 E，第三列的初始延误者是客观原因 N。“▬”表示获得工期延长和经济补偿有效期，“═”表示获得工期延长。图线段长度代表延误事件持续时间。

	1	2	3
a	C E N	E C N	N C E
b	C E N	E C N	N C E
c	C E N	E C N	N C E
d	C E N	E C N	N C E

图 13-1　共同延误下的索赔处理原则

（三）工期索赔的计算方法

工期索赔通常可以采用如下三种计算方法：

1. 进度计划分析法

进度计划常采用网络图和横道图表示。进度计划分析法是通过分析索赔事项发生前后的进度计划，将索赔事件对具体工作产生延误的时间值代入原进度计划，重新计算工期。则新工期与原工期之差即为索赔事项对总工期的影响，也即工期索赔值。通常，如果受索赔事件影响的工作在关键路径上，则该工作的持续时间的延长值即为总工期的延长值。如果该工作在非关键路径上，受干扰后仍在非关键路径上，则该事件对工期无影响，故不能提出工期索赔；如果该工作由非关键工作变成了关键工作，则新工期与原工期的差值即为工期索赔值。

2. 里程碑分析法

前述的进度计划分析法是比较科学合理的，但必须用计算机进行工期控制，否则分析极为困难，而且业主常常不认同这种工期索赔的计算方法。原因是进度计划通常由承包商编制，进度计划中各工作间的逻辑关系业主并不清楚，也很难搞清楚，故在合同文件的构成中并不包括进度计划，因此不能据进度计划进行工期索赔的计算。但合同文件中却包括业主编写的里程碑计划。

里程碑分析法是通过对索赔事件对最近一个里程碑的影响进行直观分析，包括索赔事件对哪些工作产生了影响、这些工作延误的天数以及这些工作与最近一个里程碑的逻辑关系和因果关系。通过对索赔事件及其影响分析，由双方协商确定工期延长值。例如，如果对最近一个里程碑的影响确定为5天，则整个合同工期延长5天。

里程碑分析法是目前国际工程承包中最常用的方法。

3. 比例分析法

在实际工程中，索赔事项常常仅影响某些区段或子项的工期，要分析它们对总工期的影响，可以采用更为简单的比例分析法。如，可采用合同价所占比例计算，计算公式如下：

$$\text{总工期索赔值} = \text{受干扰部分工程的工期延误量} \times \text{该部分合同价} / \text{整个工程合同总价} \tag{13-2}$$

【案例13-1】 比例分析法计算工期索赔值

在某工程施工中，业主推迟办公楼工程基础设计图纸的批准，使该子项工程延期10周。该子项工程合同价为80万美元，而整个工程合同总价为400万美元。则承包商提出工期索赔为：

总工期索赔值＝10周×80万/400万＝2周

4. 其他计算方法

在实际工程中，工期的补偿天数的确定方法可以是多样的。例如，在非洲承包工程，由于雨季的影响，通常在合同中会列入降雨对工期影响的计算公式。

$$V = (N_w - N_n) + (R_w - R_n)/X \tag{13-3}$$

式中 V——所计量当前月由于降雨的影响而造成的延误天数；

N_w——所计量当前月降雨量≥10mm的实际天数；

N_n——历史降雨纪录中（十年）同样月份降雨量≥10mm的平均天数；

R_w——所计量当前月的实际降雨量；

R_n——历史降雨纪录中（十年）同样月份实际降雨量的平均值；

X——所选取历史降雨记录的年数，通常是十年，也有些合同要求二十年或更长。

二、费用索赔计算

（一）索赔费用构成

索赔费用应与投标合同价格的每一项费用相对应，包括：直接费、间接费、利润和其他应补偿的费用。其构成如下：

1. 直接费

（1）人工费：包括人员闲置费、加班工作费、新增工程所需人工费用、劳动效率降低和人工费的价格上涨等费用。

（2）材料费：包括额外材料使用费、增加的材料运杂费、增加的材料采购及保管费用和材料价格上涨费用等。

（3）施工机械费：包括机械闲置费、额外增加的机械使用费和机械作业效率降低费等。

2. 间接费

（1）现场管理费：包括保证金、保险费、工程师食宿设施、承包商人员食宿设施、代理费、交通设施费以及其他费用。

（2）总部管理费：包括办公费、通讯费、旅差费和职工福利费等。

3. 利润

一般包括合同变更利润、合同延期机会利润、合同解除利润和其他利润补偿。

4. 其他应予以补偿的费用

其他应予以补偿的费用是指利息、分包费、保险费用以及各种担保费等。

不同原因引起的索赔，索赔费用内容是不相同的。只有按照索赔事项的性质、条件以及各项费用的特点进行分析，才能确定索赔的费用项目及索赔的具体金额。

《施工索赔》一书（J. Adrian 著，1988 年）对索赔款的组成部分进行了详细的划分，并指明在最常见的 4 种不同种类的施工索赔中，哪些项目可以得到补偿，哪些项目一般不能得到补偿，哪些项目需经过分析才能确定是否可以得到补偿。见表 13-5，表中采用三种符号表示是否将该项目列入索赔费用中，符号“√”表示应列入，符号“*”表示有时可列入，符号“○”表示不应列入。

索赔费的组成部分及其可索赔性 **表 13-5**

施工索赔计价的组成部分	不同原因引起四种主要的索赔			
	工期延误索赔	施工范围变更索赔	加速施工索赔	施工条件变化索赔
1. 由于工程量增大新增的现场劳动时间	○	√	○	√
2. 由于工效降低新增的现场劳动时间	√	*	√	*
3. 人工费增长数	√	*	√	*
4. 新增建筑材料量	○	√	*	*
5. 新增建筑材料单价	√	√	*	*
6. 新增分包工程量	○	√	○	*
7. 新增分包工程成本	√	*	*	√
8. 租赁设备费	*	√	√	√
9. 承包商已有设备使用费	√	√	*	√
10. 承包商新增设备费	*	○	*	*
11. 现场管理费（可变部分）	*	√	*	√
12. 现场管理费（固定部分）	√	○	○	*
13. 公司管理费（可变部分）	*	*	*	*
14. 公司管理费（固定部分）	√	*	○	*
15. 利息（投资费用）	√	*	*	*
16. 利润	*	√	*	√
17. 可能的利润损失	*	*	*	*

* 本表引自 J. Adrian，《施工索赔》。

（二）单项索赔额的计算

在具体分析费用的可索赔性时，应对各项费用的特点和条件进行单独审核论证，使其更具说服力。

1. 人工费

承包商索赔人工费的原因一般包括：由于新增工程引起承包商投入的人工增加；由于业主的原因造成承包商人员的劳动生产率下降；承包商加速施工（该加速施工的原因不是

由承包商引起的）引起的投入人工增加；劳务费用上涨等。

人工费中的各项费率可按以下公式取值：

人员闲置费费率＝工程量清单中的人工单价适当折减后确定的价格　(13-4)

加班费率＝人工单价×法定加班系数　(13-5)

额外工程所需人工费率＝合同中的人工单价或计日工单价　(13-6)

劳动效率降低索赔额＝（该项工作实际支出工时－该项工作计划工时）×人工单价　(13-7)

人工费价格上涨的费率＝最新颁布的最低基本工资率－提交投标书截止日期前第28天最低基本工资率　(13-8)

2. 材料费

索赔材料费的原因一般包括新增工程、变更工作性质或施工方法改变导致材料费的增加。材料费用索赔包括两个方面：实际材料用量超过计划用量部分的费用（即额外材料的费用）索赔和材料价格上涨费用的索赔。在材料费索赔计算中，要考虑材料运输费、仓贮费以及合理损耗的费用。

额外材料使用费＝（实际用量－计划用量）×材料单价　(13-9)

增加的材料运杂费、材料采购及保管费用按实际发生的费用与报价费用的差值计算。

某种材料价格上涨费用＝（现行价格－基本价格）×材料量　(13-10)

基本价格是指在递交投标书截止日期以前第28天该种材料的价格；现行价格是指在递交投标书截止日期以前第28天后的任何日期通行的该种材料的价格；材料量是指在现行价格有效期间内所采购的该种材料的数量。

3. 施工机械费

索赔施工机械费的原因主要包括：由于新增工程引起的承包商投入的机械台班数增加；承包商加速施工（该加速施工的原因不是由承包商引起的）引起的投入机械台班数增加；机械租赁费上涨；暂停施工导致机械闲置等。

承包商在进行机械费用索赔时，必须注意自有机械和租赁机械的区别，在计算自有机械的费用时，往往按照有关的标准手册中关于设备工作效率、折旧、保养的标准确定，有时仅仅按照折旧率标准计价。对于租赁设备，只要租赁价格合理，又有可信的收费单据时，承包商可以按照租赁价格计算。施工机械费可按以下公式进行计算：

机械闲置费＝合同中或计日工表中的机械单价×闲置持续时间　(13-11)

增加的机械使用费＝合同或计日工表中的机械单价或租赁机械单价×持续时间　(13-12)

机械作业效率降低费＝机械作业发生的实际费用－投标报价的计划费用　(13-13)

4. 现场管理费

索赔额外现场管理费是指承包商因完成额外工程在工期延长期间的现场管理费用，包括管理人员、临时设施、办公、通讯、交通等多项费用，可按以下方法计算。

（1）根据计算出的索赔直接费款额计算现场管理费索赔额

现场管理费索赔额＝（现场管理费总额÷工程直接费总额）×直接费索赔总额　(13-14)

（2）根据工期延长时间计算现场管理费索赔额

每周现场管理费 = 投标时计算出的现场管理费总额 ÷ 计划工期(周) (13-15)

计划工期是指签订合同时批准的施工进度计划中的工期。

现场管理费索赔额 = 每周现场管理费 × 工期延长周数 (13-16)

5. 总部管理费

(1) 根据工期延长时间计算总部管理费

每周总部管理费 =投标时计算出的总部管理费总额 ÷ 计划工期(周) (13-17)

总部管理费索赔额 =每周总部管理费 × 工期延长周数 (13-18)

(2) 根据计算出的索赔直接费款额计算总部管理费

该方法是按照投标报价书中总部管理费占合同总直接费的比例（3%～9%）计算总部管理费索赔额；

总部管理费索赔额 = 索赔直接费款额 × 合同中总部管理费比率 (13-19)

6. 利润

通常是指由于工程变更、工程延期、终止合同等使承包商产生利润损失。在 FIDIC 合同条件中，承包商索赔利润的情况见表 13-1 和表 13-2。

利润索赔额 = 合同中规定的利润百分比 ×（直接费 + 现场管理费 + 总部管理费） (13-20)

7. 利息

利息索赔主要分为两种情况：一是指由于工程变更和工程延期，使承包商不能按原计划收到合同款，造成投资增加，产生利息损失；二是延迟支付工程款的利息。在计算利息索赔额时，可根据合同条款中规定的利率，或根据当时银行的贷款利率进行计算。

在上述各单项索赔计算中，承包商要证明其投标报价的计算方法是合理的，并准确提供各项索赔依据。如劳动效率降低索赔中，承包商必须向工程师证明其原计划工时的计算方法是合理的，这一点承包商很难拿出具有说服力的证据，因此也就增加了索赔的难度。

【案例 13-2】 计算单项索赔额

一段公路改建工程，包括土方挖填和弃土处理，工作合同额为 4979068 美元，工期 2 年。在施工过程中，发现开挖路基的弃土量超出原标书中所列的数量，而且由于弃土量的增加，原定的弃土场（距开挖点 2 公里）已不够用，选定的新弃土场运距为 9.5 公里，因此，承包商向工程师提出了索赔要求。

超挖土方量为 9968 立方米，超过原定挖方弃土量的 4.9%，承包商要求：①提高这部分土方的开挖单价，即从投标报价中的 2.5 美元/立方米增至 6.5 美元/立方米。②对土方开挖量增加和弃土运距增加，要求工程师发出变更指示。

工程师认为：①挖方弃土量较工程量清单增加仅 4.9%，不能改变挖方单价，也不必发出变更指示；②至于弃土运距增加，由 2km 增至 9.6km，可公平调整运输费用，要求承包商提出新的运输单价。

承包商提出的运输单价如下：

1) 直接费

运距增加 9.5－2.0＝7.5km

往返 15km，需时 0.75h

汽车每次装土4.0立方米，每小时运费28美元

立方米弃土运输费用＝0.75×28/4.0＝5.25美元

2）间接费

现场管理费和利润8%，0.42美元

总部管理费4%，0.227美元

每立方米弃土运输单价＝5.897美元

总运费＝5.897×9968＝58781美元

以上新增运输费58781美元，为工程师和业主所接受，并同意列入下一个月的工程款结算中，此项索赔事项遂顺利解决。

三、其他费用索赔计算方法

工程承包的实践证明，承包商在拥有索赔权的情况下，采用正确、恰当的方法计算索赔款额是十分重要的。承包商不可无根据的扩大索赔款额，以免使索赔搁浅。在索赔计价方法中较多采用分项计算法，在难以按分项计算索赔款额时，则采用总费用法或修正的总费用法。

（一）费用索赔分项计算方法

该方法是将承包商在索赔事项持续发生过程中产生的费用逐项列出，分别进行计算，再汇总计算出索赔的总费用。分项计算法，在明确责任的情况下，由于费用分项列出，加上承包商提供的相应记录、收据、发票等证据资料，业主和工程师可以在较短时间内分析、核实索赔报告，确定最终索赔款额，并在较短时间内与承包商达成一致意见，顺利解决索赔事宜。通常索赔项目的分项方法如下：

1）直接费的计算；

2）间接费的计算；

3）利润；

4）施工效率降低的计算。

上述各项在实际计算索赔款额时，需再进一步划分为更小的单项进行计算。

（二）费用索赔的总费用法

总费用法，即总成本法，就是当发生多次索赔事项后，重新计算该工程的实际总费用，减去承包商的投标价格来计算项目的费用索赔额，该方法要求承包商出示足够的证据，证明其全部费用是合理的，否则业主将不接受承包商提出的索赔款额，而承包商要想证明全部费用是合理的支出并非易事。因此该方法不宜过多采用，只有在无法按分项计算方法计算索赔费用时，才可使用这种方法。

采用总费用法时应注意的问题：

1）由于非承包商的原因，使施工过程受到严重干扰，造成多个索赔事项混杂在一起，导致承包商难以准确的进行分项记录和搜集证据资料，也无法分项计算出承包商产生的损失；

2）承包商投标报价是合理的，所谓合理是指承包商投标价计算合理，其价格应接近业主计算的标价，并非是采取低价中标的策略，导致标价过低；

3）承包商发生的实际费用证明是合理的，对承包商发生的每一项费用进行审核，证明费用的支出是实施工程必需的，承包商对费用增加不负任何责任。

（三）修正的总费用法

由于实际发生的总费用中，可能包括了由于承包商的原因导致的费用增加，如施工组织不善，或投标报价估算的总费用过低，因此业主或工程师很少接受这种计算方法。总费用索赔方法在实际应用中，又衍生出一些改进的总费用索赔法。这种方法是在总费用计算的基础上，去掉一些不合理的因素，进行修正和调整。采用这种方法，承包商易于证明其索赔款额（提交索赔证明资料），同时，便于业主和工程师进行核实、确定索赔费用。

修正的总费用法计算方法如下：

1）计算索赔额的时段仅限于受影响的时段；

2）只计算受影响的某项工作，与该项工作无关的费用不列入总费用中；

3）对投标费用按受影响时段内该项目工作的实际单价进行核算，乘以实际完成该项工作的工程量，得出调整后的报价费用。

计算公式为：

$$\text{索赔金额} = \text{某项工作调整后的实际总费用} - \text{该项目的报价费用} \quad (13\text{-}21)$$

修正的总费用法与总费用相比，精确程度已经接近于分项计算方法。

第四节　索赔工作的程序

一、施工索赔的一般程序

在合同实施阶段中所出现的每一个施工索赔事项，都应按照国际工程施工索赔的惯例和工程项目合同条件的具体规定，抓紧协商解决，并与工程进度款的月结算制度同时进行支付，按月清理。施工索赔处理的程序一般分以下 5 个步骤：提出索赔要求，报送索赔资料，业主和承包商协商解决，邀请中间人调解，提交仲裁或诉讼。业主和承包商协商解决及邀请中间调节可以归纳为友好协商解决阶段。对于任何一项索赔工作，双方尽量通过协商友好解决，不到万不得已，不要轻易采取仲裁或诉讼。

以下以 FIDIC1999 版《施工合同条件》为例，给出了承包商的索赔工作程序。

1. 提出索赔要求

当出现索赔事项时，承包商应在察觉或应已察觉该事件后 28 天内发出索赔通知书；若承包商未能在 28 天内发出索赔通知，则承包商将不再享有对该事件的索赔权，业主应免除有关该索赔的全部责任。

2. 报送索赔资料

在承包商察觉（或应已察觉）引起索赔的事件后 42 天内，或在承包商建议并经工程师认可的其他期限内，承包商应向工程师递交一份充分详细的索赔报告，包括索赔的依据、要求延长的工期和追加付款的全部详细资料。如果引起索赔的事件具有连续影响，则按月递交中间索赔报告，说明累计索赔的延误时间和款额。最后，在索赔事项影响结束后，在 28 天内递交一份最终索赔报告，附上最终账单和全部证据资料，提出具体的索赔款额和工期延长天数。

工程师在收到索赔报告后 42 天内，应作出回应，表示批准、或不批准并附具体意见。在规定期限内，他还可以要求任何必要的进一步资料。

3. 业主和承包商协商解决

协商会议一般由工程师主持，承包商和业主代表就索赔事宜进行讨论。在正式会谈之前，双方应准备好有关资料，包括证据和建议的解决方案。在正式会谈时，双方尽可能在不失原则的前提下灵活退让，友好协商，争取通过协商达成一致。

这种解决方式对双方来说都可以节省时间、金钱，保证双方的友好合作关系。为将来继续合作打好基础。

4. 邀请中间人调解

当争议双方不能通过协商达成一致的解决意见时，可以邀请中间人进行调解。这里所指的“中间人”，可以是个人也可以是一个专门的组织。

中间人的选择对于调解能否成功有着很大的影响。中间人首先必须公正，处事公平合理；其次，中间人要善于疏导，能够提出合理的、可能被双方接受的解决方案；再次，中间人要有足够的耐心，调解过程是场持久战，没有耐心是不可能成功的。

FIDIC 推荐使用的争端裁决委员会（Dispute Adjudication Board，DAB，世界银行使用“争端审议委员会”措辞，即 Dispute Review Board，DRB）机制，具有中间人调节的特点，同时又具有准仲裁的角色。对 DAB 提出的解决方案，如果双方不提出反对意见，则将变成最终的、对双方具有约束力的决定。

5. 提交仲裁或诉讼

虽然仲裁或诉讼不是最佳的解决途径，但当友好解决方法失效时，它仍不失为一个有效的解决方法。

在仲裁和诉讼这两者之间，在国际工程施工索赔的实践中，一般比较倾向于仲裁。因为施工索赔争端通常会涉及许多技术方面的问题，如果采用诉讼，案情的审理会持续很久，这样对双方都不利。

图 13-2 是 FIDIC《施工合同条件》规定的索赔流程图。

二、索赔争端的解决途径

在合同各方之间出现争端时，只要各方本着求同存异的愿望，就能顺利解决争端。解决争端的方式很多，但应首选既省时又省力的友好解决方式，这也是各仲裁机构的愿望争端解决的层级关系如图 13-3 所示。

（一）友好协商解决

友好协商解决有两种方式：

1）双方当事人直接进行谈判解决争端：这通常是解决争端的首选方法，既快捷又经济。双方在谈判中，互谅互让，达成解决争端的一致意见。

2）邀请中间人进行调解解决争端。这里的中间人是指双方均熟悉且值得信赖的某个人或专门的组织。中间人通过与争议双方充分接触，在全面调查研究的基础上，对所争议的事项提出一个公正合理的处理建议供双方参考并接受。

按照 FIDIC 1999 版《施工合同条件》中关于争端事宜的解决程序，如图 13-3 所示。对出现的任何争端事宜，业主和承包商应协商解决。当协商不成时，任何一方：①可按照第 3.5 款提交工程师，由工程师与每一方协商，尽量达成协议，否则工程师可按照合同作出公正的决定；如果对工程师的决定不满意，可再提交 DAB；或②直接提交 DAB，由 DAB 作出决定。如果对 DAB 的决定不满意，可提交仲裁。

解决争端的三个层级中，一开始都是先进行调解和协商，协商不成时，再做决定。因

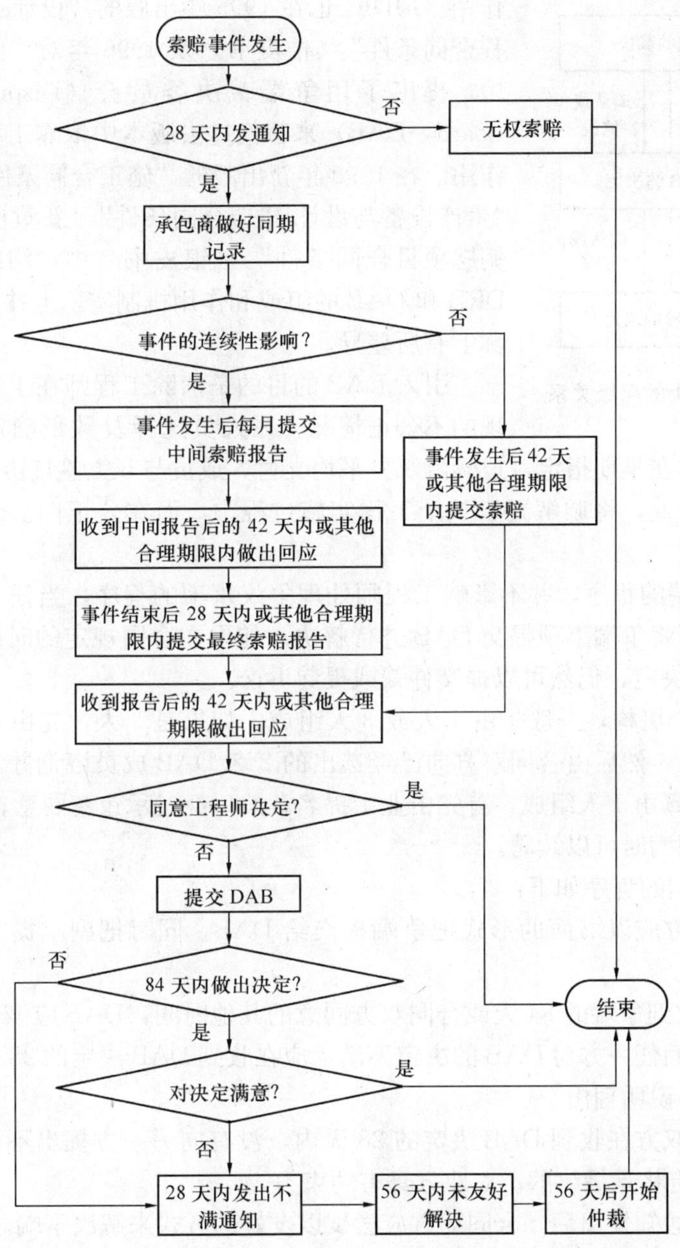

图13-2　索赔流程图

此，工程师、DAB成员、仲裁员都可以认为是协商解决的中间调解人。但须注意，如果对此三类人员的决定不满意，则必须在合同规定的时间内提出反对意见，否则将变成最终的、对双方具有约束力的决定。

如果中间人是除上述三类人员之外的人员，则其建议对双方不具有任何约束力。

（二）争端裁决委员会

世界银行首先在其1995年1月出版的“工程采购标准招标文件”中借鉴了美国的经验，提出了用争端审议委员会（Dispute Review Board，DRB）来替代工程师解决争端的

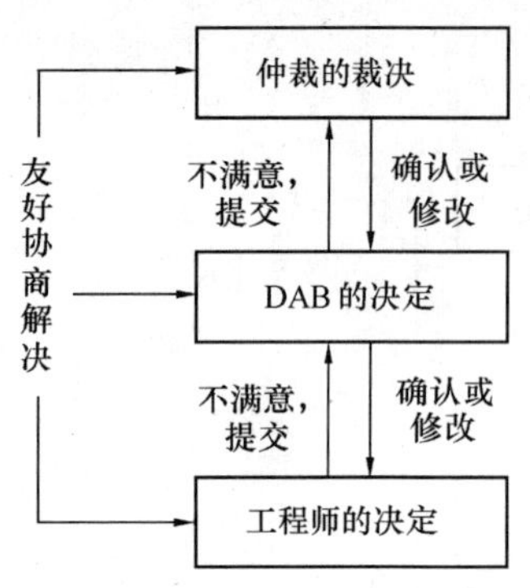

图 13-3 争端解决的层级关系

作用。FIDIC 也在 1995 年出版的“设计-建造与交钥匙工程合同条件”（桔皮书）及 1996 年对“红皮书”的增补中，提出了用争端裁决委员会（Dispute Adjudication Board，DAB）来替代过去版本中依靠工程师解决争端的作用。在 1999 年新出版的“施工合同条件”（新红皮书）、“生产设备与设计-建造合同条件”（新黄皮书）、“EPC 交钥匙项目合同条件”（银皮书）中，均统一采用 DAB。DRB 和 DAB 的组成和作用机制实质上并无区别，只是名称上有所差异。

引入 DAB 的目的是消除工程师在工程管理中可能出现的不公正情况。在人员选择及数量确定上，引入了相互制约的机制，并在早期指定，报酬由双方平均支付，成员与双方签订协议。这种方法具有调解和仲裁的长处，将调解置于整个工程实施过程中，而在公正性上似有一些仲裁的意味。

DAB 处理争端的程序，并不影响工程师处理争议事项的程序，当任一方对工程师的决定不满意时，可将争端事项提交 DAB 进行解决。如果在合同规定的时间内，任一方不满意 DAB 作出的决定，仍然可以提交仲裁或提起诉讼。

DAB 作为一个机构，一般是由 1 人或 3 人组成。如果是 3 人，先由合同双方各提出一名，经对方批准，然后由合同双方向已经选出的 2 名 DAB 成员咨询并经过其同意产生第 3 人；如果 DAB 由 1 人组成，首先由业主提名，然后经过承包商同意。DAB 成员的任期一般为 2 年，期满时可以续聘。

DAB 处理争端的程序如下：

1）合同的一方应以书面的形式把争端提交给 DAB，同时把副本提交给另一方和工程师。

2）在 DAB 收到争端的 84 天或合同双方同意的其他时间，DAB 应该作出决定。

3）如果合同的任一方对 DAB 的决定不满，应在收到 DAB 决定的 28 天内，将这种不满通知另一方，并说明理由。

4）如果合同双方在收到 DAB 决定的 28 天内，没有向另一方提出不满的通知，于是 DAB 所作出的决定将是最终的、对双方具有约束力。

5）在将不满通知发出后，合同双方应尝试以友好的方式来解决争端。

6）如果在一方提交不满通知后的 56 天内，合同双方没有友好解决，则开始仲裁。如果 DAB 的决定成为最终的、具有约束力的决定，而合同一方没有执行该决定，合同的另一方应该把这种不执行决定的情况提交仲裁。

（三）仲裁

1. 发出提交仲裁通知的时间

在下列情况下，争议双方的任何一方，可向对方发出将争议事项提交仲裁的意向通知，同时，将一份副本送交工程师，该通知确定了发出通知方将争端提交仲裁的权力。通知发出后，双方仍应执行 DAB 的决定，直到该决定通过友好解决或仲裁方式被修改。

1）对 DAB 的任何决定不满意，可在收到 DAB 的决定后 28 天内，向对方发出提交仲裁的意向通知。

2）DAB 未能在收到一方提交的争端文件后 84 天内作出决定，则在此 84 天期满后的 28 天内，向对方发出提交仲裁的意向通知。

2. 提交仲裁后的友好解决

争端事件提交仲裁后，双方应设法进行协商，友好解决争端。如果在提交仲裁的意向通知发出后 56 天内未达成一致，则开始仲裁。

3. 仲裁

除非双方另有协议，所有争端均应按国际商会的调解与仲裁章程进行仲裁，由一名或数名仲裁人予以最终裁决。

在国际经济合作中，由于有联合国发布的《承认及执行外国仲裁裁决公约》的约束，不仅所有该公约的缔约国，而且世界上绝大多数的国家都承认和执行国际仲裁的裁决。因此，如果败诉方拒不执行仲裁裁决，胜诉方可向对方所在国的法院提起诉讼，由法院强制对方执行仲裁裁决。

（四）诉讼

在国际工程承包实践中，许多国家的法律支持仲裁不诉讼，或诉讼不仲裁，即二者择其一。在美国等一些国家，如果仲裁的败诉方对仲裁裁决不满，可申请诉讼，法庭有权力理性仲裁的裁决。但为维护裁决的严肃性，法庭一般不会理性仲裁的裁决，除非显失公平，或仲裁员适用法律错误。

诉讼是一种通过司法途径解决双方争端的方式。如果采用此种方式解决争议，应在合同条件中列入相应的条款，明确规定在出现合同争端时，应提交给某一指定法院进行审理和作出判决。

在提起诉讼后，整个审理过程应遵守该法院的诉讼规则和程序。在作出判决后，如果败诉方拒不执行法院的判决，胜诉方可请求法院予以强制执行；如果该法院无法强制败诉方执行判决，胜诉方可直接向有管辖权的外地或外国法院申请承认和执行。

法院在受理申诉后，其审理过程一般是公开的，故不利于保守当事人的商业秘密和维护当事人的商业信誉。如果争议涉及公司的商业机密应采用其他解决争端的方式。

三、承包商在索赔中应注意的事项

（一）论证索赔权利

承包商在索赔报告中要明确地、全文引用与索赔事件有关的合同条款，并结合索赔事件论证自己的索赔权利。除了工程项目的全部合同文件，承包商还可利用工程所在国的法律或规定以及以前类似成功的索赔案例来证明索赔资格。

（二）计算索赔款的合理性

计算索赔款的依据，是合同条件中的有关计价条款，以及可索赔的一些费用。在计算索赔款时应处理好以下问题：

1）采用合理的计价方法。最好采用实际费用法，进行单项索赔，合理地计算出有权要求补偿的额外费用。

2）不要无根据地夸大索赔款额。在计算索赔款额时，要依据事实，不能漫天要价，否则会给索赔带来障碍，会使自己在索赔中处于不利的地位。

3）计算要力求准确。出现低级的数学计算错误，容易被对方认为你的管理水平比较低，不为对方所重视。

（三）及时提出索赔要求

承包商须在索赔事项发生后规定的时间内提交书面的索赔通知书，报送工程师，抄送业主。如果承包商未能在这一期限内提交索赔通知书，被视为自动放弃该事项的索赔权。

一个有经验的承包商的做法是：当索赔事项发生时，立即请工程师到事项发生现场，要求他书面作出指示；对索赔事态进行录像或详细的论述，作为今后索赔的证据；并在合同规定的时限内尽早地书面正式提出索赔要求。

（四）编写好索赔报告

在索赔事项的影响消失后一定的时间内，写好索赔报告，报送业主和工程师。对于重大的索赔事项，应将工期索赔和费用索赔分别编写，以便业主和工程师核阅和决定。

（五）索赔证据要充分

要使业主对索赔要求信服，承包商必须提供充分的索赔证据。因此，承包商在每项工程施工开始时，就要建立起严密的文档管理制度，以便在出现索赔问题时按需要选取资料。

（六）力争友好协商解决

工程师对索赔报告的处理建议，是合同双方友好协商的基础。如果双方对索赔问题难以达成一致，承包商也不要急着将索赔争端提交仲裁或法庭，更不要以此威胁对方，而应该寻求通过中间人调解。因为，提交仲裁或诉讼往往造成两败俱伤，不但浪费时间、增加费用，而且会破坏双方的友好合作关系。

（七）随时申报、按月结算

在发生索赔事项后随时随地提出单项索赔要求，尽力避免把数宗索赔事项合为一体索赔。避免使索赔问题交织在一起，解决起来更为困难。

在索赔款的支付方式上，应力争单项索赔和单独解决，将得到证明的款额列入当月付款申请中，把索赔款的支付同期中付款同步处理。这样，可以把索赔款化整为零，避免积累成大宗款额，使索赔解决较为容易。

（八）必要时施加压力

在国际工程承包市场中，个别业主对承包商的索赔要求采取拖延策略，不论合理与否，一律不作答复，或要求承包商不断地提供证据资料，意欲拖至工程完工，遂不了了之。

对于这样的业主，承包商可以考虑采取适当的强硬措施，对其施加压力，或采取放慢施工速度的办法；或予以警告，在书面警告发出后的期限内（一般为 28 天）对方仍不按合同办事，则可暂停施工。例如在新版 FIDIC1999 年版《施工合同条件》中的 16.1 款就赋予了承包商暂停施工或放慢施工速度的权利。实践证明，这种做法是相当有效的。

第五节　合同的解释

任何一份合同都不可能预测到未来可能发生的全部事件并写入合同，因此合同具有不完全性，而合同措辞也可能产生矛盾或歧义，这就需要在出现问题时，有一些可供相关方遵守的合同条款的解释原则和程序，以合理的解决问题。

一、合同解释的原则

合同解释的原则是指在合同解释活动中，对解释主体起着规范和指导性的操作规则。它是法官或仲裁员解决合同争议的基本行动准则，具有法律原则的一般功能。

在现代民法中合同解释原则，又分为原则性规则和方法性规则。所谓原则性规则是指贯彻整个合同解释过程的基本思想和理念，具有衡定性和原则性的特征。方法性规则，则是指在合同解释过程中，根据争议焦点的属性而采取的具体操作性的规则，具有方法或技术性的特征。

（一）原则性规则

在解释合同时，首先必须遵守原则性规则，因为原则性规则贯穿于合同解释的全过程，是合同解释的基础和出发点，合同解释的原则性规则一般包括以下几点：

1. 目的解释

即以合同双方签订合同的根本目的为基本出发点，对所争议的事项予以推断解释。合同目的是订立合同的出发点和归宿点。各项条款及用语既围绕合同目的而设立，又是实现合同目的的手段。因此，当合同文字出现歧义，可能作两种解释时，应采取最适合于签订合同目的的解释。

2. 依法解释

解释合同应按照法律规定或依据法律上的含义对合同内容进行解释，当合同内容欠缺或约定不明时，则依法予以补充和明确。任何合同解释均以不违反法律规定为前提。

我国法律对依法解释原则作了一些规定。《中国人民共和国民法通则》第 88 条第 2 款规定："合同中的有关质量、期限、地点或者价款约定不明确，按照合同有关条款内容不能确定，当事人又不能通过协商达成协议的，适用下列规定：

1）质量要求不明确的，按照国家质量标准履行，没有国家质量标准的，按照通常标准履行；

2）履行期限不明确的，债务人可以随时向债权人履行义务，债权人也可以随时要求债务人履行义务，但应当给对方必要的准备时间；

3）履行地点不明确，给付货币的，在接受给付一方的所在地履行，其他标的在履行义务一方的所在地履行；

4）价款约定不明确的，按照国家规定的价格履行；没有国家规定价格的，参照市场价格或者同类物品的价格或者同类劳务的报酬标准履行。

从以上规定可以看出，在我国，合同的内容不明确的，首先按照合同有关条款确定（实际上是依当事人目的进行解释）；如果按照合同有关条款不能确定，就由当事人通过协商达成协议；只有在按照合同有关条款不能确定，当事人又不能通过协商达成协议时，才可以按照法律的规定进行解释。在国际工程中，应根据合同适用法律的解释原则对合同进行解释。

3. 习惯或惯例解释

在合同文字或对某一条款的含义发生歧义时，按照习惯或惯例的含义予以明确；在合同存在漏洞，致使合同双方的权利义务不明确时，参照习惯或惯例加以补充。但该习惯或惯例不能违反强制性的法律规范。

4. 诚实信用解释

即解释合同时各方应本着诚实信用的原则对合同进行解释。诚实信用是最基本的道德规则。同时也是世界各国民法公认的一项基本原则。我国和其他许多国家的法律上都有规定，合同的解释，应该遵守诚实信用的原则，如果签订的合同有漏洞需要补充，也应该依据诚实信用原则来进行补充。

（二）方法性规则

在具体实践中，根据解释对象的不同，合同双方争议问题属性的差异，而又涉及许多具体方法性解释规则。

1. 整体解释

将争议的问题合同文本的其他条款和构成部分看作一个统一的整体，从其相互关联和相互解释的关系中，确定各个条款在合同中所具有的正确含义。构成合同文本的条款和陈述，不论在合同中处于何种位置均是构成合同内容不可分割的组成部分，因此，合同条款应相互解释。如果出现条款间相互矛盾，而不能调和时，应依专门条款优于一般条款，主要条款优于次要条款，有效的条款优于合同无效的条款进行取舍。还应尊重合同双方明确规定的文件和条款的优先次序。

2. 公平合理解释

合同解释应兼顾合同双方利益。公平是市场活动最起码的道德规范，只要存在市场活动，就必然存在公平与不公平的道德评价。合同作为规范交易行为，维护交易安全的基本文件，对其解释应当体现公平原则。当合同所用文字、词句有两种以上解释时，一般作出不利于合同起草者的解释。

解释合同还应合理，符合社会经验，社会经验也就是为社会上大多数人所肯定或视为理所当然的事项。凡与社会经验不相符合的判断不能成立。

3. 合同漏洞应予以补充

如果在解释合同时，发现合同有漏洞存在，必须对漏洞进行补充。应根据合同双方的共同意图、合同性质、目的、合同签订过程等进行推定或加以补充。

4. 效益解释

解释合同时应力求解释的结果有利于交易成本降低而效益增大，有利于资源的配置与合理使用。在解释合同时，既要考虑当事人的利益，也要考虑社会利益，尤其是在合同效力的解释问题上，更要注重社会效益，大量的合同无效，使得社会交易成本上涨，市场运行效率下降，这既不利于当事人，也不利于社会。

例如，在法国民法典中就规定："如果一项条款可能有两种意思时，宁可以该条款可能产生某种效果的意思来解释该条款，而不以该条款不能产生任何效果的意思来解释该条款"，即合同的解释应有利于产生效益。

二、国际工程承包中常见问题的合同解释

（一）合同中出现错误或歧义

由于工程承包合同条款多、相关的文件多，其中错误、矛盾、二义性常常是难免的。不同语言之间的翻译、不同利益和立场的人员、来自不同国家的项目参与方常常会对同一合同条款产生不同的理解。一般地，承包商对合同的理解负责，即由于自己理解错误造成报价、施工方案错误由承包商负责。但业主作为合同文件的起草者，他应对合同文件所提供信息的正确性负责，如果出现错误，则应承担相应责任。对合同条款含义不明的情况，则应由工程师给出解释，但工程师的解释应遵循以下原则，这也是合同解释的通用性规则。这些规则在解释合同时，无优先次序。

1. 以字面解释为准

调解人、仲裁人或法官在解决合同问题时，都会按合同文字表示的意思解释合同。如果合同条款的文字含糊不清，或条款之间的含义相互矛盾时，则按照整体解释的原则，参考有关明示条款和默示条款，对该合同文字的通常含义作出合理解释。

2. 以明示条款为准

默示条款必须服从于明示条款，不能与明示条款相矛盾，更不能取而代之，只能在特定条件下对明示条款中的遗漏或歧义作适当的补充。因此，就算合同中的明示条款非常的苛刻或者明显倾向于合同某方，也只能就明示条款中的文字意思作出裁决。

有时，使用具体条款和笼统条款措辞，此时具体条款优先于笼统条款。

3. 以“主导语言”的合同文本为准

国际工程合同通用的语言为英语，但在某些国际工程项目中，使用了两种以上的语言编写合同。如果合同文件具有多种语言文本，不同语言的合同文本之间出现不一致时，应按合同所定义的“主导语言”的合同文本为准。

但我国的合同法规定，不同语言文本的合同中使用不一致的词句时，应当根据合同的目的予以解释。因此，在利用这条原则解释合同时，还需考虑适用法律的相关规定。

4. 依工程承包的惯例进行解释

工程承包合同中出现矛盾或歧义时，可以按工程管理的国际惯例或当地惯例解释合同。当两者出现矛盾时，首先应遵循当地惯例。如在工程领域有些名词在一定的地域、一定的专业范围内有特指的意义。这个意义应作为合同解释的支持，在这里不仅包括常用的技术术语，也包括一些非技术术语。因为它们是在特定的工程背景下被使用的，有一定的技术的或管理的规范支持。

例如合同中规定“楼地面必须是平整的”，这个平整不是绝对的水平和平整，而是在规范所允许的高低差别范围内的平整。为了避免这种语言理解的不一致的情况，在国际工程承包中，通过在合同中增加名词解释和定义，可减少双方理解上的不一致。

5. 承包商有责任对合同中出现的明显矛盾或错误向业主澄清

国际工程承包合同中，一般地都包含有要求承包商就实施过程中发现的合同缺陷通知业主的规定。按此规定，如果施工规范或图纸中出现明显的、常识性的错误，而承包商却按错施工，则工程师很可能会判断此错误是“一个有经验的承包商”能够判断的，并因此拒绝承包商的索赔。

那么，承包商是否能够识别出合同中的这些矛盾或错误，则可通过合同解释的其他原则得到回答。一般地，如果这种矛盾或错误必须花费一定时间和费用才能发现，则承包商不承担任何责任。

6. 从整体上解释合同

合同是一个整体，各个文件和条款是相互解释的。因此，解释合同时，要从整个合同的意图出发，将合同的各个条款放到整个合同的背景中去理解，而不能只抓住某一条、某一个文件断章取义。在合同的不同条款出现矛盾时，应从不同的理解中选择出符合整个合同意图的条款，作为主导条款，据此解释其他含义模糊的合同条款。另外，从整体上确定合同的意图时，要顾及合同签订前和签订后双方的书面文字及行为，是否是双方的真实意思表示。

7. 按合同文件的优先次序解释合同

合同是由一系列文件组成的，当各个文件之间出现了不一致时，应按照合同文件的优先次序来解释合同。例如，按照FIDIC1999版《施工合同条件》中的规定，合同文件的优先次序从高到低为：合同协议书、中标函、投标书、专用合同条件、通用合同条件、规范、图纸、工程量清单。另外，合同文本有许多变更文件，如备忘录、修正案、补充协议，则以时间最近的优先；文字说明优先于图示，工程说明、规范优先于图纸；经过双方同意并盖章的手写文字优于打印文字；数量的文字描述优先于阿拉伯数字描述（即大写优先于小写）。

8. 反意居先

当以上的解释规则都不适用，不能对合同作出合理的解释时，可以采用“反意居先原则”来解释合同，即以不利于合同起草方的原则解释。

大多数合同都是业主委托工程师来编制的，在合同的编制过程中，业主可能会要求工程师加入一些描述模糊或对自己有利的条款把风险转移给承包商。当因这些条款出现了合同纠纷时，仲裁员（或法官）会认为这是合同起草者的失误或是他有意设置的陷阱，从而作出对起草者不利的解释。在大多数国家的合同法中都会有类似的规定。

（二）合同未作出规定

在合同实施过程中经常会出现的一些合同中未明确规定，或未说明的特殊问题。这些情况属于合同缺陷。它们会影响工程施工和双方合同责任界限的划分，很容易引起争执。对它们的分析和解释通常仍在合同范围内进行。由于这一类问题在合同中未明确规定，其分析的依据通常以合同意义的拓广和采用工程管理的惯例解释未作规定的内容。

1. 合同意义的拓广

从合同的预期目的出发，通过整体地理解合同，再作推理，以得到问题的解答。

2. 工程管理惯例

在工程管理的国际惯例和当地惯例解释合同，即考虑在通常情况下，这一类问题的处理或解决方法。

目前采用比较多的EPC合同，由于施工图设计由EPC承包商完成，合同中对许多内容规定的比较模糊，甚至没有规定。需要承包商从工程项目所涉及的专业知识，识别业主的需求，确定其详细的合同工作范围。在EPC合同中，通常会设置一个条款，说明“合同的预期目的”。

（三）合同出现的法律问题

在工程承包合同的签订、实施或争端处理、索赔（反索赔）中，有时会遇到下列与法律有关的情况：

(1) 合同中约定的内容虽然为合同双方所认可，但这些内容违反法律规定，则这些内容的解释应视为无效。

(2) 工程项目施工合同签订以后，如果合同任一方发现该合同严重的损害了自己的利益，可以向法院申请要求该合同失效。法院一般裁定合同失效的情况为：

1) 签订者在签订时误解了合同的意图或对象，但该误解必须是重大的；

2) 如果合同一方不是出于自身的意愿来签订合同，而是由于对方非法的胁迫出于无奈才被迫签约；

3）如果一方有意的欺骗另一方，使其签订极其不利于另一方的合同，而这种不利的地位在签订合同时难以觉察，在实施合同时才显现出来。

第六节　索赔文件的编写

一、索赔通知书

索赔通知书标志着一项索赔的开始，提醒工程师注意正在发生的情况。索赔通知书一般在索赔事项发生后合同规定的时间内（如 28 天）内以书面形式向工程师发出。

索赔通知书没有必要也不可能非常详细。它只要简单说明遇到的情况，从总体上解释一下原因并声明自己的索赔意向就可以了。在发出索赔通知书以后，承包商应该根据合同规定的时间要求进一步向工程师提交中间索赔报告，说明该事项的最新发展情况，详细分析和计算累计索赔的延误时间和款额，以便工程师能够及时地、连续地、完全地掌握索赔事项的全部情况，并对索赔事件提出处理意见。

索赔通知书一般要简明扼要，内容包括事件发生时间、事件描述、对工程成本或工期将产生的不利影响、依据的合同条款、声明将保持现场记录和索赔意向等。

下面是一份索赔通知书格式的例子：

尊敬的先生：

工程实施期间，我们于×年×月×日遇到了下列不属于气候条件的不利自然条件[插入情况描述，包括受影响的工作部位]。

我们认为这是有经验的承包商根据招标文件、有关水文地质资料及通过标前现场调查所不能合理预料到的。这种不利自然条件将产生额外成本和工期延误。为此，我们特根据合同条件第 4 条的规定向你们发出此通知。

我们将保持尽可能详细的情况记录，或按你们的要求保持情况记录，以证实额外成本发生数及根据合同条款第 8 条的工期延长要求。

我们将把自己认为有权索取的补偿尽可能详细地列入到合同条件第 20.1 款所要求的定期索赔账单中。特此通知。

承包商：

×年×月×日

二、索赔报告的编写

（一）索赔报告的基本要求

索赔报告是承包商向工程师提交的要求业主给予一定经济补偿和（或）延长工期的正式报告。索赔报告必须证明：承包商的索赔权利，损失的金额和（或）时间，有关事项与损失之间的因果关系。

实践证明，索赔报告的好坏对索赔的解决有重大影响。一份不好的索赔报告，往往会使承包商在索赔中处于不利的地位和条件，使正当的索赔要求得不到应有的解决。因此，承包商在编写索赔报告时，要尽力做到使索赔报告充满说服力，逻辑性强，符合实际，论述准确。对于重大的索赔事项，最好在索赔专家或律师的指导下编写。

编写索赔报告应注意以下几个要点：

1. 索赔报告的准确性

索赔报告对事实的描述要准确，对索赔款额和（或）工期的计算要客观，证据资料要翔实可靠。索赔报告中的任何错误均会降低整个索赔的可信度。

对于客观事实的描述，应力求准确、清楚，不应有主观随意性，不应夸大其词；应该抓住事实的本质和关键，用词上要力求明确，不要使用模棱两可、含糊不清的词汇。

为了提高索赔报告可靠性和说服力，应在索赔报告中附上证据资料，如照片、现场记录、费用支出收据等等。

2. 责任界定清晰、明确

一般索赔报告中所针对的干扰事件如果都是由对方原因造成的，应将责任全部推给对方。不可用含糊的词和自我批评式的语言，否则将会丧失自己在索赔中的有利地位。

3. 索赔报告中需要说明的关键点

1）干扰事件的不可预见性和突然性。承包商必须证明干扰事件是一个有经验的承包商也无法合理预见并作出相应预防准备的，对它的发生承包商无法制止。

2）在干扰事件发生后承包商已立即将情况通知了工程师。听取并执行工程师的处理指令，或承包商为了避免和减轻干扰事件的影响已经尽了最大的努力，在索赔报告中可以叙述所采取的措施以及它们的效果。

3）由于干扰事件的影响，使承包商的施工过程受到严重干扰，造成费用增加和（或）工期延误。应强调干扰事件、工程受到的影响和索赔款额和（或）工期之间有直接的因果关系。

4）承包商的索赔要求有合同文件的支持，可以直接引用的合同条款尽量直接注明合同条款的编号。

强调这些关键点是为了使索赔理由更充分，使业主和仲裁人更易于接受承包商的索赔要求。

4. 用词委婉简练，论理透彻

索赔报告中的文字，一定要注意反复推敲，用词委婉有礼，避免使用强硬的、不友好的语言。如不宜用：

“你方严重违反合同条件，……，使我方受到严重损失，……”；

“你方如不在×月×日以前满足我方的合理要求，……，我方则将诉诸仲裁机关……”，等等。

宜用：

“……请求贵方作出公平合理的调整”；

“请考虑采用××合同条款的规定，对我方所承受的额外开支予以补偿……”，等等。

此外，索赔报告的编写者应该注意，把全部道理和论据都写入索赔报告，争取直接以全面的证据和科学的分析使对方信服，不要采取有所保留的做法。

5. 逐项论述，层次分明

索赔报告的结构通常采用“金字塔”的形式。在最开始的汇总部分用概括的、简明的语言说明索赔的事项、理由和要求的索赔款额和（或）延长的工期。在接下来的部分逐项地、较详细地论述事实和理由，展示具体的计价方法或计算公式，列出详细的费用清单，并附以必要的证据资料。

这种结构形式的索赔报告，层次分明，便于把握全貌。

（二）索赔报告的内容

索赔报告一般包括总论、合同引证、索赔款额计算、工期延长论证和证据五个部分

1. 总论

每份索赔报告的首页，应该是该索赔事项的一个综述。该部分字数不多，概要地叙述发生索赔事项的日期和过程，说明索赔方为了减轻该索赔事项造成的损失而做过的努力，索赔事项对索赔方在工程进行过程中增加的额外费用，以及自己的索赔要求。在上述论述之后最好附上索赔报告编写人、审核人的名单，注明各人的职称、职务及工程索赔经验，以表明该索赔报告的权威性和可信性。

总论部分应包括下述具体内容：

1）序言；

2）索赔事项概述；

3）具体索赔要求：工期延长天数，或索赔款额；

4）报告书编写及审核人员。

总论部分应简明扼要，对于较大的索赔事项，一般不超过5页篇幅。

2. 合同引证

合同引证部分是索赔报告的关键部分之一，目的是论述自己拥有的索赔权，这是索赔成立的基础。其主要依据是该工程项目的合同以及工程所在国的相关法律规定，说明自己理应得到经济补偿或工期延长，或二者均应获得。

对于重要的条款引证，如不利的自然条件或人为障碍、额外工程、特殊风险等，应在索赔报告中做详细的论证叙述，并引用有说服力的证据资料。因为这些方面经常会有不同的观点，对合同条款的含义有不同的解释，往往是国际工程索赔争论的焦点。

合同引证部分一般包括以下内容：

1）概述索赔事项的处理过程；

2）发出索赔通知书的时间；

3）引证索赔要求的合同条款，包括不利的自然条件、合同范围以外的工程、业主风险和特殊风险、工程变更指令、工期延长、合同价调整等；

4）指明所附的证据资料。

3. 索赔款额计算

索赔款额计算是具体论证合理的经济补偿款额，是以具体的计价方法和计算过程说明索赔方应得到的经济补偿款额。如果说合同论证部分的目的是确立索赔权，款额计算部分的任务则是决定应得的索赔款。前者是定性的，后者是定量的。

索赔款计价的主要组成部分包括由于索赔事项引起的额外开支的人工费、材料费、设备费、工地管理费、总部管理费、投资利息、税收、利润等等。每一项费用开支都应将相应的证据或单据附于索赔报告中。

款额计算部分在写法结构上，最好首先写出计价的结果，即列出索赔总款额汇总表，然后再分项地论述各组成部分的计算过程，并指出所依据的证据资料的名称和编号。

4. 工期延长论证

承包商在国际工程索赔报告中进行工期论证的目的，首先是为了获得工期的延长，以免承担误期损害赔偿费的经济损失。其次，他可能在此基础上，探索获得经济补偿的可能性。因为如果投入了更多的资源时，其就有权要求业主对他的附加开支进行补偿。

工期延长的计算方法在第三节中已有较为详细的叙述，此外，承包商在索赔报告中，应该对工期延长、实际工期、理论工期等工期的长短进行详细的论述，说明自己要求工期延长天数或加速施工款额的根据。在工期论证中，应明确划分以下几个不同的工期：

(1) 计划工期

计划工期是承包商在投标报价文件中申明的工期，即从正式开工日起至建成工程所需要的工程作业天数。多数情况下，承包商在报价书中的计划工期，就是业主在招标文件中所提出的工期。

(2) 实际工期

实际工期是在项目的进行过程中，由于多方面的干扰或工程变更，建成该项工程实际上所花费的天数。如果实际工期较计划工期长的原因不属于承包商的责任，则他有权得到相应的工期延长，即：

$$工期延长 = 实际工期 - 计划工期$$

如果工期延长的原因是由于工效降低，即实际的工作效率小于投标书中原定的工作效率时，则实际工期可按下式求得，即：

$$实际工期 = 计划工期 \times [1 + (原定效率 - 实际效率)/原定效率]$$

从上式可以看出，为了取得工期延长，承包商应该在自己的投标报价文件中列出各工种的工作效率，即完成单位工作所需要投入的资源，如 m^3/（马力·小时），或 t（吨）/（马力·小时）。

(3) 理论工期

理论工期是指较原计划延误了的工期。如果在工程中受到工效降低和工程量增加等诸多因素的影响，仍按照原定的工作效率进行，该工程项目的工期可能延误甚久。这个被延误了的工期被称为“理论工期”，即在工程量变化、工程作业受干扰的条件下，仍按原定效率而不采取加速施工措施时，在理论上所需要的总工程时间。在这种情况下，理论工期即是实际工期。

如果采取了加速施工措施，则实际工期的天数较理论工期的天数将显著地缩短。这个理论工期同实际工期之差，即缩短理论工期的天数，就是加速施工所挽回的工期天数。这个被挽回的天数，有时亦被称为“理论上的工期延长”，因此，在分析工期时可以说：加速施工所挽回的工期天数等于理论上的工期延长天数；或者说，加速施工的成绩使它挽回（克服）了理论上的工期延长。

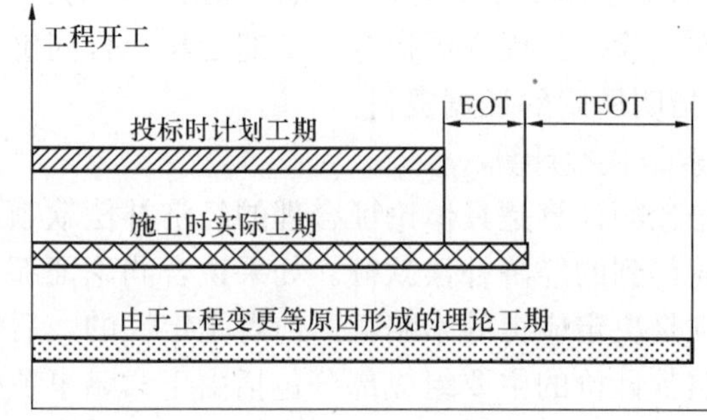

图 13-4 计划工期、理论工期和实际工期关系示意图

这三种工期之间的关系，如图 13-4 所示。

工期延长值 EOT = 施工时实际工期 − 投标时计划工期　(13-22)

理论工期延长值 TEOT=工程变更等原因形成的理论工期−施工时实际工期 (13-23)

5. 证据

证据部分通常以索赔报告附件的形式出现，它包括了该索赔事项所涉及的一切有关证据资料以及对这些证据的说明。

在国际工程索赔工作中可能用到的证据资料很多，主要包括以下几个方面的资料：

(1) 工程所在国政治经济资料

1) 重大新闻报导，如罢工、动乱、地震、飓风以及其他重大灾害等；

2) 重要经济政策，如税收决定、海关进出口规定、外币汇率调整、工资和物价的定期报刊、涉外经济法等；

3) 政府官员及工程主管部门领导人视察工地时的谈话记录；

4) 银行、报社、电视台代表参观工程时的谈话记录及新闻报导；

5) 国家气象台发布的天气和气温预报，尤其是异常天气状况的记述等。

(2) 施工现场记录报表

1) 现场施工日志；

2) 施工检查员的报告；

3) 业主和工程师的指令和来往信件；

4) 每日出勤的工人和设备报表；

5) 每日完工部分的验收记录；

6) 施工事故详细记录；

7) 施工现场会议记录；

8) 工地风、雨、温度、湿度记录；

9) 施工材料使用记录；

10) 同业主和工程师的谈话记录；

11) 施工质量检查记录；

12) 施工进度实况记录；

13) 施工图纸收发记录；

14) 出现索赔事项的详细记录或摄像；

15) 施工效率降低记录等。

(3) 工程项目财务报表

1) 施工进度款月报表及收款记录；

2) 索赔款月报表及收款记录；

3) 工人劳动计时卡及工资表；

4) 材料、设备及配件采购单；

5) 付款收据；

6) 收款单据；

7) 工程款及索赔款延期支付记录；

8) 拖付款利息报表；

9) 向分包商付款记录；

10）现金流动计划表；

11）会计日报表；

12）会计总账；

13）批准的财务报告；

14）会计来往信件及文件；

15）通用货币汇率变化等。

上列各项证据资料，并不是都要放入索赔报告的附件中，而是针对索赔中提到的开支项目，有选择、有目的地列入，并进行编号以便审核查对。

在引用每个证据时，要注意该证据的效力或可信程度。为此，对重要的证据资料最好附以文字说明或确认函件。例如，对一项重要的电话记录，仅有自己的证据资料是不够的，最好包括对方的签字确认；或附上发给对方的要求确认该电话记录的函件，即使对方当时未复函确认或予以修改，亦说明责任在对方，因为未复函确认或修改按惯例应理解为对方已默认。

除文字报表证据资料以外，对于重大的索赔事项，索赔方还应提供直观记录资料，如录像、摄影等证据资料。

复习思考题

1. 由于哪些原因，承包商可以向业主索赔？
2. 承包商进行索赔的依据都有哪些？
3. 共同延误下，判别承包商可以获得工期延长或经济补偿的原则是什么？
4. 常用的费用索赔计算方法有哪些？各自的使用条件是什么？
5. 施工索赔的一般程序是什么？
6. 承包商在进行索赔工作中应该注意哪些问题？

第十四章　国际工程付款与保证

本章首先介绍了国际工程常用的付款方式、付款的形式和付款类型，特别对信用证付款的方式进行了详细阐述。然后介绍了国际工程保证的两个形式，并详细阐述了银行保函的含义、作用、种类和办理程序等内容。本章最后介绍了国际工程中常用的几种保证。

第一节　国际工程付款方式和程序

一、国际工程承包中常用的付款方法

国际工程常用的付款方式包括以下几种方式：

汇款：是指银行根据汇款人或客户的委托，以一定的方式，通过其（作为付款行的）国外联行或代理行，将一定金额的货币支付给国外收款人或债权人的结算方法。

信用证：信用证是银行有条件的付款承诺。具体来讲，信用证是开证银行根据申请人的要求和指示，向受益人开立的，有一定金额的，在一定的期限内凭规定的单据，在指定的地点支付（即付款、承兑或议付汇票）的书面保证。

托收：债权人开立金融票据或商业票据或两者兼有，委托托收行通过其联行或代理行向债务人收取货款或劳务费用的结算方法。金融票据可以是汇票、本票、支票或付款收据；商业单据是商业发票、运输单据、所有权单据或其他的类似单据。

国际工程中，信用证和托收一般在承包商向国外供应商采购设备、材料和其他货物时采用，而业主对承包商的支付一般采用直接汇款方法，因为这种方法最简便，费用也最低。但是近年来，在某些国际总承包工程项目中，由于承包商承担了全部的设计、采购和施工，土木工程和设备工程紧密相关，越来越多的业主不仅将信用证运用到对设备的结算中，对土木工程部分的付款也采用了信用证方法。例如，我国某公司 2006 年签订的伊朗某项目建设合同，工程款支付方式为业主向我国公司开出全额不可撤销信用证。

汇款方式最常用也最简单，这里将不再赘述，本节后面将详细介绍国际工程中业主采用信用证对承包商支付项目款的方法。

二、国际工程付款方式

1. 定期支付

定期支付又称进度工程款结算，是根据工程的特点和合同的要求，确定一个支付周期（一般以一个月为周期），按每周期的工作量支付工程进度款的一种支付方式。

2. 里程碑支付

工程项目里程碑计划是指业主设定的控制工程项目进度的关键事件的完成时间。里程碑支付是指当工程项目达到某一个里程碑时，按照支付计划表中约定的百分比来支付工程进度款。这种付款形式适用于工程量大，且每个工种、工序或项目相对独立，界限容易划分的项目。

在总承包项目中，一般采用的是里程碑支付的形式。

3. 每月预支，竣工后一次性结算

建设项目的工期较短或工程承包合同价值较小时，可以实行工程款项每月预支，竣工后一次性结算的方式。对于小型的项目来说，这种方式是比较简单且容易操作的。

三、国际工程付款类型

1. 期中支付

如果工程采用的是按月支付，承包商应每月对已完工程量进行统计和计算，在每个月末向工程师提交报表，说明在该月有权获得的各项款项，并附上证明文件和月进度报告，依此作为期中支付的申请。报表和资料提交以后由工程师进行审查和批准，并开具期中支付证书，再由业主对承包商进行支付。如果工程采用的是里程碑付款，承包商在达到合同中所规定的里程碑目标后，向工程师提出申请，要求业主按照支付进度表中规定的百分比来支付进度款。

业主对承包商的支付金额应为截止到该月末（或里程碑）承包商已实施的工程的估算，扣除以前所有支付证书中已经证明的款额，支付或扣回预付款，支付或扣减生产设备和材料款额，扣除或退还保留金，以及因工程变更和索赔相应的增加或减少款额。

（1）预付款

由于工程耗资大，在项目开工阶段，承包商需要大笔资金来启动项目。为了改善承包商前期的现金流，帮助承包商顺利开工，业主一般都会向承包商支付一笔无息贷款作为预付款，用于承包商启动项目。

通常在投标书附录中对预付款的幅度、分期付款的次数、支付时间以及支付货币和货币比例作出明确的规定，工程师在向承包商签发第一笔预付款支付证书前，承包商必须提交履约保证和金额与货币类型等同的预付款保证，并且双方已经签署合同。

1）预付款的额度

根据工程类型、合同工期、施工方式和供应体制等不同的条件，一般施工类型的合同是合同总价的10%，如果合同中的机电设备采购量大则可能达到15%～20%，甚至更高。

2）预付款的扣回

预付款扣回的方式是在承包商完成的工程价值累计达到合同总价的一定比例（超过预付款额度）后，由承包商开始向业主方还款，业主按每次付款额的某个百分比在期中支付证书中扣减，在合同规定的竣工日期以前预付款将被全部扣回。预付款保函或担保在承包商归还全部预付款以前，应保证一直有效并能够被执行兑现，额度应随着预付款的逐步扣回而相应递减。

（2）生产设备和材料款

一般地，只有当购买的生产设备和材料被安装和使用，形成永久工程并经验收后，业主才向承包商支付生产设备和材料款。如果是这样，承包商势必垫付大量资金，导致流动资金困难，经营成本上升。因此，对于有些生产设备和材料，业主会预支大部分款额以缓解承包商资金的压力，生产设备和材料款的预支额度一般为实际费用（包括运费）的80%。可以获得预支款额的这部分生产设备和材料清单将会在投标书附录中作出规定，对其他的生产设备和材料，承包商将不会获得业主的预支款额。

业主对生产设备和材料预支款额根据支付时间的不同可以分为两类：

1）装运后付费，此时生产设备和材料应已运抵工程所在国；

2）现场交付时付费，只有当这类材料和生产设备已运至现场并被妥善保管，承包商才能得到生产设备和材料的预支金额。

承包商在申请这类款额时，应该准备好生产设备和材料的订单、收据等记录供工程师审查，并提交购买生产设备、材料费用报表。如属于第1）种付款方式，还应该提交正在运往现场的证据，这类证据通常是装船的清洁提单或其他证明，除此之外还应该提交与这些生产设备和材料价值相当的保函，直到生产设备和材料运达现场并妥善保管为止，保函都将保持有效。

这些生产设备和材料在成为工程的一部分后，其费用将列入期中付款证书中支付给承包商，同时预支的这部分款额将在期中支付证书中予以扣回。

（3）保留金的支付

在颁发整个工程的接收证书后，工程师应开具证书，将保留金的前一半支付给承包商。如果工程分段移交，则按投标书附录中规定的相应比例进行支付。

在缺陷通知期期满后，业主应将后一半的保留金支付给承包商，但是如果承包商没有完成合同规定的修补缺陷的工作或规定的其他工作，工程师有权扣留相应数额的保留金。

（4）索赔额

如果工程师已经批准了承包商的索赔，将在期中支付证书中增加相应的已经批准的索赔额。同样的，如果业主向承包商提出索赔并经工程师认可，支付证书中将对该索赔额进行扣减。

如果业主没有在合同规定的时间内对承包商进行支付，他应该就未付款的金额向承包商支付延误期间的融资费。融资费从合同规定的应付款的日期开始计算，按月计取复利，利率应高于支付货币所在国中央银行的贴现率（一般采用高于此贴现率3%的年利率），以同样的货币支付，也可以使用银行同业拆息率。

2. 竣工支付

承包商在收到工程接收证书后应向工程师提交竣工报表，包括下面三项内容：

1）截至接收证书上载明的日期，按照合同已完成的工作的价值；

2）承包商认为到期应支付的其他金额；

3）承包商认为根据合同规定将应付给他所有款项的估算额。

业主应该按照期中支付的程序向承包商支付。承包商认为到期应支付的其他金额应包括：应得到支付的保留金数额的一半；应扣除的误期损害赔偿费（如果有）；至工程完工尚未支付的索赔款等款项。

竣工报表中应列出所有至工程完工为止，尚未得到支付的款项。如果竣工报表中未列出这些款项，即使承包商将其列入最终报表，也无法得到业主的付款。

3. 最终支付

承包商在收到工程师颁发的履约证书后，应向工程师提交最终报表草案来申请最终支付证书，在该草案中，承包商应该说明其按照合同完成的工程的价值，以及到目前为止业主还应支付给承包商的款额，包括未退还的另一半保留金，缺陷通知期内发生的业主应向承包商支付的款项以及其他业主尚未支付的款项。

在提交该草案并与业主进行谈判达到一致后，承包商提交正式的最终报表，同时附上一份结清单。工程师就该款额颁发最终支付证书，由业主对承包商进行支付。当业主作出支付后，具有法律效力的结清单生效，双方的合同财务关系就此结束。

四、国际工程信用证付款

（一）信用证付款条件下对合同支付条款的相应修改

对采用信用证付款方式支付工程价款的合同，需要在合同中以及在构成合同的与信用证付款相关的其他文件中作出对付款方式的规定。一般需要对合同支付条款作出以下补充和修改：

1. 信用证的类别

一般采用跟单信用证，只有在承包商提交了议付单据（Negotiable Document）后才能付款。须提交的议付单据类别及内容在构成合同一部分的付款计划表（the Schedule of Payment）中应作出明确规定。

2. 跟单信用证性质

如不可撤销的、议付的、即期的等，都是指信用证的性质。国际工程承包中最常用的信用证为议付不可撤销的即期跟单信用证。同时为保证遵循国际惯例，规定信用证使用的术语必须与国际商会的《跟单信用证统一惯例》－UCP600一致。还须说明是一个信用证还是多个。在多个的情况下，须说明各信用证用于支付的具体分项内容。

3. 跟单信用证的开证行和付款行

注明跟单信用证的开证行和付款行，包括名称、地址和国籍等。

4. 跟单信用证的议付行和通知行

注明跟单信用证的议付行和通知行，包括名称、地址和国籍等，议付行和通知行也可以是同一家银行。

5. 信用证的有效期

由于承包商每月末（或按里程碑事件）向业主提交付款申请，且业主对付款申请有一定的审核期，此外，还应考虑单据的传输时间。因此，信用证应有足够长的有效期。为保证及时支付，还应对审核期作出明确限制。

6. 信用证的费用

信用证的费用是指由谁承担银行协助双方进行结算所产生的银行费用，包括信用证开立和生效可能产生的费用。一般来讲，与向承包商付款有关的全部银行费用，包括开立和执行信用证的费用，均应由开证人即业主承担。

（二）信用证付款条件

信用证是依据合同开立的，其内容应与合同中的条款约定相一致。但在实际操作中，由于种种原因，常出现合同规定与信用证不符的情形，因此必须认真审核两者的一致性。

在FIDIC《生产设备和设计施工合同条件》（“新黄皮书”）下的信用证，由于合同类型属于总价合同（实际操作中，经常是将设备供应、设计服务、试运等采用固定总价结算，而土建安装部分则采用固定单价按实际完成的工程量进行结算），在支付时可以按每月付款或按里程碑分期付款，也可以是两者的结合，故须在合同的付款计划表中对此作出明确规定，并在信用证中也应作出与付款计划表相一致的规定。一般地，信用证需要包括下列内容：

1）申请人（业主）、受益人（承包商）和工程师名称和地址。FIDIC“新黄皮书”中包括了工程师角色，与信用证支付条件相关的各类单据大部分是工程师签发的，因此，信用证中除注明申请人（业主）和受益人（承包商）外，还须注明工程师的名称和地址。如发生中途更换工程师的情况，则应及时修改信用证，否则将造成单证不符。

2）信用证的类别。如是否可撤销等。

3）信用证的有效期、规定的交单日期。

4）信用证的金额。审证时，应特别注意大小写的一致性，包括小数位上的数字。

5）付款方式。指即期的，还是远期的，是否可分割等。

6）付款条件。承诺一旦收到议付行验证过的电传或密押的 SWIFT 代码，证实所提交的单据完全符合信用证的条款和条件，将在收到索偿要求后合理时间（如某工程规定 3 个纽约工作日内付款）内按照信用证规定付款。另外，规定受益人必须提交信用证所规定的合格单据，如汇票、产地证、质量合格证、商业发票、提单和保单的要求。如果信用证下的款额用于不同分项的支付，则在信用证中应规定具体的分项名称和金额及须提交的对应单据。

如工程总承包合同中关于设计服务，可做这样的规定："提供设计服务的费用总额最高为________，在提交下列单据后即期支付：工程师颁发的设计证书，该证书证明工程师已批准受益人的设计和应向受益人支付的金额。"此项支付的单据就是工程师颁发的设计证书。

7）在工程总承包项目中，通常采用分项分期付款方式。分项是指将总承包合同款额分成多个独立项，并在信用证中列明每个独立项的最大付款金额。对总承包项目可划分为设计服务、生产设备提供、完成整个工程或区段、通过竣工后试验、提供培训服务、提供试运行和管理服务、现场工作、港口清关和内陆运输、保留金的付还等九项，其中的生产设备和现场工作均是根据期中付款证书分期支付。

8）货物和服务的描述。由于是总承包合同，因此应对总承包合同涉及的主要方面进行说明，如"工厂的设计、供应、施工和试运"。同时还应说明出口港和到货港（是否包括空港），是否允许分批装运和付款，是否允许转运，是否允许甲板货，是否允许空运等。

9）信用证专用条件。是指针对具体项目在信用证中所做的约定，可能包括：银行费用由申请人（业主）承担；受益人（总承包商）办理保险；运输单据和航运单据须注明费用已付和标明收件人和到货通知人；各类单据提交的方式（如特快专递）和时间期限（如在期中付款证书签发后的 70 天内提交相应提单）；议付地点等等。

（三）总承包项目信用证付款常见问题及对策

一项调查表明，约有 60%～70%信用证交易在第一次交单时，因单据不符而遭拒付；在所有信用证交易中，由于单证不符引起的纠纷占 50%以上。因此，对外承包企业要想及时获得工程付款，就必须认真审证，并提交合格单据。对总承包合同的付款常见问题分析如下：

1. 单证不符

在采用 FIDIC"新黄皮书"的总承包项目中，单证不符的情况可以分为两种情况：一是材料和生产设备供货；一是土木工程和服务。前者需要总承包商提供各类装运提单和担保（如预付款担保），但由于涉及材料和设备的单据是由来自不同国家的供应商提供，总承包商的采购部门在单据管理上稍有疏忽，就可能导致单证不符。而后者相对简单些，用于信用证支付的单证主要是工程师针对总包商完成的土木工程部分和相应服务签发的付款证书，议付行以此为凭付款。

对材料和设备供应付款，其所需单据由受益人（总承包商或供应商）或国内机构签发，一般能保证出口单据的及时性和完整性，能够维护受益人的权利。在总承包项目的信用证付款中，总承包商要想拿到付款，还需同时提交工程师签发的材料和设备付款证书，由于此证书为开证申请人（业主）所雇用的工程师签发，极容易造成迟交单据，单据不完整，甚至单证不符的情况，使总承包商的权益受损。

对土木工程或服务的付款，单据是由代表业主利益的工程师签发，所以总承包商应认真审核工程师签发的各类付款证书的及时性和完整性。以免因单证不符，无法及时获得工程付款。

2. 合同与单证不符

在采用信用证付款方式中，买卖双方的合同又称为基础合同。信用证与基础合同的关系是信用证源于基础合同，但独立于基础合同而存在。“独立”是因为只要卖方提交了相符的单据，开证行就必须付款。“源于”是因为双方总是经过一系列的商务谈判，先就合同内容达成一致签订合同，再开出信用证。而开证申请人往往在开立信用证时，加入与合同规定不符的“软条款”。因此在审证时，除审核合同金额与信用证金额的一致性外，还要审核其他不符点。并及时要求买方改证，否则将无法及时获得付款，导致严重损失。

另外一种情况，合同与单证的不符是由于后期改证造成的，即开出的信用证与合同内容相符，但因某些原因造成执行困难，经双方协商仅修改了信用证条款（未修改合同条款），或仅修改合同条款（未修改信用证条款），造成合同与单证不符。对这种情况，须注意到信用证的“独立性”，信用证条款优先于合同条款。在修改信用证条款时，应注意是否会影响到合同中的其他条款的有效性和可执行性以及双方的权利与义务，同时要注意及时主张自己的合同权利。下面案例可以作为引鉴。

【案例 14-1】 某中方公司与某国外公司签订一采购合同，支付方式为 100%不可撤销即期信用证，后因卖方原因无法按时交货，经双方协商一致，将信用证中的交货期从 1996 年 4 月 20 日修改为 1996 年 7 月 15 前交货。卖方于 1996 年 7 月 13 日将合同项下货物实际装运，交付买方。买方在收到货物后以卖方延迟交货为由，要求卖方依据合同第 15 条迟交货罚款的规定支付迟交货罚款 6000 美元，并赔偿买方因迟交货对其下家违约而支付的违约金损失人民币 18 万元及有关的改证费损失人民币 2 万元。而卖方认为，卖方依据买方修改后的信用证所规定的交货期如期交付了货物，卖方并未延迟交货。合同原交货期现已由于信用证的修改而被予以展延，卖方在合同的履行中并未违约。双方遂提请仲裁。

中国国际经济贸易仲裁委员会仲裁厅认为对信用证交货期等主要条款的修改，即视为对基础合同有关规定的修改。卖方应按照信用证修改后的交货期交付货物。当事人在协商修改信用证时可以附条件修改，也可以无条件同意修改。如果当事人一方提出以对方作出某些补偿作为其修改信用证的条件，或直接明示保留其就有关损失依据合同规定索赔的权利，该方当事人仍有权向对方索赔。否则，将被视为放弃了就有关损失向对方索赔的权利。本案双方当事人提供的证据材料及庭审中查明的事实表明，买方在修改信用证时或之前未就延期交货一事向卖方提出过任何索赔，也未就此声明保留其索赔的权利。因此，申请人（买方）已丧失依据原合同规定就延迟交货向被申请人（卖方）索赔的权利。被申请人在经双方同意修改后的信用证规定期限内交付货物，已履行了按期交货的义务，其行为并未构成违约。鉴于此，仲裁庭驳回了申请人的所有仲裁请求。

3. 合同内各文件关于信用证付款的规定不一致

根据 FIDIC“新黄皮书”的组成文件，涉及付款的文件包括通用合同条件第 14 条、专用合同条件第 14 条、付款计划表以及投标书附录。在采用信用证付款方式时，关于合同条件的修改内容本节前面已述及，在此不再赘述，付款计划表需要就信用证的分期支付的具体内容及相应金额作出规定，而投标书附录主要是规定对哪些材料和设备进行提前付款。总承包商在签订合同时，应仔细审核上述三个文件在内容上的一致性和完整性。同时，在审证时，需要对比上述三个文件的具体规定仔细审证。

第二节　国际工程保证

一、国际工程保证的两种形式

工程保证（Security）是指工程合同双方当事人为了保证所签订的工程合同的切实履行，经过协商一致而采取的促使一方履行义务，满足他方权利实现的一种法律手段。一般根据保证人主体的不同可以划分成两种形式，由银行充当保证人出具的银行保函（Bank Guarantee）或由担保公司充当保证人开具的担保（Bond）。

银行保函是银行向受益人签发的信用证明。若申请人因故违约，银行将付给受益人一定数额的赔偿金。担保一般是由担保公司、保险公司或信托公司开出的保函，担保公司要保证整个合同的忠实履行，一旦被担保人违约，担保公司应支付给受益人赔偿金或代替申请人根据原合同要求完成合同。

银行出具的保函和担保公司开具的担保两者之间在业务范围、条件、手续、程度、收费上均有所不同。

二、银行保函

（一）银行保函的含义及作用

银行保函是指银行（保证人）应申请人的请求，向第三方（受益人）开立的一种书面信用保证凭证。保证在申请人未能按双方协议履行其责任或义务时，由担保人代其履行一定金额、一定期限范围内的某种支付责任或经济赔偿责任。

银行保函在国际工程中的作用有很多，主要包括以下内容：

1. 提供担保

即在申请人违约时给予受益人以资金上的补偿。银行一旦同意开立保函，它就为申请人承担了对受益人的一切义务。如果银行支付了保函的款项，它就取得了对申请人的立即追索权。

2. 见索即付保函的清偿功能

受益人认为申请人违约时，通过提交与保函要求表面一致的单据，就可以得到支付，而无须证明申请人的违约。见索即付保函的另外一个非常重要的作用是，使受益人通过实现担保对申请人施加压力，使申请人按照他的要求完成合同。

3. 融资工具

在业主需要扣留承包商的保留金时，银行保函可以作为替代品，使承包商提前获得保留金，从而向承包商提供了融资的便利。

4. 证明作用

保函可以证明申请人的履约能力，因为提供保函就意味着不可撤销的付款承诺，所以，银行在开具保函之前，一定会对申请人的资金状况和资信情况作出详细的调查，如果可以拿到保函，从某种角度上来说，申请人是一个值得信赖的合作伙伴。

（二）银行保函的种类

银行保函的种类可以根据是否能够"见索即付"分为有条件的银行保函和无条件的银行保函。

1. 无条件的银行保函

无条件的银行保函，也叫"首次要求即付"保函，就是当业主凭保函向银行索偿时，银行不再征询承包商意见即立刻兑现。这种保函在索偿兑现前完全剥夺了承包商的申辩的权力，是所有银行保函中潜在风险最大的一种保函。因为业主持此种保函如果向银行声明承包商违约，且其索偿金额在保函金额之内，索偿日期也未超过保函的有效期，则银行就有义务接受业主的要求付款。可以说这种保函的提款完全掌握在业主手中，保函兑现无需事先取得承包商的同意，担保银行也无权以承包商实际上未违约而拒绝付款。虽然事后可通过仲裁等方法，争取索回被提取的款项及由此而造成的一切损失，但往往会遇到一系列困难而拖延，甚至毫无结果。

但"无条件保函"也并非是完全无条件的，在国际工程实践中不难发现，保函是无条件的，但是索赔保函是有条件的。一般情况下，银行在开具保函前，会要求被保证人（承包商）提供现金或实物抵押并签署相应的协议，规定一旦索赔事项发生，被保证人必须全额补偿银行因保函索赔所发生的损失。不难看出，虽然保函在形式上是银行向受益人（业主）提供的保证，是银行与业主之间的一种相对独立的契约，但其实质却是合同一方（承包商）通过第三方（银行）向合同另一方（业主）提供的履行合约的保证，因此保函与合同本身密不可分，不仅保函提交的时间、方式及格式受到合同的约束，而且其索赔机制也为合同中明示的或隐含的条款所规定。换句话说，保函本身可以是无条件的，但索赔保函却是有条件的。条件是：承包商实质性违约并给业主造成损失。

例如，FIDIC99 版《施工合同条件》第 4.2 款（履约担保）则明确规定索赔履约保函的条件为：

1）承包商未能按合同规定延长保函的有效期；

2）承包商未能在 42 天内向业主支付应付款项；

3）承包商在收到业主通知后 42 天内未能修补缺陷；

4）业主有权终止合同的情况发生。

为了防止业主滥用权力，在不符合规定条件的情况下索赔保函，《施工合同条件》规定，"在业主无权索赔的情况下，业主应保障承包商免于遭受因索赔履约保函引起的一切损害、损失和花费（包括法律费用和开支）。"

银行保函的明确限制条件为：

1）索赔金额的限制——必须在保函金额的限度内；

2）索赔条件限制——业主必须声明承包商未能履约或违背合同规定的责任和义务；

3）索赔时间限制——必须在保函金额支付完毕之前。

银行保函隐含的条件则为承包商未能履约或违背合同规定的责任和义务，否则，业主的索赔行为就可能构成误述或欺诈，除了承担相应的合同责任外，还应承担相应法律责任。

2. 有条件的银行保函

此类银行保函与无条件的银行保函的区别在于：不是“首次要求”即可以支付，而是规定对保函受益人在索偿兑现时有某些限制条件，比如：业主在索偿时应提供有关工程师或独立第三方出具的确定承包商违约的证明材料；或索偿与支付之间应有一定的间隔时间，以便承包商对其违约采取补救措施，与业主协商解决争端；或是在业主索偿时，规定先将保函所保证的金额交给第三方，待业主与承包商争端解决后交付给业主等。由于各种限制条件的存在，对承包商保护自身利益，防止业主无理提款而遭受无端损失起到了保护作用。相对于无条件保函而言，有条件保函的索偿支付不是即时的，而是根据按价索偿的原则进行，从而能够更好地保护承包商的利益。

（三）开具银行保函应注意的问题

银行保函的条款直接影响到承包商的切身利益，因为银行保函是项目顺利履行的必要条件之一，也是业主付款的前提条件，因此，承包商应该充分估计保函可能带来的风险。在向银行申请开具银行保函时应注意以下事项：

1. 对招标文件及其中的保函条款进行认真研究

招标文件和合同是开立银行保函的依据，在国际工程项目中，参加投标意味着接受招标文件的规定，因此承包商开具的银行保函应该符合招标文件中对于有关保函的规定，否则有可能导致投标书被拒绝。

2. 选择开立银行

承包商应尽量选择我国的银行来承担开立银行保函的业务。但在国际工程承包中，业主常在招标文件中对开立保函的银行资格作出限制，如必须是工程所在国当地银行。由于我国银行与当地银行没有业务往来，需要我国银行首先开具保函给当地银行，再由当地行开给业主，但需要向这两家银行都缴纳手续费和保函费。因此，在这种情况下，尽可能劝说业主直接接受我国银行开具的保函，以降低保函费用。

3. 尽可能拒绝“可转让”的保函

银行保函所保证的责任应限于承包商和业主之间。一般保函是不可以转让的。但如果业主出于融资等需要，要求保函是可转让的，或合同规定合同本身的权益是可以转让的，则与此合同有关的保函就有可能被转让。这样的保函风险很大，对承包商是很不利的，应尽量避免这类保函。如果业主的资信情况较好，或该条款不能避免时，应在总价中考虑“可转让”条款的风险。

4. 选择银行保函的币种

银行保函是合同的重要组成部分，其币种应与合同的币种一致。

5. 对无条件银行保函的应对策略

无条件银行保函对于承包商比较不利，如果招标文件已经规定了采用这种形式的保函，承包商可以采用以下策略降低风险：

1）在书面索偿和付款之间尽可能规定一定的时间间隔，以利于银行通知承包商，承包商可以利用这个间隔，及时地与业主谈判，在银行付款之前解决双方争端；

2）承包商可向保险公司就保函风险投保，并将保险费加进风险费中。

三、国际工程中常用的几种保证

在国际工程承包中常用的保证形式有以下几种：

1. 投标保证

投标保证是保证人向受益人（业主）承诺，当申请人（投标人）不履行其投标所产生的义务时，保证人应在规定的金额限度内向受益人付款。投标保证主要保证投标人在规定的投标有效期内不得撤回投标书，不得拒绝接受对其投标书中错误的更正。一旦中标，要按照招标文件的规定在一定的日期内与业主签订协议并提交履约保证。投标保证的有效期一般为投标有效期（或加上延长期）后的 28 天。投标保证的格式应采用招标文件中规定的格式或业主批准的格式，可以是保付支票、信用证或银行保函。投标保证如果采用的是银行保函，金额一般为投标总额的 1%～3%。

若投标人有违约行为发生，业主有权没收投标人提交的投标保证。如果投标人没有发生违约行为，在宣布中标后，中标人的投标保证将在提交履约保证后退回，而未中标人的投标保证应在投标人签订合同并提交履约保证后尽快退回，最迟不应超过投标有效期满后的 28 天。

2. 履约保证

履约保证是指保证人承诺，如果申请人（承包商）不履行他与受益人（业主）之间订立的合同时，应由保证人在约定金额限度内向受益人付款。履约保证用来保证承包商忠实地履行承包合同，按照合同的约定完成所承包的工程。

中标人应按合同规定在收到中标通知后的一段时间（一般为 28 天）内，向业主提交一份履约保证。履约保证的格式可采用招标文件中所附的格式和业主同意的其他格式。提供履约保函的银行或提供履约担保的公司须经业主同意。如果中标人未能按业主的规定提交履约保证，业主有权取消其中标资格，没收其投标保证金，而考虑与另一投标者签订合同或重新招标。一旦工程师向承包商颁发履约证书，则应在合同规定的时间内退还履约保证。

各国际组织和各国采用履约保证的形式有所不同，美洲习惯采用履约担保，欧洲则多采用银行保函，亚洲开发银行规定了只能采用履约保函，而世界银行贷款项目两者都可以使用，由业主进行自由选择。

在国际承包工程项目的实施过程中，如果采用履约保函的形式，业主一般都要求承包商通过担保人提交无条件银行保函。对此，国际咨询工程师联合会（FIDIC）与世界银行等国际金融机构之间存在某些认识上的差异。考虑到保函在合同中的意义、作用、无条件保函的或有风险可能导致的工程成本增加，以及保函索赔可能对合同当事方进而对工程项目的建设进程产生的影响，FIDIC 一向主张：（1）履约保证可以是银行保函，也可以是非金融机构出具的担保（担保的金额可高于银行保函）；（2）保函应是有条件的，即业主在索赔保函的同时，应出具承包商违约的证据，甚至是合同中约定的裁决/仲裁机构的裁决书；（3）保函应受国际商会保函统一规则的约束等等。

以世界银行为代表的国际金融机构从维护投资方及业主利益出发，则倾向于采用无条件银行保函。一些由政府机构出资的项目，业主更是将无条件保函作为承包商履约保证的一项基本要求。可以预见，随着国际金融机构资助项目的领域和地域范围的不断扩大，无条件保函的应用也将越来越普遍。

如果履约保证采用担保形式，担保公司要保证整个工程项目合同的忠实履行。一旦承包商违约，业主在要求担保公司承担责任以前，必须证实承包商确已违约。这时担保公司可采取以下措施之一：

1）根据原合同要求完成合同；

2）为了按原合同条件完成合同，可以另选承包商与业主签订合同完成此工程，在原定合同价以外所增加的费用由担保公司承担，但不能超过规定的担保金额；

3）按业主要求支付给业主款额，用以完成原合同，但款额不超过规定的担保金额。

3. 预付款保证

预付款保证是承包商通过银行向业主开具的担保承包商按合同规定偿还业主预付的工程款的保函或担保。担保人向业主开具预付款保函后，业主才能根据合同规定，将预付款支付给给承包商，以便中标的承包商购买开工所需的有关设备材料等。其责任主要是承包商应在规定的期限内偿还预付款。预付款保函的期限由双方共同商定。预付款一般逐月按工程进度从工程支付款中扣还，而预付款保函的金额将逐月减少，开具保函时应注意写明当承包商在规定的时间内还清预付款项后，保函自动失效。

4. 保留金保证

工程师在签发接收证书后，承包商可以用保留金保函替换剩余的保留金，但事先要取得业主的批准，保留金保函的格式和开具保函的机构也应该得到业主的同意。保留金保函的金额应与剩余保留金的额度相同，并保持在工程全部竣工和缺陷修复以前一直有效。业主在收到此保函后，应向承包商支付剩余保留金。在颁发履约证书后，保留金保函将被退还给承包商。

FIDIC2006 版《施工合同条件》多边开发银行协调版（MDB Harmonized Edition）中关于保留金保证的规定为：如果履约保证是无条件保函，并且在签发接收证书时，保函的金额比保留金的后一半还要多，则不需要另外开具保留金保函。如果履约保函的金额在签发接收证书时少于保留金保函的后一半，则需要另外开具保留金保函，但保函的金额为保留金的后一半金额和履约保函金额的差额。

复习思考题

1. 国际工程常用的付款方式有哪些？
2. 国际工程付款的类型有哪些？其各自的用途有哪些？
3. 采用信用证付款时，应对合同的支付条款做哪些修改？
4. 银行保函的作用和类型有哪些？请简述办理保函的程序以及应注意的问题。
5. 国际工程中常用的保证有哪些？每种保函的作用是什么？

附录一　世界银行建设项目资格预审申请书表格[1]

申请书递交函

日期：________________

资格预审编号：__________

竞争性招标编号：________

致：__________________

我们，下面的签字人，申请参加本国际竞争性招标（ICB）的资格预审，声明如下：

(a) 我们审阅了本资格预审文件并对其毫无保留，包括根据 ITA8 条发出的补遗：__________________；

(b) 我们，包括本资格预审下的合同任何部分的分包商和供应商，均具有 ITA4.2 条规定的合格国家的国籍：__________________________；

(c) 我们，包括本资格预审下的合同任何部分的分包商和供应商，均没有 ITA4.4 条规定的利益冲突；

(d) 根据 ITA4.5 和 4.8 条规定，我们，包括本资格预审下的合同的任何部分的分包商和供应商，均没有被世行宣布为不合格，或者被业主国的法律或官方法规宣布为不合格，或者为遵守联合国安理会的决议而被宣布为不合格；

(e) 我们不是政府拥有的实体。并且，如果我们是政府所拥有的实体，我们能满足 ITA4.6 条的规定；

(f) 根据 ITA24.1 条规定，我们计划将下述主要活动和/或部分工程进行分包：

____

(g) 我们声明我们为本资格预审已支付或将支付的代理费、佣金或服务费如下表所列；

收费人名称	地　址	原　因	金　额

（如果没有，则填"无"）

(h) 根据 ITA26 条的规定，我们理解你方在任何时候都可以取消本次资格预审，你

---

[1] 英文资料详见 http：//www.worldbank.org

方将不一定要接受所收到的任何申请书，或不一定要邀请通过资格预审的申请人为本资格预审下的合同投标，你方不因为本资格预审而对申请人产生任何义务。

签字：________________________

姓名：__________职位：__________

被授权代表________________签署本申请书

申请人法定名称：________________

地址：________________________

日期：_____年_____月_____日

____

申请人信息表 **表 1**

日期：［填入年、月、日］

IFP 编号：［填入资格预审邀请书编号］

ICB 编号：［填入国际竞争性招标编号］

页码：［填入总页数］页的第［填入页码］页

申请人信息
申请人的法定名称： _______［填入法名的全称］_______
如果为联营体，联营体各方的法定名称： _______［填入联营体每一方的法名全称］_______
申请人实际所在或拟在国家： _______［填入机构所在国家的名称］_______
申请人实际或拟将组成年度： _______［填入组成年度］_______
申请人在组建国家的法定地址： _______［填入街区/门牌号码/城市/国家］_______
申请人授权代表的信息： 名称：_______［填入法名的全称］_______ 地址：_______［填入街区/门牌号码/城市/国家］_______ 电话/传真号码：［填入电话/传真号码，包括国家和地区区号］ E-mail 地址：_______［填入电子邮件地址］_______
随附下列原件的复印件： 根据申请人须知（ITA）的 4.1 和 4.2，随附公司章程或组成上述法律实体的文件。 根据申请人须知的 4.1，在联营体情况下，组成联营体的意向书或联营体协议书。 为遵守申请人须知的 4.7，对于政府拥有的实体，应提交上述第 1 项未包括的文件。

ITA24.2 要求的每一联营体成员及分包商信息表 **表 2**

日期：[填入年、月、日]

IFP 编号：[填入资格预审邀请书编号]

ICB 编号：[填入国际竞争性招标编号]

页码：[填入总页数] 页的第 [填入页码] 页

申请人法定名称： ________ [填入申请人的全称] ________
联营体各方/分包商的法定名称： ________ [填入联营体各方或分包商的全称] ________
联营体各方/分包商的注册国家： ________ [说明注册国家] ________
联营体各方/分包商的组成年度： ________ [填入组成年度] ________
联营体各方/分包商的法定地址： ________ [填入街区/门牌号码/城市/国家] ________
授权代表联营体的一方信息： 名称：________ [填入法定名称的全称] ________ 地址：________ [填入街区/门牌号码/城市/国家] ________ 电话/传真号码：[填入电话/传真号码，包括国家和地区区号] E-mail 地址：________ [填入电子邮件地址] ________
随附下列原件的复印件： 根据申请人须知（ITA）的 4.1 和 4.2，随附公司章程或组成上述法律实体的文件。 为遵守申请人须知的 4.7，对于政府拥有的实体，应提交上述第 1 项未包括的文件。

未履约的历史合同表　　表3

申请人法定名称：[填入全称]　　日期：[填入年、月、日]

联营体各方的名称：[填入全称]　　IFP编号：[填入资格预审邀请书编号]

ICB编号：[填入国际竞争性招标编号]

页码：[填入总页数] 页的第 [填入页码] 页

<table>
<tr><td colspan="4">根据第三章审核标准，未履约的合同</td></tr>
<tr><td colspan="4">根据第三章审核标准的评审因素 2.1，在规定的时期内未发生未履约的合同。</td></tr>
<tr><td></td><td></td><td></td><td></td></tr>
<tr><td colspan="4">根据第三部分审核标准，悬而未决的诉讼</td></tr>
<tr><td colspan="4">根据第三部分审核标准的评审因素 2.2，不存在悬而未决的诉讼。
根据第三部分审核标准的评审因素 2.2，存在如下悬而未决的诉讼：</td></tr>
<tr><td>年　度</td><td>诉讼额占总资产百分比</td><td>合同标识</td><td>总合同金额
（等价的美元现值）</td></tr>
<tr><td>[填入年份]
______</td><td>[填入百分比]
______</td><td>合同标识：[说明完成合同的名称/数量等]
业主名称：[填入全称]
业主地址：[填入街区/城市/国家]
争端：[填入引起争端的主要原因]</td><td>[填入数额]
______</td></tr>
</table>

财　务　状　况　　表4

申请人法定名称：[填入全称]　　日期：[填入年、月、日]

联营体各方的名称：[填入全称]　　IFP编号：[填入资格预审邀请书编号]

ICB编号：[填入国际竞争性招标编号]

页码：[填入总页数] 页的第 [填入页码] 页

申请人（如果为联营体，联营体各方）必须如实填写下表。

<table>
<tr><td>以等价美元计算的财务信息</td><td colspan="5">最近 [用文字和数字填写] 年的历史数据</td></tr>
<tr><td></td><td>年度 1</td><td>年度 2</td><td>年度 3</td><td>年度…</td><td>年度 n</td></tr>
<tr><td colspan="6">摘自资产负债平衡表中的信息</td></tr>
<tr><td>总资产（TA）</td><td></td><td></td><td></td><td></td><td></td></tr>
<tr><td>总负债（TL）</td><td></td><td></td><td></td><td></td><td></td></tr>
<tr><td>净值（NW）</td><td></td><td></td><td></td><td></td><td></td></tr>
<tr><td>流动资产（CA）</td><td></td><td></td><td></td><td></td><td></td></tr>
<tr><td>流动负债（CL）</td><td></td><td></td><td></td><td></td><td></td></tr>
<tr><td colspan="6">摘自收益报表中的信息</td></tr>
<tr><td>总收入（TR）</td><td></td><td></td><td></td><td></td><td></td></tr>
<tr><td>税前利润（PBT）</td><td></td><td></td><td></td><td></td><td></td></tr>
</table>

下面随附的是上述要求年份的财务报表（包含全部有关注解的资产负债表和收益表），满足以下条件：

1. 必须反映申请人或联营体一方的财务状况，而不是其母公司或姊妹公司的财务状况。
2. 过去的财务报表必须经过注册会计师审计。
3. 过去的财务报表必须完整，并包含对财务报表的全部注解。
4. 过去的财务报表必须相应于已经完结的财务和审计时段（不要求或接收部分时段的报表）。

年均施工营业额 **表 5**

申请人法定名称：[填入全称]
日期：[填入年、月、日]
联营体各方的名称：[填入全称]
IFP 编号：[填入资格预审邀请书编号]
分包商的名称：[填入全称]
ICB 编号：[填入国际竞争性招标编号]
页码：[填入总页数] 页的第 [填入页码] 页

年度营业额资料（仅限于施工）		
年　　份	金额与币种	以美元计算的数额
[说明年份] ______	[填入金额与币种] ______	[填入以美元计算的金额] ______
	______	______
	______	______
	______	______
	______	______
	______	______
年均施工营业额①	______	______

①年均施工营业额为第三章资格标准 3.2 条规定的年限内的经过签证的、已完工的和正在进行的施工总额除以第三章 3.2 条规定的年数。

一般施工经验　　　　**表 6**

申请人法定名称：［填入全称］　　　　日期：［填入年、月、日］

联营体各方的名称：［填入全称］　　　　IFP 编号：［填入资格预审邀请书编号］

ICB 编号：［填入国际竞争性招标编号］

页码：［填入总页数］页的第［填入页码］页

开工年月	完工年月	合同标识	申请人的角色
［指明年月］ ______	［指明年月］ ______	合同名称：［填入全称］ 对申请人已完成工程的简短介绍：［简短描述已完成的工程］ 业主名称：［填入全称］ 地址：［填入街区/门牌号码/城市/国家］	［说明是承包商、分包商还是管理承包商］ ______
______	______	合同名称： 对申请人已完成工程的简短介绍： 业主名称： 地址：	______
______	______	合同名称： 对申请人已完成工程的简短介绍： 业主名称： 地址：	______
______	______	合同名称： 对申请人已完成工程的简短介绍： 业主名称： 地址：	______
______	______	合同名称： 对申请人已完成工程的简短介绍： 业主名称： 地址：	______

专业施工经验　　　　**表 7**

申请人法定名称：[填入全称]　　　　日期：[填入年、月、日]

联营体各方的名称：[填入全称]　　　　IFP 编号：[填入资格预审邀请书编号]

ICB 编号：[填入国际竞争性招标编号]

页码：[填入总页数] 页的第 [填入页码] 页

<table>
<tr><td>类似合同编号 [合同总数] ______ 的 ______ [具体第几号]</td><td colspan="3">信　　息</td></tr>
<tr><td>合同标识</td><td colspan="3">______ [填入合同名称与编号] ______</td></tr>
<tr><td>授予合同日期</td><td colspan="3">______ [填入具体的年月日] ______</td></tr>
<tr><td>完工日期</td><td colspan="3">______ [填入具体的年月日] ______</td></tr>
<tr><td>在合同中的角色 [在右边选择]</td><td>承包商□</td><td>管理承包商 □</td><td>分包商 □</td></tr>
<tr><td>总合同金额</td><td colspan="2">______ [填入以当地币计算的总合同金额] ______</td><td>US$ ______ [填入以美元计算的金额]</td></tr>
<tr><td>作为联营体的一方或分包商专门参与的总合同金额</td><td>[填入金额的一个百分比] ________</td><td>[填入以当地币计算的总合同金额] ________</td><td>[填入以美元计算的金额] ________</td></tr>
<tr><td>业主名称</td><td colspan="3">______ [填入全称] ______</td></tr>
<tr><td>地址：</td><td colspan="3">[填入街区/门牌号码/城市/国家]</td></tr>
<tr><td>电话/传真号码：</td><td colspan="3">[填入电话/传真号码，包括国家和城市代码]</td></tr>
<tr><td>E-mail：</td><td colspan="3">[如果有，填入电子邮件地址]</td></tr>
<tr><td colspan="4">根据第三部分的评审因素 4.2 (a)，对类似性进行描述。</td></tr>
<tr><td>1. 金额</td><td colspan="3">______ [用文字和数字填入以美元计算的金额] ______</td></tr>
<tr><td>2. 具体规模</td><td colspan="3">______ [填入各项工作的具体规模] ______</td></tr>
<tr><td>3. 复杂性</td><td colspan="3">______ [填入对复杂性的描述] ______</td></tr>
<tr><td>4. 方法/技术</td><td colspan="3">______ [填入合同涉及到的方法/技术的专业方面] ______</td></tr>
<tr><td>5. 其他特性</td><td colspan="3">______ [填入像工作范围中描述的其他特性] ______</td></tr>
</table>

注：从最早的日历年开始排列。

在关键活动方面的专业施工经验 **表 8**

申请人法定名称：[填入全称] 日期：[填入年、月、日]
联营体各方的名称：[填入全称] IFP 编号：[填入资格预审邀请书编号]
分包商的名称：[填入全称] ICB 编号：[填入国际竞争性招标编号]
页码：[填入总页数] 页的第 [填入页码] 页

<table>
<tr><td></td><td colspan="3">信 息</td></tr>
<tr><td>合同标识</td><td colspan="3">______ [如果有，填入合同名称与编号] ______</td></tr>
<tr><td>合同授予日期</td><td colspan="3">______ [填入年月日] ______</td></tr>
<tr><td>完工日期</td><td colspan="3">______ [填入年月日] ______</td></tr>
<tr><td>在合同中地位 [在右边选项中选择一个]</td><td>承包商□</td><td>管理承包商□</td><td>分包商□</td></tr>
<tr><td>总合同金额</td><td colspan="2">______ [填入以当地币计算的总合同金额] ______</td><td>US$ ______ [填入以美元计算的金额]</td></tr>
<tr><td>作为联营体的一方或分包商专门参与的总合同金额</td><td>[填入金额的一个百分比] __________</td><td>[填入以当地币计算的总合同金额] __________</td><td>[填入以美元计算的金额] ____</td></tr>
<tr><td>业主名称</td><td colspan="3">______ [填入全称] ______</td></tr>
<tr><td>地址：</td><td colspan="3">[填入街区/门牌号码/城市/国家]</td></tr>
<tr><td>电话/传真号码：</td><td colspan="3">[填入电话/传真号码，包括国家和城市代码]</td></tr>
<tr><td>E-mail：</td><td colspan="3">[如果有，填入电子邮件地址]</td></tr>
</table>

附录二　某公路工程的工程量清单示例

本示例是某国家一公路项目的招标文件，该招标文件中工程量清单部分主要包括以下内容：

前言

计日工表

计量单位与缩写部分

工程量清单

清单 1：一般工作分项

清单 2：地表排水工程

清单 3：土方、地基、路肩和基础工程

清单 4：公路沥青表层工程

清单 5：附属工程

清单 6：板涵和桥梁混凝土工程

清单 7：材料和检验

清单 8：计日工表（暂定金额）

规定的暂定金额项目汇总

报价汇总表

前　言

工程量清单应与组成合同的其他文件一起阅读，在投标前为现场考察提供的其他文件不作为合同的组成部分。

投标人所填入的费率与价格应包括以下所列细目的工作、税费、责任，以及其不管在清单中是否分项列明或特别提到的合同开支。

①每一个合同文件所产生的全部责任、义务、不可预见费用和风险。

②严格遵守规范中的每一条规定，关于每项工作和材料的总体说明和描述不必在工程量清单中重复。

③为实施、完成和维修工程所必需的全部工作和服务的成本与利润。

在不影响前面规定的通用性的情况下，承包商在工程量清单中填入的费率与价格应包括成本和利润，或以下内容。

①所有材料、设备、机械和工具的供应、存储、运输、使用和维护。

②所有职员与劳务及其住宿、交通等的提供和维护，办理所有入境许可和满足其他要求。

③放线、测量、检查和监督。

④所有消耗性供应品、燃料、供水、排水、电力和电话的供应、运输、应用及其维

护，其中包括根据合同由工程师及其职员所要求的。

⑤永久和临时工程的安装与维护，保险利润，税费和关税，并包括在合同中明确规定或隐含的、全部的一般性风险、责任和义务。

⑥抽样、检验和试验段，包括人行道的试验段和由工程师提供的核验信息。

⑦由于天气条件引起的对施工中的工程、设备、材料和消耗性供应品的损害。

⑧全部的承包商办公室、设备、场所、仓库和临时工程的供应、安装和拆除，包括围墙和全部现场限制物。

⑨在缺陷通知期内对工程的维修。

⑩全部运费（当没有对本合同修订时）。

遵守本合同规定的全部成本应包括在已标价的工程量清单中所列明的工作分项中，对于未列出的工作分项，其成本将被视为已分摊到在与该工程有关的工作分项中所填写的单价与价格中。

工作与材料的一般性说明和描述不必在工程量清单中重复或作出汇总。在填写工程量清单中的每一工作分项的价格之前应参考合同文件的有关部分。

对工程量清单中的每一工作分项，不管是否说明其工程量，都应用钢笔填入以先令(Shillings) 表示的单价或价格。如果投标人在其单价或价格中包括了某一具体工作分项的价格（不鼓励这种做法），则其应将该项工作的单价或价格及其分项合价填写为零。如果投标人漏填了某工作分项的单价或价格，则将被认为该项报价已经包括在其他工作分项的单价与价格当中。

当单价和由单价与工程量相乘得出的分项合价出现偏差时，应以单价为准。除非在业主看来，在单价中出现了明显的小数点位置错误，在此情况下，应采用总价，且应对单价进行修正。

在工程量清单中注明的工程量只是估计的数值，给出这些工程量是为了便于准备投标书，并可以作为平等比较的基础，所以并不保证该工程量就是实际要求的工程量。

实际支付的金额是由实际完成的工程量（该工程量由承包商测量并经工程师签证同意）乘以采用的工程量清单中的单价与价格得出的总额。否则应采用工程师根据本合同条款所确定的单价或价格。

在对根据合同完成的各项工作进行计量时，应采用工程量清单中规定的与之相应的单位。

除另有规定外，所有的计量均应是按照图纸所表明的具体细节测量已完成工作的净工程量，不考虑切割、浪费或其他事宜的补贴费用。所有注明的厚度应是最小的完成厚度。

对于超出计划与规范要求所完成的任何工作，如超深度开挖、底基层、基层和表层超出厚度等，将不予支付，除非是由工程师下达书面指令完成的。

根据合同条件的第 52.4 款和第 58 条，暂定金额的全部或部分支出，均应由工程师决定并发出书面指示。

计　日　工　表

概述

根据合同条件第一部分的第 52.4 款，除具有工程师的书面指令外，不应以计日工实施工程。投标人应在一览表中，为计日工分项填入基本单价，工程师指令的任何计日工工作，无论多少工程量都应采用该基本单价。计日工每项的名义工程量已经给出。除非另有调整，计日工的支付应按照合同条件中规定进行价格调整。

计日工-劳务

在计算应支付给承包商的计日工款项时，劳务时间应从劳工到达现场开始工作到返回原来住处的整个时间段计算，当然就餐与休息时间除外。只有劳务班组直接完成工程师指令的工作的时间才被计算在内，班组工头和班组人员一块工作的实际时间也被计算在内，其他领班或监督人员的时间不被计算在内。

承包商有权得到根据雇用劳务完成计日工作的总时间乘以在计日工劳务单价一览表中填入的基本单价得出的总金额，并包括该金额的一个额外百分比，覆盖了如下所述的承包商的总部管理费和利润等：

①劳务的基本单价应包括承包商的所有直接成本，包括（但不限于）这些劳务人员的工资、交通时间、加班时间、生活补贴和根据当地法律替这些劳工交纳的社会福利，计日工工程款应只以当地币支付。

②除了①中的金额外，还应另外支付以该金额的某一百分比计取的金额，这笔金额包括承包商的利润、管理费用、监督、责任、对劳工的保险与补贴、文书办公用费、易耗品储备、供水、供电照明费用等。对该部分的支付应根据投标人在计日工劳务表中确定的货币比例进行支付。

计日工-材料

承包商有权得到计日工材料款，该笔金额应包括使用材料的成本及其相关劳务费，基本单价应包括如下内容的管理费、利润：

①材料的基本单价应以发票票面价格、运费、保险费、搬运开支、损坏费、损失费等为基础进行计算，且应包括将材料运到现场进行仓贮的费用。材料基本单价以当地币表示，但可根据提交的证明资料以一种或多种货币支付。

②投标人应对附加百分比付款进行报价并用于对上述①项的付款，以及根据投标人在材料计日工表中填写的货币比例对该项进行支付。

③对于将材料从仓库搬运到施工位置的搬运费应根据本一览表中的计日工劳务与设备部分的规定进行支付。

计日工-设备

承包商有权得到以计日工单价表——设备（Schedule of Daywork Rates：Equipment）中其填写的基本租赁单价为基础计算出的、按计日工在现场使用的、有关设备的付款，上述单价应视为包括了折旧、利息、保障和保险、维修、维护、供应、燃料、润滑剂和其他消耗品的费用，以及与设备使用有关的驾驶、操作和辅助劳务的全部费用。

在对承包商按计日工所用的设备计算付款时，仅应计算实际工作的小时数。从设备所在地到施工现场之间的行走时间以及返回原驻地的时间也应包括在支付时间之内。

对于计日工所使用的施工设备的基本租赁单价应以当地币表示，但应以投标人在计日工设备表中填写的货币比例支付给承包商。

计量单位及缩写

计量单位	缩 写	计量单位	缩 写
毫 米	mm	升	L
厘 米	cm	公 顷	ha
米	m	时	h
千 米	km	数 量	No
平方米	m^2	月 数	mth
立方米	m^3	数量×月数	No×mth
千 克	kg	总 价	L. S.
吨（1000kg）	t	暂定金额	P. S.

以下所列工程量清单为本工程的一小部分，并非全部。

清单1 一般工作分项

序 号	内 容	单 位	数量	费率/Ush 或%	总额/USh
12.00	总体要求与规定				
12.01	现有设施的移动与再布置	P. S.			200,000,000
12.02	青苗及建筑的补偿费	P. S.			134,000,000
12.03	承包商管理 12.01 与 12.02 项的费用与利润	%			
12.04	环境与进度照片	No	2,500		
	加入清单1汇总的第12.00部分的费用小计				

清单1 一般工作分项

序 号	内 容	单 位	数量	费率/Ush 或%	总额/USh
14.00	工程师人员的住宿及服务等费用				
14.01	工程师及其人员的办公用房				
	(a)为工程师提供办公室，包括家具设备与服务	No	1		
	(b) 工程师办公室的维护	No×mth	30		
14.02	工程师及其人员的试验室用房				
	(a)提供实验室，包括所有的家具、设备与服务	No	1		
	(b) 实验室维护	No×mth	30		
14.03	工程师及其人员的生活住房				
	(a) 提供的房型Ⅰ，包括所有的家具、设备与服务	No	1		
	(b) 提供的房型Ⅱ，同上	No	2		
	(c) 提供的房型Ⅲ，同上	No	3		
	(d) 提供的房型Ⅳ，同上	No	4		
	(e) 提供的房型Ⅴ，同上	No	5		
	(f) 对房型Ⅰ的维护	No×mth	30		
	(g) 对房型Ⅱ的维护	No×mth	60		
	(h) 对房型Ⅲ的维护	No×mth	90		
	(i) 对房型Ⅳ的维护	No×mth	120		
	(j) 对房型Ⅴ的维护	No×mth	90		
14.04	为工程师及其人员提供新的交通工具				
	(a) 车型 A	No	1		
	(b) 车型 B	No	2		

续表

序　号	内　　容	单　位	数量	费率/Ush 或%	总额/USh
	(c) 车型 C	No	5		
14.05	对工程师及其人员的车辆提供司机、燃料、润滑剂、服务、维护和维修，最多每个月 3000 公里				
	(a) 车型 A	No×mth	30		
	(b) 车型 B	No×mth	60		
	(c) 车型 C	No×mth	150		
14.06	允许第 14.05 项中超过 3000 公里/月的车型的暂定金额				
	(a) 车型 A	km	45,000		
	(b) 车型 B	km	90,000		
	(c) 车型 C	km	135,000		
14.08	电话费用	P. S.			15,000,000
14.09	承包商管理第 14.08 项的费用与利润	%			
14.10	工程师的服务人员				
	(a)绘图员	No×mth	60		
	(b)测量助手	No×mth	90		
	(c)协调人员	No×mth	120		
	(d)实验室劳务人员	No×mth	180		
14.11	工程师及其人员的差旅费	P. S.			70,000,000
14.12	承包商管理第 14.11 项的费用与利润	%			
	加入清单 1 汇总的第 14.00 部分的费用小计				

清单 1　汇总

序　　号	内　　容	总额/USh
12.00	总体要求与规定	
14.00	工程师人员的住宿及服务等费用	
17.00	清理与挖掘	
18.00	沼泽地穿越	
	加入总汇总表中的清单 1 合计金额	

清单 2　地表排水工程

序　号	内　　容	单位	数量	费率/Ush 或%	总额/USh
21.00	排水				
21.02	地表下排水	m	1,000		
21.06	城市地区的道路混凝土排水渠道	m	3,150		
21.07	城市地区混凝土排水渠道的预制混凝土盖板	No	6,300		
	加入清单 2 汇总的第 21.00 部分的费用小计				

清单2 地表排水工程

序号	内容	单位	数量	费率/Ush或%	总额/USh
22.00	预制箱涵及暴雨排水道				
22.01	开挖:在地表以下下列深度范围内挖掘的材料				
	(a) 0米到2米				
	i) 软材料	m^3	1,470		
	ii) 硬材料	m^3	500		
	(b) 2米到4米				
	i) 软材料	m^3	500		
	ii) 硬材料	m^3	170		
22.02	回填				
	(a) 已开挖材料的使用	m^3	730		
	(b) 使用进口材料	m^3	590		
23.03(a)	预制混凝土管涵(A级基层)				
	i) 直径为600毫米	m	180		
	ii) 直径为900毫米	m	950		
22.04	(a) 新型金属材料箱涵				
	i) 直径为600毫米,壁厚2毫米	m	90		
	ii) 直径为900毫米,壁厚2毫米	m	940		
22.04	(b) 现有金属箱涵的再使用				
	i) 直径为600毫米	m	85		
	ii) 直径为900毫米	m	25		
22.06	现场浇注混凝土				
	A级铺底料层和基础垫层	m^3	320		
22.08	移走现有混凝土				
	(a) 一般混凝土	m^3	10		
	(b) 高强度混凝土	m^3	5		
22.09	检修井与排泄井井盖的框和格栅	t	0.1		
22.10	PVC排泄管	m	50		
22.14	移走现有钢制排水结构	t	9		
加入清单2汇总的第22.00部分的费用小计					

清单2 汇总

序号	内容	总额/USh
21.00	排水	
22.00	箱涵	
23.00	混凝土路缘石、沟渠、明混凝土斜道和明渠内衬及树脂铺面	
24.00	铺地石、砌石工程及浸蚀保护	
加入总汇总表中的清单2合计金额		

清单7　材料和检验

序　号	内　　容	单位	数量	费率/Ush 或%	总额/USh
72.00	检验				
72.03	工程师指令的额外检验	P.S.			15,000,000
72.04	承包商管理第72.03项的费用与利润	%			
加入清单7汇总的第72.00部分的费用小计					

清单7　汇总

序　号	内　　容	总额/USh
72.00	检验	
加入总汇总表中的清单7合计金额		

清单8　计日工表(暂定金额)

序　号	内　　容	单位	数量	费率/Ush 或%	总额/USh
清单8中的金额均为暂定金额					
81.00	劳务				
81.01	不熟练工	h	100		
81.02	工作领班	h	100		
81.03	架子工	h	100		
81.04	木工/石工	h	100		
81.05	水泥工	h	100		
81.06	爆破工(有资质证明)	h	100		
81.07	管线铺设工	h	100		
81.08	油漆工	h	100		
81.09	看守人(包括防火、电灯,白天、晚上和节假日)	h	100		
	小计				
	考虑________ [①]承包商管理费、利润等				
	总计(暂定金额)		100		
加入清单8汇总的81.00部分的费用小计					

①承包商上级管理费和利润的附加百分比应由以下货币比例组成:(i) 外币:…… %(由投标人说明以单一外币表示的等值百分比、汇率及其来源);(ii) 当地币:……%(由投标人说明)。

清单 8　计日工表(暂定金额)

序　号	内　　容	单位	数量	费率/Ush 或%	总额/USh
82.00	材料				
82.01	普通波兰特水泥	t	1		
82.02	石灰	t	1		
82.03	细骨料(沙)	t	1		
82.04	高屈服应力钢筋	t	1		
82.05	沟渠木材	m^2	50		
82.06	模板(粗饰面)	m^2	50		
82.07	模板(细饰面)	m^2	50		
82.08	沥青稀释 MC－30	l	200		
82.09	沥青渗透 80/100	l	200		
	小计				
	考虑______①承包商管理费、利润等				
	总计(暂定金额)				
	加入清单 8 汇总的第 82.00 部分的费用小计				

①承包商上级管理费和利润的附加百分比应由以下货币比例组成：(i)外币：…… %(由投标人说明以单一外币表示的等值百分比、汇率及其来源)；(ii) 当地币：……%(由投标人说明)。

清单 8　计日工表(暂定金额)

序　号	内　　容	单位	数量	费率/Ush 或%	总额/USh
83.00	设备				
	承包商应在______处填入拟采用设备型号名称				
83.01	沥青设备 120T/H				
83.02	挖掘机 90 HP①				
83.03	链斗式挖土机				
83.04	推土机 200HP(23.2T)				
83.05	推土机 300HP				
83.06	带有松土机的推土机 300HP				
83.07	平土机 135HP(13.0T)				
83.08	松土拌和机 325 HP				
83.09	筛分设备 100T/H				
	小计				
	对计日工设备付款应按下列货币比例支付： (i) 外币：……②%(由投标人说明) (ii) 当地币：……%(由投标人说明)				
	考虑______③承包商上级管理费和利润等				
	总计(暂定金额)				
	加入清单 8 汇总的第 83.00 部分的费用小计				

①1hp＝745.7W。

②投标人应说明以单一外币表示的等值额、汇率及其来源。

③承包商上级管理费和利润等的附加百分比应按以下货币比例组成：(i) 外币：……%(由投标人说明以单一外币表示的等值百分比、汇率及其来源)；(ii) 当地币：……%(由投标人说明)。

清单 8　汇总

序　号	内　　容	总额/USh
81.00	劳务	
82.00	材料	
83.00	设备	
加入总汇总表中的清单 8 合计金额		

规定的暂定的金额汇总

清单序号	项目序号	内　　容	总　额
1	12.01	现有设施的移动与再布置	
	12.02	青苗、住房等补偿费	
	12.03	承包商管理第 12.01 和 12.02 项的费用与利润	
	14.08	电话费用	
	14.09	承包商管理第 14.08 项的费用与利润	
	14.11	工程师及其人员旅馆住宿费	
	14.12	承包商管理第 14.11 项的费用与利润	
6	63.01	附加地基勘察	
7	72.03	工程师指示的额外检验	
	72.04	承包商管理第 72.03 项的费用与利润	
8	81.00	计日工表:劳务	
	82.00	计日工表:材料	
	83.00	计日工表:设备	
规定的暂定金额总计[加入到总汇总表(B)]			

报 价 汇 总 表

		总　额
清单 1	一般工作分项	
清单 2	表面排水	
清单 3	土方工程、底基层、基层与基础	
清单 4	铺设沥青	
清单 5	辅助工程	
清单 6	结构与桥梁工程	
清单 7	材料与检验	
清单 8	计日工表	
	清单小计(A)	
	包括在清单小计中规定的暂定金额(B)	
	清单小计减去规定的暂定金额 (A−B)=(C)	
	增加(C)项 10%的不可预见费(D)	
	构成投标价的金额 (A+D)=(E)	

参 考 文 献

[1] 齐东海，宋向群．工程项目进度管理［M］．大连：大连理工大学出版社，2001.
[2] 刘允延．建设工程项目成本管理［M］．北京：机械工业出版社，2003.
[3] 谭章禄，李涵，徐向真．工程管理总论［M］．北京：人民交通出版社，2007.
[4] 王雪青．国际工程项目管理［M］．北京：中国建筑工业出版社，2000.
[5] 戚振强．建设工程项目质量管理［M］．北京：机械工业出版社，2004.
[6] 中国建筑业协会，清华大学，中国建筑工程总公司．工程项目管理与总承包［M］．北京：中国建筑工业出版社，2005.
[7] 陈勇强．项目采购管理［M］．北京：机械工业出版社，2002.
[8] 丁士昭．工程项目管理［M］．北京：中国建筑工程出版社，2006.
[9] 全国注册咨询工程师（投资）资格考试参考教材编写委员会．工程项目组织与管理［M］．北京：中国计划出版社，2007.
[10] 《中国工程项目管理知识体系》编委会．中国工程项目管理知识体系［M］．北京：中国建筑工程出版社，2003.
[11] 王组和．现代工程项目管理［M］．北京：电子工业出版社，2007.
[12] 周建国．工程项目管理［M］．北京：中国电力出版社，2006.
[13] 卜振华，吴之昕．建设工程项目管理［M］．北京：中国建筑工业出版社，2006.
[14] 迈克尔·波特．竞争优势［M］．北京：华夏出版社，2001.
[15] 吕文学，葛飞．承包企业国际工程开发市场战略的实施［J］．国际经济合作，2005（8）：44－46.
[16] 魏建雄，曾浩峙，陈卓．总承包项目 HSE 管理程序及管理要点［J］．水运工程．2005（11）：69－74.
[17] 高学贤，陈军．HSE 管理体系的实践、问题与对策研究［J］．中国安全科学学报．2003，13（12）：22－25.
[18] 沈青．HSE 管理理论的发展及应用的思考［J］．科学管理研究，2003，21（2）：64－67.
[19] 孙骥钊．建立 HSE 管理体系——施工企业参与市场竞争的需要［J］．石油工程建设，2000，3：46－47.
[20] 张旭东．城市建筑施工中的环境问题及其控制对策［J］．环境与可持续发展，2007（6）：31－34.
[21] 张智慧，吴凡，沈永明．建筑施工阶段环境影响评价［J］．环境与可持续发展．2007（6）：31－34.
[22] 雷胜强．国际工程风险管理与保险［M］．北京：中国建筑工业出版社，1996.
[23] 李福胜．国家风险［M］．北京：社会科学文献出版社，2006.
[24] 陈业宏．论中国海外投资国家风险防范的法律对策［J］．华中师范大学学报，1997，9：23－28.
[25] 朱全涛．国家风险和主权评级［J］．统计与决策．2004，174（6）：32－33.
[26] 杜奇华．论国际投资的国家风险及其防范［J］．国际经济合作，1995，4：25－28.
[27] 王琳．出口信用保险中国家风险等级的界定［J］．世界机电经贸信息，1997，10：15－16.
[28] 钟伟容，龚燕平．国际工程项目施工风险分析和研究［J］．工程建设与设计，2001，168（4）：33－36.
[29] 朱瑶宏．国际工程风险实例分析［J］．安徽建筑，2001，6：93－96.

[30] 刘俊颖，李海丽，季国忠．工程保险承保方式相关问题辨析［J］．国际经济合作，2007，5：67—69.
[31] 国际咨询工程师联合会．2006多边银行版施工合同条件［M］．2006.
[32] 陈勇强．项目采购管理［M］．北京：机械工业出版社，2002.
[33] 徐进亮．国际备用信用证与保函［M］．北京：对外经济贸易大学出版社，2004.
[34] 吕文学，陈茜，陈卓．FIDIC生产设备和设计施工合同条件下的信用证付款方式［J］．国际经济合作．2007（1）：50—53.
[35] 孟宪海．国际工程担保制度研究借鉴［J］．建筑经济．2005，1：3—5.
[36] 齐凤彩．大型工程的付款条件及结算方式［J］．中国海上油气．1998，10（2）：28—30.
[37] 刘鹏程．国际工程项目中的银行保函实务［J］．中国化工设计．2003，20（1）：55—57.
[38] 梁鑑．国际工程施工索赔［M］．北京：中国建筑工业出版社．2002.
[39] 何伯森．国际工程承包［M］．北京：中国建筑工业出版社．2007.
[40] 龙兴武．论合同的解释及其发展趋势［J］．北京理工大学学报，2001，3（4）：58—62.
[41] 成虎，育凌．对工程承包合同解释的几个问题的探讨［J］．建筑经济，1999，11：28—32.
[42] 莫俊文，赵延龙，鲍学英．新版FIDIC《施工合同条件》下承包商索赔的依据和程序［J］．兰州铁道学院学报，2003，22（2）：161—164.
[43] 朱俊文，吴绍艳，夏立．工程项目组织与管理［M］．北京：中国计划出版社，2007.
[44] 成虎．工程项目管理［M］．北京：高等教育出版社，2004.
[45] 郑谦．国际工程项目管理中的人力资源管理［J］．国际经济合作．2004（7）：43—45.
[46] 赵平法．工程施工项目经理的选聘［J］．山西建筑．2003，29（7）：178—179.
[47] 徐永其，胡志健．论项目团队的构建［J］．建筑经济．2007（7）：103—105.
[48] 王旺青．浅析项目管理中的团队建设［J］．财经界．2007（6）：51—52.
[49] 田敏，邵培基．项目管理团队建设的新思路［J］．电子科技大学学报．2004，6（4）：56—59.
[50] 纪凡荣，成虎．大型建设项目组织设计研究［J］．建筑经济．2007，38（2）：151—153.
[51] 曹友欣，王东生．基于激励因素分析的项目管理激励运作研究［J］．现代企业教育．2007（26）：56—57.
[52] 王延树，成虎．大型施工项目的集成管理［J］．东南大学学报（自然科学版）．2000（4）：100—104.
[53] Alan Webb. 项目经理指南——项目挣值管理的应用［M］．天津：南开大学出版社，2005.
[54] （美）项目管理协会．项目管理知识体系指南（第3版）［M］．北京：电子工业出版社，2007.
[55] QuantumPM LLC. Earned Value Management——Current Situation and Roadmap to Adoption［EB/OL］．http：//www. quantumpm. com/Resources，［2006］
[56] 霍家杰．FIDIC合同条款的进度计划［J］．国际经济合作．2007（4）：80—84.
[57] 周一桥，黄支金．FIDIC合同条款与帕克西桥项目的施工计划管理［J］．世界桥梁．2003（4）：51—54.
[58] 陈国伟，刘宗元，袁文传．FIDIC条件下的进度控制［J］．中国水利．2001（7）：60—61.
[59] 王江涛，李立刚．FIDIC合同条件下的工程进度管理［J］．中国水利．2004（12）：44—46.
[60] 陈淑云．工程项目质量计划的编制与实践［J］．安装．1999（1）：39—41.
[61] 张文渊．加强工程质量计划工作提高项目质量管理水平［J］．建筑．2002（11）：13—14.
[62] 郑立新．FIDIC合同条件下的施工质量监理［J］．科技信息（科学教研）．2007（34）：125—126.
[63] 刘玉杰．国际公司怎样做好工程保险［J］．国际工程与劳务．2004（9）：41—43.
[64] 唐萍，张瑞杰，张洁译．菲迪克（FIDIC）合同指南．北京：机械工业出版社．2003.
[65] 王立国．工程项目融资［M］．北京：人民邮电出版社．2005.
[66] 戴大双．项目融资［M］．北京：机械工业出版社．2005.